JN199867

『サイバー覇権戦争――ソフトとハード、二つの戦線』目次

第2章 ソフトウェア戦争

端末画面のフロントエンドをめぐる戦い……085

第7章 スプートニク・モメント

凡例

- 著者による補足は（　）［　］＊で、日本語版での補足は〔　〕で示した。
- 原書のイタリック体による強調は傍点で示した。

プロローグ

私の世界観が根底から覆されることになったあの日のことは、いまでも鮮明に覚えている。

2017年、サンフランシスコ。いつもと変わらない平凡な秋の朝のことだ。グーグル社のスピア・ストリート・ビルのカフェテリアで、私はいつものスクランブル・エッグを食べ、路面電車の線路をたどりながら、多くの人で賑わうエンバカデロ地区にあるグーグル別棟のポリシー・オフィスへと歩いていた。オフィス内にはパソコンのタイピングに励む人、会議に参加する人、防音の電話ボックスで話し込む人など、あらゆる年齢層のグーグラーたちがそこかしこにいた。グーグル社におけるニュース・ポリシーの責任者である私の仕事は、周りの同僚たちが取り組む仕事の多くについて、会社がその意味を考える手助けをすることだった。

私は3階のデスクに腰を下ろし、ノートパソコンを開いてメールに返信した。そのとき、私たちは大きな問題を抱えていることを知った。残念ながら、社内の機密事項の多くを語ることはできない。とはいえ、その問題は2016年の選挙で起きた、いわゆるフェイク・ニュースの流布に関係していたと言うことはできる。選挙中にネット上で拡散した偽情報のインシデントについては報道されていた。しかし、201

7年の大半を通じて、テクノロジー・プラットフォームが選挙結果に何らかの方法で影響を及ぼすと仮定することは、あまりにも飛躍しすぎているとシリコンバレーの技術者たちの多くは考えていた。これが当時の一般的なコンセンサスであったことは、その後の事の成り行きを承知しているという後知恵の煙幕が邪魔をして、なかなか思い出せないかもしれない。だが、それが現実だった。

何が起きていたかを完全に理解するためには、まずグーグル社の日々の業務を理解する必要がある。グーグルの検索機能以外にも、同社は「アカウント」を必要とする多くの製品を提供している。グーグル社の子会社の一つであるユーチューブでは、誰でも動画を見ることができる。だが動画を投稿したり、グーグルに広告を掲載したりするには、アカウントを作成する必要がある。グーグルはスパムを撒き散らすアカウントや、著作権を著しく侵害するようなアカウントを定期的に削除している。

グーグルが発見したのは、のちにメディアが報じたように、インターネット・リサーチ・エージェンシーという組織がグーグル画面の広告を何千ドル分も購入していた事実であった。[1] この組織はロシア政府とつながりがあることが広く知られていた。[2] つまりグーグルは、アメリカ諜報当局が2016年の選挙をハッキングした首謀者として非難した組織が管理していたアカウントをホスティングしていたことになる。懸念されたのは、アメリカ人を惑わす広告、ニュース記事、動画の一部が、自分たちのプラットフォームから発信されている可能性や、グーグルの製品が将来の破壊工作の試みに脆弱である可能性があるということだった。[3]

私はジーンズに長袖のクルーネックを着ていたが、オフィスが急に寒くなったように感じられた。私たちのビルの向かいにあるリンコン公園には、高さ60フィートの弓矢の形をした彫刻があり、一部が芝生の中に沈んでいる。それはキューピッドの矢をイメージしたもので、自由を愛するサンフランシスコの人々の心をつかんでいた。[4] 今ほど、その象徴が身近に感じられることはなかった。民主主義が発達し、自由奔放なソーシャルメディアを生んだこの国で、ロシアは的を射たのだ。

　このような事件が発覚したため、シリコンバレー中で警報が鳴り響き、それは私たちに深刻な疑問を投げかけていた。ソーシャルメディア・プラットフォームは、私たちが思っている以上に外国からの攻撃に対して脆弱なのだろうか？　ハッキングはどの程度深刻だったのか？　他の国々は、私たちのプラットフォームを利用して静かに邪悪な目標を追求しているのだろうか？

　私たちはサイバーセキュリティの問題について、まったく考えていなかったわけではない。グーグル社は、洗練された悪質なアクターからプラットフォームを守るために、大規模なサイバーセキュリティ・システムを導入し、社内に対策チームを設置したほどだ。[5]またグーグル社は、外国からの干渉に関わる問題に対処するためのポリシーをもっていた。しかし、民主的な政治システムに対する国家支援型の攻撃を抑止し、日常的に利用されている製品を高度に洗練された破壊工作から防御しなければならないとは、誰も予想していなかった。それはペンタゴンや国家安全保障局（NSA）といった政府の仕事であると、テック企業で働く私たちの多くは考えていた。ところがグーグル社に座っていると、まるでワシントンは私たちを守ってくれていないのではないかと感じられた。それはあまりに衝撃的で、困惑させられた。シリコンバレーは、どう対応すべきかを自ら考え出さなければならないのだ。

　2016年の大統領選挙期間中、アメリカ人は何かがおかしいと漠然とは感じていた。ボリスとナターシャの漫画〔アメリカのテレビアニメ『ロッキーとブルウィンクルの大冒険』に登場するロシア人スパイの男女〕からもってきたような顔の見えないツイッター（Twitter）のアカウントが、民主党大統領候補のヒラリー・クリントン（Hillary Clinton）がひどい病気であるとか、[6]テロ集団のISISを創設したと主張するなど、[7]不条理な虚偽情報をまき散らした。トロールやハッカーのネット上の怒りは、当時の共和党大統領候補であったテッド・クルーズ（Ted Cruz）、ジェブ・ブッシュ（Jeb Bush）、マルコ・ルビオ（Marco Rubio）や、元大統領候補のミット・ロムニー（Mitt Romney）にも向けられた。[8] プロパガンダはどんな政治運動にもつきものであり、特にアメリカでは噂を流す伝統が初期の選挙から続いている。[9] だが、2016年はこれまでにない何か新しいものが含意されていた。ドナルド・トランプ（Donald Trump）の選挙における大逆転劇は、外国がデジタル技術を使って、一世代前ならあり得なかったような方法で政治領域に流れる情報を操作できることをアメリカ人がはっきりと認識した瞬間であり、その意味でターニングポイントとなった。それは見方によっては私たちが日常的に使っているインターネットを、独裁者が戦争の政治的武器として私たちに向けて行使した初めての出来事であった。そして、これが最後の出来事とはならないだろう。

私は技術者（テクノロジスト）だ。シリコンバレーの同僚たちと同じように、世界中の人々がより充実した生活を送れるようにするというテクノ業界の大きな使命を信じて北カリフォルニアにやって来た。しかし、グーグル社で働いた3年余りの間に、私の日々の経験は次第に夢見るような楽観主義ではなく、もっと暗いものへと変化していった。民主主義と独裁主義の衝突が急速に拡大する重要な戦場で――根本的に相容れないグローバルなシステムどうしの紛争であり、通常戦の閾値未満でくすぶり続ける――私は任務に就くことになったのである。

過去数十年の間、この紛争はほとんど語られることなく、あまりにも多くの人々に認識されてこなかった。しかし、徐々にロシアと中国という権威主義勢力の思惑が無視できなくなった。そして2020年の初めに中国の武漢で発生した致死性のコロナウイルスは、世界中で猛威を振るい始めた。[10] わずか数カ月のうちに、〈語られることのない紛争という〉見せかけの体裁は崩れ去った。中国の指導者たちが本心を隠し、「戦狼」外交官たちが外国を脅し、トランプ前大統領が中国に怒り、激しい貿易戦争を繰り広げる中、この新しい戦いの輪郭が浮かび上がってきた。突然、新聞を手に取れば、この対立の激化について書かれた記事を目にすることができるようになったのである。

中国の国際関係学の教授で、中国国務院顧問の史胤宏（Shi Yinhong）は『サウスチャイナ・モーニング・ポスト』紙に「アメリカと中国は、実は新しい冷戦の時代にいる」と語った。[11] その一週間半後、『ニューヨーク・タイムズ』紙は、「パンデミックへの対応をめぐる緊張の急激な高まりは、新たな冷戦の亡霊を呼び覚ましている」[12]と報じた。

この新しい冷戦は、かつての米ソ間の闘争とは多くの点で異なっている。歴史家のハル・ブランズ（Hal Brands）や、現在バイデン大統領の国家安全保障補佐官を務めているジェイク・サリバン（Jake Sullivan）が主張しているように、「ソ連は世界経済のリーダーシップの面では重大なライバルであったことはなかった。今日の中国が潜在的に有しているようなグローバルな規範と制度を形成する能力も洗練さも持ち合わせていなかった」[13]。しかし今日、私たちが直面しているのは、南シナ海の人工島からシリコンバレーの役員室まで影響力を行使できる台頭する超大国である。さらに2020年にアメリカ政府システムに対する大規模な侵入[14]が発覚したロシアによる「ソーラー・ウィンズ（SolarWinds）」へのサイバー工作が示しているように、ソヴィエト連邦時代とは異なるものの、依然として甚大な破壊力をもつモスクワの脅威が存在し続けているのである。

この新しい対決の手口の多くは、これまで私たちが見てきたものとは一線を画している。今日の紛争は曖昧で、関与している当事者はしばしば不透明であり、利用される武器は在来のものではなく非対称的であり、影響を受ける利害は相当でありながら漠然とし、対応するための政策枠組みは十分に定義されていない。現在、国家安全保障会議のテクノロジーおよび国家安全保障担当のシニア・ディレクターであるタルン・チャーブラ（Tarun Chhabra）は「中国を、冷戦時代のソヴィエト連邦よりも民主主義と自由主義的価値に対する手強い脅威」にする可能性のあるツールとして、「北京の海外における『柔軟な』権威主義、監視と支配のためのデジタル・ツール、独自の権威主義的資本主義、相互依存の『武器化』」を挙げている。[15]

ロシアはサイバー攻撃においてさほど洗練されているとは言えないが、偽情報、プロパガンダ、その他の政治的介入の手段を用いて民主主義社会の中心部に入り込んでいる。それはソヴィエト連邦のように世界中に政治モデルを広めるためではなく、プーチンの目的に反対する民主主義国家の信用を失墜させ、不安定にするためである。

用語に関する注記：上述したような悪質な活動を示す証拠が増えているにもかかわらず、一部の学者や政策立案者は、この紛争が実際に新たな「冷戦」を構成しているかどうかを議論し続けている。私にとっては、冷戦の再来かどうかではなく、冷戦をどう生き抜いていくかが問題である。冷戦という用語には歴史がある。ジョージ・オーウェル（George Orwell）はそれを長期化した「平和のない平和」と定義した。オーウェルより６００年ほど前に、スペインの学者ドン・ファン・マヌエル（Don Juan Manuel）は、平和という薄い表面の下でくすぶっている「生ぬるい戦争（tepid war）」という考えを明らかにした。今日のアメリカと中国は真の平和状態にはなく、少なくとも、ここしばらくはそうではなかった。

戦争と平和は決して二元論で区分できるものではなく、常にスペクトラムの一部であった。グローバル経済が１９５０年当時よりはるかに統合されたことで、各国政府は貿易ルートや光ファイバー回線などをめぐって、従来の戦争と平和の閾値に挟まれた曖昧な「グレーゾーン」のもと、自国の利益を増進し、敵対国の弱体化を図るようになっている。今日、このような状況は国際政治の支配的かつ広く浸透した特徴である。だからこそ私は、民主主義と独裁制の間のシステム・レベルのグローバルなライバル関係を「グレー戦争（Gray War）」と表現し、それを描こうとした。しかし、私たちがそれを冷戦と呼ぼうが、グレー戦争と呼ぼうが、バナナと呼ぼうが、中国の貪欲な政策がアメリカに与える影響はおのずから明らかである。結局のところ、中国の長期的な目的は、ルールに基づく自由主義的秩序というアメリカのビジョンとは相容れず、両立し得ないのである。そして中国がその統治モデルを海外に輸出するほど、民主主義国家との緊張は必然的に先鋭化するだろう。

米ソ冷戦の主要兵器とは対照的に、先端テクノロジーを用いるグレー戦争は、主に民間企業により民間のために開発された「軍民両用の（dual-use）」テクノロジーによって闘われている。その理由は、テクノロジーの破壊力の程度と合理的な利用可能性の間に逆相関の関係があることにある。かつてハンス・モーゲンソー（Hans Morgenthau）は次のように語った。

> 高出力の核兵器は無差別の大量破壊兵器であり、したがって合理的な軍事目的には使用できない。全面的破壊（トータル・ディストラクション）の脅しによって戦争に決着をつけることはできるが、それは合理的方法による戦争遂行手段とは言えない。高出力核兵器しかもたない国家は、他国を全面的破壊で脅す以外に、他国に自国の意思を強要する軍事的手段をもたないことになる[16]。

逆に、民間のデュアルユース技術（人工知能、5G、ドローン）を活用すれば、敵対国に対して、よりいっそうインパクトのある攻撃を行うことができる。侵略者が敵対国に対してデュアルユース技術を使用して攻撃を行う場合、通常兵器で行われる場合よりも、はるかに帰属（攻撃元の特定）が困難なことが多い。侵略国は攻撃への関与を否定し、甚大な被害を受ける報復のリスクを軽減することができる。つまり、攻撃側にとって効果的でありながら、リスクがはるかに少ないということである。要するに、デュアルユース技術を活用した攻撃はきわめて「使いやすい」のである。政府は自国や国民に大きな犠牲を強いることなく、合理的な方法で自国の利益を高め、敵対国に対抗するという日々の戦略的競争のために、これらを利用し、展開することができる。そして、彼らがやっていることは、まさにこれなのだ。このグレー戦争の帰趨は、ヨーロッパや東アジアの領土を誰が支配するかということよりも、むしろ何十億もの人々の日々の生活を形成し、世界のパワー配分を左右する情報ネットワークや通信テクノロジーを誰が支配するかによって決定されると言えるだろう。

グレー戦争は二つの戦線で戦われている。第一に、コンピュータ、タブレット、携帯電話の画面上に表示される情報のコントロールをめぐって繰り広げられるフロントエンド（front-end）の戦いである。この戦いは、最初は主にロシアが相手であったが、いまや中国、イラン、サウジアラビアなど多くの国が参入している。フロントエンドとは、私たちが日常的に目にしているが、指では直接触れることのできないインターネットのデジタル層のことである。それにはソフトウェア・アプリケーション、ニュース情報、通信プラットフォームが含まれる。もっと不吉なのは、私たちはインターネットそのものといえるハードウェアの最重要部を支配するため、主に中国との間で、大部分が目に見えないバックエンド（back-end）の戦いを繰り広げていることだ。バックエンドとは、携帯電話、衛星、光ファイバーケーブルおよび5Gネットワークなどのハードウェア機器を含むインターネットの物理層である。これは熱い戦争ではない。少なくとも、これまでのところは。私がこの原稿を書いている2021年の初めの時点で、このグレー戦争はアメリカとロシアないし中国との間で大規模で直接的な軍事衝突を引き起こしてはいない。しかし、これは間違いなく戦争であり、今世紀、そしてその先も私たちの世界の将来を形作るものである。今後の数年間の攻防は、ネットワーク・セキュリティの防御、知的財産の保護、情報に対する影響力の獲得、重要インフラの制御をめぐって戦われるだろう。この戦争の戦利品は、経済、インフラ、競争力と技術革新力、個人のプライバシー、文化、そしてオンラインで接する情報に基づいて私たちが日々行っている些細な判断など、社会の隅々にいたるまで影響力を及ぼすことができるパワーである。そして近年、残念ながら、世界の民主主義国家はその地位を失いつつある。

アカデミックな世界では、この壮大な地政学的な対立状況を「競争（competition）」という言葉で表すことが流行しているが、それは間違いである。ランド研究所の上級政治学者のラファエル・コーエン（Raphael Cohen）は、「競争というと、スポーツの試合や経済市場を思い浮かべる」[17]と指摘したうえで「それらの競争はルールに縛られ、審判によって取り締まられ、最終的に勝者と敗者を生み出すものである」と述べている。米中両国は経済競争の領域にとどまらず、相互に遵守するルールによって平準化されているわけではない。

この対立を「競争」と呼べば、すでに危機にさらされ、国家存続に関わるような緊急性さえも軽視されることになる。また、政策立案者が他の国内政策や対外政策のイニシアティブにどのようにアプローチするかの枠組みを作るべきであるという、いたって望ましいアイディアの共有を阻むことになる。地政学的な対立が国家の政治的生存を脅かすとき、その対立は競争というより戦争に近い。国家間の戦争は二国間関係のあらゆる側面に影響を与えるが、この場合も同様であり、競争とは言えないだろう。戦争状態――たとえ熱い戦争でなくても――にある国は、勝利することが最優先の政策課題であることを明確に認識し、その課題を中心に内政と外交政策を優先させることで、国内での厳しい決断を受け入れることができるようになる。たとえば、単なる米中競争の文脈で、アメリカはTikTokの利用を停止するだろうか。そんなことはあり得ないし、これまでにもない。競争という概念を使うのなら、アメリカ製のソーシャルメディア・プラットフォームがTikTokとアメリカ国内の市場のシェアを争えばいいだけの話である。しかし、これでは本質を見逃してしまう。TikTokはアメリカ国内にサイバーセキュリティ上のリスクをもたらしているのである。米中グレー戦争の視角から捉え直せば、TikTokの運営を停止することは当然の判断のように思われる。インドにはそれが理解できた。競争という漠然とした概念は、勝利に必要な戦略的明示性を阻害し、中国に地政学的な脱出速度に到達するための時間を与えるだけである。

もしそれが大げさに聞こえるなら、グレー戦争がすでに私たちの生活を形作っている、あらゆる方法を考えてみてほしい。アメリカ通商代表部は、中国による知的財産の窃盗により、アメリカ人は毎年2250億ドルから6000億ドルの損害を被っていると推計している。[18] これはまさに元NSA長官のキース・アレクサンダー（Keith Alexander）が「歴史上最大の富の移転」[19] と呼んだものの一部で、FBIはおよそ10時間おきに中国関連の新しい防諜事案の捜査を開始しているという。[20] かくて中国のサイバー窃取により、年間推定20万人のアメリカ人の雇用が失われ、[21] この数字はユタ州のソルトレイクシティの全人口に匹敵する。[22]

海外では、国境紛争をきっかけに中国がインドの送電網を攻撃したことで、人口2000万人の都市が停電し、鉄道の運行が停止し、株式市場が閉鎖され、病院は非常用発電機に頼らざるを得なかったという、インド史上最悪の公衆衛生危機が発生した。[23] インドに対する中国のサイバー攻撃は、テクノロジーがいかに戦略的に大きな効果をもたらすために利用できるか、そして中国はそれを利用する用意があるということを、すべての民主主義国家に対して呼びかけるものだ。インドに対する中国のメッセージは間違いなく、領有権を強く主張すること、かつ、国中の電気を国外から消すことができるということだった。[24] アメリカ人にとって、中国のインドに対するメッセージの背後にあるものは深く不安なものだ。グレー戦争は、過去の戦争では決して見られなかった方法で、アメリカ本土に及ぶ可能性がある。

中国は言論の自由など民主主義の基本的な価値を攻撃している。北京は全米プロバスケットボール協会（NBA）に所属するヒューストン・ロケッツのゼネラル・マネジャーが香港の民主化運動を支持するツイートをした後、チームの試合の放送を中止し、NBAに謝罪を要求した。[25] 2018年、オマハ〔アメリカ・ネブラスカ州最大の都市〕にあるマリオット・ソーシャル・メディア社の従業員は、チベット独立団体のツイートに「いいね！」を投稿したことを理由に解雇された。[26] 外交政策を専門にする学者にとって、中国との冷戦は興味深い論題である。しかし、何百万人ものアメリカ人にとって、中国との冷戦は現実であり、以前からそうであった。

これまで述べてきたことは、コロナウイルスが世界経済の根幹を揺るがし、あらゆる機会を使ってアメリカを貶めようとする国々に、医療機器や機密技術など重要なサプライチェーンを置くことの愚かさを露呈する以前に起きたことである。[27]政府機関や企業がZoomで機微な通信をやり取りするなどテレワークを導入する以前に、中国生まれの億万長者のアメリカ人が経営するZoom社は北京を拠点に700名の従業員を抱え、中国当局に利用されやすい企業となっていた。[28]中国、ロシア、イランのトロールが互いのプロパガンダを反響させ、効果を増幅させながら、ウイルスのパンデミック大流行に関する誤った情報を流行らせようとする以前に起きたことである。[29]

重要なインターネット・インフラを手に入れた中国がどのように影響力を行使するのか、想像してほしい。イスラエルの歴史学者ユヴァル・ノア・ハラリ（Yuval Noah Harari）は「サンフランシスコあるいは北京の誰かが、あなたの国のすべての政治家、裁判官、ジャーナリストの病歴や履歴をすべて知っていて、その中には性的な倒錯や知的障害、汚職も含まれている」としたら「どうなるだろうか」と問題を投げかけている。[30]そして、「私たちは主権国家であり続けるのか、それとも中国に支配された衛星国になるのか」と問うている。グレー戦争が私たちの日常生活のあらゆる面に及んでいる今、私たちの仕事、退職金、政治指導者や政府のシステムに対する信頼はどうなるのだろうか。

シリコンバレーは世界で最も楽観主義がみなぎっている場所かもしれないが、私には非常に気がかりなことがある。それは、アメリカに敵対する国々が主導権を握っているからというだけではない。人工知能のような新しい技術がいずれ、そうした国々に新たな優位性を与える可能性があるからだけでもない。私が懸念しているのは、アメリカ政府とシリコンバレーが真のパートナーシップを築かなければ、民主主義を分断しようと目論んでいる独裁者たちから民主主義を守るための備えが十分にできないということである。シリコンバレーの多くの者が、自分たちが築き上げたプラットフォームが戦場となっていることを、いまだに受け入れていない。近年、ワシントンでは脅威の発生を抑止し、国外の政権から民主主義を守ることよりも、海外からの攻撃をテクノロジー産業のせいにしているように見えることがあまりにも多い。しかし、もう時間がないのだ。

読者は2016年の出来事に衝撃を受けただろうか？ ロシア、中国、イランが2020年の選挙に介入しようとしたことに憤りを感じただろうか？ バックマン・ターナー・オーヴァードライブ（Bachman-Turner Overdrive）〔カナダのロック・バンド〕の言葉を借りれば、「あなたはまだ何も見ていない（You ain't seen nothing yet）」〔邦題「恋のめまい」〕のだ。ロシアや中国のハッカーたちは画像の加工、虚偽の記事のリーク、捏造したコンプロマート〔脅しに使うスキャンダル情報〕による恐喝など、今後数年間でさらに多くのことを行う用意ができている。他の国もロシアのフロントエンドの成功を真似て、私たちのスクリーンに映るものを歪めようと躍起になっている。フロントエンドの戦いは、まだ始まったばかりだ。

さらに深刻な問題は、新たなインターネットを建設する中国のバックエンド・プランである。このネットワークは、ある場所から別の場所に送信するあらゆるデータ――保護すべき個人写真から貴重な知的財産まで――を北京が盗み出すことを可能にする。もし中国が世界の遠距離通信システムを掌握し、私たちの情報を盗み出し、操作し、監視し、意のままに伝送経路を変換（リダイレクト）できるようになれば、世界中に影響力を拡大し、それを行使することができるようになる。そのとき、私たちはまったく別の問題に取り組まなければならなくなる。独裁政治のために設計され、中国共産党の政治的支配を拡大するようにシステム化された世界で、欧米スタイルの民主主義は生き残ることができるのだろうか？

あいにく、アメリカは本腰を入れていない。ジョン・マケイン（John McCain）の元顧問であるクリス・ブロース（Chris Brose）は「過去数十年間、中国とのウォーゲームでは、アメリカはほぼ完ぺきに近い記録をもっている。それは、ほとんど毎回負け続きという記録である」▼31。しかし、この悲惨な現実に対し、国民の間には沈黙が漂っている。中国は4日おきに新たに10億ドル規模の「ユニコーン」企業を生み出しているが[32]、誰もそれに気づいていない。政策立案者と技術者が世界の独裁者に対抗する統一戦線を確立しない限り、また、かつてジョン・アダムス（John Adams）が「外国からの干渉、謀略、（および）影響力[33]」と呼んだものの現代テクノロジー版にアメリカ人が気づかない限り、私たちは勝利することができないと認めたほうがいいかもしれない。

ベンチャー・キャピタル企業の廊下やシリコンバレーの間仕切りのないオープンプランのオフィスでは、「AOLモメント」という言葉が語り草になっている。これは2000年に2240億ドルもの市場価値があったAOLが、15年後には50億ドル以下にまで急落してしまったことを指している[34]。それは市場をリードしていると思われていた企業が、ほとんど一夜にして時代遅れになったことに気づかされたときの気持ち悪さである。やがてアメリカも独自の「AOLモメント」に直面するかもしれない。アメリカ連邦政府のサイバースペース・ソラリウム委員会（Cyberspace Solarium Commission）は「民主主義国家が新しい戦略を考案しなければ、この新しい相互につながりのある世界の主要な受益者や保証人になることはないだろう[35]」と厳しく指摘した。世界の歴史上、最も偉大な民主主義国家が、独裁政治に支配された世界に夢遊病者のように入っていくかもしれないのだ。さらに悪いことに、ほとんどのアメリカ人は、何が危機に瀕しているのかにさえ気づいていない。

1930年代、ウィンストン・チャーチル（Winston Churchill）はドイツ軍の再軍備が始まり、航空戦力（エア・パワー）革命によって、かつて難攻不落を誇ったイギリスの地位が脅かされるなか、「我々はもはや、かつてのイギリスと同じ国ではない」とイギリス国民に警告した。何年もかけてチャーチルは、新しいテクノロジーで武装した独裁国家がもたらす脅威に対抗できるよう国民を奮い立たせようとしてきた。開戦前には「先送り、中途半端、慰みと困惑しか生まない急場しのぎ、そして遅延の時代が終わろうとしている」と議会で語った。「その代わり、我々は結果の時代（period of consequences）に突入しているのだ[36]」。

私たちは、現代のアメリカが独自の「結果の時代」に突入しつつあると警鐘を鳴らす必要がある。1962年にレイチェル・カーソン（Rachel Carson）が『沈黙の春（Silent Spring）』を発表するまでは、ほとんどのアメリカ人は、農業分野の大企業が環境を汚染していることを何となく感じていたにすぎなかった。1965年にラルフ・ネーダー（Ralph Nader）が『Unsafe at Any Speed（安全な速度というものは存在しない）』を発表するまで、ほとんどの消費者は、そんなにも多くのアメリカ人が自動車事故で亡くなっている事実を認識していなかった。しかし、いったん自動車の危険性に気づいたアメリカ人は、問題に本腰を入れ、創造的な解決策を編み出すことができた。いまこそ私たちが直面する、サイバースペースでロシアや中国のような独裁国家がもたらす脅威に対して、私たちは完全に目を見開かなければならないのだ。それはアメリカ人たちがうすうす気づいていることかもしれないが、真に理解しているとは言えない危険な脅威なのである。

グーグル社でニュース・ポリシーのグローバルリーダーを務めた私が見たものは、グレー戦争が近づいているのではなく、すでにここで起きているということだった。国家が支援するハッカーたちが国務省から発電所、国防関連企業などの重要インフラに潜り込んでいる。事実上の国家機関とも言える中国の巨大ハイテク企業は、発展途上国からデータを吸い上げ、世界中にテクノ全体主義を拡大するためのネットワークやセンサーを設置するために談合している。プーチンのトロール工場は相変わらず忙しく――実際、彼らは適応し、自己変革を遂げている――、国内の政治グループの中には、分裂を招くことを意図したトロールのデジタル戦術を研究し、それを取り入れている者もいる。

ジャーナリストや研究者から、政府高官やハイテク企業のCEOにいたるまで、さまざまな人々がこれらの問題を取りあげ、それぞれの立場から言及してきた。本書はそれらとは異なる独自の視点からこの問題を取りあげている。本書は、この重要で新しい戦いの最前線にいる一人の兵士による証言である。私たちが行動を起こさなければ、どのような未来が私たちを待ち構えているか。そして、私たちの両岸（政府と民間、アメリカの東海岸（ワシントン）と西海岸（シリコンバレー））がより協調を強めることを願っている。本書は暴露本を意図したものではなく——匿名性を保ち、個人が特定されないように配慮している——警鐘を鳴らすことを意図している。

このあとの頁では、私たちが発見したこと、次に起こること、そして世界の民主主義国家がグレー戦争に対し、より包括的で積極的なアプローチを採用することが必要である理由をお話ししたい。この問題は、国家の主権、民主主義の質、民主主義の同盟国の自由、そして私たち一人ひとりの繁栄と、自らの運命を自分たちでコントロールする能力に勝るとも劣らない価値のあることなのだ。

すべてが変わったあの秋の日、私はグーグル社のオフィスを後にし、外に出てサンフランシスコのウォーターフロントを眺めた。1世紀以上前の1906年、マグニチュード7・8の大地震が「襲い」、この街の80パーセントが壊滅的打撃を受けた。[37] また1989年のある秋の晴れた日、ロマ・プリータ地震が再びこの街を襲った。このとき、ベイ・ブリッジ——オフィスの窓から霧の中に見える自慢の吊り橋——の一部が崩れ落ちた。[38] そして今、まるで足元で地面が揺らいでいるような感覚を覚える。私たちの足元は大丈夫なのだろうか？

序章

帝国の中心で——セーヌ川の小さな谷

２０１４年の夏、私はあることを思い立ってシリコンバレーに引っ越した。私はヴォー・シュル・セーヌ（セーヌ川の小さな渓谷）と呼ばれるフランスの小さな田舎町で幼少期を過ごしたのだが、そこはシリコンバレーとはまったく異なる町だった。パリ郊外にあり、私の母の故郷マルセイユから車で約８時間のところにある。[1]母は父と離婚した後、独学でＨＴＭＬを学び、ウェブデザイナーになったが、欧州では技術は二の次に感じられた。というのも、技術というものは政治や社会を形成するものではなく、常に脇役のように扱われているように思えたからだ。ブリュッセルのリセで過ごした高校時代、１年生の授業で英語のプレゼンテーションに取り組んだとき、初めてグーグルという検索エンジンと出会った。グーグルとは覚えやすい名前だったが、まさか10年後に高校生が閲覧する検索結果に関連するグーグル社のグローバル・ポリシーを担当することになるとは想像もしなかった。

しかし想像していなかったことはテック業界にいる自分の姿であって、アメリカにいる自分の姿はすでに想像していた。アメリカ人の父とフランス人の母はイスラエルで出会った後、母方の実家の近くに居を構えるためフランスに移り住んだ。私はフランスでの生活を楽しんでいたが、その間、父の生まれた国にいつも惹かれていた。フロリダやオハイオの祖父母を訪ねて休暇を過ごした後、私はフランスの学校の友人たちから「アメリカはどんな国なのか」と質問攻めに遭った。私が誇らしげにアメリカの話をすると、彼らは興味津々で、その目はどれも輝いていた。私が思うに、アメリカは未来であり、型破りなアイディアや異端を受け入れる場所だった。

私がアメリカに対しては奔放な楽観主義を抱き、他方で権威主義の危険性を理解しているのは、私の親族がたどった物語に由来している。父の両親はポーランドのベンジン（ポーランド南部の交通の要衝に位置。古くから工業が発達）出身のユダヤ人で、アウシュビッツに向かう列車の中で知り合った。数年後、祖父のサムは、頭を剃られた自分の母親がガス室に押し出されるのを目撃したと話してくれた。そのとき祖父は、自分の前腕に入れ墨をされた青く色あせた数字を指でなぞっていた。十数人の兄弟姉妹のうち、生き残ったのは祖父と2人の姉妹だけだった。奇跡的に私の祖父母は2人ともヒトラーの死のキャンプを生き延び、連合軍によって絶滅の淵から救われた。私がいまも大切に保管している2人の小さなスナップショット写真には、戦後アメリカ軍が発行した黄ばんだ医療診断書が写っている。タイプライターで書かれた医療コードと、ぞんざいに殴り書きされた文字は解読するのが難しいが、祖母の笑顔はそうではなかった。それは人生のセカンドチャンスを与えられた若い女性の笑顔なのだ。2人の診断書に押された紫色のスタンプには「解放ユダヤ人（Liberated Jews）」と書かれている。

やがて祖父母はオハイオ州トレドにたどり着き、そこで私の父テッドが生まれることになる。祖父母はまるっきり英語を話せず、祖父は数字を数えることはできても、それ以外はあまり話せなかった。しかし毎朝、夜明けに公営住宅で目を覚まし、清掃作業員の仕事に向かった。昼は理髪店、夜はジープ工場で働いた。あるとき、祖父はあまりの睡眠不足に鼻血を出すようになった。

祖父がアメリカン・ドリームの一部を手に入れたのは、この理髪店だった。祖父は戦前、兄から散髪の技法を教わっていた。「ショート」と「ロング」という、たった2つの英単語を知っていただけで、祖父はアメリカで商売を始めたのである。[2] やがて地元の銀行から融資を受けられるだけの資金を貯め、住宅用不動産を数件購入するまでになった。二世帯住宅を建て直し、あちこちで土地を手に入れた。戦争で荒廃した欧州を離れてから10年も経たないうちに、祖父は理髪店へのお得意さんの一人に、歯科医院を開業するための土地探しを手伝ってほしいと頼まれるようになった。その後、2人は3人目の新たなパートナーを加え、ささやかな不動産帝国を築き上げた。最初のオフィスは、コインランドリーの中に机を1つ置いただけだった。やがて地元の『トレド・ブレード』紙が、「理髪師、歯科医、建設業者が一緒になり、不動産事業で成功[3]」という見出しで、この会社が数百万ドル規模の成功を収めたことを報じた。その記事の中で、私の祖父はお気に入りのニックネーム――サム「貧しい理髪師（ザ・プア・バーバー）」ヘルバーグ――と呼ばれていた。

シリコンバレーのスローガン「早いうちに、たくさん失敗しておけ（Fail fast, fail often）」や「素早く行動し、因習を打破せよ（Move fast and break things）」を耳にする何年も前に、私に忍耐力と勤労の大切さを教えてくれたのは、社会的弱者でありながら懸命に努力した私の家族だった。私たちは「勝っても負けても、常に挑戦し続ける」というモットーで生きてきた。父は自分で薬を処方できる精神科医で、薬物中毒と闘っていたが、決して依存症から抜け出すことをあきらめなかった。母はまったく新しい仕事に就くための訓練を積みながら、生活費を稼ぐためにウェイトレスをし、父と別れた後、私たちが立ち直るまでリビングルームにあった引き出し式のソファで寝ていた。私の両親はとびきりの気骨者だった。

フランスで育ったアメリカ人である私にとって、アメリカのような立ち振る舞いをしてきた国は他には存在しない。アメリカは何世代にもわたって困難に立ち向かい続けてきた国であり、人々が主体性をもつ場所なのだ。病弱な少年であったテディ・ローズヴェルト（Teddy Roosevelt）〔第26代アメリカ大統領のセオドア・ローズヴェルトの愛称。在任1901～1909年〕は、のちにたくましい愛国心を世界中に発信するまでに登りつめた。父の故郷であるオハイオ州出身のライト兄弟は、空を飛んだ。欧州は古代の尖塔に溢れ、ときに思考が凝り固まる旧世界である。それに対し、アメリカは若く新鮮で、無限の可能性に満ちていた。

この精神が、15歳で『エコノミスト』誌を読み漁り、政治に夢中になっていたアメリカ好きの私をジョージ・ワシントン大学に惹きつけた。ジョージ・ワシントン大学のエリオット・スクールは「世界のリーダーを育てる」▼4ことを誇りとし、私は毎日、その活動のど真ん中にいるような気分だった。教授陣はみな政策立案者や実務家としての経歴をもち、数十年にわたって外交政策のエスタブリッシュメントの中で育んだ知見に溢れていた。さらにアメリカ政府の内部事情を垣間見ることができたことも、私にとって大きな収穫だった。私はキャピトル・ヒル〔アメリカの連邦議会議事堂〕でインターンシップを経験し、その後、新設された消費者金融保護局（Consumer Financial Protection Bureau）でもインターンシップを経験した。

バラク・オバマ（Barack Obama）大統領が就任して1年目、ワシントンは活気に満ちていた。すでにオバマ政権の大胆な介入により、オハイオ州などの自動車産業が救済され、アナリストが予測した第二の世界恐慌は回避された。大規模な景気刺激策の法案、ドッド・フランク金融規制改革法、医療保険制度改革など、毎月のように画期的な法案が発表されていた。宇宙の弧は、まさに正義に向かって曲がり始めていた。こうした歴史の展開に、私は目が眩んだ。

ジョージ・ワシントン大学を卒業すると、私は次の道を探し始めた。ニューヨークの非営利団体に短期間勤めた後、パリ政治学院のロースクールに入学した。2カ月も経たないうちに、私は自分自身をアメリカへと駆り立てたものに気づき、そして法律事務所での生活に向いていない理由もわかってきた。私はサマー・アソシエイトとして、有名な法律事務所で国際仲裁を担当することになった。そこは弁護士を辞めたピーター・ティール（Peter Thiel）がのちに「外部にいる人はみんな入りたがるが、内部にいる人はみんな出たがるところ」とユーモアたっぷりに表現するような場所だった。[▼5] 私はそこで、人生で最大のサイコロを振るような気持ちで、法律事務所からの誘いを断った。そして1学期でロースクールを退学した。

この先どうすればいいのかわからず、2014年にロサンゼルスに移住し、妹のロキシンと衝突し、自分の人生を考えるようになった。私はリクルート会社に就職し、そこで初めて男性と付き合うようになった。自分がゲイかもしれないと考えたことは、それまで1秒たりともなかった。どちらかというと伝統的な教育を受けてきた私は、自分は女性と結婚し、子供を育て、よく見かける白い杭柵に囲まれた家に住むのだ、と思っていた。ほとんど知り合いのいない街で――しかも、社会的にリベラルなカリフォルニアで――探求することによって失うものは何もないように感じられた。私は他人に対してだけでなく、自分自身にもカミングアウトするようになった。

そんな自分探しの時期に、ある友人が数時間離れたシリコンバレーでとんでもないことが起こっていると教えてくれた。そこでどんなチャンスがあるのか見当もつかなかったが、興味はあった。2014年7月、私はフォード・フォーカスに荷物を積み込み、北へ向かった。

ザ・クレイジー・ワンズ

「Here's to the crazy ones」はアップル社を象徴する1997年の広告である。「ミスフィット。反抗者。トラブルメーカー。四角い穴の中の丸い穴。物事を違った角度から見る者。世界を変えられると思うほどクレイジーな者たちが、世界を変えるのです[6]」。
私は欧州ではユダヤ人として、アメリカではフランス系アメリカ人の学生として、離婚した両親の子として、長年、さまざまな立場で振る舞ってきた。ベイエリアに移ってからは、異色の経歴をもった人たちに囲まれるようになった。テック業界には落ちこぼれや自称「変わり者」がたくさんいた。新しい友人の一人は高校すら卒業していなかった。

シリコンバレーでは、常識にとらわれない発想の持ち主が重宝されるということが、私にとって大きな魅力だった。そこは、私が憧れていたアメリカのすべてを体現していた。凝り固まった規範や社会的常識、階層序列のない新しいフロンティアのような場所だった。そこで生活していると、新しい世界が築かれようとしていることを実感できた。

ワシントン滞在中に、欧州で不満に思っていたこと——地位の追求、上下関係の遵守、肩書きへの溺愛——が気になるようになった。シリコンバレーでは、そのすべてが取り払われていた。テック業界は最も純粋な形の能力主義の世界だった。スタートアップ企業は自分たちを一国の海軍に立ち向かう海賊と見なし、高い敏捷性と創造性によって、巨大なレガシー企業を出し抜こうとしていた。全体的にバレーのほとんどの企業は驚くほどフラットで、多くの社員は肩書きさえもっていなかった。一方、ワシントンでは年上の先輩たちに囲まれ「インターン」として自分の存在を正当化しなければならなかったが、バレーでは年齢による差別は存在しなかった。もし人々に愛される製品を作るのであれば、12歳だろうが50歳だろうが関係ないのである。優良企業の一部は若者たちによって立ち上げられ、ベンチャー・キャピタリストたちは将来有望な若者と関係を築くため、積極的な努力を惜しまなかった。

ベンチャー・キャピタリストが追い求めるものは、たしかにたくさんあった。１８４９年のゴールド・ラッシュをきっかけに人口が流入し、カリフォルニア州が誕生した。２０１０年代初めのシリコンバレーは、まるで現代のゴールド・ラッシュのようだった。ラーメンやソイレント〔サンフランシスコ発祥の栄養代替食品〕で生活していたエンジニアは、数カ月で億万長者になった。2010年、『タイム』誌はフェイスブック社の創業者でCEOのマーク・ザッカーバーグ（Mark Zuckerberg）を「今年のひと（パーソン・オブ・ザ・イヤー）」に選出した。[7] その数年後、『フォーブス』誌の表紙にはツイッターとスクエアの創業者ジャック・ドーシー（Jack Dorsey）が「アメリカのベスト起業家」[8]という見出しで紹介された。

2014年の夏、私がベイに到着したとき、創業者のサンフランシスコのリビングルームで6年前にエアマットレスとしてスタートしたエアビーアンドビー（Airbnb）社は最近、4億7500万ドルの資金調達ラウンドを終了したところだった。[9] ウーバー（Uber）はウーバー・プール〔ライドシェア・サービス〕を立ち上げたばかりだった。[10] それから1年もしないうちに、フィットビット（Fitbit）社〔フィットネス向けスマートウォッチの製造元〕は株式を上場した。[11] データ解析企業のパランティア（Palantir）社は200億ドルの評価を受けていた。[12] 「ユニコーン」という言葉は、もともと10億ドル規模のスタートアップ企業の希少性を表現するために作られた言葉だったが、2015年半ばには130社を超えるユニコーンが存在していた。[13]

2010年代半ばまでには、アメリカ人の成人のうち62パーセントがザッカーバーグのフェイスブックを利用していた。[14] 人々の手首には洗練されたアップル・ウォッチが装着されはじめ、アマゾン・エコー〔音声アシスタント「アレクサ」を搭載したアマゾン社のスマートスピーカー〕がアメリカ中のリビングルームで見かけるようになった。楽観論は電光石火のごとく広がった。

この10年間〔2010年代の半ばまで〕は、ワシントンのシリコンバレーに対する愛情が最高潮に達した時期でもあった。この10年間の結晶は、ヒラリー・クリントン（Hillary Clinton）国務長官がテック企業の幹部たちに「私をアプリのように使ってください！」[15]と語ったときだ。ホワイトハウスの円卓会議や委員会には、シリコンバレーからの著名人が必ずと言っていいほど顔を出すようになった。ホワイトハウスの晩餐会には、ザッカーバーグ、アップル社のティム・クック（Tim Cook）、ネットフリックス社のリード・ヘイスティングス（Reed Hastings）CEO、リンクトイン（LinkedIn）社のリード・ホフマン（Reid Hoffman）、オラクル（Oracle）社のラリー・エリソン（Larry Ellison）会長など、テック界の大物たちがずらりと並んでいた。[▼16]
2013年末のいわゆるテック・サージ——Healthcare.govウェブサイトのオーバーホール——により、政府内の技術者の数は増大した。[▼17]当時、グーグル社はオバマ政権と完全につながっているように見え、同社の携帯電話にちなんで「アンドロイド政権」と呼ぶ人もいたほどだ。[▼18]グーグルの社員が政権に押し寄せ、ホワイトハウスのスタッフたちが「ワシントンのペンシルベニア通り1600番地」〔ホワイトハウスの所在地〕から「マウンテン・ビューのアンフィシアター・パークウェイ1600番地」〔グーグル本社の所在地〕へと続々と移動した。[▼19]当時はまだ、「世界を変える」という言葉が陳腐化したり、皮肉と受け止められるようなことはなかった。私たちは毎日、世界を変えているような気がしていた。

シリコンバレーに来たばかりの多くの者と同じように、私はピッチデック〔ビジネスモデルを説明する資料〕の作成法はもちろん、プログラミングや製品作りについても正式なトレーニングをほとんど受けずに到着した。しかしテック業界の多くの人がそうであるように、私はあるテーマに飛び込んで独学する方法を知っていた。それに、ロサンゼルスで数カ月の間、管理職向け人材リクルートの仕事をしていたおかげで、人材の探し方、斡旋の仕方も知っていた。それで十分だった。

スタートアップ企業の90パーセント以上がそうであるように、私の最初の挑戦は一般的ビジネスとしてよりも実験的なものだった。私はオックスフォード大学出身の生物医学を専門とする科学者の友人と一緒に、非侵襲的乳がん検出サービスを手掛けるスタートアップ企業を始めた。サイエンス分野はそれを専門とする彼女が担当し、私はビジネス面を請け負った。そしてピッチデックを作成したり、チームを雇ったりした。技術は素晴らしかったが――私は自然と誰かがそれを実現してくれるものと信じていた――規制の壁にぶつかることになった。医療機器は（当然のことながら）規制の厳しい分野であり、当時の投資家は臨床試験やＦＤＡの承認プロセス――長い時間を要し、面倒で不確実なもの――にはあまり興味を示さなかった。約１年後、私たちは会社をたたんだ。

数人の同僚とともに、私はスタートアップ企業に再挑戦することにした。今度は、私が情熱を寄せる地政学に近い分野である。ソフトウェアを使って地政学的リスクを測定するというコンセプトで、私たちはこれをGeoQuantと名づけた。世界最大の再保険会社であるSwissRe社が、この技術を有望であると考え、投資してくれた。同社は「フォーチュン５００」に名を連ねている企業で、不安定な国で事業展開することに伴うリスクを評価していた。通常であれば、国務省や国防総省、インテリジェンス・コミュニティ出身のコンサルタントを起用することが多いようだ。私たちのアルゴリズムは、リスクを定量的に測定する方法を提供した。私は再びチームを結成し、GeoQuantを軌道に乗せるため、初期投資の資金調達に奔走した。

私はスタートアップ企業を立ち上げ、事業を成功させるというチャレンジを楽しんでいた。一方、事業が軌道に乗りはじめると、創業者とはフルタイムの資金調達者であり、リクルーターでもあることに気づいた。私はもともと政策が大好きだった。私はプロダクトに取り組む代わりに、プロダクト・マネージャーを募集・採用し、その仕事を代行してもらうことにした。10カ月ほど経った頃、私は会社から身を引く決意をし、次の冒険をすることにした。そんな折、友人の紹介で、グーグル社に魅力的な仕事があることを知ったのである。

転換期を迎えていたのは私の職業生活だけではなかった。２０１５年2月、私はシリコンバレーの恒例行事の一つであるテックチャーチ（TechCrunch）賞の授賞式に出席した。授賞式のプレゼンターの一人に、著名なテック企業のエグゼクティブで、ベンチャー・キャピタリストのキース・ラボイス（Keith Rabois）がいた。その夜は簡単な会話を交わしただけだったが、数日後の夜、キースと私は一緒に飲んだ。驚いたことに、その晩はずっと政治の話で盛り上がった。ヒラリー・クリントンが2度目の大統領選挙への出馬を表明してからわずか数カ月しか経っていないのに、私は1時間も彼女のことを話し続けていた。キースは礼儀正しく、満面の笑みで私を見続けていた。キースがルビー色の保守派だと友人から聞かされたのは、それから数日後のことだった。

その後、数カ月間、お互いを知れば知るほど、キースは完全な変わり者（オリジナル）であることがわかってきた。彼はニュージャージー州エジソンで、教師と会計士の息子として慎ましい環境の中で育った。幼少期から多読家で、家に本がなくなると百科事典に手を出した。私が会ったとき、彼は17年間一度も休暇を取ったことがなかった。彼は週6日、信じられないほど熱心に仕事をし、7日目は読書で過ごした。スタンフォード大学とハーバード大学ロースクールを卒業したが、弁護士という職業が自分には向いていないことに気づいたという。

キースが法曹界から足を洗おうと決意した背景には、彼の世界観があった。彼は強力な反体制派の一面をもち——既存の制度を無批判に受け入れない傾向がある——、それは、私が生涯にわたって負け犬（アンダードッグ）に惹かれてきたことと共鳴している。キースは保守的だったが、彼の保守主義はシリコンバレーでは反対派を意味した。キースの自己犠牲と気概の物語は、私の心の琴線に強く触れた。両親の離婚、父の依存症との闘いなど、人間の忍耐力と回復力に出会った昔のことを思い出した。父方の祖父母はホロコーストの恐怖と屈辱を生き延びた後、長年の苦労を経て、楽しい人生を取り戻した。母方の祖父は、フランスのレジスタンスで命を賭して戦った。

シリコンバレーの有名企業——ペイパル（PayPal）、スクエア（Square）、ユーチューブ（YouTube）、エアビーアンドビー（Airbnb）、リフト（Lyft）、LinkedInなど[20]――には、これまでキースが関わってきた痕跡があり、彼と親しくなることはバレーの文化にどっぷり浸かることを意味した。彼のおかげで、私はテック業界で最も独創的な考え方をする人たちと知り合いになれた。時に物議を醸し、常に型破りなキースとその仲間たちは、欧州で生まれ育った私を魅了したアメリカの理想が、ベイには本当に存在していることを確信させてくれた。

2017年初めに父が亡くなったとき――数年にわたる薬物依存との闘いの後、再発していた――キースの存在は私にとって大きな慰めであり、私の心の支えであった。私は、彼となら人生を共にできると思うようになった。その年の4月の土曜日の午後――彼の誕生日のすぐ後のこと――、私たちはソファに座っていた。私はわざと自分の携帯電話を落とした。キースはそれを拾おうとし、ソファの下に手を入れると、私が隠しておいた箱を見つけた。その箱は彼の誕生日に贈るカフスボタンに見えたが、彼が開けると、その内側には指輪があった。翌年、私たちは夕日が海面に照り付ける中、ビーチサイドで結婚式を挙げた。

ラスト・デイズ・オブ・イノセンス

2016年の大半は、地政学的リスクの定量化に取り組んでいた。GeoQuantは高品質のビッグデータを強力な「マシンラーニング・エンジン」にかけ、その評価を人間の専門家の意見で補い、政治的リスクの客観的で実行可能な測定値を生成することができた。何とエキサイティングなことか。私たちのアルゴリズムはG20各国の連立政権の不安定さ、原油価格の下落、連邦準備制度による利下げなど、さまざまな要因を追跡している。また通貨市場の変動や、「イラク・シリアのイスラム国」との戦いにおける軍事的進展も分析していた[21]。

このようなデータを駆使した予測が見逃してしまった事象が――世界の他の国々と同様に――カテゴリー5に区分される政治的サイクロンであったドナルド・J・トランプであった。

2015年6月16日にトランプが立候補を表明したとき、私は彼にあまりチャンスがあるとは思っていなかった。私はまだ乳ガンのスタートアップ企業に取り組んでいたし、他の件で頭がいっぱいだった。

とはいえ、トランプについては、いくつか気になる点があった。既成政治（エスタブリッシュメント・ポリティックス）の堅苦しい手続きや、共和党の硬直した正統性を否定する彼の姿勢は、現状に不満を抱くアメリカ人にとって新鮮に映っただろう。私は『ザ・アプレンティス』（ドナルド・トランプが番組の制作・司会を務め、アメリカで2004年からNBCで放送されたリアリティ番組。アプレンティスは「見習い」の意）を見たことがなかったが、トランプが2010年代の初めに中国をひどく叱りつけるインタビューは何度か見たことがある。政治経験の豊富な候補者が多いなか、大声で粗野な不動産開発業者が共和党の予備選に勝利するとは思わなかったが、キースと私は、中国と貿易に対する彼のタカ派的な姿勢が国民の一部の心を捉えるのではないかと考えていた。彼の功績は、それが主流になる何年も前に、わが国が直面する最も差し迫った外交政策の課題を的確に診断したことである。

時折、友人たちにこの話をすると、滑稽だと思われたようだ。「とんでもない」と彼らは断言した。しかし、なぜかトランプ列車は走り続けている。彼のツイートや発言が現実離れしていくなかでも、彼は次々とライバルを退治していった。キースは共和党予備選でいち早く「ネバー・トランプ」運動の支援者となった。夏の選挙が近づくにつれ、トランプ氏が候補者になるという、かつては想像もつかなかった現実が避けられない結末となった。ただし、それとは別に、ある尋常ならざることが進行していることも明らかになった。
民主党大会は多くの意味で、神経質になっている民主党議員にとっては力強く、気分を高揚させるカンフル剤となった。民主党の上院議員たちはヒラリーの功績を語り、ヒズル・ハーン（Khizr Khan）――戦死したイスラム教徒の陸軍大尉（金星章を受章）の父親――などの講演者はトランプを激しく非難した。[22] ヒラリーがサプライズで登場し、オバマを抱きしめると、大会場は歓声に包まれた。[23] 歴代の大統領を映したビデオも上映され、ヒラリーが象徴的にガラスの天井を「壊す」場面もあった。[24]
とはいえ、不吉な雰囲気もあった。民主党大会の数日前、反秘密の情報サイト「ウィキリークス」が民主党全国委員会からハッキングした多数の電子メールを流出させたが、その中には、民主党が、ヒラリーの主要なライバルであったバーニー・サンダース（Bernie Sanders）よりもヒラリーを優遇しているように思える内容のメールもあった。[25] このメールはあろうことか、民主党が最も結束を望んでいた時期に、党内の確執を煽るきっかけとなった。この「ウィキリークス」からの情報流出事件は、メディアによる無慈悲なほどの、まるで24時間365日続くかのような「ヒラリーの電子メール」報道――ヒラリーが国務長官時代に私用メールのアカウントとサーバーを使用したことをめぐる論争――と渾然一体となった。
7月27日の異例の記者会見でトランプが取りあげたのは、この電子メールについてだった。「ロシアよ、もしあなたがたが聞いているなら、行方不明になっている3万通のメールを見つけることができることを願う」と、ヒラリーの電子メールという宝の山に言及した。「あなたがたは、おそらく、私たちの報道によって大いに報われると思う」。[26]
GeoQuantの仕事場で、私は心を揺さぶられた。トランプとその仲間たちは、この発言を皮肉なジョーク、つまり「切り札はトランプである（Trump being Trump）」（trumpには「切り札。奥の手」という意味がある）という他の例としてごまかそうとした。しかし、トランプの言葉はジョークには聞こえなかった。ある種のシグナルのように聞こえた。

翌月には、トランプの選挙対策委員長であったポール・マナフォート（Paul Manafort）が、ウクライナ国内の親ロシア派のためにロビー活動を行ったという汚れた経歴を暴露され、追放された。ヒラリー陣営はロシアの関与を訴え始め、ヒラリーは大統領候補討論会でもそれを行ったが、報道陣は特に関心を示さない様子だった。何かしら違和感を覚えたのだが――ほとんどのアメリカ人と同様――水面下にある氷山の大きさはわからなかった。

そして「10月のサプライズ」がやって来た。

10月7日、トランプが女性の「陰部」をわしづかみにし、そのまま逃げ切ったと自慢する映像が『アクセス・ハリウッド』（アメリカのテレビ番組）から流出した。[27] すると、さらにとんでもないことが起きた。「ウィキリークス」は1時間以内に、ヒラリーの選挙対策委員長であるジョン・ポデスタ（John Podesta）から5万通のメールを入手したと公表したのだ。[28] 選挙スタッフに関するコメントから、話題のリゾットのレシピにいたるまで、ウィキリークスは2000通以上の電子メールを即座に公開した。CNNは『アクセス・ハリウッド』の録画テープとポデスタの電子メールを分割画面で再生していたが、2つがまるでループしているかのように見えた。私は、アメリカの情報機関がロシアの選挙への関与について言及したことを漠然と覚えているが、それは性的不品行とリゾットの壁一面の映像に埋もれてしまった。そのうえ、このような後発の爆弾発言があったとしても、『ニューヨーク・タイムズ』紙の選挙予測では、ヒラリー勝利の可能性は91パーセントとされていた。[29]

11月初旬、私とキースは、私の誕生日に50人の友人を家に招待した。みんな上機嫌で、興奮している者もいた。当時、テック業界は活況を呈していた。その年の『フォーチュン』誌の「世界で最も称賛される企業ランキング」では、アップル社、アルファベット社（グーグル社の親会社）、アマゾン社がトップ3を独占していた。[30] 行く先々でサンフランシスコから来たと話をすると、彼らの目には輝きが見えた。その輝きは、1990年代にアメリカの話を聞いて、フランス人の友人たちが見せたものと同じようだった。

私たちが当時住んでいた家は丘の中腹に建っており、サンフランシスコの街並みがよく見えた。デッキでお酒を飲み交わしながら、セールスフォース・タワー――サンフランシスコで最も高く、ミシシッピ川以西では2番目に高い――を眺めることができた。サンフランシスコが世界の中心であるという、あのときの高揚感と楽観主義を象徴しているような気がした。『アトランティック』誌のアレクシス・マドリガル（Alexis Madrigal）は「タワーは帝国の心臓部にそびえ立ち、ある種の優美さをたたえながら、すべてを見守っている」と書いている。[31]

私は乾杯の音頭をとり、企画してくれたキースと、参加してくれたみんなに御礼を伝えた。そして、今年はジェットコースターのような一年だったが、私がグーグル社で新しい仕事を始めるこれからの一年をいかに楽しみにしているかを語った。また私たちはみな、礼節を欠いた大統領選の余韻から脱却する準備が整ったことをジョークを交えて穏やかに話した。

その夜、誰も選挙についてあまり語らなかった。ロシアや「フェイク・ニュース」、中国の通信社が世界のいたる所で暗躍しているという話もなかった。ただ、世界で最も重要な国の最も重要な産業で、若くクリエイティブであるがゆえの充実感に浸りながら、誰もが楽しい時を過ごしていた。

パーティーハットやチョコレートケーキがあった。2016年11月6日のことだった。そして、すべてが変わろうとしていた。

第1章 グレー戦争の起源

グーグル社への入社初日の前夜、私は興奮のあまり眠ることができなかった。その日の朝、何杯ものコーヒーを飲み、サンフランシスコのグレン・パーク近くにある自宅を出て、グーグル社が運営しているマウンテンビュー行きのバスに飛び乗った。

6時頃、私はグーグル社の本社ビルである、ガラスとレンガでできた低層ビルが建ち並ぶ広大なキャンパス「グーグルプレックス（Googleplex）」〔グーグル本社の愛称。数の単位を表すGoogolplex（グーゴルプレックス）に由来。1グーゴルプレックスは10の10乗の100乗を意味する〕。グーグル社はシリコンバレーの典型的な新興企業であった。スタンフォード大学の博士課程に在籍していたラリー・ペイジ（Larry Page）とセルゲイ・ブリン（Sergey Brin）がスーザン・ウォシッキー（Susan Wojcicki）（現在のユーチューブCEO）のガレージで働いた後、1998年に会社を設立した。それから約20年後、私が入社した頃には、グーグル社は地球上で最も象徴的な企業の一つに成長していた。検索エンジンの完成から自動運転車の試験にいたるまで、世界中で6

万人以上のグーグル社員（Googler）が働いていた。[1] これらの製品やサービスは年間900億ドルという驚異的な収益をもたらしている。[2] 設立して1年と経たないうちに、グーグル社はアップル社を抜いて世界で最も価値のあるブランドとなっていた。[3]

一般にスタートアップ企業には他社を蹴落とそうとするけんか腰の強いところがあるものだが、グーグル社もそのような存在になっていた。しかし、新しい仕事を始めてみると、グーグルには退屈さや官僚組織のような印象を全く感じることはなかった。ニュースや検索事業といったグーグル社の中核的機能をもつ建物や、AIやマシンラーニングといった最先端の製品に取り組むチームが中庭を取り囲むように配置されている。ヤシの木には、グーグル社員がキャンパス内の移動に利用する色鮮やかな自転車が立てかけられている。屋外には移動式屋台（フード・トラック）やベンチがあり、食事を楽しむことができる。屋内には深夜のコーディング・セッションのための「仮眠用ベッド」が備え付けられた会議室があり、スナックやラクロアがストックされた簡易キッチンが設置されていた。まさに「キャンパス」という表現がぴったりだった。グーグルに入社して、私は大企業に入社したような感覚ではなく、大学に戻ったような気分になった。

しかし、この仕事が楽しいことばかりでないことは、すぐにわかった。というのも、私はグーグルプレックスのドアを開け、論争の嵐の中に足を踏み入れてしまったからだ。

まったくの偶然だったが、私はドナルド・トランプが大統領に選出される前日にグーグル社員になった。11月8日の夜、私は友人のテック企業のオフィスで、少数のグループと一緒に選挙結果を見ていた。専門家たちはヒラリーが圧倒的大差をつけて当選すると予想していた。ネイト・シルバー（Nate Silver）〔選挙結果を予測するアメリカの著名な統計学者〕の予測を福音とする多くの人々と同様、私もそれを信じていた。ピーター・ティールはトランプの成功を予測し、シリコンバレーで彼を支持する唯一の声だった。

予想外にも、選挙結果を伝える各州の表示が次から次へとトランプ勝利を表す赤になっていくにつれて、私の不安は高まった。私は「ヒラリーはまだ勝てる」と自分に言い聞かせていた。午後11時40分、CNNが「クリントン、選挙の敗北を認め、トランプに電話」[4]という見出しのバナーを点滅させたとき、私はまだそのわずかな希望にしがみついていた。

ほとんどの友人が信じられない思いで見ていた。一人は泣き出した。他の人は大酒を飲み始めた。その後すぐに、私は家に帰った。「オーマイガー」と私はキースにメールした。ヒラリーに投票した6500万人のアメリカ人にとって、今回の選挙は衝撃的だった。テック業界は移民で構成されていることを誇りにしてきたが、彼らの多くは11月9日に目を覚まし、純粋に次のことを心配しはじめた。彼らや彼らの子供たちは、もはやアメリカで歓迎されることはないだろう。

まもなくシリコンバレーが衝撃を受ける理由がまた一つ増えた。『ワシントン・ポスト』紙の紙面から大統領のツイッターにいたるまで、私たちは「フェイク・ニュース」という新しい言葉を耳にするようになった。トランプ政権はこの言葉を受け入れ広めたが、この言葉は決して新しいものではなく、古くは1672年に国王チャールズ2世が「虚偽のニュースの拡散を抑制する」[5]という宣言を発令している。近年では、マケドニアのティーンエイジャーがネット上で発信した「ローマ法王フランシスコがトランプを支持した」というばかげた主張のように、まったくの虚偽のストーリーの流れを表現するために、メディアが「フェイク・ニュース」という言葉を使うようになった。[6]

選挙の後、専門家や技術者たちは、こうした虚偽のニュース記事が選挙結果に影響を与えたかどうかについて議論をはじめた。こうした批判に対し、フェイスブック社の創設者兼CEOのマーク・ザッカーバーグは「フェイスブック上のフェイク・ニュースが選挙に何らかの影響を与えたという考え」は「かなりクレイジーな考えだ」と断じた。[7] しかし、シリコンバレーのウォーター・クーラーや簡易キッチンの周りでは、その噂が広まっていった。フェイク・ニュースとは何なのか？　私たちも知らず知らずのうちに、フェイク・ニュースの拡散を助けていたのだろうか？

グーグル社のグローバル・ニュースの政策担当として、私はグーグル社員が「10本の青いリンク（ten blue links）」と呼ぶものについて考えることに多くの時間を費やした。検索用語を入力すると――「2020年の選挙」「ダラスのカウボーイ」「シカゴの天気」など何でもよいのだが――グーグルのアルゴリズムは瞬く間にあなたが最も欲しそうな情報を10のリンクのリストとして提供してくれる。グーグル社のビジネスモデルは、最上位に表示されるリンクとはいかないまでも、最初のページでターゲットを特定する能力を中心に据えている。一見すると簡単なように聞こえるかもしれないが、膨大な量のデータを解析することは、とてつもなく複雑なことである。

アルゴリズムが不正確な情報を提供する場合、その検索結果は①滑稽なほど明らかに間違っているものから②正確ではないが、にわかに否定しがたいもの③大きな影響を及ぼす可能性があるもの〔丸数字は訳者〕まで、さまざまなものがある。しかし、何が「正確な」情報で、何がそうでないかを誰が判断するのだろうか。そのためグーグルのアルゴリズムは、誰も秤(はかり)に指をかけないよう公平に設計されているのである。画面に表示される10本の青いリンクは、何十億ビットものデータの中から抽出された結果であり、アルゴリズムは、個々のクエリに対してどのウェブサイトが最適であるかを十分な情報に基づき推測している。

しかし、もちろん例外もある。そして、その例外に対処するのが私の仕事だった。

児童ポルノを例に挙げる。まともな人間なら誰でも、子供たちを性的搾取から守りたいと思っているはずだ。グーグル社は児童ポルノを扱うウェブサイトを削除することはできない――それは政府の仕事だ――が、そのようなサイトがグーグルの検索結果に表示されないようにすることはできる。私の役割は政策アドバイザーとして、グーグルの検索エンジニアがキュレーション検索やニュース機能から何を削除すべきか、また不愉快ではあるが削除すべきでないものは何かを正確に把握する手助けをすることだった。たとえば性的搾取と勇敢に闘う慈善団体のホームページに「児童ポルノ」というフレーズがあることをグーグルのアルゴリズムが検知したために「10本の青いリンク」から隠されてしまうようなことは避けなければならない。そこで私が所属していたグーグル社のチームは、隠すべき情報と残すべき情報を選別するために会社のポリシーを作成した。

たとえば2015年、グーグル社はリベンジ・ポルノの被害者が自分の無許可の写真をあらゆる検索結果から消去できるようにするポリシーを確立した。[▼8] 2017年にインドで医療記録の膨大なデータがハッキングされたとき、グーグル社の私たちのチームは、機密性の高い個人情報を含むリンクが推奨リンクの中に表示されることがないように対応した。たとえばHIVに感染しているかどうかなど、誰かの病歴がグーグル検索で判明しないようにした。

こうしたチャレンジングな側面もあり、私は自分の仕事にやりがいを感じていた。新しい種類のデータがオンライン化されるにつれ、テック企業は言論の自由、プライバシーの権利、国家安全保障上の要求といった問題の間でバランスをとりながら、ユーザーが最も有用な情報にアクセスできるようにするために日々努力している。ここでロシアとフェイク・ニュースがもたらすユニークな課題について考えてみたい。

選挙後の数週間、私を含む技術者仲間の中には、偽情報が私たちのプラットフォームで大きな問題になっていることを心配する人はほとんどいなかった。しかし、私たちはもっと理解したいと思っていたし、最新の政策を提案するポリシー・アドバイザーとして、これは私が取り組むべき課題だった。

ウェブ・ブラウザの「グーグル・ニュース」タブ、アンドロイド端末を下にスワイプして表示されるニュース・フィード、グーグル・アシスタントに「OKグーグル、ニュースを読んで」と頼むと聞こえる音声ニュースなど、グーグルには個別のニュース・プロダクトが数多くある。多くの消費者にとって、これらの製品はおそらく別々の異なる機能のように見えるだろう。しかし、その一つひとつはデザイナー、エンジニア、データ・サイエンティスト、マーケティングの専門家など、目に見えないチームによって実現されている。

オーガニックな「10本の青いリンク」とは異なり、ニュース特集はグーグル社が「ニュース」としてラベル付け、または指定したコンテンツに対して、より厳密に選別され、より厳格なポリシーにしたがって運営されている。そして、これらの製品のそれぞれが、モスクワに倒錯的なプロパガンダを挿入される潜在的な亀裂となった。

私はサイバーセキュリティの専門家に相談したり、権威主義の台頭について研究している学者や戦略家の論文に目を通しながら、問題の輪郭をつかむ作業に取りかかった。プーチンのプロパガンダはますます洗練さを高めていること、テック産業のサプライチェーンが脆弱であること、中国が計画的に何十年もかけて地球をデジタルで包囲し、世界を独裁政権にとって安全なものにしようと努力していることを私は学んだ。

2016年にフェイク・ニュースという疫病は猛威を振るったが、それは実態の半分にも満たなかった。私はこの現象を2016年の選挙期間中に垣間見たものの、〔今にして思えば〕完全には理解できていなかった。しかも、この現象はサンクトペテルブルクから浦東、平壌にいたるまで、ハッカーとスパイが何十年も前から――どういう形であれ――繰り広げてきた、より大きな戦いの一断面にすぎないことがわかってきた。

こうした新事実が非常に気がかりになり、私は夜も眠れなくなった。ロシアのトロール・ファーム、フェイク・ニュース帝国を築いたマケドニアのティーンエイジャー、欧州のネットワークを乗っ取ろうとしている中国のコングロマリットという現象に悩まされながら寝返りを打っていると、同じ疑問が頭の中を駆けめぐった。

どうやって、ここまでたどり着いたのだろうか？

ARPANETでイノベーションを起こす

その答えは、インターネットの黎明期のSFリストサーブと大いに関係がある。1969年10月29日、スタンフォード研究所の研究者がスタンフォード大学キャンパスにあるコンピュータとUCLAにある別のコンピュータを接続した。それが行われた場所はスタンフォード大学の広大なキャンパス内にある私のオフィスから約1マイルほど離れたところにある建物の中だった。特に人目を惹くような建物ではない。そこで研究者たち——国防総省の高等研究計画局（ARPA）から資金援助を受けている——は電話回線を使ってメッセージを送ったのである。しかし通常の電話と異なり、この新技術はデータを「パケット」と呼ばれる断片に分解し、一つ一つのパケットは最速経路で目的地に向かい、2台目のコンピュータで再び組み立てられた。

インターネットの誕生である。

ARPAの研究者たちは2台の端末を並べ、「L－O」の文字が画面に表示されるのを食い入るように見ていた。だが「LOGIN」の文字が完成する前に、この新システムはクラッシュしてしまった。P・W・シンガー（P. W. Singer）とエマーソン・ブルッキング（Emerson Brooking）は「インターネット史上最初のメッセージは誤送信だった」[9]と皮肉交じりに語っている。実際、初期のマシンは非常に繊細で、ユーザーが自分のメッセージが正しく送信されたかどうかを確認できるように音声ヘッドセットが付属していた。[10]

こうした制約があったにもかかわらず、この「インターネット」は急速に発展していった。スタンフォード大学とUCLAによるこの最初のテストから数週間後、サンタ・バーバラのコンピュータがネットワークに加入し、さらにユタ州のコンピュータも参加した。2年も経たないうちにネットワークは15の大学を結びつけた。[11] 1973年にはロンドンにある大学とノルウェーの地震研究所が加入し、インターネット初の国際接続となった。[12]この新しいネットワークはペンタゴンの後援者にちなんで、ARPANETと呼ばれた。

インターネット史家のジョニー・ライアン（Johnny Ryan）は、電子メールは「ARPANETにまったく計画されていない付属物だった」と説明している。[13]ショートカット記号として「@」を使った個人宛てのメッセージは、主に研究者どうしが通信手段を共有し、相互に連絡を取り合うためのものだった。ところが、いつも時間に追われている普通の事務職員なら驚くに当たらない展開が待っていた。電子メールだけでネットワーク帯域の3分の2を占めるようになったのである。[14]しかし、どんなに目を凝らしてみても、当時のARPANETは、通信と商業のネットワークが世界中の隅々まで行き渡り、いつの日かTikToksを作るティーンエイジャーでいっぱいになるような（現在の）ものとは似ても似つかぬものだった。

それもSF向けリストサーブの登場で事態は変わった。一般的な個人どうしの電子メールとは異なり、1979年のある日、受信箱に届いたメッセージはネットワーク全体に向けて発信されたものだった。件名は「SF-Lovers」で、内容はいたってシンプル。送信者が知りたがったことは「みなさんの好きなSF作家は誰？」[15]というものだった。全国から寄せられた回答は、よりソーシャルで新しいインターネットの誕生を予感させた。現在、私たちは1分間に約1億9000万通の電子メールを送り、35万回のツイートをし、500時間以上のコンテンツをユーチューブにアップロードし、45万枚の新しい写真をフェイスブックに投稿している。[16] SFリストサーブで起きた最初の大量の電子メールと、アメリカ人の5分の1が「オフラインで過ごすことがない」と告白している現実をつなぐ道筋をたどってみたい。[17]

ARPANETが誕生した頃のネットワークは、各地域のコンピュータ・クラスターが緩やかにつながり、それぞれが独自の言語やルールをもっていた。ヴィントン・サーフ(Vinton Cerf)とロバート・カーン(Robert Kahn)という2人の研究者が個別のクラスターをつなぐ共有プロトコル——これ以降Transmission Control Protocol/Internet ProtocolすなわちTCP/IPとして知られる——を1983年に開発し、研究機関の枠を超えたネットワークとして発展させた。[18] しかし、この拡張は決して歓迎されたものではなかった。ペンタゴンはすでに自由奔放なネットワークに伴うセキュリティの脆弱さを懸念していた。MITやカーネギーメロンなどの大学では、工学を取り巻く当時のおおらかな学風を受け継ぎ、システムを広く開放し、「不特定多数の人々(ランダムズ)」に自由に使わせることに誇りを感じていた。サーフのプロトコルによって、より多くのマシンがオンラインに参加できるようになると、国防総省はいよいよ限界に達した。ペンタゴンはARPANETから分離し、より安全な独自のネットワークを構築した。MILNETである。[19]

皮肉なことに、こうして軍が残したネットワークは21世紀の主戦場となり、第一次冷戦下で生まれた創造物が次の冷戦を定義することになったのである。

その頃、レーガン大統領はキャンプ・デービッドでハリウッドの新作スリラー映画『ウォー・ゲーム』を鑑賞していた。マシュー・ブロデリック(Matthew Broderick)演じる10代の若者が、はじめのうちは高校のコンピュータに不正アクセスして自分の成績を改ざんしていたが、やがて北米航空宇宙防衛軍のシステムに侵入し、第三次世界大戦を引き起こしそうになる様子を大統領は心配そうに観ていた。動揺したレーガンは統合参謀本部議長に「こんなことが本当に起こるのだろうか」と尋ねたと言われている。[20]

レーガンの問いかけをきっかけに、連邦政府のサイバースペースの脆弱性を調査することになり、「テレコミュニケーションと自動情報処理システム」に関する極秘の大統領令が出されるにいたった。この大統領令は、これらのシステムは「傍受、不正な電子アクセス、技術的悪用の影響を非常に受けやすい」と述べている。ロシアのトロール工場が話題になる30年以上も前に、この大統領令は「政府システムだけでなく、アメリカ市民や企業の個人情報や機密情報を処理するシステムも、外国からの搾取の対象になりうる」と警告を発していた。[21]

レーガンの質問に対する答えは、そのような侵入は起こりうるだけでなく、すでに起きているというものであった。[22] 1983年、FBIは6つの州で十数軒の家を家宅捜索し、パソコンやパスワード、モデムを差し押さえた。その中には、ミルウォーキーに住む10代のハッカー集団が政府のシステムやニューヨークのメモリアル・スローン・ケタリング癌センター（世界トップクラスの癌の治療・研究・教育機関として有名）などに侵入した事案もあった。しかしハッキングを禁止する法律がないため、困惑したFBIは結局、犯人たちをわいせつ電話や嫌がらせ電話をかけたという軽犯罪で起訴した。[23]

この電子的悪用という新たなフロンティアに対処するため、アメリカ議会は1986年に「コンピュータ詐欺・濫用防止法（Computer Fraud and Abuse Act）」を可決し、政府・金融・商業システムへの「不正アクセス」を罰することにした。[24] 同年には「電子通信プライバシー法（Electronic Communications Privacy Act）」が制定され、法執行機関はユーザーのデータ保護を目的に捜査令状を発行できるようになった。やがて、この法律はテロやスパイの追跡を目的とした、その後の政府活動の基礎となった。[25]

こうした原初的な詐欺や悪用が蔓延する一方で、インターネットは発展していった。1987年から1989年にかけて、インターネットの利用者数は2万8000人から16万人に急増した。[26] 1989年にはイギリスのコンピュータ科学者ティム・バーナーズ＝リー（Tim Berners-Lee）が情報をデジタルでつなぐ「ハイパーテキスト」というシステムを考案した。このハイパーテキストは「ハイパーテキスト・マークアップ言語」（HTML）で構成され、「ハイパーテキスト転送プロトコル」（HTTP）にしたがって「ユニフォーム・リソース・ロケータ」（URL）で識別されるインターネット・ノードに送信された。この仕組みをバーナーズ＝リーは「ワールド・ワイド・ウェブ」と名付け、これは文字通り世界を変えることになった。[27]

先駆的なエンジニアたちは、マーク・アンドリーセン（Marc Andreessen）のモザイクやネットスケープ・ナビゲーターなどのように、いわゆるウェブ・ブラウザを開発し、新しいウェブを簡単に検索できるようになった。AOL社やコンピュサーブ社が提供したダイアルアップ・サービスは、技術的なバックグラウンドをもたない何百万もの人々がインターネットにアクセスできるようにした。国防総省が撤退した後、インターネットは全米科学財団（National Science Foundation）によって研究用ツールとして運営されていたが、ネットワーク管理者はインターネットでの商業活動を禁止していた。[28] 1995年にその禁止が解かれたとき、インターネットは爆発的に普及した。2000年になる頃には、3億6000万台にのぼるコンピュータがインターネットに接続されていた。[29]

これまで何度も繰り返されてきたことだが、オンラインでの技術の進歩は、それを悪用しようとする独創的な試みを生み出してきた。1977年、コネチカット州選出の民主党上院議員エイブ・リビコフ（Abe Ribicoff）は「コンピュータ犯罪」[30]に対する最初の法案を提出したが、失敗に終わった。翌年には、最も初期のスパムの事例が記録された（あるユーザーは「これはARPANETの使用に関する違法な侵害である」と、マーケティング責任者に返信した）。[31] SF-Loversのメールが配信された1979年と同じ年に、最初のコンピュータ・ワームが登場した。[32] 1997年5月にはamazon.comという新しい電子商取引サイトが公開された。その2週間後、FBIはカルロス・サルガド・ジュニア（Carlos Salgado Jr.）というハッカーを逮捕した。彼は10

万枚に及ぶクレジットカードから情報を盗み出し、その被害総額は10億ドルに達した。[33]

1998年2月、エアフォース・ワン（アメリカ合衆国大統領専用機）の本拠地であるアンドリューズ空軍基地に警報が鳴り響いた。当時、サダム・フセイン（Saddam Hussein）は国際兵器査察団をイラクから追放し、アメリカ軍はフセイン政権に対する空爆を準備し、緊張が高まっていた。そうしたなか、高度な技能をもつハッカーが空軍州兵のシステムに侵入を試みた。数週間後にはラックランド空軍基地、カートランド空軍基地などにも侵入が及んでいた。[34]

国防省と司法省はアラブ首長国連邦からイスラエル、そしてカリフォルニアへとデジタル上のブレッドクラム（ウェブサイトの閲覧履歴の順序を階層順に表示したもの）をたどった。実際はイラクによるサイバー攻撃とはほど遠く、ソノマ・ワイン・カウンティー（アメリカ・カリフォルニア州サンタローザにあるワイン生産地として世界的に有名）近くに住む10代の若者2人組の仕業だった。FBI捜査官は若いハッカーの一人が自宅でペプシの空き缶と食べかけのチーズバーガーに囲まれているのを発見した。[35]彼らは10代のイスラエル人ハッカーであるエフド・「ザ・アナライザー」・テネンバウム（Ehud "The Analyzer" Tenenbaum）から指導を受けていたが、イスラエル当局は最終的に彼を逮捕した（このイスラエル人の技術力の高さと、アメリカとイスラエルの複雑な関係を示すかのように、ベンヤミン・ネタニヤフ（Benjamin Netanyahu）首相は「誇らしい父親のように強気になり」、テネンバウムのことを「上出来だ」と評したと伝えられた[36]）。

「テレコミュニケーションと自動化された情報処理システム」が害を及ぼす力となりうることを理解するにいたったのは、時間を持て余しているティーンエイジャーや軽犯罪者だけではなかった。空軍のコンピュータに侵入したカリフォルニアの10代の若者たちの偉業について、ホワイトハウスの安全保障・インフラ防護・テロ対策担当のリチャード・クラーク（Richard Clarke）は冷静に警告を発していた。「もし、2人の14歳の若者にそんなことができるのなら、断固たる決意を固めた敵が何をしでかすかを考えてみてください[37]」。

1989年の反響

ロシアや中国のような「断固たる決意を固めた敵」がインターネットを魅力的な兵器と見なすようになった経緯を真に理解するためには、それを行使しようとしたモスクワや北京の指導者たちの思考枠組み（マインドセット）を理解する必要がある。そのためには、1989年という運命の年を訪れなければならない。

私は1989年11月9日、パリから車で1時間弱のところにあるサン・ジェルマン・アン・レイ（Saint-Germain-en-Laye）という快適な田舎町で生まれた。ヘルバーグ家の第2子の誕生は家族内ではニュースになったが、世界的には別の場所で起きた事件によってその影は薄かった。私がいた病院から約1000キロメートル離れた場所では、歓喜に沸くベルリン市民たちが壊されたベルリンの壁の隙間から溢れ出ていた。[38] 数十年間分断されていた西ドイツ市民と東ドイツ市民は、花、シャンパン、ダンスで再統一を祝った。自由世界の人々もそれに加わった。私は産科病棟から、この祝祭の合唱に自らの産声を添えた。

1991年にソヴィエト連邦が崩壊し、東欧の旧ワルシャワ条約機構加盟諸国は自由選挙を行うようになった。欧州からアジア、アフリカを経てラテンアメリカにいたるまで、自由市場とリベラル・デモクラシーが拡大していた。若き政治学者フランシス・フクヤマ（Francis Fukuyama）は、人類が「歴史の終わり」に到達したと結論づけた。

しかし、誰もがこの瞬間を祝福していたわけではない。ベルリンの壁が崩壊したとき、ウラジーミル・ウラジーミロヴィチ・プーチン（Vladimir Vladimirovich Putin）は東ドイツのドレスデンに駐在していた若いKGB将校だった。プーチン自身の証言によると、ドレスデン本部を襲撃しようとした怒れる群衆を拳銃でかわしたというエピソードがある。プーチンと仲間のスパイたちは、自分たちが収集した情報の破棄に奔走した。「私自身、膨大な量の資料を燃やした」とプーチンは語っている。「かまどが破裂するほど大量の資料を燃やした」と。[39]

ソヴィエト軍の戦車で、暴徒と化した東ドイツ人を鎮圧できると確信したプーチンは応援を要請した。〔返答は〕「モスクワからの命令がなければ、我々は何もできない」というものだった。そしてプーチンは「モスクワは沈黙している」[40]と言われた。BBCのクリス・ボウルビー（Chris Bowlby）記者は「この『モスクワは沈黙している』という言葉はそれ以来、この男につきまとうようになった」と評している。[41]

誰が見ても、1989年はロシアの大統領に忘れがたい影響を与えた。東ドイツの人々にとって壁の崩壊は勝利を意味したが、プーチンにとってそれは悲劇であった。グラスノスチとペレストロイカを掲げたミハイル・ゴルバチョフ（Mikhail Gorbachev）がソヴィエト連邦を裏切ったのである。プーチンは妻と20年ものの洗濯機を抱えてレニングラードへ帰り、タクシー運転手として新たなキャリアを築こうと考えていた。[42]まもなくレニングラードも、ロシア革命以前のサンクトペテルブルクという名前に戻ることになる。ジャーナリストのマーシャ・ゲッセン（Masha Gessen）は、プーチンが「自分でも理解できず、受け入れがたい変貌を遂げてしまった国にいることに気づいた」と語っている。[43]

国家が二度と自分を失望させないようにするため、プーチンは自らが国家になった。10年と経たないうちに、彼はKGBの幹部からロシア大統領に登り詰めた。プーチンは「クレムリン株式会社」と呼ばれるオリガルヒ〔新興財閥〕の幹部を集め、生まれたばかりのロシアの民主主義を支配するようになった。[44]プーチンの2人の元側近がロシア最大の石油会社の経営に乗り出した。[45]プーチンの柔道の元相棒はロシア最大の建設業者となり、政府から大規模な契約を受注した。[46]

プーチンのクレプトクラシー〔政治家や官僚など少数の支配階級が国民や国家の金を横領し、私腹を肥やす腐敗した政治体制。泥棒政治ともいう〕では、形だけの反対運動は許されていたが、それが普遍化することはなかった。

政権を批判する政治指導者やジャーナリストは姿を消したり、死んだりした。汚職や人権侵害を調査していた運動家ジャーナリスト、アンナ・ポリトコフスカヤ（Anna Politkovskaya）は2006年、モスクワのアパートのエレベーターで銃撃され亡くなった。[47] プーチンが権力を握って以来、ロシアで殺害された約30人のジャーナリストのうちの一人である。[48] 2014年には副首相からプーチン政権の批判に転じたボリス・ネムストフ（Boris Nemstov）がクレムリン近郊で4回も銃撃を受けた。[49]「ウラジーミル・プーチンが最も恐れる男」[50]と呼ばれる反腐敗活動家アレクセイ・ナワリヌイ（Alexei Navalny）は2020年に毒殺されかけた（さいわい一命をとりとめたが）。[51]

2005年、プーチンはロシア議会で演説し、ソヴィエト連邦の崩壊は「今世紀最大の地政学的大惨事」であり、ロシア国民にとって「真の悲劇」であったと語った。[52] プーチンは、旧ソ連の衛星国が崩壊し、権威主義的な体制が欧米的な民主主義体制に取って代わられるのを目撃した。1990年代、北大西洋条約機構（NATO）は国連でロシアの反対を押し切ってバルカン半島を空爆した。[53] 1999年にはポーランド、チェコ共和国、ハンガリーが北大西洋同盟に加盟し、数年後にはブルガリア、ルーマニア、アルバニアがそれに続き、さらに、かつてソヴィエト連邦の一部であったバルト三国までもがNATOに加盟した。[54] 自由化の波は母なるロシアにも近づきつつあった。ソ連の侵略に対抗するために結成されたNATOは、いまやプーチンの目の前に存在し、その最東端はサンクトペテルブルクから車ですぐのところまで来ていた。ロシアの指導者はそれを押し戻す選択をした——それも力強く。

プーチンは旧ソ連の勢力圏を再構築することを夢見ていた。2008年、旧ソ連の共和国であったジョージアが欧米に傾くことを恐れた彼は、ロシア軍に侵攻を命じ、同国を分断した。2014年には、ウクライナで同様の事態が発生した。その間、ソ連崩壊後に荒廃したロシア軍の再建に乗り出し、国際舞台ではモスクワのパワーが回復したとの評価を得ていた。

しかし、プーチンは前線での軍事攻撃だけでロシアの影響力を回復しようとしていたわけではなかった。このKGBのベテランは、ロシア人が長い間 aktivniye meropriyatiya ――「積極工作（アクティブ・メジャーズ）」――と呼んでいたものを採用した。[55] それは旧ソ連のエドワルド・シェワルナゼ（Eduard Shevardnadze）外相（1985年から1990年までソヴィエト連邦の外務大臣。1995年から2003年までグルジア（現ジョージア）大統領）が言ったように、「力の政治（ポリティクス・オブ・フォース）」だけでなく「政治の力（フォース・オブ・ポリティクス）」によって影響力を行使するものだ。[56] プーチンがそのような戦術に走るのは、きわめて自然であった。ジョンズ・ホプキンス大学のトマス・リッド（Thomas Rid）教授は、プーチンが就いていたドレスデンでのポストについて、「積極工作が最も狡猾だった時期に、西ドイツに対する積極工作を実行するために特別に創設されたものだった」と指摘している。[57]

アメリカに対する2016年の工作活動を予見させるかのように、モスクワによる冷戦期の積極工作キャンペーンは西側世界にくさびを打ち込むことを狙いとしていた。KGBはアメリカ国内でマイノリティ集団に対する暴力が蔓延しているという話（一部は真実）を広めた。1984年の大統領選挙では、KGBのエージェントがレーガンの再選を阻止しようと画策した。[58] 有名なのはソ連によるデンバー作戦である。これはアメリカ政府がメリーランド州のフォート・デトリック（Fort Detrick）[59] でエイズ・ウイルスを作り出したという嘘を振りまいたものだ（最近、国防総省が同じ施設でCOVIDを作ったと中国が主張しているのは不気味な前触れである）。[60] 1985年にCIAのアナリストは、控えめに見積もっても、ソヴィエト連邦は世界各地の積極工作に年間30～40億ドルを支出し、[61] 冷戦期全体を通じて推定1万件の偽情報工作に関与していたと見積もっている。[62]

ソ連の偽情報キャンペーンは多くの面で効果的であったが、限界もあった。元FBI捜査官で国家安全保障アナリストのクリント・ワッツ（Clint Watts）は「ソ連の宣伝機関は（宣伝対象となる）オーディエンスを育成するのに何年も何十年もかかった」と述べ、モスクワには賄いきれない時間と資金を費やしていると指摘している。その一方で「積極工作は潜在的に有効であり、うまく機能する可能性があった」とワッツは指摘し、「ただタイミングが合わなかっただけなのだ。インターネットが登場するまでは」と述べている[63]。『ニューヨーク・タイムズ』紙記者のデイヴィッド・サンガー（David Sanger）は「スターリンならツイッターをこよなく愛したであろう」と述べている[64]。

当初、ロシア政府はインターネットの破壊的な力を理解するまでに少々時間がかかっていた。ジャーナリストのアンドレイ・ソルダトフ（Andrei Soldatov）とイリーナ・ボロガン（Irina Borogan）は共著『赤いウェブ（The Red Web）』の中で、ロシアの保安機関はインターネットの扱いに困惑し、当初、国内初の商業用インターネット・サービス・プロバイダであるレルコム（Relcom）に対して「レルコムが管理するネットワークを通過するすべての情報をプリントアウト」することを要請したと述べている。レルコム社がその情報量の多さを説明すると、政府は要請を撤回したという[65]。

しかし、クレムリンが学習するのは早かった。1996年にアメリカ当局は、オハイオ州にあるライトパターソン空軍基地から、原爆発祥の地であるロスアラモスのエネルギー省国立研究所にいたるまで、ロシアがアメリカ国内の機密サイトに不正アクセスしていることが報告された。「ムーンライト・メイズ（Moonlight Maze）」と名付けられたＦＢＩの捜査により、ハッカーたちは欧州の時間帯に勤務し、3日間のロシア正教の祝日に活動を休止していたことが明らかになった。さらに調べてみると、ハッカーたちはコードをキリル文字で書いていたことが判明した。アメリカの捜査官たちはロシア政府からの支援の申し出を受け、モスクワに向かった。彼らはウォッカと歓談のもてなしを受けたが、協力はすぐに打ち切られた。ロシア側の諜報活動であることに疑いはなかったのだが、ロシア側は捜査協力に一切関心をもっていないことがわかった[66]。

こうしてロシアはサイバー時代に突入した。そして、モスクワは後ろを振り返ることはなかった。

バルト海沿岸の小国エストニアは、ロシアによる斬新な積極工作を思い知らされることになる。2007年、エストニア政府は首都タリンにあったソ連時代の銅像を移設する決定をした。その銅像をエストニア人の多くはソ連占領の記念碑と見なし、国内のロシア系住民は自分たちの遺産の象徴であると見なしていた。モスクワのエストニア大使館前では暴動が発生した。4月下旬にはハッカーたちがエストニアの重要機関に対してサイバー攻撃を開始した。Skype発祥の地であるエストニアは「E-stonia」と呼ばれることもあるほど技術的先進国であった。しかし、ロシア人ハッカーたちのサイバー攻撃により、政府のウェブサイトや銀行システムがダウンしてしまった。彼らが用いたサービス拒否攻撃は責任の所在を否定するものだった。ロシア当局は自分たちの無実を主張し、調査への協力も拒んだ。最終的に、この攻撃元をたどると、「ナシ（Nashi）」と呼ばれるクレムリンが支援する青年組織に行き着いた。▼67

エストニアへの攻撃は国家による他国への最初のサイバー攻撃と広く考えられている。* NATOの相互防衛条約第5条では、エストニアのような加盟国に対する武力攻撃が生起した場合、アメリカや欧州の同盟国はその国の防衛を検討することが義務づけられている。しかし、インターネットのインフラをダウンさせることは「武力攻撃」に該当するのだろうか。当時、誰も良い答えをもっていなかった。

NATOがこのサイバー戦という新たなフロンティアについて議論している間にも、プーチンは攻勢を続けていた。2008年にロシア軍がジョージアに侵攻した際、50カ所以上のウェブサイトが攻撃を受けた。とりわけ電子的な攻撃が行われた後、同じ場所に戦車や航空機による攻撃が続いているように見えた。これについて、アメリカ国防総省の元サイバー政策担当部長のマイケル・スルメイヤー（Michael Sulmeyer）は「従来の地上作戦がサイバー攻撃と結びついた最初の事例の一つ」と呼んでいる。▼68

ロシアはアメリカに対しても同様に――その活動は目立たない形ではあったが――攻撃的になっていた。2008年の大統領選挙の数週間前、国家安全保障局のスタッフがペンタゴンの機密システムであるSI

PRNETに潜むロシアのハッカーを偶然発見した。このネットワークは機密度が高いため、それに加入するコンピュータはすべて「エア・ギャップ」、つまりインターネットに接続できないように設計されていた。そこでロシア人はマルウェアに感染させたUSBメモリをアフガニスタンのNATO基地付近に密かにばらまき、アメリカ兵の誰かがそれを手に取るのを待っていたことが、のちに判明した。[69]この策略はうまくいった。40年前、国防総省はインターネットを誕生させたが、いまや敵対勢力はペンタゴンの創造物を使って、ペンタゴンそのものを攻撃していた。

侵入者をネットワークから追い出した後、政府のサイバーセキュリティ専門家は将来の攻撃に備え、ハイテク手段による解決策を実行に移した。彼らはペンタゴン中のコンピュータのUSBポートに強力瞬間接着剤を注入したのである。[70]しかし、ロシアだけでなく、ロシアと権威主義的な親類である中国からの攻撃をかわすには、コンピュータを接着剤で塞ぐだけでは不十分だった。

天安門広場とファイアウォール

1989年春、ソヴィエト連邦が崩壊し始めた頃、世界中に民主化の波が押し寄せ、北京の天安門広場では100万人とも言われる中国人たちがデモに参加した。[71]広場の端で白いシャツに黒いズボン、買い物袋を手にした男が迫り来る4台の戦車に立ち向かう姿は、一瞬にして象徴的な映像になった。戦車がよけ

＊　悪意あるサイバー活動には、いくつかの種類がある。「サイバー犯罪」は不正な金銭的利益を得るためにネットワークに侵入することを指し、「サイバー諜報」は敵を理解するために政府や団体の機密情報を引き出すことを意味する。「サイバー攻撃」は通常、地政学的目標を達成するため、重要なインターネット・インフラを混乱させたり、破壊したりするために行われる国家支援型の活動である。

て通り過ぎようとすると、その男は体を動かして戦車の進路を繰り返し塞いだ。それは人間対マシン、自由対抑圧という抵抗のダンスであった。その男が誰であるかは、その後も特定されることはなかったが、彼は「タンクマン」として民衆蜂起、さらには中国共産党による流血の虐殺の象徴として、世界中に知られるようになった。この事件は、私が1989年に抱いていた希望の裏返しであった。ベルリンでは、革命的な不穏な情勢は「壁の崩壊」という形で終わりを告げた。北京では、それが虐殺で終わった。[72]

2011年の夏、学術研究のために中国を訪れた私は天安門広場の真ん中に立ち、活動家たち――その多くは私のような若い学生たちだった――が自分たちの権利を求めて天安門広場に集まったことに思いをはせた。しかし、この巨大で堂々とした広場のどこにも弾圧があったことを記した銘板も花束も見当たらない。中国の教科書には、政府が遠回しに「六・四事件」[73]と呼んでいる出来事について触れているものはない。中国のコンピュータで検索しても出てこない。中国のネット検閲は時として不条理なレベルに達することもある。たとえば2011年末、中国のプログラマーが人気のあるNode.jsアプリケーション〔クライアントサイドで使用されてきたJava Scriptをサーバー側でも動作できるようにするソフト〕を更新しようとしたとき、そのバージョン・ナンバーである0.6.4.が虐殺の日付と一致していたため、更新を阻止されたことがあった。[74]

政府は天安門の抗議行動を国民の意識から消し去ろうとしたが、中国共産党指導部の意識には焼き付いてしまった。この「臨死体験」を味わった中国の指導者たちは「まるで地獄を目の当たりにしたような恐怖を感じたはずだ」とハル・ブランズは私に語った。そこから得た教訓とは何か？　いかなる反対意見も認めず、党を麻痺させるような分裂を避けることだ。ソヴィエト連邦が崩壊したとき、それを中国の指導者たちは自らの正当性を裏づける現象であると考えた。ゴルバチョフは決して武力の行使を望んでいなかったはずなのに、その結果、どうなったか？　天安門事件は、中国の政権がその後どのように振る舞ってきたかを説明する「ロゼッタストーン」なのだ。[75]

欧米の政治理論家たちは、経済成長と政治的自由化が互いに密接な関係にあるとの考えを長年にわたって支持してきた。社会学者シーモア・マーティン・リプセット（Seymour Martin Lipset）は「裕福な国ほど民主主義が持続する可能性が高い」と書いている。[76]天安門事件の後、中国はこの命題を検証した。ジャーナリストのエヴァン・オスノス（Evan Osnos）が述べているように、１９８９年の二の舞を防ぐため「党は国民に、政治生活の自由を減らすのと引き換えに、経済活動の自由を増やすという本質的な取り引きを提示した」のである。[77]

その結果、中国の繁栄はめざましい発展を遂げた。２０１２年までに中国は2週間に1回のペースで新しいローマに匹敵する都市を建設していた。[78]２０１１年から２０１３年までのわずか3年間で、中国の建設業者は20世紀全体でアメリカが使用した量を上回るコンクリートを消費した。[79]これを見て「中国の国鳥は建設用クレーンだ」と冗談を言う者もいた[80]（英語のcraneには「建設用クレーン」のほかに「鶴」という意味がある）。１９４９年に中華人民共和国が誕生して以来、この持続的な成長によって8億人の中国人が貧困から脱却した。いまから40年前にSF-LoversがＡＲＰＡＮＥＴを席巻していた頃、中国の一人当たりのＧＤＰは約１９５ドルだった。それが２０１９年には1万２６１ドルになった。[81]すでに中国は日本を抜いて世界第２位の経済大国となった。測り方にもよるが、中国がアメリカを抜いて世界最大の経済大国になったか、あるいは２０２０年代にはそうなるだろうと予測されている。

中国の新たな富は国内の反対勢力を抑圧するだけでなく、海外に影響力を拡大するための資源となった。イギリスのジャーナリストであるマーティン・ジェイクス（Martin Jaques）は、中国は長きにわたって自らを「国民国家としてではなく、文明国家として」捉えてきたと述べている。[82]国家が相互に主権者として接する、いわゆるウェストファリア・システムとは対照的に、中国は古くから「朝貢」という関係で他国と関わり、周辺国は中国の文化的優位性や圧倒的な力を認める見返りに、中国から保護を受けるというものである。中国が自らを「中華王朝（the Middle Kingdom）」と呼ぶのも、地上と天上の間に位置するヒエラルキーの頂点に立つ国であるという思想を表している。[83] 2010年の東南アジア諸国連合の会合で、中国の外相は露骨に「中国は大国で、あなた方は小国です」と告げている。[84]

なかでも中国の指導者たちは西欧列強の手による「屈辱の世紀」を覆すと語っている。それは1842年のイギリスとの第一次アヘン戦争における中国の敗北から、第二次世界大戦中の日本による侵略と残虐行為までの期間にまで及ぶ。こうした屈辱は遠い記憶の中の出来事ではない。2017年4月にトランプと習近平国家主席が初めて会ったとき、習近平はトランプにこの不幸な歴史についての講義を行った。[85] その年の末、習近平は中国が「新時代」に入り、「世界の中心的な役割を果たさなければならない」と宣言した。[86] 北京の見解では、それは香港を完全に支配し、台湾のような「離脱」した領土に対する支配を取り戻し、アジア太平洋全域で中国の影響力を拡大し、世界の覇権をかけてアメリカに挑戦することを意味している。「中国がアメリカの世界的なリーダーシップに対抗するために準備している兆候は、紛れもなくいたる所にある」とハル・ブランズとジェイク・サリバンは書いている。[87] そしてヴィント・サーフとティム・バーナーズ＝リーの独創的な創造物の中に、中国共産党は古くからの野望を実現する新しい方法を見出したのである。

天安門事件の2年前、最初の電子メールが中国から送信された。北京からベルリンまでの4500マイル〔約7200キロメートル〕の旅だった。後々になってみると、そのメッセージは、かなり不吉な印象を与えるものだった。「万里の長城を越えれば、世界のあらゆる場所に到達できる」。[88]

その後、中国人のインターネット利用は急増した。1996年から2000年にかけて、中国のインターネットのユーザー数は4万人から400万人に急増した。[89] 8億人のユーザーを抱える中国は、いまや〈世界の〉インターネット利用者の4分の1以上を占めている。[90] ウェブ・コンサルタントのヤコブ・ニールセン（Jakob Nielsen）は、統計学的に典型的なネットユーザーは「上海に住む24歳の女性である」と述べている。[91] 中国国民が外部世界に自由にアクセスできないようにするため、北京の官僚は自国のインターネットをシリコンの拳で支配するようになった。

2000年3月、ビル・クリントン（Bill Clinton）大統領は、中国を世界貿易機関（WTO）に招致する決定を擁護し、「新世紀には、自由が携帯電話やケーブル・モデムによって広がるだろう」と宣言した。クリントンは「中国がインターネットを取り締まろうとしていることは疑いがない」ことを認めたうえで、「幸運を祈ります！ それは〈釘ではなく〉ゼリーを壁に打ち付けるようなものです」と付け加えた。[92]

実はその2年前から中国政府はすでに「金盾プロジェクト（Golden Shield Project）」に着手しており、それは悪名高い「グレート・ファイアウォール」を包含する検閲と監視の広大なシステムへと発展していった。このシステムでは人間の検閲官とデジタル・センサーを使って、共産党の方針から逸脱したサイト〈グーグルを含む〉への国内からのアクセスはブロックされる。グレート・ファイアウォールの向こう側からは、疑わしい検索語に対するリターンはなかった。禁止用語を含むメッセージはデジタル空間へと消えていくのである。こうした北京による「壁にゼリーを打ち込む」作業の手助けをしたのが、シスコ（Cisco）社やサン・マイクロシステムズ（Sun Microsystems）社などのアメリカの有力企業であった。[93]

中国のオンライン・パワーは自国の国境内にとどまらなかった。新世紀が明けると、人民解放軍の2人の大佐、喬良（Qiao Liang）と王湘穂（Wang Xiangsui）が「超限戦」と名付けたアプローチを打ち出した。中国が世界のリーダーとしてアメリカに打ち勝つためには軍事的手段に頼らず、技術的なノウハウに頼る戦略しかないと主張したのである。「新しい戦争の原則は」と彼らは書いている。「武力または非武力、軍事または非軍事、殺傷または非殺傷など、あらゆる手段を用いて敵に自国の利益を認めさせること」である。[94]

それは、トランプ政権で国家安全保障担当補佐官を務めたH・R・マクマスター（H. R. McMaster）がのちに語った、「アメリカと戦うには2通りの方法がある。非対称で戦うか、無謀な戦いとなるかだ」[95]という見解と同じ認識に立っている。

2001年、南シナ海でアメリカの偵察機と中国のジェット機が衝突する外交問題が発生した後、アメリカのハッカーが中国のウェブサイトを次々と破壊した。それに対し、中国のハッカーはホワイトハウスのウェブサイトをダウンさせるサイバー攻撃で報復し、他にも政府系ウェブサイトに「アメリカ帝国主義を打ち倒せ！　反中国の傲慢さを攻撃せよ！」と書いたメッセージを書き込んだ。『ニューヨーク・タイムズ』紙はこれを「第一次世界ハッカー戦争」と名付けたが、それは、これから起こるであろうことのほんの一端にすぎなかった。[96]同年、中国の江沢民国家主席はインターネットが「政治、イデオロギー、文化の戦場になった」と宣言した。[97]

2008年、北京が夏季オリンピックを開催し、責任ある新興大国として世界にアピールしようとした同じ年に、人民解放軍のハッカーが国防企業のロッキード・マーチン（Lockeed Martin）のネットワークに侵入し、F－35戦闘機の設計図を盗み出した。[98]中国の工作員はジョン・マケインとバラク・オバマの両大統領候補の選挙キャンペーンに介入したが、それは明らかに両陣営の中国に対する見解を探ろうとするものだった。[99]その1年後、グーグル社は自社のネットワークに中国のハッカーが潜伏していることを発見した。侵入者は、私が入社する7年前の2009年半ばにグーグル社に入社していた。ハッカーたちによって「オーロラ」と名付けられたこの侵入事件から、中国が国防関連以外の企業を標的にしていることが初めて発覚したのである。そのきっかけは何だったのだろうか？　少なくとも1人の中国共産党政治局員が自分自身をグーグル検索し、「自分や家族に批判的な検索結果」に不快感を抱いたようだった。[100]グーグルの検索結果が気に入らない有力者が、自分の意のままにできるハッカー軍団を擁していた場合に何が起こるかを想像してみればわかるように、その中国指導者はデジタル攻撃を命じたのである。この歓迎されない訪問者は、グーグルの検索エンジンのソースコードなどの貴重な知的財産を探し出した。また彼らは中国の人権活動家のGmailアカウントへのハッキングも試みた。驚くべきことに中国のハッカーたちは、グーグル社のデータベースにも侵入した。そこには、インテリジェンス分野の脅威に対するアメリカの法執行機関からのスパイ活動の要請に対して承認を与える対外諜報活動監視裁判所（Foreign Intelligence Surveillance Court）が発行する裁判所命令も含まれていた。これは、中国がグーグルを使って、アメリカ政府が自国のスパイ活動をどこまで知り抜いているかを調べていたということを意味している。[101]

グーグルはこのハッキング行為を極めて深刻に受け止めた。グーグル社の共同創業者で社長のセルゲイ・ブリンはデスクを移動し、グーグル社のセキュリティ・チームと一緒に仕事をすることにした。そして、この分野で最も優秀なセキュリティ・エンジニアを採用するため、10万ドルの契約ボーナスを支給し、チームを強化した。[102]

このとき、ソヴィエト連邦からのユダヤ人難民であるブリンに、ためらいの余地はなかった。「ソ連にいたときもソ連を出ようとしたときも家族が苦労した経験を知っているので、個人の自由が阻害されることに特に敏感なのです」と、ブリンは語った。[103] その直後、グーグルは中国の法律で定められているような中国の検索エンジンであるGoogle.cnの検索結果の検閲には応じないことを発表した。これは急成長を遂げる中国市場からの撤退に等しく、実際、数カ月後にグーグル社は正式に撤退の決断をしたのである。この決定はグーグルの競争相手である中国企業のバイドゥ（Baidu）社を喜ばせたことは間違いない。[104] こうしてグーグル社は中国から撤退した――少なくとも当分の間は。

これは一種の「独裁者の覚醒」とでも言うべきもので、世界中の権威主義者がアメリカ主導の自由主義秩序を再編し、権威主義体制にとって安全な世界というビジョンを掲げ、アメリカのパワーの源泉に攻撃を仕掛けるために技術というツールを手に入れていたのである。一方のアメリカ国内では、独裁政治が勢いを増し、インターネットがその復活を助長しているという感覚は、まだ政策立案者や国民の間に広く浸透していなかった。実際、アラブ世界ではスマートフォンを手にしたデモ隊が大量発生し、テクノロジーは解放の力になると思われていた。

男がマッチ棒になる

2010年12月17日、一人の男がマッチ棒になった。

チュニジア当局による長年の虐待に怒りを感じていた26歳の露天商モハメド・ブアジジ（Mohamed Bouazizi）は、州都シディ・ブジッドで塗料用シンナーを全身にかけた後、自らに火を放った。[105] その焼身自殺は抗議行動を引き起こした。数日後には、首都チュニスに数千人が集まり、ジネ・エル・アビディン・ベン・アリ（Zine El Abidine Ben Ali）大統領の腐敗と汚職に抗議した。婿がサン・トロペ〔フランス南部の地中海に面する港町。保養地として有名〕からアイスクリームを空輸し、ペットの虎に一日4羽の鶏を与えるなど、大統領とその家族の行き過ぎた行為が「ウィキリークス」によって暴露されると、抗議活動はさらに激化した。[106]

デモ隊は「ベン・アリ、消え失せよ」[107] などのスローガンが書かれた看板を振り回し、「尊厳の革命（Thawrat al-Karāmah）」と呼ばれるようになった。[108] スナイパーが群衆に向けて発砲すると、抗議者たちはスマートフォンで殺戮の映像を撮影し、それを広く共有した。[109] 1カ月の抗議行動の後、23年間にわたって権力の座にあったベン・アリはサウジアラビアに逃亡した。[110] 歓喜に沸くチュニジア人たちは、民主的な憲法の起草に着手した。[111]

1月下旬には、エジプト人たちが「次は俺たちだ、次は俺たちだ。ベン・アリよ、次はお前の番だとムバラクに伝えよ」[112]と唱和するようになった。グーグル社の中東・北アフリカ地域マーケティング責任者であるワエル・ゴニム（Wael Ghonim）が作成したフェイスブックのページは、エジプトの「現代のファラオ」であるホスニ・ムバラク（Hosni Mubarak）に対する大規模な抗議行動をお膳立てするためのプラットフォームとなった。[113] ある活動家は「フェイスブックでデモの予定を立て、ツイッターで調整し、ユーチューブで世界に発信している」とツイートした。[114] ソーシャルメディアがデモの中心的役割を担っていることを認識したムバラク政権は、インターネットへのアクセスを遮断しようとした。しかし、それは失敗に終わった。2月11日、現代のファラオは辞任した。ムバラクは30年近くエジプトを支配していたが、ソーシャルメディアの力を借りた民衆によって、18日間で倒された。[115] 世界中が「アラブの春」と口にし始めた。

その数日後、その「アラブの春」がリビアにやって来た。ムバラクと同じく、リビアの指導者ムアンマル・カダフィ（Muammar Qaddafi）は、リビアの人々のインターネット・アクセスを遮断し、抗議活動を封じ込めようとした。[116] しかし携帯電話の動画が流出し、ユーチューブに簡単にアップロードされた。革命はリビアの長期独裁政権と反政府勢力との内戦に発展していった。* カダフィの軍が反政府勢力の拠点であるベンガジを攻撃する構えを見せると、アメリカは市民を保護するためにNATOの航空作戦を支援し、政府軍を押し返した。[117] カダフィの権力支配は弱まった。秋になると、カダフィは生まれ故郷のシルテに逃げ

＊　「同胞のリーダー（Brother Leader）」と呼ばれたカダフィは、40人の女性を私的なボディガードとして雇い、防弾仕様のベドウィン風テントで移動し、しばしばラクダ1、2頭を外につないでいた一風変わった人物であった。また民間人を人間の盾にし、反対派を拷問・投獄し、活動家やジャーナリストを殺害するなど、情け容赦のない人物でもあった。

込み、最終的に排水管に隠れているところを発見され、処刑された。インターネット上では、独裁者の絶望的な最期の瞬間をとらえた、画質の粗い生々しい映像が公開された。[118]

ソーシャルメディアが社会運動を煽り立てたのは今回が初めてではなかった。2009年に反政府デモがイランを席巻すると、熱狂的な観察者たちはインターネットの力は誰にも止められず、世界中で自由の力を解き放つだろうと予言した。アンドリュー・サリバン（Andrew Sullivan）は『アトランティック』誌に「革命はツイッターで行われる」と書いた。[119] 2010年初頭、ワシントンで学部生だった私は、ペンシルベニア通りに新しくオープンしたニュージアム〈歴史的な事件の報道写真や映像などを展示している報道関連の博館〉で、ヒラリー・クリントン国務長官がインターネットの自由について演説するのを見た。クリントンは「より多くのアイディアを、より多くの人々に伝える方法は、歴史上のどの瞬間よりも多く存在しています」と宣言した。「そして権威主義的な国々でも情報ネットワークは、人々が新しい事実を発見することを助け、政府が説明責任を果たすことを促しているのです」と続けた。[120]

こうした楽観論はイランの神権政治家が「緑の革命」を容赦なく弾圧した後も続いていた。そしていま、「アラブの春」がチュニジアからイエメンにいたるまで、硬直した政権を一掃し、その楽観論は正当化されたかに見えた。歓喜のあまりエジプトのある父親は、生まれたばかりの女の子に「フェイスブック」と名付けた。[121] 広く分散していた人々のネットワークが明確な組織構造やリーダーが不在のまま、抵抗と異議という目的のためだけにオンラインでつながっていた。そして人々は勝利しているように見えた。

しかし欧米諸国が勝利と見なしたものを、世界の独裁者たちは恐怖をもって見守っていた。「アラブの春は、ここ数年で起きたいかなる出来事よりも中国の指導者たちを不安にさせた」とオスノスは書いている。「ムバラクの没落から得た教訓は、ソヴィエト連邦の崩壊から得た教訓と同じであった。抗議運動を野放しにすると、公然たる暴動に発展するということだ」。[122]

一方、プーチンはリビアを欧米の裏切り行為と見なした。オバマ政権の初期、アメリカとロシアは外交的な「リセット」を図り、テロ対策で協力し、核兵器の削減を交渉していた。カダフィの軍から市民を守るため、リビアへの限定的な軍事介入を容認する国連決議にもロシアはやんわりと応じていた。[123] しかし、カダフィの死によってプーチンが最も恐れていたことが現実のものとなった。プーチンはリビアへの介入を「中世の十字軍への召集」と非難し、独裁者の死に心を痛めていると表明した。[124] プーチンは「カダフィの家族はほぼ全員殺され、彼の死体は世界中のすべてのテレビ・チャンネルに映し出された。それは嫌悪感なしには見られなかった」と語った。[125] プーチンは取り憑かれたようにそのビデオを見たと伝えられている。[126] カダフィの死体が街頭を引きずられるのを豪華な執務室で見ながら、ウラジーミル・ウラジーミロヴィチ・プーチンはこんな不名誉な最期を遂げることは決してないと誓う、そんな老練な元ＫＧＢ工作員の姿が目に浮かぶようだ。

世界各地でテクノロジーが自由化の新しい波を加速させていたことは、独裁者たちの目にも明らかであった。２０１１年の連邦議会選挙でプーチンの党は――広範な不正行為を働いてもなお――伸び悩み、劣勢に立たされた。その後、数千人のロシア人がモスクワに集まり、プーチンの逮捕を求め、「プーチンなきロシアを！」と叫んだ。多くのロシア人たちは、プーチンが「ＣＩＡのプロジェクト」[127]とレッテルを貼っていた集会のことをインターネット――アメリカ国防総省が開発したインターネット――を通じて知っていた。ソーシャルメディアを通じて一躍脚光を浴びていた反腐敗運動家のアレクセイ・ナワリヌイは歓声の中で演説を行った。「彼らは私たちをマイクロブロガーと呼んで笑うことができます。私たちをインターネットのハムスターと呼ぶこともできる。いいじゃないか。私はインターネットのハムスターだ。でも、彼らは私たちを恐れていることも知っています」。ナワリヌイと数百人のデモ参加者は、すぐに逮捕された。[128]

クリントン国務長官は声明の中で「ロシアの人々は世界中の人々と同様に、自分たちの声が聞き届けられ、自分たちの票を活かす権利を与えられるべきです」と語った。[129] これはむしろ形式的なメッセージと言えたが、プーチンにとっては、ロシア人が自分に対して立ち上がるようにというアメリカからの呼びかけに聞こえた。クリントンが「私たちの国の一部のアクターに向けて合図を送った」と、プーチンは主張した。[130] 彼はこのことをしばらく忘れることはないだろう。

インターネットが自国社会の脆弱性を突く可能性に欧米諸国が目覚めるのは、それから数年後の2016年の選挙でのことである。しかし、北京、モスクワ、テヘランの独裁者たちは「アラブの春」を通じて技術的な覚醒を遂げていた。世界中の抑圧的な政権が崩壊するのを目の当たりにし、ロシアおよび中国の非自由主義的政権は、情報空間を戦争の領域（ドメイン）として扱うことを急ピッチで進めた。「技術に疎い官僚たちは、インターネットを理解する新世代の執行者——反体制の抵抗者たちも含む——に取って代わられた」と、P・W・シンガーとエマーソン・T・ブルッキングは共著『「いいね！」戦争——兵器化するソーシャルメディア』の中で書いている。「実際のところ、民主主義の活動家たちは、インターネットに対して特別な主張をしていたわけではない。彼らは単に、先にそこにたどり着いただけなのだ[131]」。

ゲラシモフ、民軍融合を果たす

2013年の初め、「アラブの春」の余燼（よじん）がまだくすぶる中、ロシアの軍事専門誌『軍産クーリエ（Military-Industrial Courier）』にある記事が掲載された。「予測に関する科学の価値」というあたり障りのない見出しで、ロシアのヴァレリー・ゲラシモフ（Valery Gerasimov）将軍は、一見安定している社会を不安定にするために、非軍事的な手段を用いることができると主張した。[132] そして実際、ゲラシモフ将軍は「アメリカは親民主主義組織やインターネットを使い、東欧でそのようなことを行ってきた」と断言している。「21世紀には、戦争と平和の境界線が曖昧になる傾向が見られる」とゲラシモフは書いている。その結果、「政治的、戦略的目標を達成するうえで非軍事的手段の役割が拡大している」と主張した。彼の分析は中国の2人の大佐である喬良と王湘穂と同じものであった。ゲラシモフが持ち出した解決策は、ロシアはインターネットという「非対称的な可能性」を十分に活用すべきだということだった。[133]

この「ゲラシモフ・ドクトリン」は、ロシアの積極工作（アクティブ・メジャーズ）を情報化時代に適応させるものだった。1年も経たないうちに、積極工作はウクライナに向けて解き放たれた。2013年末、親欧米派のデモ隊が、プーチンの盟友であるウクライナのヴィクトル・ヤヌコビッチ（Viktor Yanukovych）大統領に対し、抵抗運動を開始した。彼がEUではなく、ロシアとの経済関係の緊密化を選択したことが理由だった。[134] アラブの春と同様、インターネットを利用した抗議行動により、専制君主は権力を失い、亡命することになった。

プーチンは、ウクライナをロシアの勢力圏から外すわけにはいかないと考え、ウクライナ国内のロシア語圏に住む分離主義勢力を支援した。さらに注目すべきは、私服部隊（標章のない緑色の軍服を着ていたことから「リトル・グリーンメン」と呼ばれる）を送り込んでクリミアを奪取したことだ。[135] 2014年の夏の終わり、ウクライナの革命勢力が東部地方の反乱をほぼ鎮圧しかけた後、ロシア軍が本格的にウクライナに侵攻した。

6年前のジョージアと同様、地上戦はオンライン作戦によって補完された。世界中の2万2000以上のロシア語ソースを精査した結果、ウクライナに関する否定的な報道が急増し、ロシアによるクリミア併合までの数カ月で2倍、3倍と急増したことが判明した。[136] RT.comのようなプロパガンダ・サイトは、ウクライナ軍による残虐行為と思われるセンセーショナルな話を紡ぎ出し、その話はトロールによって増幅されていった。〔たとえば〕親ロシア派のウクライナ人がバットで殴られ、首を絞められ、さらには3歳の子供が礫にされて、その母親が戦車で地面の上を引きずられたというものもあった。[137]

そうしたフェイク・ニュースの乱発は、複数の目的を果たした。ロシアに侵略の口実を与え、「ファシズム」と戦い、ロシア語を話すウクライナ人を保護していると主張することができた。またウクライナの民族主義者と親ロシア派の分離主義者の間の分断を激化させた。おそらく最も重要なのは、サンクトペテルブルクでインターネット・リサーチ・エージェンシーとして知られるトロール工場が、ソーシャルメディアを利用してニュースを歪め、国民を分断する方法を実験し始めたことだ。[138]

そして2015年のクリスマスイブの直前、ウクライナ西部で灯りが消えた。「フィッシング」メールを使って電力会社のネットワークを掌握したロシア人は、プリカルパティヤオブレーナーゴ（Prykarpattyaoblenergo）という舌をかみそうな名前の電力会社のブレーカーを開き始めた。あるエンジニアは、まるで見えないデジタルの手に操られているかのように、マウス・カーソルがコンピュータの画面上を飛び交い、ブレーカーを次々と開けていく様子をビデオに収めた。さらにハッカーたちは、電力会社のオフィスを真っ暗にし、電話回線を妨害して、停電の苦情で電話をかけた顧客たちを苛立たせた。ウクライナの公益事業がサイバー攻撃によって停止されたのはこれが初めてで、システムの復旧に1年以上を要したが、その間にキエフの20パーセントが停電するという破壊的な攻撃を受けた。[139] ウクライナは、ゲラシモフ・ドクトリンの実践の場と化していた。

中国はサイバースペースでもその影響力を拡大していた。2013年、習（Xi Jinping）主席は世界中にインフラを整備する1兆ドルの一帯一路構想——欧州から中国へ香辛料や絹などの物資を運んだ古代漢王朝時代のシルクロードになぞらえたもの――を発表した。[140] 習主席はこれを「世紀のプロジェクト」と称している。[141] アジア、アフリカ、欧州における戦略的投資の多くは、光ファイバーケーブル、5Gネットワークなどのデジタル・ハードウェアへの投資であり、インターネットの支配を決定づける重要なバックエンド・インフラである。[142] 2015年、中国の李克強（Li Keqiang）首相は新たな戦略プラン『中国製造2025』を公表し、中国を「世界の工場」から脱却させ、AI、ロボット、航空宇宙機器、バイオ医薬品など、ハイテク産業の優位を目指すとしている。[143] その2年後〔2017年〕、中国の党大会は中国を「サイバー超大国（スーパーパワー）」にすると宣言した。[144] サイバー超大国を目指す中国を後押しするのが憲法に挿記された「民軍融合」という概念である。[145] 民軍融合のもとで、大手通信会社のファーウェイ社やZTE社のような中国企業は中国政府に従属することになる。中国の国家情報法第7条には「いかなる組織または市民も法律に従って国家情報活動を支持、援助、協力し、国家情報活動の秘密を守らなければならない」[146]とある。つまり中国企業が世界中で建設するインフラや設備は設計上も定義上も事実上、中国政府の延長線上にあるのだ。もしあなたがファーウェイ社製の電話で話したり、あなたのメールがファーウェイ社の通信回線を流れていたとすれば、簡単に中国の諜報機関に直接メッセージを残すことになる。〔こう考えると〕「中国の民間部門」という言葉は、実質的に矛盾しているように聞こえるが、習近平は、中国国民と中国共産党の関係は「崇拝される月の周りを回転している星」[147]のようなものだと語っている。

重要なのは、民軍融合とは車の両輪であるということだ。中国が自国のハイテク巨大企業を利用して中国という国家を支えているように、国家も同様に、自国の産業を支援するために政府のハッカーを利用し、外国の競合企業に対して積極的な経済諜報活動を行わせている。

そうした活動の中心は「61398部隊」と呼ばれる中国人民解放軍のグループで、上海の浦東地区にある診療所や幼稚園を備えた施設で活動している。[148] 2012年には61398部隊のハッカーがオレゴン州にあるソーラーワールド・アメリカズという再生可能エネルギー企業に侵入し、キャッシュフローの集計表(スプレッドシート)から、中国のダンピングに対する訴訟の詳細を記した弁護士との機密通信にいたるまで、すべてを持ち去ってしまった。[149] ２０１４年にはバンクーバー在住の中国国籍をもつ男が逮捕された。この中国人は十数年にわたり中国のハッカーと協力して、世界最先端の戦闘機であるF－22ラプター、F－35、C－17軍用輸送機に関連するボーイング社のファイルを盗み出していた。盗まれたC－17の資料は合計63万個のファイル、約65ギガバイトのデータだった。その年の末に開催された中国の航空ショーでは、西安Y－20という模倣機をアメリカの本機の真向かいに駐機させ、窃盗の成果を堂々と披露している。[150]

しかし、それはまだ半分にすぎなかった。『ワシントン・ポスト』紙は、中国のハッカー集団がパトリオットPAC－3ミサイル・システム、終末高高度地域防衛対弾道ミサイル・システム、イージス・ミサイル防衛システムなどの設計図を持ち逃げしていたと報じた。[151]「アメリカには2種類の大企業がある」と、元FBI長官ジェームズ・コミー(James Comey)は率直に語った。「中国人にハッキングされたことのある企業と、中国人にハッキングされたことに気づいていない企業だ」。[152]

習近平国家主席が国賓として初めてのアメリカ訪問を間近に控えていた２０１５年9月、制裁をかわすため、習近平はオバマとサイバー手段による経済諜報を禁止する約束を交わした。[153] 短い期間ではあったが、少なくともアメリカ企業の機密情報の窃取は減少したように見えた。しかし、その一方で、中国によるアメリカ人の個人情報の窃取件数が増加し、医療保険会社アンセムの大規模な情報漏洩事件で７８００万人のアメリカ人のデータが流出するなどした。[154] この貴重なデータが闇市場――健康記録1件が40ドルや50ドルの値打ちがあると言われていた――に出回らなかったため、法執行機関や防諜当局は特に懸念を強めた。[155] それが中国共産党が管理するデータベースに直接送られる可能性が高いと思われたからだ。

この脆弱性は、一見すると政府機関の中で狙われそうにない人事管理局――数百万人の連邦職員の人事ファイルを扱う――にまで及んだ。2015年4月、人事管理局と契約を交わしていたIT業者は、人事管理局のネットワークがopmsecurity.orgという正規の政府サイトに似せて作られた偽装サイトに接触していることに気づいた。詳しく調べてみると、opmsecurity.orgとセカンド・ドメインは、実在の疑わしい2人の人物――スーパーヒーロー『キャプテン・アメリカ』の分身であるスティーブ・ロジャースと、『アイアンマン』の分身であるトニー・スターク――によって登録されていることが判明した。サイバーセキュリティ企業が被害状況を調査したところ、〔その結果は〕調査した専門家が別の専門家に宛てたメールに要約されていた。「これはもうダメだ」と。[156]

中国政府とつながりのあるハッカーは約1年の間に420万件の人事ファイル、560万件の生体指紋、2150万件のSF86（Standard Form 86）を流出させていた。[157]特に政府のセキュリティ・クリアランスのためのバックグラウンド・チェックに必要なSF86の流出が問題視された。このような情報を手に入れた中国政府は、不倫や犯罪歴、麻薬常習歴などを知ることになり、そのいずれもが脅迫に利用される可能性がある。〔アメリカの〕議会監視委員会は、このハッキングを「これまでに直面した中で最も深刻な国家安全保障に対するデジタル侵害[158]」と評価している。

21世紀のウォーターゲート事件

これが最後ということはないだろう。ロシアや中国がネット上で自己主張を強めている間にも、別の独裁者たちが行動を起こしていた。2010年、スタックネットと呼ばれる高度なワームが、イランの遠心分離機を1000基程度破壊し、イランの核開発計画を後退させた。このマルウェア攻撃は、アメリカとイスラエルによって実施されたものであると広く知られている。これに対抗し、イランの宗教指導者たちはサイバー作戦を強化し始めた。

2012年夏には、サウジアラムコ石油会社に対するイランのサイバー攻撃により、3万5000台のハードディスク・ドライブが損壊し、同社は5万台のコンピュータの買い替えを余儀なくされた。このとき、ハードディスクの世界価格が半年間にわたって高騰した。[159] その数カ月後、イランは「アバビル作戦」を開始し、バンク・オブ・アメリカ、JPモルガン・チェース、その他の金融機関に対して破壊的ではないものの注意を引くのに十分な一連の攻撃を実施した。[160] 翌年、カジノの大富豪で保守派の大口寄贈者(メガ・ドナー)であるシェルドン・アデルソン(Sheldon Adelson)は、イランの核開発に対する警告として、イランの砂漠の一角を核攻撃すべきだと公に提案した。これに対し、イランの最高指導者ハメネイ師(Ayatollah Ali Khamenei)はアデルソンに「強烈な平手打ちを受けるべきだ」と反論した。その平手打ちは、2014年初めにアデルソンのカジノ「サンズ」のネットワークに深刻な被害を与えるサイバー攻撃という形でもたらされた。この攻撃により、ラスベガスのコンピュータの75パーセントが破壊され、従業員の機密データが流出し、アデルソンのビジネスに約4000万ドルの損害を与えた。[161] これはアメリカ企業を標的とした国民国家による最初の破壊的な攻撃と考えられている。

表現の自由は、誰もが歴史上最も奇妙なサイバー攻撃の一つであると考える事件の中心をなしていた。その事件とは、北朝鮮の独裁者金正恩(Kim Jong-un)の暗殺を企てる——CIAの陰謀に協力するトークショーの司会者をセス・ローゲン(Seth Rogen)とジェームズ・フランコ(James Franco)が演じる——バディ・コメディ映画『ザ・インタビュー』をめぐって生じた。2014年夏に予告編が公開されると、北朝鮮はこの映画が「テロリズム」であり「強力で容赦のない対抗措置」をもたらすと警告した。アメリカ政府の関係者も、映画の製作会社ソニー・ピクチャーズ社も、さほど心配しているようには見えなかった。ローゲンは「映画のために12ドルを支払った後まで、誰も私の映画のために私を殺したいと思わないはずだ[162]」とツイートした。

しかし、金正恩は面白くなかった。当時、いわゆるハミット王国〔英語のhermitは「世捨て人、隠遁者」の意。歴史的に17世紀から19世紀後半まで中国以外の諸外国との接触を控えていた当時の朝鮮を指す言葉。現在では北朝鮮に対してこの表現が用いられている〕のIPアドレスの数は、ニューヨーク市の平均的な街区よりも少なかった[163]。だが金正恩はインターネットを〔アメリカに対して〕劣勢な独裁政権にとっての非対称的兵器と考えた。「サイバー戦は、核兵器やミサイルと並んで、わが軍の容赦ない攻撃能力を保証する万能の剣だ」と、彼は2013年に宣言している[164]。中国やロシアの専門家の訓練を受け、北朝鮮のサイバー能力は急速に向上し、推定6800人のハッカーを擁するまでになった[165]。

感謝祭の週、ソニー社のコンピュータが突然ダウンした。ハッカーたちは自らを「平和の守護者」と呼び、「我々はすでに警告していたはずだ。これはほんの始まりにすぎない。我々は要求が満たされるまで続ける。我々は最高機密を含むすべての内部データを入手した[166]」というメッセージを残した。やがて、内部データが流出し始めた。社会保障番号、業績評価、その他の個人情報を含む約4000万件のファイルである[167]。その中には、ある幹部がアンジェリーナ・ジョリー（Angelina Jolie）について「最低の才能しかない、わがままなガキ」と表現した興味をそそるゴシップや、ソニー社内の男女間の給与格差が不快なほど大きいことを示す給与情報などが含まれていた[168]。報道記者たちは、こうした生々しいメールを楽しんでいるようであった[169]。

〔ソニーへの〕攻撃が発覚したとき、ホワイトハウスのスタッフが「大統領、セス・ローゲンの駄作映画のブリーフィングをすることになるとは思いませんでした」と、オバマ大統領に語った。「その映画がどうして駄作だとわかるんだい?」と、オバマ大統領は尋ねた。それに対し、スタッフは「はい、これはセス・ローゲンの映画だからです……」[170]と答えたという。だがオバマ大統領とそのチームは、このハッキングが笑い事では済まされないことを承知していた。この攻撃はソニー社のコンピュータの４分の３近くを破壊した。[171]そしてアメリカ人従業員の生活も狂わせてしまった。それもこれも、独裁者の嫌いな映画の製作に起因していたのである。

オバマ大統領はこの攻撃を「戦争行為」とは位置づけず——その代わり、甚大なコストをもたらした「サイバー破壊行為」と呼んだのだが——政権はこの侵害を真剣に受け止めた。政権はこの攻撃を北朝鮮によるものであると公表し、悪質なサイバー活動を行った国への制裁を可能にする新しい大統領令を発表した。そして、アメリカは「我々が選んだ場所、時期、方法で」対処すると宣言した。[172]

結局『ザ・インタビュー』は、これまでで最も人気のあるオンライン公開映画の一つとなった。しかし、このハッキング事件で最も継続的な影響を受けたのは、流出した電子メールの方だったかもしれない。アーロン・ソーキン(Aaron Sorkin)は『ニューヨーク・タイムズ』紙のオピニオン欄で「平和の守護者の言いなりになった、すべての報道機関」を「道義的にも反逆に値し、途方もない不名誉」[173]であると断罪した。しかし、それでもスクープに飢えたアメリカのマスコミ各社は、ハッキングされた電子メールの内容を息せき切って報道することをやめなかった。遠くクレムリンでは、プーチンが注目していたに違いない。

「世界史上最大の、最も洗練された、標的を狙ったハッキング・キャンペーン」[174]と呼ばれるものが始まった。２０１５年の半ば、国家安全保障局はＦＢＩに対し、民主党全国委員会のネットワークの中で不審な動きを検知したと通知した。[175]ＦＢＩ捜査官は、この侵入はロシア連邦保安庁(悪名高いＫＧＢの後継組織)とつながりのあるグループCozy Bearによるもので、ある元ＫＧＢ大佐は１０００名のロシア人を擁するロシアのサイバー部隊の一部ではないかと推測している。[176] ＦＢＩはＤＮＣに電話をかけ、ロシアとつながりのあるグループがＤＮＣをハッキングしているようだと警告した。ＩＴ請負業者から派遣された経験不足の担当者が、この情報をメモして上層部に伝えたが、それは無視されたようだった。[177]

ロシアによるＤＮＣへの侵入は、ハイテクを駆使した21世紀のウォーターゲート事件に相当する。「皮肉なことだが」と、サイバーセキュリティの研究者ベン・ブキャナン（Ben Buchanan）は指摘する。「ニクソン時代の侵入犯が興味をもったファイル綴り――今でも記念品として保管されている――は、ハッカーに狙われたサーバーの一つからそう遠くないところにあった」と指摘している。[178] しかし、こうした初期の警鐘に反応する動きは起こらなかった。ＤＮＣ本部から半マイルのところにあるＦＢＩは、ＤＮＣのコンピュータがロシアのハッカーにピン〔接続確認用パケット〕を送信していることに気づくまでの数カ月の間、追跡調査をしていなかった。[179] ２０１６年春、ついにＤＮＣはハッキングの規模を認識し、その対策に奔走する。[180] そして、おそらく歴史上最も重大なタイプミスが発生した。２０１６年3月19日、ヒラリー・クリントンの大統領選挙対策委員長を務めていたジョン・ポデスタは「Google」から、何者かが彼のアカウントを侵害したので、パスワードを変更するようにというメールを受け取った。このメッセージを信用すべきかどうか迷ったので、側近の1人がこのメールをＩＴ担当者に転送したところ、その担当者は「これは正規のメールです。ジョンはすぐにパスワードを変更する必要があります」と回答した。後になって、このスタッフは「これは『不正な』メールです」と入力したつもりだったと主張している。いずれにせよ、ポデスタはパスワードを変更した。[181] ロシアのハッカーたちは――ロシアの軍事情報機関と連携しており、サイバーセキュリティの調査機関の間でFancy Bearというニックネームで呼ばれている――悪名高いリゾットのレシピを含むポデスタの約6万通の電子メールにただちにアクセスすることができた。[182] ポデスタは最も位の高い被害者だったが、唯一の標的ではなかった。わずか1週間の間に、ＧＲＵは毎日50の異なる選挙運動関連のアドレスにメールを送っていた。[183]

恥ずかしい電子メールを大量に入手したロシアは、それを武器にしはじめた。「ウィキリークス」は電子メールの山を手に入れたと公表し、戦略的にリークを始めた。その中には民主党の党大会間際のメールや、トランプの『アクセス・ハリウッド』の映像〈当時の共和党大統領候補であったトランプが2005年にゴシップ番組『アクセス・ハリウッド』のインタビューに対し、過去に女性の体を触ったことを下品な言葉で自慢げに語る動画を『ワシントン・ポスト』紙が10月7日に公開。これにより一時期、共和党内部からもトランプの当選が絶望視された〉から目をそらすため、10月7日に大量に流したダンピング・メールも含まれている。[184]

電子メールの多くは恥ずべきものではあったが、特に致命的というものでもなかった。そのほとんどは、選挙運動のメッセージや組織内部の些細な駆け引きにまつわるものだった。[185] このような、ごくありふれたメッセージを政治的な時流に乗せ、ほかの分裂を煽るようなテーマを増幅させるために、ロシアのインターネット・リサーチ・エージェンシーのトロールたちが暗躍し、さらなる増幅と歪曲のためにボットと喧伝のネットワークを駆使した。ツイッターのアナリストはのちに、ロシアのプロパガンダはユーザーに4億5470万回配信されたと計算している。[186] 最終的にフェイスブックは、2016年の選挙を通じて1億2600万人のユーザーがロシアの偽情報やフェイク・ニュースにさらされたと推定している。[187]

プーチンの介人が選挙結果に与えた影響を正確に測定することは不可能ではないにせよ、非常に困難である。ある研究によると、ロシアのトロールは、オンラインによる社会の分極化を達成するうえで、目に見える成果を挙げたという。[188] オバマ政権の国家情報長官であったジェームズ・クラッパー（James Clapper）は「ロシアが選挙の行方に影響を与えなかったと考えるのは、にわかに信じがたい」[189]と述べているが、正確なことは誰にもわからない。ただ私たちが知っている確かなことは、1億3900万票の選挙において、[190]ペンシルベニア、ミシガン、ウィスコンシンの各州で8万票以下のシフトが起こっていたならば、ヒラリー・クリントンが選挙人団選挙の勝者になり、次期大統領になれたということだ。[191] また、私たちは別のことも知っている。選挙日の夜、サンクトペテルブルクにいたトロールたちはシャンパンを飲み、祝杯を交わし、誇らしげに「我々はアメリカを偉大にした（We made America Great）」と叫んだ。[192] 世界中に「表現の自由」を広めることを目的とした自由で開かれたインターネットは、独裁政権にとって存続への脅威となっていた。そして独裁者たちは自らの生き残りを賭け、反撃に出たのだ。

こうしてグレー戦争が始まった。

第2章

ソフトウェア戦争
端末画面のフロントエンドをめぐる戦い
――〝最も重要な6インチ〟

2014年の大晦日、ロシア系アメリカ人の小説家ゲイリー・シュテインガルト（Gary Shteyngart）は、マンハッタンのフォーシーズンズ〔アメリカの有名ホテル〕に腰を据えて、ある実験を行った。彼のミッションは、1週間ぶっ通しでロシアのテレビ番組を視聴することだった。

しかし、そのミッションは思っていたほど楽なものではなかった。シュテインガルトの友人の一人は、ロシアのテレビは「バイオハザードだ」と彼に警告した。またロシア政府の元大臣から、のちにクレムリン批判者となった人物は、プーチンのテレビ放送を「20のテレビ・チャンネルがあったとして、それが全部フォックス・ニュースだと想像してみてください」と表現している。

「子供の頃にソヴィエト連邦から移住し、アメリカナイズされたロシア語を話す小説家である私が、かつての同胞たちと同じようなテレビに洗脳されてしまったら、どうなってしまうのだろうか？」とシュテインガルトは想像してみた。「ロシア人の85パーセントが公言しているように、私はプーチンを愛するようになるのだろうか？……それとも単に気が狂ってしまうのだろうか？」。

その答えは後者であるように思えた。7日間にわたり、シュテインガルトは3つのモニター画面から親プーチン派のプロパガンダ番組を飲み込み続け、それをフォーシーズンズの和牛ステーキで洗い流す日々を送った。ニュースキャスターがクリミアでのロシアの分離主義者の活躍を称賛する一方で、欧米世界の不幸や失態と受け止められるニュース――ニューハンプシャー州で起きた交通事故や、ジェフリー・エプスタイン（Jeffrey Epstein）〔アメリカの富裕な実業家〕のセックス・スキャンダルに巻き込まれたイギリスのアンドリュー王子の報道など――を嬉々として煽るのを見たのである。シュテインガルトは3日目には、水泳をしながらロシアのテレビ・アンカーの声を聞くようになった。4日目には悪夢にうなされるようになった。5日目には精神科医が訪ねてきた。その翌朝、シュテインガルトは朝食後に酒を飲み始めることにした。

風刺小説家であるシュテインガルトの偽情報日記は、意図的に大げさな表現になっている。とはいえ、それは根本的な真実を捉えている。「プーチンのテレビは、なんと強力な武器なのだろう」とシュテインガルトはつぶやく。「ノスタルジア、悪意、パラノイア、くだけたユーモアを巧みに組み合わせ、いかに素早く感覚を鈍らせ、怒りを高めるか」。[1]

これが「フロントエンド（front-end）」の戦いの核心である。それはロシアのような外国政府が、私たちが消費する情報を操作し、私たちの考えや感情を支配しようとする企てである。アメリカ海兵隊の元四つ星の将軍であり、国防長官を務めたジェームズ・マティス（James Mattis）は「戦場で最も重要な6インチとは、両耳の間のことだ」[2]と兵士たちに語ることを好んだ。フロントエンドの戦いとは、この6インチ〔約15センチメートル〕を奪い合う激しい闘争なのである。

これは新しい現象ではない。近代史の中で、事実上すべての大国が「人々の心（hearts and minds）」を勝ち取る努力をしてきた。冷戦時代、アメリカは『アメリカの声（Voice of America）』や『ラジオ・フリー・ヨーロッパ（Radio Free Europe）』をソ連圏に向けて放送した。[3] ヴェトナム戦争では、アメリカ文化情報局（U.S. Information Agency）と「デタラメ爆撃機」が500億枚という驚くべき数のビラを投下した。[4] そして、もちろん冷戦期を通じて、米ソ両超大国は数十年にわたる積極工作のゲームを繰り広げてきた。

ところがソーシャルメディアの登場により、フロントエンドの戦い方は劇的に変化した。ラジオなど過去のテクノロジーは、放送局が送信し、リスナーは受信するという一方向的なものであったが、ソーシャルメディアは双方向的である。『ボイス・オブ・アメリカ』の場合、最悪でもアメリカに有利な情報を聞くことができた。今日の最悪のシナリオは、虚偽のフェイスブック・アカウントと直接連絡を取り合い、そのアカウントに騙されて機密情報を漏洩してしまうことだ。ジョンズ・ホプキンス大学のトマス・リッドが指摘するように、インターネットは「積極工作をよりいっそう積極的にし、よりいっそう測りがたくする」のである。[5]

今日の積極工作を、1953年にアメリカがイランのモハメド・モサデグ（Mohammad Mossadegh）首相を打倒したときと比較してみたい。当時のアメリカ政府は、イラン国民に影響を与えることをそう簡単にはできなかった。アメリカは反モサデグのデモ隊を「レンタル」したとはいえ、政権打倒には高価な機材と訓練された現地工作員が必要であり、非常に手間がかかった。[6] 2020年代には、ハッキングされた政府文書を戦略的にタイミングを見計らって流出させれば、選挙結果をひっくり返すのに十分役立つかもしれない。

イギリスの哲学者オノラ・オニール（Onora O'Neill）の言葉を借りれば、インターネットによって情報はより「身近なもの」になったが、「評価」しにくいものになった。[7] デイヴィッド・シェンク（David Shenk）は自著『データ・スモッグ――情報の過剰供給時代を生き抜くために（Data Smog: Surviving the Information Glut）』の中で「今日の『ニューヨーク・タイムズ』紙の平日版には、17世紀イギリスの平均的な人々が生涯を通じて出会う情報量よりも多くの情報が含まれている」[8]と推計している。彼はこの文章を１９９７年に書いた。そしてインターネットを通じて、私たちは一日の新聞よりも、はるかに多くの情報にアクセスすることができる。スクリーンをタップするだけで、スマートフォンを手にした辺境に住む村人たちが、アレキサンドリア（古代エジプトのプトレマイオス朝の首都が置かれ、大図書館があったことで有名）や中華帝国の最も博識のある学者たちが当時知り得たよりも多くの情報を閲覧することができるのである。

しかし、ここに問題がある。私たちの生活にはデータが山のようにあるが、門番（ゲートキーパー）は存在しない。ニュースを伝える際に、ウォルター・クロンカイト（Walter Cronkite）（「アメリカの良心」と呼ばれたＣＢＳテレビのアンカーマン）も、事実か虚構かを判定してくれるレフリーも存在しない。オンラインでは、証明されていない陰謀論を流布するタイプミスだらけのツイートが、厳密な編集基準をクリアし、綿密な調査に裏付けられた記事の横に並んでいる。何が真実で何が虚偽なのか、その見極めは限りなく難しくなっている。

こうした情報の無法地帯には、偽情報の読者が大勢いる。マーク・トゥエイン（Mark Twain）はかつて、「真実がまだブーツを履こうとしている間に、うそは地球の裏側まで行ってしまった」と語ったと言われている（この言葉自体、信憑性に疑問があるようだが）[9]。ＭＩＴ（マサチューセッツ工科大学）の研究者のおかげで、私たちは今、科学的に検証された事実を確認することができる。２０１８年に行われた12万６０００件の「噂のカスケード」分析によると、虚偽のストーリーは実際のニュースの6倍の速さで拡散するという[10]。２０１６年のアメリカ大統領選挙までの3カ月間、フェイスブック上の虚偽のニュース・ストーリーのトップ20は、『ニューヨーク・タイムズ』紙や『ワシントン・ポスト』紙といった主要紙のトップ20の記事を合わせたよりも多くの反応（エンゲージメント）を生み出している[11]。

さらに気になるのは、明らかに虚偽のニュース内容が信じられていることだ。ある世論調査では、虚偽ニュースの見出しを見た人の4分の3は、それが真実であると思ったという[12]。スタンフォード大学が実施した一連の研究によると、アメリカの10代の若者の大多数はソーシャルメディアに精通しているにもかかわらず、オンライン上の正当な情報を識別するのに苦労していることが明らかになっている。その4分の3の人々は、フェイスブックで認証されたアカウントと認証されていないアカウントの区別がつかなかった。[13] 気候変動に関するウェブサイトを評価する際、調査対象の高校生の96パーセント以上が、そのウェブサイトがエクソンモービル社などの化石燃料企業から資金提供を受けていることを考慮しなかった。またロシアで撮影され、票の水増しを示すとされる低画質のフェイスブック動画を、アメリカにおける不正投票の「強力な証拠」に相当すると考えている学生が過半数を占めた。[14] ある高校のジャーナリズムを教えている教師は「拡散しているのだから、それは真実であるにちがいない」と思い込んでいる生徒たちの態度を簡潔にまとめている。「私の友人に限って、事実でないことは投稿しないはずだ」と。[15]

後者のポイントはソーシャルメディアの問題となる要素、いわゆるフィルターバブル（ユーザーが自分の見たい情報しか見なくなること）の深化を示唆している。この繭（コクーン）のような状態が生み出される背景には、人間の本性が影響している。心理学者たちが明らかにしたように、私たちは自分たちのグループに所属するメンバーを信頼する「暗黙のバイアス」をもち、さらに、自分の既成概念を強化してくれるような情報を探してそれを信じ、そこには、そうでない情報を拒絶する「確証バイアス」が作用する。

しかし、フィルターバブルはテクノロジーによって悪化する可能性がある。認知バイアスを生み出すことの責任がソーシャルメディア企業にあるわけではないが、テクノロジーはそれらを煽ることができる。たとえば、もしあなたがリベラル派で下院選挙の動向を追跡するためにツイッターを利用する場合、あなたが目にするツイートの90パーセントは民主党のものだろう。保守派のユーザーであれば、その逆になる。[16]

ノースカロライナ大学の技術社会学者であるゼイネップ・トゥフェクチ（Zeynep Tufekci）は、ユーチューブの「レコメンダー」アルゴリズムが、いかに過激なコンテンツを提供しているかを検証している。視聴者がトランプの集会ビデオを見た後、ユーチューブの「Up Next」機能がしばしば白人至上主義的なコンテンツを提案（レコメンド）し、自動再生するように仕掛けられていることに彼女は気づいた。バーニー・サンダースの動画は左翼系の陰謀論につながることが多かった。トゥフェクチが憂慮する結末は、ユーチューブ、ひいては私たちのオンライン生活を支配している多くのアルゴリズムが「21世紀における最も強力な過激派の道具の一つになるかもしれない」[17]ということだ。

ソーシャルメディアのおかげで、同じ考えを共有する人々と交流することが、かつてないほど容易になった。ソーシャルメディアは「アラブの春」において抗議者たちの連携を促したように、強力にポジティブな結果をもたらすことがある。またワクチン反対派から暴力的な白人至上主義者まで、あらゆる種類の好ましくない人たちや、錯乱した人たちを結び付けることもできる。フラット・アース協会のフェイスブックのページには22万5000人以上のフォロワーがおり、間違いなく彼らは自分たちの見解の正しさを確信している。[18]結局のところ、どうして25万人近くの人々が間違ったりするのだろうか。『「いいね！」戦争』の著者であるシンガーとブルッキングは、元軍人で歴史家のロバート・ベイトマン（Robert Bateman）が語った「昔はどこの村にも愚か者がいた。それがインターネットの普及により、彼らを一つに結び付けた」という興味深い言葉を引用している。[19]

ARPANET時代のテクノ・ユートピアンたちは「情報は自由を欲している」[20]という信念のもとに生きていた。真実は最終的に嘘に勝つと信じていたのである。しかし、それ以来、インターネットは諸刃の剣と化している。ソーシャルメディアは、2018年のパークランド銃乱射事件に触発された学生活動家たちに、数百万人のツイッターのフォロワーというメガホンを与えた。その同じプラットフォーム（ソーシャルメディア）が、学生たちは銃規制を促進するためにジョージ・ソロス（George Soros）に雇われた「危機を演出する俳優（クライシス・アクター）」であるという虚偽のニュース・ストーリーも拡散している。[21]インターネットは、ランド研究所の研究者が「真実の衰退」と呼ぶ現象を加速させている。[22] サイバースペースは、どのような考えも真実とは言いがたい世界を生み出している。マウスをクリックするだけで突飛な意見が瞬く間に広く出回り、私たちの信念は、同じ考えをもつ人々や聡明なアルゴリズムによって強化されている。

ここでサンクトペテルブルクの友人たちが登場してくる。

トランスレーター・プロジェクト

私たちの心を支配する戦いがあるとすれば、その本拠地はサヴシキナ通り55番地にある箱型のオフィスビルかもしれない。[23] グレー戦争の中心地にふさわしく、建物は無機質で控えめな灰色に塗られている。[24] プーチンの故郷にあるこの目立たない建物は、インターネット・リサーチ・エージェンシー（ＩＲＡ）に所属する悪名高いトロールたちの拠点となっている。

ＩＲＡはフロントエンド戦争の典型的な実践者であり、彼らの２０１６年の活動を精査することで、進化するロシアのプロパガンダ・キャンペーンの洗練度に関する豊富な洞察を得ることができる。それに加え、無料のホットドッグの逸話や「Jay Z」というニックネームのロシア人トロールの話もある。

ＩＲＡはプーチンがクリミアの占領に乗り出す少し前の２０１３年に設立された。[25] オリガルヒであるエフゲニー・ヴィクトロヴィチ・プリゴジン（Yevgeniy Viktorovich Prigozhin）は、さまざまなケータリング・ビジネスを手掛け「プーチンのシェフ」と呼ばれていた。[26] ＩＲＡは多くの点で、通常の技術系企業やマーケティング調査機関に似ている。グラフィック部門、データ分析部門、検索エンジン最適化部門、さらには技術サポート用のＩＴデスクまである。[27] 給与は月々４万１０００ルーブル（約７７５ドル）と、ロシアの終身雇用の大学教授と同程度であった。[28] とはいえ、プーチンのシェフはカフェテリアを設けなかったので、勤務者の間には昼食を自宅から持参しなければならないという不満があった。[29]

ロシアの攻撃的な偽情報キャンペーンの背後にある哲学は、意外なところに具現化されている。プーチンの最側近であるドミトリー・ペスコフ(Dmitry Peskov)は『ニューヨーク・タイムズ』紙のインタビューで「ショービジネス出身のキム・カーダシアン(Kim Kardashian)という少女」を見つけたと語った。インスタグラムで2億1500万人以上、ツイッターで7000万人近いフォロワーをもつカーダシアンは、ペスコフにとってソーシャルメディアのパワーを象徴するような存在だった。「次のような場面を想像してください。ある日、彼女が『私のサポーターなら、こうする』と語ったとしましょう」とペスコフは言う。「これは何百万もの人々に受け入れられるシグナルになるはずです。しかし、彼女には諜報機関も内務省も国防省もKGBもないのです」。ソーシャルメディアは「大衆の騒乱を引き起こすための完璧な機会を作り出す」[30]とペスコフは自慢する。

当初クレムリンは、ウクライナの地でこのような大騒動を引き起こすことに主眼を置いていた。[31] イギリスのブレグジット(イギリスの欧州連合からの離脱)をめぐる国民投票にもロシアのトロールたちが介入し、[32] #ReasonsToLeaveEUなどのハッシュタグをつけた数千件のツイートを送信した。これは2016年のアメリカ大統領選挙のリハーサルともいえた。[33] 日を重ねるにつれトロールたちは、漠然と「翻訳者(トランスレーター)プロジェクト」と呼ばれるものに没頭していった。[34] プーチンとプリゴジンの指示で、IRAはアメリカに狙いを定めた。

2016年7月になると、アメリカ班の約80名のトロールたちはフルタイムで働くようになっていた。彼らを監督したのは、ブルックリン生まれのラッパーで、起業家にちなんで「Jay Z」というニックネームをもつ27歳のアゼルバイジャン人だった。[35] プロジェクトの予算は最終的に2500万ドルに膨れ上がり、[36]

給与は週給1400ドルという相当な額にまで跳ね上がった。[37] IRAのトロールたちはアメリカのタイムゾーンや休日期間を考慮し、24時間体制で働いた。[38] 12時間交替の勤務の中で、一件200文字の文章を135回投稿することになっていた。[39] これらのツイートや投稿の多くは、くだけた英語や過度に自動化されたパターンが目立つ、かなり杜撰なものだった。しかし、そうしたつぶやきと投稿がアメリカ大統領選挙の結果を左右する可能性もあるのだ。

上院情報特別委員会からの委託を受けた2018年の報告書では、New Knowledgeという組織が、このフロントエンド戦争を戦う主要な戦闘員について深く憂慮すべき考察を行った。この報告書の共同執筆者は——スタンフォード大学サイバー・ポリシー・センターの私の同僚を含む——IRAの活動は「社会の亀裂を利用し、現実と虚構の境界線を曖昧にするとともに、メディア報道の内容や情報環境に対する信頼、政府に対する信頼、相互の信頼、そして民主主義そのものに対する信頼を失墜させるように仕組まれている。このキャンペーンは革新的な技術、範囲、正確性でこれらすべての目的を追求した」[40]と結論を述べている。プーチンの広範な目標は、ロシアのトロールたちがヒラリーの選挙の際に用意したハッシュタグ「#DemocracyRIP」[41]に具現されていた。

IRAはどこにでもいた。ロシアのトロールたちはフェイスブック（1億2600万人のユーザーにリーチ）とツイッター（140万人）にいた。[42] IRAはユーチューブに1000本以上の動画をアップロードした。たとえば「#PeeOnHillary」と呼ばれるグロテスクで挑発的な動画コンテンツを募集した。[43] インスタグラムは「インターネット・リサーチ・エージェンシーのおそらく最も効果的なプラットフォーム」であり、推定2000万人のユーザーに届いた。IRAが使ったインスタグラムのアカウントの40パーセントは、マーケティング担当者が考える「マイクロ・インフルエンサー」（1万人以上のフォロワー）であり、「blackstagram」や「American.veterans」など12のアカウントは、本格的な「インフルエンサー」（10万人以上のフォロワー）である。[44] ロシア人たちは拡張現実を利用して、プレイヤーが幻想的な生き物を集めることができる人気のモバイルゲーム「ポケモンGO」にも参加していた。[45]

これらのプラットフォームの上で、プーチンのデジタル戦闘員たちは分裂と疑念を植え付けようとした。トロールたちは「ブラック・ライブズ・マター」や南部連合史、フェミニズム、移民、シリアに関することを投稿した。彼らはキリスト教徒とイスラム教徒、バーニー・サンダース、第3党候補者のジル・スタイン（Jill Stein）とヒラリー、ヒラリーとトランプをそれぞれ対立させ、罵声を浴びせ、延々と弁舌を振るった。[46]「ウィキリークス」を持ち上げたり、ジェームズ・コミーを引きずり下ろしたりする機会があれば、それを活用した。ほとんどの場合、トロールたちは、ろくでなしだった。

だが、彼らは明確な意図をもつ、ろくでなしだった。ロシア側の活動の規模もさることながら、その精巧さには目を見張るものがあった。IRAはフェイスブック上のページのロゴやフォントを更新し、常に最新で専門的な印象を与えた。[47] また、機密性の高いクレジットカード情報を収集し、オフラインの論争を巻き起こすために、分裂のスローガンが書かれたTシャツなどのグッズを販売した。[48]

わけてもロシアのトロールたちは黒人コミュニティに標的を絞り、特に悪質な活動を行った。上院情報委員会によると「アフリカ系アメリカ人ほどIRAの情報工作員に狙われたアメリカ人はいない」と言われ、IRAによるフェイスブック広告の3分の2は人種問題を取りあげ、ユーチューブ・コンテンツの96パーセントが人種問題によって占められていたという。[49] たとえばグーグル社の防諜チームは「BlackMatters.US」というIRAのサイトを暴露したが、これは正当なニュースソースであるかのようにユーザーを騙すためのものだった。このサイトは虚偽のフェイスブック・グループによって宣伝され、虚偽のフェイスブックのアカウントによって共有され、ツイッターによって増幅された。また「ヒラリーは自分の選挙キャンペーンのため、クー・クラックス・クランから2万ドルの政治献金を受け取った（HILLARY RECEIVED

$20,000 DONATION FROM KKK TOWARDS HER CAMPAIGN）」と主張する動画を盛り込んだユーチューブ・チャンネルなどを用いて、黒人の投票行動を抑制しようとし、有権者に自宅にとどまるか、スタインに投票するように仕向けた。[50]

　IRAのトロールたちは、レーザー誘導ミサイルのように正確にデジタル・プロパガンダを発信した。本書をお読みのあなたは、NRA（全米ライフル協会）やAR－15（半自動ライフルで、多くの銃乱射事件で使用されていた）が好きな17歳だっただろうか。（もしそうなら）あなたは「合衆国憲法修正第2条は私の銃の許可証だ」というようなミーム（SNSを通じて素早く広まる情報）を繰り返し受け取ることになるかもしれない。もしあなたが45歳以上の銃愛好家だったら？「バッジを返せ（Back the Badge）」のような警察寄りのコンテンツが表示されるかもしれない。[51] ニュー・ナレッジの動向を調査している研究者たちは、そうした広告の大半が、一般的なフェイスブック広告よりもはるかに高い「クリック率」を獲得していることを発見した。[52] これは、ユーザーが単に広告を見るだけでなく、積極的に「いいね！」や「シェア」したことを意味する。IRAの従業員の数名が2014年にアメリカ国内を旅行し、「コロラド、バージニア、フロリダなどの紫色の州（パープル・ステート）」（共和党と民主党の支持率が拮抗している州。青の州（ブルー・ステート）は民主党支持者の多い州、赤の州（レッド・ステート）は共和党支持者の多い州を指し、紫は赤と青の混合色を表す）というコンセプトを紹介された後、トロールたちは、そうした選挙の勝敗の鍵を握るスウィング・ステート（激戦州）を狙ってメッセージを発信した。[53]

　信じられないことだが、IRAはオンライン上のメッセージをオフラインの行動に移した。これは2015年にニューヨーカーたちにホットドッグを約束するという、突飛な実験から開始された。トロールたちはフェイスブックに投稿し、指定された時間にタイムズ・スクエアに現れた人にホットドッグを無償で提供することを約束した。そしてウェブカメラを使って、一握りの人々がタイムズ・スクエアに到着し、時計を確認して去っていく様子をサンクトペテルブルクからリアルタイムで見守っていた。[54] お腹を空かせたアメリカ人たちは、がっかりしたかもしれないが、ＩＲＡのトロールたちはそうではなかった。彼らは４３００マイル（約７２００キロメートル）の彼方から、アメリカの街角の出来事に影響を与えることができることを証明したのだ。そして、彼らはすぐに実行に移した。

一つの悪質なやり方として「テキサスの心（Heart of Texas）」というＩＲＡの主要なフェイスブックのページが、２０１６年５月21日の正午に「テキサスのイスラム化を阻止せよ（Stop Islamification of Texas）」という集会を開催すると宣伝した。その一方で、別のＩＲＡのページでは、まったく同じ時刻に「イスラムの知識を守ろう（Save Islamic Knowledge）」という集会を予定していた。２つの抗議活動がヒューストンの下町で遭遇し、危うく殴り合いになるところだった。『テキサス・トリビューン』紙が報じたように「ロシア人は２００ドルという安値で、テキサス人を対立させることに成功した[55]」。

ＩＲＡはアメリカ人に抗議活動やウェブの設計など、さまざまな仕事を依頼し、知らず知らずのうちに偽情報キャンペーンに参加するように仕向けた[56]。こうした努力がどれだけ実を結んだかを知ることは難しいが、実際に効果があったものもある。２０１６年8月にウェストパーム・ビーチで開かれたトランプ集会では、地元の大工が移動式の牢屋に改造した平台トラックに、ヒラリーのマスクをかぶり「囚人服」を着た女性が乗っていた。どちらもロシアのトロールからお金をもらっていたトランプ支持者だった[57]。つまり、あるアメリカ人が別のアメリカ人が作った檻の中に自ら閉じこめられたわけだが、すべてはロシアに遠隔操作されていたのである。プーチンがアメリカ人の心に何をしようと欲していたのかを示す、これ以上の比喩はないだろう。

「ロシア人に何のメリットがあるのか？」

シリコンバレーにいる誰もが、この偽情報の猛威を警戒していたと言えればよいのだが（現実はそうではなかった）。しかし、外国勢力の介入に対するグーグル社の対応方針を作成していたときに気づいたことだが、シリコンバレーの大部分の人はフロントエンドの脅威を理解するのが遅かった。

これは真実なのだが、シリコンバレーは政治的センスを著しく欠いている。こうした特徴は多くの人にとって祝福すべきことであるが、マイナス面でもある。どんなに優秀なコンピュータ技術者であっても技術的な課題に直面したとき、彼らはデジタル・バブルの外側で起きている現実を深く考察することはほとんどない。技術者は官僚主義や政治を理解しようとせず、そうした弊害を打破する方法をプログラムすることを欲するものだから、それは当然かもしれない。とはいえ、政治的な素朴さは、地政学的な争いの渦中に置かれた産業にとっては大きな代償となりうる。

私がこの問題を実感し始めたのは、ドナルド・トランプの大統領就任から数週間後、ちょうどグーグル社がフェイク・ニュースにさらされ、それを調査していたときだった。ある爽やかな夜、私はグーグル（グーグル）本社ビル（ブレックス）を出て、小さなカクテル・パーティーに向かった。コロナビールを注文した後、私は旧友に声をかけ、彼が大手電子商取引プラットフォームの不正取引検知部門のリーダーに選ばれたことを祝った。彼の同僚も何人か加わり、高いテーブルを囲みながら話をした。ちょうど会話が途切れかかった瞬間、初対面の女性が「ロシアが前年の大統領選挙に介入した」という見方を示した。

私の相棒は嘲笑した。「私には理解できない」と、彼はリゾット・ボールに手を伸ばしながら、呆れたように言った。「ロシアに何の得があるんだい？　つまり、彼らの最終目的は何なんだ？」。それは、ザッカーバーグがフェイク・ニュースが選挙に影響を与えたという考えを「かなりクレイジーだ」と一蹴したのと同じだった。

私は、同僚がどこから来たのか理解した。技術者の多くは「不正選挙」を戦略的な脅威としてではなく、ささいな厄介事と見なしている。プラットフォームの防護とは、小口のスパマー〔スパムメールを発信する人〕やクレジットカード泥棒から消費者を守ることなのだ。北朝鮮によるソニー社への攻撃など、多くのインシデントが生じた後でも、外国政府の政治的動機に基づくサイバー攻撃について警戒する人はほとんどいなかった。医薬品メーカー、自動車メーカー、巨大金融業など、ほとんどの大手産業がそうであるように、ワシントンが国家主導型の攻撃から、私たち、そして国民を守ってくれると信じていた。

とはいえ、私の友人がロシアの「最終目的」を軽々しく否定したのには閉口した。「プーチンの戦略は実はかなり明確なんだ」と私は言った。「彼はアメリカを弱体化させ、政権を動揺させることによって、現在の世界のパワーバランスをひっくり返したいと考えている」。こう述べると、私の苛立ちは頂点に達した。「100年にも満たない過去に、世界のパワーバランスを再編するため世界各国が5つの大陸で戦争を起こし、世界の人口の3パーセントが一掃されたことを忘れてはならない。もしロシアが数千のウェブサイトやソーシャルメディアのアカウントを構築するだけで同じことを達成できるのであれば、彼らはそんなことは些細なことだと思うだろう」。

気まずい沈黙が続いたが、カラマリが美味しかったと誰かが言った。少し恥ずかしくなった私は、もう一杯のビールを求めて席を外した。

政治的ナイーブさが、シリコンバレーがフロントエンドからの脅威の規模と緊急性を把握できなかった要因の一つである。もう一つの問題は哲学的なものだった。

シリコンバレーはリベラリズムの温床というイメージがあるけれども、かなりリバタリアン的な傾向がある。私は人種、思想、性的志向など、あらゆる面で多様な技術者たちと定期的に交流していた。外国勢力の介入への対応について激しい議論を交わしたが、しばしば傍観主義的な態度に傾いていった。

私たちは、自分たちが経験していた攻撃を理解するため、数え切れないほどの時間を費やした。ロシア政府は匿名でコンテンツを発信しているが、それのどこが問題なのか?『フェデラリスト・ペーパーズ』は匿名で書かれたものではなかったか?もし、アメリカ政府がバッシャール・アル=アサド(Bashar al-Assad)の残虐なシリア政権を弱体化させるため、匿名のメッセージを発信したら、それは悪いことなのだろうか。ロシア人は私たちが擁護している言論の自由を行使しているだけではないのか(たとえ悪用したとしても)。合衆国憲法修正第1条の絶対主義者の中には「ボットによるものであっても、言論の自由は言論の自由だ」とまで主張する人もいる。

この最大公約数的な考え方は、のちにフェイスブックのマーク・ザッカーバーグが2019年にジョージタウン大学で行った講演で繰り返されている。表現の自由を熱烈に擁護し、「人々が大いに自己表現する力をもつことは新しい種類の力であり、それは社会の他の権力機構と並ぶ第5の権力である」。

今日のコンテンツ規制強化の声が、過去にマーティン・ルーサー・キング(Martin Luther King Jr.)牧師や大学キャンパスの反戦運動家、社会運動家ユージン・デブス(Eugene Debs)の表現の自由を制限しようとした試みと重なることを説明し、表現の自由と規制の間の「別の岐路に立っている」と断言した。ザッカーバーグは、「私たちは表現の自由を守り続けなければならないと信じています」と主張した。[58] 彼の主張は、ジョン・スチュアート・ミル(John Stuart Mill)のような哲学者からバラク・オバマにいたるまで、リベラルの長い伝統に由来するものである。思想の市場では「悪い言論に対する答えとなる解決策は、より多くの善い言論である」。

印象的だったのは、ザッカーバーグが「プラットフォームは、個人の立場や誠実性に基づいてコンテンツを削除すべきではない」という考え方を守ることに重点を置いていたことだ。これは、私や多くのアメリカ人が明らかに共有している言論の自由に対する確固たる信念を反映している。しかし彼の発言の中で、無意識のうちにユーザーを欺き、操ろうとする現実世界の国家アクターの問題に言及したのは、ほんの一部だった。50分間に及ぶスピーチの中で、彼がロシアのＩＲＡに言及したのは1回だけだった。「ロシア」という言葉も2回しか出てこなかった。ザッカーバーグはロシアが発信するコンテンツを「不愉快だ」としながらも「アメリカ人がそのコンテンツを共有するのであれば、それは許される政治的言説と見なされただろう」と主張した。彼によれば、問題の本質は「偽アカウントが連携し、別の人物を装って投稿されたことだ」という。[59]

私にとっては、これこそが問題だった。外国からの介入の問題は、その「コンテンツ」――ザッカーバーグが指摘したように、コンテンツの多くはアメリカ人が自分自身について語る自画像を映し出している――ではなく、その「行動」なのだ。プーチンが自分の名前を本の表紙に載せてプロパガンダを広めようとしただけなら、それはそれでいいのだ。しかしロシアがしたことは「意図的に」ユーザーを欺き、一般人になりすましただけでなく、実在する人々が書いた正真正銘の情報を圧倒し、押し流してしまったことだ。プーチンは本を書いていたのではなく、諜報活動を実行していたのだ。

「外国からの介入は詐称である」というポリシー

そうして、さまざまなイベントが雪だるま式に増えていった。２０１７年の秋、グーグル社、フェイスブック社、ツイッター社の幹部が上院司法委員会に召喚され、証言した。[60] 私はその頃、「現行のグーグル社のニュース・ポリシーは『国家が支援する外国からの介入』という新たな脅威にどのように対処しているか」を検証する作業を行っているところだった。

これは「言うは易く、行うは難し」だった。グーグル社は「1秒に」6万3000件以上の検索クエリを受信している。これは毎日約55億件のクエリに相当し——そのうちの15パーセントは過去に検索されたことがないもの[61]——年単位で換算すると、少なくとも2兆件に達する。[62] 十数種類のニュース・プロダクトから悪用の事例をリストアップするには数週間かかるが、これは最初のステップにすぎない。第二のステップは現行ポリシーを評価し、更新の可能性を検討することである。どのようにすれば、すべての入力情報に対し、原則に沿って一貫性を保った（外部からの攻撃に対し）擁護可能な立場をポリシーとして定義することができるだろうか？　どれがプラットフォームの悪用に該当するのか、それともしないのか？

夕方にはサンフランシスコのグーグル本社のオフィスを出て、自宅で深夜遅くまでポリシーの作成に取り組むなど、1週間ほど夜を徹して作業に取り組んだ。ポリシーの草案ができあがると、毎日明け方にはマウンテンビューに向かい、プロダクト・チームと綿密なミーティングを行った。言葉を変えたり、必要な要素を足したり引いたりして、何度も何度も草案を練り直した。そして、外国からの介入に対するグーグル社のスタンスを描いた短い文書ができあがった。

テクノロジー企業は通常、どのような「事実パターン」がポリシー違反に当たるのかを明らかにしていない。なぜなら悪意あるアクターに簡単に抜け道を利用されたくないからだ。同様の考えから、裁判官や立法者は、詐欺のような違法行為に相当する潜在的な事実パターンをすべて定義したり規定したりするのではなく、多角的視点からの検証に耐えうるハイレベルな手法を用いている。多くの会社の方針も同じように機能する（結局のところ、ヘイトスピーチを10回すればプラットフォームから追い出されることを知っていれば、9回に回数を制限するのは簡単である）。しかし大まかには、私たちが作成したポリシー原則は次のように要約できる。「グーグル社は、政府機関との関わりを隠蔽し、誤った前提で他国のユーザーに向けてコンテンツを発信する個人やグループによるプラットフォームの悪用を認めていない」。以前、私たちのポリシーは主に「自己詐称」に焦点を当てており、政府が独立した報道機関を装っている問題を間接的にカバーしていた。しかし、このポリシーは明確ではなく、「サイトやアカウントが、その関係や編集の独立性に関する情報を隠蔽したり、詐称したりするような方法で連携し合っている場合」をめぐる問題も残されていた。[63]

私が作成したポリシーは、こうした新しいタイプの悪用に対するグーグル・ニュースのスタンスを明らかにするものだった。重要なのは、これが「外国からの」介入に対する政策であり、特定組織の「挙動」や「行動」に焦点を当てたものであるということだ。コンテンツの中身が真実か否かは一切重視しなかった。もしまた政治に関する国内で流通している不正確な情報に対処することを目的とするものでもなかった。もしロシア政府がウクライナに偽情報を流した場合、グーグル社が「ニュース」のカテゴリーに区分しているキュレーション機能から、その工作員を排除することができた。

多くのグーグル社員はそれを冗談で「ジェイコブ・ケア」と呼んでいた。懐疑的な人たちを取り込むため、私は対話集会(タウン・ホール)やプレゼンテーションを始めた。そして脅威の規模と巧妙さが明らかになるにつれ、より多くのグーグル社員や技術系のベテランたちが、行動を起こす必要があると確信するようになった。プレゼンテーションの後、私が受けた質問は「私たちに何が必要で、何ができるかを教えてください」というものだった。さらに意識を高めてもらうため、私は社内でリストサーブ(自動メーリングリスト・サービス)を立ち上げ、それをロシアの介入に関するニュース・クリップや報道を回覧するのに使った。

その年の秋に行われた議会公聴会では、ワシントンとシリコンバレーの間に広がる溝が浮き彫りになった(詳細は後述する)。しかしハイテク業界では、私たちのプラットフォームに対する外国からの干渉をこれ以上無視することはできないことが明らかになりつつあった。年末までにグーグル・ニュースは新しいポリシーを採択した。『ブルームバーグ』〔世界の金融、ビジネス、株式、投資に関する情報を提供するニュースサイト〕はグーグルが「配信元の国籍を明かさないニュースを削除する（Purge News That Masks Country of Origin）」とポリシーを変更したことを記事に書いた。[64]『マッシャブル（Mashable）』〔アメリカのデジタル・メディア・ウェブサイト〕は、これを「フェイク・ニュースの拡散を阻止するための新しい大きな一歩」と呼んだ。[65]

私個人としては、グーグルのユーザーは、ポータルサイトを通じて自分たちが閲覧しているものが、敵対的な外国政府の完全子会社によって作られたものなのかどうかを知る権利があると思っていた。だがシリコンバレーでは、誰もが同じように考えていたわけではなかった。

実際、グーグルが介入する必要があるのか、という疑問もあった。また偽情報や外国からの介入が大きな問題なのかどうか、疑問をもち続けている人もいた。もちろん本質的な懸念を表明する者もいた。ツイッター社がトランプ大統領のアカウントを禁止したことをきっかけに、コンテンツ・モデレーション〔ウェブサービスに投稿された不適切なコンテンツをモニタリングし、必要に応じて投稿の削除やユーザー・アカウントを停止すること〕の抑制を求める声が大きくなっている。デイヴィッド・サックス（David Sacks）のような著名な技術者は「訴える力のない個人や企業の利用を永久的に禁止またはプラットフォームから除外する決定」に対し、警告を発している。[66]私はコンテンツ・モデレーションの問題に何年も取り組んできた者として、行為ベースのアプローチは「言論の自由」の原則にかなっていると同時に、プラットフォームの濫用に対処する効果的な方法であると確信し、それに期待もしている。ただ、このアプローチの課題は、悪意ある行動パターンを検出・評価するには複雑な解析ツールと、対象アクターについての十分な情報が必要であるということである。長期にわたって効果を持続するには、企業は自社の解析ツールを継続的に更新し、挙動パターンを変更する相手アクターの先を行く必要があった。

大騒ぎになる

２０１８年２月16日、超弩級の起訴状が私たちの受信トレイを襲った。数カ月にわたる捜査活動の末、特別検察官ロバート・モラー（Robert Mueller）はＩＲＡに関与した13人のロシア人と3社のロシア企業を起訴した。ロッド・ローゼンシュタイン（Rod Rosenstein）司法副長官が発表した起訴状は詳細であると同時に、容疑の実態を明白にした。最初の頁には「２０１４年あるいはその前後から現在まで、被告は２０１６年の大統領選挙を含むアメリカの政治および選挙プロセスを妨害する目的で、故意にかつ意図的に……共謀した」と明白に述べた。[67] モラーは、関与したトロールの身元、ＩＲＡの資金調達に使われたダミー会社、活動の資金源と構造、彼らが投稿したメッセージなど、一見すべてを突き止めたかのようだった。それは、私たちがグーグル社内で解明に乗り出し始めたことを裏づける内容だった。

ＩＲＡの起訴は、外国からの介入をめぐりシリコンバレーに長らくくすぶっていた懐疑論に風穴を開けた。その１カ月後、新たな事実がテック業界をひっくり返した。

3月17日の『ガーディアン』紙と『ニューヨーク・タイムズ』紙は同時に、ケンブリッジ・アナリティカ（Cambridge Analytica）という会社とトランプ陣営の選挙運動との関わりについて、内部告発に基づく爆弾的な一連の記事を報道した。[68] 内部告発者の一人であるブリタニー・カイザー（Brittany Kaiser）によると、ケンブリッジ・アナリティカ社のデータ・サイエンティストは、緩いプライバシー法やフェイスブックの抜け穴に乗じて、18歳以上のすべてのアメリカ人――およそ2億4０００万人――に関する情報を、最大5０００カ所のデータ・ポイントで「抜き取り（スクレイプ）」していた。[69] この中には公開されている投稿記事や、表向きは非公開のダイレクト・メッセージのデータも含まれていた。最も深刻なのは、サードパーティーのアプリ（たとえば「キャンディー・クラッシュ（Candy Crush）」など）の利用規約に同意したユーザーが、自分のデータだけでなく、友人のデータの提供にも同意していたことだった。

このデータがどれほどの資産になり得るかを理解するうえで、私たちのネット上の挙動から、私たち自身がどのような人物であるかが暴かれる仕組みについて考えてみる必要がある。ある研究では、インスタグラムの投稿に見られるある種の傾向——たとえばモノクロのフィルターを頻繁に利用すること——が臨床的うつ病のかなり強い指標になることが示されている[70]。マイカル・カジンスキー（Michal Kosinski）という研究者は、フェイスブックの「いいね！」が68個あれば、人種（95パーセントの正確性）、性的指向（88パーセント）、支持政党（85パーセント）を予測するのに十分であることを発見した[71]。たった10個の「いいね！」で、私たちが職場の同僚について知っている以上に、その人物について知ることができるのだ。信じられないことだが、１５０個の「いいね！」で、自分の親が知っている以上にその人物について知ることができるという[72]。ケンブリッジ・アナリティカ社は２億４０００万人分のデータベースから、それぞれ「５０００件」のデータを取得していた。同社は有権者一人ひとりの詳細な「サイコグラフィック」プロファイルを手に入れたことで、「誰かに投票を促すために何を言えばよいか」を正確に把握していた。黒人有権者の場合、投票に「行かない」ように仕向け、投票率を抑制した。

かりにＩＲＡメンバーの訴追がシリコンバレーに残っていた懐疑論者の疑念を打ち砕いたとすれば、ケンブリッジ・アナリティカ社の暴露は核爆発のようなものだった。プライバシー擁護派は憤慨した。自分の個人データが知らず知らずのうちに悪辣な政治工作者の手に渡っていたアメリカ人も同じだった。フェイスブック社はケンブリッジ・アナリティカ社の利用を一時停止し、さまざまなプライバシーの抜け穴を塞ごうと、被害への対応に奔走した[73]（最終的に、連邦取引委員会はデータ・プライバシー法に違反したとして、フェイスブック社に対して過去最高の50億ドルの罰金を科した[74]）。この事件はグーグル社に直接的な影響を与えることはなく、イギリス政府による調査報告書は最終的にグーグル社のツールやインパクトは当初の印象ほどではなかったと結論づけた。[75] ケンブリッジ・アナリティカ社が選挙に介入しているロシアや他の外国勢力とつながっていたか否かに関しては、いくつかの関連性は認められたものの、それは決定的な証拠にならなかった。[76] しかし悪意あるアクターは、パワフルなソーシャルメディアのツールを悪用し、不正な選挙操作を試みていた。これはテック業界全体にとって激震となった。

そうこうする間にも、私が作った「外国からの介入」をテーマにしたメーリングリストには見出しが日増しに膨らんでいた。


「ザッカーバーグが謝罪し、改革を約束。上院議員がフェイスブック社の不手際を厳しく追及[77]」

「フェイスブック社がデータ・プライバシーで脚光を浴びている。次はグーグル社の番か？[78]」

「フェイスブック社とツイッター社が政治広告を規制する新しい方法を計画中[79]」

「トップのテック企業がインテリジェンス当局と会談し、中間選挙をめぐり議論[80]」

「フェイスブック社、世界中に広がる新たな影響力工作を調査[81]」

「アメリカはロシアによる選挙介入と、どう戦っているのか[82]」


虚偽表示防止ポリシーの拡大版を発行することに対し、社内から若干の抵抗はあったものの、潮の流れが変わり始めた。少しずつではあったが、シリコンバレーがフロントエンドの脅威に目覚め始めたのだ。2018年と2020年、グーグル社の広告チームは、これらの取り組みをベースとし、透明性をさらに高め、[83]「他のサイトやアカウントとの連携や、身分を隠匿したり虚偽の表示をすることを禁止するため[84]」同様の措置を講じた。

嘘はどのように浄化(ロンダリング)されるのか

外国からの介入という枠組みの着想は、ほんの始まりにすぎなかった。プーチンは常に競争相手の先を行くために戦術を変えてきたが、ロシアや他の権威主義国もこれと同じことを続けていた。私たちのプラットフォームへの権威主義者の侵入を検知し、一掃するためのポリシーを策定するやいなや、〔相手国の〕トロールや諜報機関は新しいことに挑戦してくる。つまり私のグーグル社での日々は、常に移り変わるフロントエンドの戦いに追随することに費やされていた。

では、情報ロンダリングに話を進めよう。「非合法な資金源から正規の金融機関に不正資金を移動させる必要があるように、偽情報は正統性を装うことができたときに最も力を発揮する」と、ジャーマン・マーシャル・ファンドの「民主主義を守るための同盟」のキリル・メルシェビッチ（Kirill Meleshevich）とブレット・シャーファー（Bret Schafer）は指摘している。[85] 銀行の窓口係は、犯罪者が無記名の札束を机の上に置いたら眉をひそめるだろう。しかし同じ犯罪者が資金をペーパーカンパニー、LLC、子会社を通じて流した後、信頼できる金融機関から電子送金を開始したとしたら、何も怪訝に思わないだろう。同じように、ロシアの諜報機関により作成されたものであると公然と書かれた記事を信用することには躊躇するかもしれないが、ブック・クラブ〔読書愛好家の団体〕の友人がツイートした『ヴェテランズ・トゥデイ（Veterans Today）』に掲載された記事を共有することに何の問題があるだろうか？

お金の流れを追えばマネーロンダリングを追跡できるように、情報や影響力の流れを追えば、情報ロンダリングも追跡できる。

そのプロセスは「配置（placement）」または「出版（publishing）」と呼ばれる段階から始まる。この段階では、いくぶんかの真実でないことがでっち上げられる。ロシアの「ニュース」サイトがヒラリーは児童性的人身売買組織の一員であると主張する。中国のトロールはアメリカ軍がコロナウイルスの拡散を始めたと主張している。ロシア人の元トロールは自分のかつての仕事を「白は黒、黒は白と書かなければならない」と表現している。[86] 偽情報は完全に捏造されるものもあれば、2016年の選挙のように、ハッキングされた情報や不名誉な情報を発信源とする場合もある。ケンブリッジ・アナリティカ社が行ったように、高度なアルゴリズムを用いて人格や心理的特徴に基づいて聴衆を分別(セグメント)し、特定のナラティブを信じやすい人々をターゲットにすることもある。

次の段階が「増幅（amplification）」である。マネーロンダリング業者がペーパーカンパニーを作るように、ダミーのアカウントやソック・パペットの軍隊を使い、ソーシャルメディアのプラットフォーム上で誤解を招くようなコンテンツを配信する。これらのアカウントは『デンバー・ガーディアン（Denver Guardian）』（表向きは地元紙）[87]、『ヴェテランズ・トゥデイ』（退役軍人に狙いを定めたもの）のように、正規のメディア組織のようにも見える。[88] また政治団体を装う場合もある。「テネシー州共和党の非公式のツイッター・アカウント」である@TEN_GOPは州党の公式アカウントの10倍のフォロワーを獲得し、ドナルド・トランプ・ジュニアや、選挙対策本部長と上級顧問を兼務するケリアン・コンウェイ（Kellyanne Conway）といった著名なトランプ代理人からリツイートされた。[89] さらにバナー写真にアメリカ国旗を掲示し、ツイッターの経歴で情熱を織り交ぜながら、地元の指導員や退役軍人の意見を代弁していると主張することもある（たとえば#2A、#MAGA、#TheResistance）。このような欺騙行為の影響もあり、ツイッター・アカウントの15パーセントまでもがフェイクである可能性があると言われている。[90] 2019年には、フェイスブック社は65億件の虚偽のアカウントを削除した。[91]

トロールでさえも、そうした熱の入った欺騙工作への取り組みに辟易するほどである。IRAの元職員は『モスクワ・タイムズ』紙に「まずケンタッキー州出身の田舎者になる必要があった。そのあと生涯働いてきたミネソタ州の白人の役をこなし、15分後には、ニューヨークのアフリカ系アメリカ人のスラングで何かを書かなければならなかった」[92]。

このようなシェル・アカウントは、フォロワー数を膨らませることで影響力や正当性を強めていく。また何千ものアカウントを自らフォローすることで、デジタルの「干し草の山」を作り、配信の流れをカモフラージュする。こうして疑わしいアカウントへのリンクを暴く「針」の捜索を困難にする。新品のアカウントは信憑性に欠けるきらいがあるため、トロールは「シェルフ・アカウント」——長い期間にわたり存在し、投稿履歴もあるため、ユーザーにより本物らしく見せる——を利用することもある。マネーロンダリングでは、不正な資金を少額に分割して複数の口座に入金することがよくあるが、これは「スマーフィング」と呼ばれる行為だ[93]。これと同様に偽情報の発信元を追跡しにくくするために、シェル・アカウントでは「情報のスマーフィング」が行われることもある。

虚偽のナラティブを増幅させるネット上の多くの声は、仲介者を利用して偽情報の発信元を曖昧にし、プロパガンダを広く拡散させる「レイヤリング」にも関与している。仲介者は「ウィキリークス」のように、公共の利益のために秘密を漏らすと称する組織の場合もある。また仲介者は、クレムリンのプロパガンダをおうむ返しするだけの「役に立つ愚か者(useful idiots)」として振る舞うユーザーの場合もある。いずれにせよ、層(レイヤ)を厚くすることで、法執行機関や防諜機関の捜査が複雑になり、偽情報を怪しげな発信源から遠ざける一方、あなたの友人やお気に入りのニュースソースといった信頼できる情報源に近づくことになる。

最後に、情報ロンダリングの効果は、偽情報が正規のニュースソースで取りあげられたり、大勢のソーシャルメディアのユーザーに受容されることで頂点に達する。この現象で最も悪名高い実例は、アメリカのティーン・エイジャーとされる@Jenn_Abramsで、National Punctuation Dayというサイトから国内政治にいたるまで、威勢の良いツイートにより約7万人のフォロワーを獲得している。多くのフォロワーをもつエイブラムスのツイートは、少なくとも30以上の報道機関で引用された。彼女の見解は、ロシアが資金拠出しているRTやスプートニク、InfowarsやDaily Callerのような陰謀論サイトに掲載された。しかし、ジェンは『ニューヨーク・タイムズ』紙や『ワシントン・ポスト』紙で引用され、CNNやその他の評判の高い報道機関でも取りあげられた。彼女はBBC、BET、Breitbartに出演し、そして『ビジネス・インサイダー（Business Insider）』『バサル（Bustle）』『バズフィード（BuzzFeed）』に掲載された。みなBのつく名前だけである。エイブラムスは、元駐ロシア・アメリカ大使のマイク・マクフォール（Mike McFaul）（スタンフォード大学での私の上司）ら著名なツイッターのパーソナリティと論戦を繰り返した。[94] おそらく読者はお察しのことと思うが、実は彼女はサンクトペテルブルクにいるロシアのトロールだった。

このような情報ロンダリングによって、はじめはまったく信憑性のなかったものが、今では広く世の中に浸透している。ある政党の活動員が「ヒラリーは子供を痴漢したのか?」とツイートするかもしれない。あるケーブル・テレビ局の評論家は「コロナウイルスの大流行は、アメリカ軍が引き起こしたという噂は本当なのだろうか?」と疑問を呈する。サンクトペテルブルクのトロール・ファームやテヘランの諜報機関で作られたメッセージが、いつの間にかインターネットの一部のたまり場から夜のニュースへと移行し、アメリカ人を分裂させ、民主主義を貶めるために作られた陰湿なナラティブを正当化していく。見ていて恐ろしくなる。

汚染

もう一つ、私が長い時間をかけて取り組んだのが「消火ホース」という偽情報戦術である。これは悪意ある外国政府が、まるで巨大な消化ホースを使っているかのように、インターネット上に大量の情報を撒き散らし、他の情報を押し流すものだ。その意味を理解するために、スクリパリ毒殺事件を考えてみたい。もしあなたが、何が起こったのかを正確に知らない、あるいは混乱しているのであれば、ロシアはしっかりと仕事をやり遂げたことになる。

しかし、事実は広く受け入れられている。セルゲイ・スクリパリ（Sergei Skripal）は元ロシア諜報機関の幹部で、イギリスの二重スパイとなった人物である。彼は2006年にロシアで逮捕され、最終的に釈放された（FXのヒット番組『アメリカ人（The Americans）』にインスピレーションを与えた華やかなロシアの潜伏工作員、アンナ・チャップマン（Anna Chapman）を解放したときのスパイ交換の一環として）。[95] その後スクリパリはイギリス南部の都市ソールズベリーで静かな生活を送っていた。ソールズベリーは13世紀の大聖堂が印象的で、『スター・ウォーズ』に登場するC－3POの声を担当する俳優の出身地でもある。[96]

2018年3月4日、セルゲイと33歳の娘ユリア（Yulia）はソールズベリー・スーパーマーケット近くのベンチで強硬症状にあるところを発見された。[97] 捜査当局は、ソヴィエト連邦が開発した化学兵器で、史上最凶と言われるノビチョクと呼ばれる致死性の神経ガスを使って、何者かがスクリパリの毒殺を図ったことを突きとめた。[98] クレムリンがイギリス国内でロシアの諜報員を毒殺したのは、これが初めてではなかった。10年以上前に、KGBの大佐からクレムリン批判者へと転向したアレクサンダー・リトビネンコ（Alexander Litvinenko）が、放射性ポロニウムが混入した紅茶を飲んだ後にロンドンで死亡した。[99] イギリスのテリーザ・メイ（Theresa May）首相は、スクリパリの毒殺を「我が国において無実の市民を殺害しようとした恥知らずの暴挙」と呼び、議会において、この事件の背後にロシアがいる可能性が「非常に高い」と述べた。[100]

しかし、もしあなたが事件後の数日から数週間、グーグル・ニュースの上位の検索結果だけを見たなら、ロシアが有罪である可能性は「きわめて低い」と結論づけただろう。なぜなら、RT、スプートニク、Ruptlyが取りあげている記事のページをスクロールすると、まったく異なることが記述されていたからだ。

RTについて簡単に説明しよう。以前は『ロシア・トゥデイ』として知られていたRTは、（前述したように）フォーシーズンズでロシアのテレビを視聴したゲイリー・シュテインガルトを1週間苦しめたネットワークの一つであった。RTは幅広いリーチ力をもつ。ユーチューブの登録者数は他のどの放送局よりも多く、[101] CNNの4倍を誇る。[102] もっともらしい仮装をまとい、アメリカの視聴者にアピールするため、RTは最盛期を過ぎたアメリカの著名人を出演者リストに入れ、登場させている。そのゲストには、故エド・シュルツ（Ed Schultz）（MSNBC）やラリー・キング（Larry King）（CNN）といったキャスターも一時期含まれていた。[103]

実際のところ、RTは独立した存在ではない。RTは「会社概要（About Us）」のページの一番下に「ロシア連邦の予算から公的に資金を調達している自立した非営利組織である」と記している。会社のハンドブックは「ロシア連邦の国益に忠実であること」と従業員に指示している。[104] RTの長年の編集長であるマルガリータ・シモニャン（Margarita Simonyan）は報道機関を経営する「傍ら」、プーチン政権で補佐官を務めている。[105] 彼女の机の上にはクレムリン直通の黄色い電話が置かれている。「この電話は秘密のことを話し合うためにあるのです」と彼女は語っている。[106]

RTのスローガンは「もっと疑問を抱こう（Question More）」である。[107] 元FBI捜査官のクリント・ワッツが指摘するように、その戦略は疑心暗鬼を煽ることだ。「どうしてそう言えるのか？　そうではなく、こうも言えるのではないか？　本当に政府を信用できるのか？　アメリカ政府は偽善的ではないのか？　RT報道から得られるものは、信用できるものは何もないということ、そして誰も信用できないなら何でも信じてしまえ、ということです」[108]。これはすべて、偽情報研究家のベン・ニモ（Ben Nimmo）がロシア流プロパガンダの「4つのD」と呼ぶもの——拒絶する（dismiss）、歪曲する（distort）、惑わす（distract）、幻滅させる（dismay）——の一部である[109]。

この脚本（ブレイブック）に沿って、ロシアがスクリパリについて垂れ流した虚偽情報をいくつか紹介してみたい。

- 『スプートニク』誌（3月8日付）——「イギリスに亡命したロシア人を毒殺することで誰が得をするのか？」。ここで筆者は「クレムリンよりも、イギリス当局のほうがスクリパリが毒殺されるのを見ることに、はるかに多くの既得権をもっている」と考えている[110]。
- 『RT』（3月13日付）——「イギリス諜報機関がスクリパリ毒殺に加担している可能性——元FSB長官」。この「レポート」では、ロシア諜報機関の元トップがロシアの諜報活動による信頼できる情報源を提示した[111]。
- 『スプートニク』（3月13日付）——「ロシアの元スパイの毒殺はイギリスとロシアの結びつきを妨害するための策略のようだ——アナリスト」。この記事で引用されている「アナリスト」の中には「悪魔のような気候変動詐欺」に激怒した人物や、シリアの人道組織「ホワイト・ヘルメット」のビデオ制作を非難した人物も含まれていた[112]。

●『スプートニク』(3月14日付)――「アメリカは1999年からスクリパリ毒殺に使われたとされる物質にアクセスしていた――レポート」。この「レポート」は1999年の『ニューヨーク・タイムズ』紙に掲載された一本の記事の中から引用したもので、その記事にはかつてアメリカは、ノビチョクが製造されていた化学兵器工場をウズベキスタンが解体する作業を支援したことがあり、記事はその活動について記述したものであった。[113]

●『ラプトリイ』(3月21日付)――「ロシア――スクリパリの娘への攻撃をイギリスが画策した可能性がある――FM職員[114]」。

●『ラプトリイ』(3月21日付)――「モスクワにとって、スクリパリは『価値ゼロ』だった――ペスコフ＊特ダネ＊[115]」

●『RT』(9月13日付)――「『私たちは工作員ではない』――スクリパリ事件のイギリスの容疑者、RT編集長と独占対談[116](動画)」。この身のすくむようなビデオの中で、毒殺事件の容疑者たちは、有名な大聖堂を観光するツアー客としてソールズベリーを訪れていたが、雪が多すぎたので急ぎ立ち去ったと主張していた。有線テレビの映像では、2人は道端にうっすらと積もった雪を気にすることなく、町を散策していたのだ。

要点は、おわかりいただけたと思う。これらの記事は滑稽だと思われるかもしれないが、ロシア人たちによる消火ホースはグーグルのアルゴリズムを騙すことに成功したかもしれない。技術者以外の人にとって、アルゴリズムとは、数学またはその他の問題解決手順の形をした一連のルールと理解することが最も適していると思う。つまりコンピュータが（検索結果などの）アウトプットを出したり、（自動運転車が一時停止の標識にさしかかったときに、ブレーキを踏むべきかどうかなど）何かを判断したりするためのプロセスである。イギリスの未来学者ジェイミー・サスキンド（Jamie Susskind）が書いているように、アルゴリズムは私たちの身の回りにあり、オフラインの世界にも存在している。「ドライブの道順はアルゴリズムの一つの形態であり、さまざまな条件下で何をすべきかを規定している」とサスキンドは指摘している。「この道を進み、郵便局で右折し、信号で左折する」。サスキンドは、私たちは恋愛関係においてもアルゴリズムによる意思決定を行っていると指摘する。「彼が嘘をつき続けるなら、縁を切りなさい。しかし彼が謝ってきたら、少し冷静になって自分の気持ちを確かめ、それから話し合いで解決するようにしよう……」[117]。

グーグル社の巨大なアルゴリズムは――特にユーザーが検索を行う際に――大学に通う怠け者の彼氏を捨てるかどうかよりも、はるかに複雑な決断を下す手助けをすることを目的としている。大まかに言えば、これらのアルゴリズムは同じような仕組みになっているが、新鮮さ（どのくらい新しい記事か）、関連性（記事が検索クエリにどのくらい近いか）、信憑性（情報源は信頼できるか、それとも完全な狂信者か）など、いくつかの要素を重んじるよう設計されている。

では、いったい何が起こったのか。『ニューヨーク・タイムズ』紙がスクリパリについて書いていなかったわけではない。実際には書いていた。しかしＲＴや同類の報道機関が発信する（誤解を招く）コンテンツの奔流に比べれば、その比較的ニッチなイベントに関する権威ある情報源は、バケツの中の一滴にすぎなかった。グーグル社のアルゴリズムがスクリパリに関する検索クエリに反応してウェブをクロールしたとき、彼らは新鮮で関連性の高いコンテンツを大量に発見したが、それはすべてウラジーミル・プーチンとそのプロパガンダ担当者が黄色い電話の向こう側に提供したものだった。プーチンは元諜報工作員を毒殺したただけでなく、言論を汚染したのである。

消火ホースが特に効果的なのは「データ・ボイド（data void）」と呼ばれる、極めて曖昧な言葉や、滅多に検索されない言葉を検索したときに生じるボイド（検索語を入力しても戻り値がないこと）を利用する場合である[118]。ところで「グーグル・ワック（Googlewhack）」というゲームをご存知だろうか。1つの検索結果しか得られないような2つの検索語の組み合わせを見つけるというものだ。これがデータ・ボイドである。この空白はフロントエンドの敵が悪用する機会となる。

2017年10月、シリコンバレーの中心部から数時間のところにあるソノマのワインカントリー一帯に山火事が押し寄せたとき、私たちはこの現象を目の当たりにした。少なくとも44人が死亡し、11万エーカーが焼失した[119]。これは史上最も損害と犠牲者の多い山火事の一つとなった[120]。当然ながら人々はこの山火事の原因を探しはじめたのだが、その中には、この災害を自分たちがすでに経験したことのある過去の事例にそのまま当てはめようとする者もいた。あるローカル・ニュースでは、地元の公園で暖をとるために小さな火を起こした不法移民のジーザス・ファビアン・ゴンザレス（Jesus Fabian Gonzalez）が当局に逮捕されたと報じられた。火は小さく「建造物を脅かすこともなく、すぐに消し止められた[121]」という。その小さな火とソノマ一帯で燃え盛る地獄の業火とは何の関連もなかった。しかし『ブライトバート』（2005年、ロサンゼルスに設立されたニュースサイト）は「ソノマの刑務所にいるワインカントリー放火犯の容疑者にICE拘禁状が出された」と発表するのを止めなかった[122]（同様の噂は、ソノマで山火事が発生した際にも広まっていた。2020年の西海岸、オレゴン州での放火は、左翼アンティファ〔アメリカの反ファシズム・反人種差別の政治運動〕のデモ隊が行ったという根拠のない疑惑が浮上[123]）。

その結果、典型的なデータ・ボイドが発生した。山火事のような危機の直後には、人々はしばしばグーグルが見たことのない検索クエリを入力する。こうした具体性の高いキーワードは「ロングテール・クエリ」と呼ばれる。不法滞在の移民が火事を起こしたという噂が広まると、グーグルのアルゴリズムは「山火事（wildfires）」や「不法滞在移民（undocumented immigrant）」といったキーワードでの検索を多く見るようになった。この時点で、いまだ信頼できる情報源は「いや、移民は火事とはまったく関係ない」とは書いていない。つまりグーグルが取得した情報は、インターネットの底辺からもたらされたものだった。ここでもまた、新鮮さと関連性が権威（情報の信頼性）を凌駕したのである。

この状況は、2018年2月、フロリダ州パークランドのマージョリー・ストーンマン・ダグラス高校で生徒が銃を乱射し、17人が死亡するという不幸な事件でも繰り返された。[124] この悲劇によって、パークランドの生徒の多くが、銃の安全強化を促進する法の熱烈な支持者となった。その結果、一部の銃推進派や過激派のウェブサイトは、トラウマを抱えた若者たちは高校生ではなく、犠牲者になりすまして共感を獲得し、銃規制を加速するために全米を飛び回っているクライシス・アクターだと主張した。[125] このような陰謀論が広まりはじめた当初は、権威ある情報発信者がまだこれらの陰謀論を否定していなかったため、「パークランド」や「クライシス・アクター」という検索語でググったユーザーたちは、関連性があって、時間的に新しいが、まったく不条理な記事を見ることになった。もちろんロシアは、この混乱を利用できたため大喜びだった。ハミルトン68（ロシアの影響力を追跡している「民主主義を守るための同盟（Alliance for Securing Democracy）」のプロジェクト）は、#guncontrolnow といったハッシュタグを立ち上げ、銃撃犯が白人至上主義者か反ファシストであると主張しているボット活動が急増したことを確認した。[126]

消火ホースはたんに不都合なだけではない。21世紀における他の手段をもってする検閲も同然である。政治学者のマーガレット・E・ロバーツ（Margaret E. Roberts）は著書『検閲（Censored）』の中で、「洪水（flooding）」や「消火ホース」は「権威主義政府がその影響力を薄め、国民の目からそらして隠そうとする情報と競合する」[127] と書いている。それは正当な情報を「抑圧」しようとする場合、あるいは好ましい物語を「でっち上げる」場合もそうである。

消火ホースにより、私たちが一般的に定義する検閲のように、情報が完全に遮断されるわけではない。しかし、ロバーツは「洪水（フラッディング）は、消費者に良い情報と悪い情報を見分けるための時間と労力を強いる」と指摘している。[128]結局のところ「どれだけの人がグーグルの検索結果の8ページ目までクリックするだろうか」という問題に行き着く。ほとんどのユーザーはおそらく、最初の10個の青いリンクにすら目を通すことはないだろう。グーグルのようなプラットフォームをジャンクな検索結果で圧倒することで、悪意ある者は信頼できる情報源の「ランクを下げ」、大多数のユーザーが目にすることのない場所にそれらを追放することができる。レイ・ブラッドベリ（Ray Bradbury）は華氏451度（摂氏233度）を「本の紙が火で燃えあがる温度」と呼んだ（『華氏451度』は読書が禁じられた社会を描いたレイ・ブラッドベリによるディストピア小説の名作）。検索ページ451は、情報が事実上存在しなくなる時点であると言えるかもしれない。

つまりデジタル時代の検閲は、もはや疑わしい情報をブロックすることではないのだ。中国政府は、政権に不都合なニュースや論評を抑えるために全力を尽くすことができる。その一方で、批判的な意見をかき消すために、ウェブ上を競合する意見で溢れさせることも可能だ。実際、北京は200万人のソーシャルメディアの「チアリーダー」軍団――聞くところによると、投稿1件につき50セント支払われることから「50セント軍団」などと呼ばれている――を雇い、中国の指導者に賛辞の嵐を投げかけさせている。ある指標によれば、これらのデジタル応援団は、中国のポジティブな（そして、しばしば民族主義的な）ビジョンを称える投稿を年間5億件近くも行っている。[129]

同様に、ロシアがイギリス国内でスクリパリを殺害しようとしたことで外交的懲罰の脅威に直面したとき、ロシアのトロールたちは事態を混乱させるために大量の偽情報を発信した。「もしスクリパリ氏がウクライナ人やCIAに毒殺されたとしたら、イギリスがロシアの外交官を追放したり、モスクワに制裁を加えたりすることは本当にフェアなことなのだろうか?」。こうした消火ホースの活動のすべてがグーグル社のポリシーに違反しているわけではないが、(ポリシーは消火ホースがもたらす)リスクを浮き彫りにしたのだ。そして、アルゴリズムがどのように不正に操作されているのかについて、社内で議論されるようになった。私が過ごした時間は、公共政策、法務、製品、広報の各チームの同僚とミーティングを行い、対応策を考えることに費やされた。

それ以来、グーグルのエンジニアたちは、アルゴリズムが新鮮さ、関連性、権威(情報の信憑性)の重みづけをどのように評価するかをめぐり、さまざまな変更を重ねてきた。たとえばニュース速報の後、陰謀論者が信頼できるジャーナリストに先んじてユーチューブに動画をアップロードすることが多いことに気づいたユーチューブ社は、「(時間的な)近接性」が「権威性」を上回らないようにアルゴリズムを変更した。

このような工夫のおかげで、(検索画面で)推奨された陰謀論ビデオが40パーセント減少したことがバークレー校の研究で明らかになった。▼130 またユーチューブでは、動画コンテンツよりも素早く作れる速報性の高いテキストベースのニュース記事へのリンクも開始された。さらにグーグルの各プラットフォームでは、政府系サイトかどうかを示す情報パネルや、信頼できるファクトチェック用の記事への誘導など、ユーザーが自分で判断するための重要な追加的コンテキストが表示されるようになった。2020年初頭に、私がグーグルを退職した時点でも、グーグルのようなプラットフォームで偽情報を流すことは可能だったが、以前よりは格段に難しくなっていた。*

* 2016年の選挙でRTが果たした役割を踏まえ、アメリカ司法省は2017年にロシア最高級の消火ホース報道機関であるRTの外国エージェント登録を義務づけた。

こうして2016年以降、テック業界は目覚めつつあった。しかし独裁者の方は、まだ終わっていない。

デジタル・マジノ線を越えて

この進化する脅威に対応するため、私たちが直面する最大の課題の一つは、スタンフォード大学サイバーセンターの共同研究者であるレニー・ディレスタ（Renee DiResta）が「デジタル・マジノ線」と呼ぶものを構築してしまう過ちを回避することだ。マジノ線とは、ドイツとルクセンブルクの国境に沿ったフランスの要塞で、第一次世界大戦中に欧州が経験したような戦闘を防ぐために建設されたものである。この要塞はアルデンヌの森で途切れている。というのもフランスは、当時の軍事技術ではアルデンヌの森を通過することはできないと考えたからである。では、実際にはどうなったか？　ドイツ軍は変革に取り組み、アルデンヌの森を通過し、電撃戦を実行できる戦車を開発し、マジノ線を完全に迂回できるようにしたのである。これは「最も新しい過去の戦争」を戦うことの危険性を教えている。

ディレスタは、私たちが2016年の選挙に固執するあまり「別の場所では新しい戦術がリアルタイムで顕在化しているのに、たった一つの戦術に的を絞った抑止力として、戦場の一角に形成されたデジタル・マジノ線」を築き上げていると警告している。[131] デジタル権威主義は欧州の選挙[132]からアフリカの報道機関、[133]アメリカを揺るがす政治的・社会的危機にいたるまで、新たな領域に入り込んでいる。多くのケースで私たちの敵対者は、2016年以降に私たちが築いてきた防御をすでにかい潜（くぐ）っている。

たとえばフェイスブック社は、プラットフォームの悪用に対し、虚偽のアカウントを禁止することで対応した。では、ロシアは何をし始めたか？　現地でエージェントを雇ったのだ。2019年のウクライナ選挙の前に、ロシア人はウクライナ人たちにお金を支払って、彼らのフェイスブック・ページをロシアのプロパガンダに使おうとした[134]。スタンフォード大学とフェイスブック社の調査グループは、2019年後半に多くのアフリカの国々で——プーチンの多才なシェフ、エフゲニー・プリゴジンが再び仕組んだ——ロシアの行動を検出した。ロシア人は地元住民や既存の報道機関を使ってロシア賛美と、アメリカとフランス批判の記事を作成した[135]。フェイスブック社の元最高セキュリティ責任者であるアレックス・ステイモス（Alex Stamos）は、ロシア人はすでにアメリカ国内でもこのようなことを行っているのではないかと疑っている[136]。

もう一つ困ったトレンドがある。防諜アナリストがより賢くなり、自然言語処理アルゴリズムの性能が向上するにつれ、悪意あるアクターがスクリーンショットで偽情報を拡散することが増えている。画像はテキストに比べて検索しにくいため、偽情報の発見や発信元の追跡を困難にしている[137]。

トロールもまた、本物らしく見せ掛けようと努力しており、これまで識別しやすかった特徴の多くを取り除いている。IRAのアカウントが、次のような要領を得ないテキストを投稿すれば、ボットを見破ることは難しいことではない。「America has always been hinged on hard-working people（アメリカは常に勤勉な人々に依存されてきた）[138]（原文ママ）」。『ピグマリオン』でヘンリー・ヒギンズ（Henry Higgins）がイライザ・ドゥーリトル（Eliza Doolittle）を指導するように、トロールは英語の文法や構文を改良している[139]。ハッシュタグの使用も減っている。悪意のある行為者は、しばらく前から存在するアカウントに依存することが多くなり、時間的近接性（recency）という赤旗を避け、本物であると錯覚するように仕組んでいる[140]。多くのフォロワーを有するページやアカウントは、より厳重な監視を受けるようになったため、ロシアのトロールの多くは、より小規模で身近なアカウントを使うようになっている[141]。

最近では、ロシアは虚偽のナラティブをアメリカ人自身に作らせることさえある。2020年2月、地元色の強いデマがすぐにRTやトロールたちの大合唱によって取りあげられ、増幅された。ヒラリー・クリントン陣営の元選対本部長ロビー・ムック（Robby Mook）とは関連のないアプリが〔選挙の行方を左右する〕きわめて重要なアイオワ州大会を操作したとの噂が広まった。[142] Qアノンのような極右系陰謀論者は、悪魔崇拝者である民主党の政治家が子供を人身売買してその生血を吸っていると主張し、IRAのトロールたちの手を借りて驚くほど人気が高まっている。[143] CIAの元アナリスト、シンディ・オーティス（Cindy Otis）は「彼らはもはや自分たちのアカウントが拡散することを求めていない。なぜなら不必要に注目を浴びてしまうからだ」と指摘する。「彼らの手法は、すでに存在するナラティブに入り込むことが中心になっている」。[144]「トロールに餌を与えるな」というのがインターネットの鉄則かもしれないが、餌を与えても与えなくても、トロールはいずれにせよ成長している。

ロシアのプロパガンダ部門も、新たな偽情報の伝達経路を見つけている。「ゴーストライター」と呼ばれるロシアの活動では、ハッカーが正規のニュースサイトに侵入し、虚偽の記事（多くの場合、NATOの弱体化を意図したもの）を作成し、ソーシャルメディアに流布した。[145] またベルリンを拠点とするメディア・グループ『レッド・フィッシュ（Redfish）』を例に挙げると、「斬新で徹底した草の根の特集」を提供すると主張しているが、実はクレムリンと深いつながりがあった。[146] 2020年に〔アメリカ〕連邦通信委員会が外国人に対し、アメリカの放送局[147]（従来は25パーセントが上限）の完全な所有権を認める裁定を下したことを受け、ロシアや中国のオリガルヒはアメリカのメディア資産を買収する準備を進めた。国営のチャイナ・ラジオ・インターナショナル社は子会社を使い、目立たないようにアメリカ国内の放送局を買収していた。[148] スプートニク社はすでにアメリカ中部地域の放送局の時間枠を買っている。『ニューヨーク・タイムズ』紙のニール・マクファーカー（Neil MacFarquhar）は「通勤ドライバーがミズーリ州カンザスシティを走りながらラジオのダイヤルを回すと、クラシック・ロックやカントリー・ミュージックのヒット曲の合間に思いがけないものが流れてくる。ロシアのアジトプロップ（文学、映画、音楽などによる共産主義プロパガンダ）だ」と言う。[149]

これはＩＲＡだけに限ったことではない。独裁者が過去の成功体験を繰り返すなかで、私たちは新たなフロントエンド戦士の台頭を目の当たりにしている。

特に中国は、習近平が「インターネット戦場を奪還する」[150]と宣言したことで、フロントエンドの最前線に躍り出た。中国本土とマレーシアに拠点を置くコンテンツ・ファーム（訪問者を増やすために、低品質のコンテンツや、他のウェブサイトからコピーしたコンテンツを大量に提供しているウェブサイト）は、台湾独立からコロナウイルスにいたるまで、親中的なナラティブをプッシュしている。[151] Redditでは、中国全般とファーウェイ社に関するネガティブな記事に「反対票を投じる（ダウン・ボート）」ための協調的なキャンペーンが行われている証拠がある。[152] 2020年6月、ツイッター社はＣＯＶＩＤ－19をめぐる北京の対応を称賛するツイートなど、中国の偽情報を増幅させている15万件のアカウントを削除した。[153] その他にもアメリカ全土の封鎖（ロックダウン）を警告する虚偽のツイートがあり、[154] フェイスブックの動画を不正加工して、人種差別撤廃をめぐる対立を煽ろうとした。[155] スタンフォード・サイバー・ポリシー・センターの報告によると、中国の「多様な能力、国境を越えた影響力の拡大は、ロシアと比較されるレベルまで来ている」という。[156]

他の権威主義国家もそう後れをとっているわけではない。HispanTV.comをクリックすると、はじめはスペイン語の正規のニュースソースのように見える。ところが実際はイラン版ＲＴで、その日のヘッドラインを取りあげ、親イラン的な独特の解釈（スピン）を加えている。[157] トルコからベネズエラ、スーダンにいたるまで、各国は内外の批評家に対して国家が支援する偽情報キャンペーンや「愛国的」トローリングに取り組んでいる。[158] インドでは、ナレンドラ・モディ（Narendra Modi）首相のバラティヤ・ジャナタ党（インド人民党）がＩＴ部門を設立し、メンバーに党の方針をメッセージで送り、嫌がらせをするジャーナリストの「ヒット・リスト」を保管している。[159] フィリピンのロドリゴ・ドゥテルテ（Rodrigo Duterte）大統領は選挙期間中にトロールに報酬を支払い、そのうちの数人を政府の役職に任命している。[160] エクアドル大統領のラファエル・コレア（Rafael Correa）は、自身の批判者に対するトロール行為を黙認している。「表現の自由の名のもとで、人々は侮辱や中傷を受けることはない」と述べている。「彼らが1件のツイートを発信したら、我々はあなたを卑怯者と呼ぶツイートを1万件送る[161]」。

あるケースでは、独裁者たちが力を合わせていることさえある。国務省のグローバル・エンゲージメント・センターによる2020年の報告書は、中国、ロシア、イランが調整してコロナウイルスに関するメッセージを発信していると結論づけた。各政府は、ウイルスがアメリカの生物兵器として開発されたこと、中国がうまく対応したこと、アメリカ経済が崩壊していることなどのデマを流した。報告書は公開されなかったが、ニュースサイト『ポリティコ（Politico）』によると「コロナウイルスが蔓延するにつれ、これらの国々の政府によるプロパガンダと偽情報のナラティブは収れんしてきた」と主張している。その数カ月後、中国とロシアの外務省の代表が偽情報に関する「協議」を行った。[162] 表向きの目的は「偽情報に共同で『対抗』すること」とされていたが、むしろ調整が本題であった可能性が高い。このように権威主義国家によるネット上のプレイブックは、私たちが自国の防衛をアップデートしようと躍起になっている間に、互いに利用し、強化し合っているのである。

二歩進んで、一歩下がる

そうした進化した戦術は2020年11月に山場を迎えた。年の暮れも近づくと、みなの注目は大統領選挙に集まっていた。4年前のロシアによる選挙への介入の記憶がよみがえり、多くのアメリカ人がグレー戦争の脅威を予感していた。そのため選挙に関する不正の新たな情報がもたらされるたびに、オブザーバーたちは緊張を強いられた。ポデスタのメールを盗んだGRUの〈ファンシー・ベア〉が、今度はジョー・バイデン（Joe Biden）の最も有名な選挙コンサルタントのネットワークを狙っているようだった。これは次なるハッキング&リーク作戦の始まりなのだろうか？[163] ロシアの新たなハッカー集団――〈エナジェティック・ベア〉と呼ばれ、ロシア連邦保安庁とつながりがある――が、州や地方の選挙システムを嗅ぎ回っているのが発見された。[164]『ニューヨーク・ポスト』紙の記事には、バイデンの息子ハンターについて、ロシアの同盟者たちが流布していたものと同じようなショッキングな主張が掲載されていた。[165] フェイスブックのユーザーたちは2016年の選挙のときよりも多くの偽情報に関与していることが、その後の調査で明らかになっている。[166] 一方、国家が支援する中国のツイッターのトロールたちは、アメリカとCOVIDに関する偽情報を発信していた（ただし、ある研究者はこうした活動を「無駄である」と述べ、中国の勤務時間中――ほとんどのアメリカ人は就寝中である――にツイートされていると指摘している）。[167]

パンデミックの影響で郵便投票がかつてないほど盛んに行われ、トランプ大統領が不正投票を声高に主張するなど、選挙を取り巻く異常な雰囲気は、それだけで選挙介入や偽情報が付け入る機会を拡大した。ソーシャルメディア上を飛び交っていた噂や事実と異なる情報の多くは、トランプ大統領とその支持者たちによって押し流された。選挙の夜が明け、開票作業が進む一方で、当選者がなかなか決まらない中、焦燥感と困惑に満ちた中国のオブザーバーたちは、バイデンの名前が「bai deng」（無意味な待ち時間）という言葉に似ていると指摘した。[168]

そのため、マイクロソフト社の元幹部で、国土安全保障省のサイバーセキュリティおよびインフラセキュリティ庁（CISA）長官のクリス・クレブス（Chris Krebs）が、悪意あるアクターが投票の自動集計機をハッキングしたり、選挙を不正操作したという主張に対して強く反論したことは、私たちにある種の安堵感をもたらした。アメリカのサイバーセキュリティ最高幹部による反論は、11月12日に発表された選挙関係者からの声明へと結実し、そこでは2020年の選挙を「アメリカ史上、最も安全が確保されたもの」[169]だったと宣言された。

その5日後、クレブスは解任された。[170] 前例のない型破りな競争にふさわしい結末であった。それはまたグレー戦争でのアメリカの進歩を暗示していた。つまり「2歩進んで1歩下がる」のである。これまでのところ、既存の敵対勢力はほぼ抑え込まれている。とはいえ、新たな敵、新たな手法が私たちのデジタル・マジノ線に侵入してくる恐れがあった。

外国からの介入に対するワシントンの対応は、アメリカ政府が前回の大統領選から重要な教訓を学んだことを示していた。クレブスのもと、CISAは、オンライン上で流通する偽情報を取り締まる「うわさ規制(Rumor Control)」というウェブサイトを立ち上げた。[171] フロリダ州やアラスカ州の有権者たちが脅迫メールを受け取り始めたとき、FBI長官と国家情報長官はゴールデンタイムに記者会見を開き、このキャンペーンの背後にロシアとイランがいる可能性が高いと警告した。[172] アメリカのサイバー軍は、ロシア系のボットネット[173]を積極的に妨害し、イランのハッカーと対決した。[174] サイバー軍の司令官であるポール・ナカソネ(Paul Nakasone)将軍の見積りによると、2020年の選挙を妨害する外国勢力の試みは(2018年と比較して)少なく、連邦政府内の連携は一段と強化されていた。[175]

一方シリコンバレーは、遅ればせながらインターネットが地政学的対立の舞台と化しているという現実に目覚めたようだ。フェイスブックは選挙前の週に、新たな政治イシューに関連する広告を禁止し、[176] IRAと関連のある新たなトロール・ネットワークを特定・削除し、[177] Qアノンなどの陰謀論を取り締まった。[178] ツイッター社は、ツイートを共有する前に、ユーザーに記事を読みたいかどうかを尋ねるなど、余計な「摩擦」を増やすような措置をとった。[179] フェイスブックとツイッターの両社は、選挙に関する偽情報にラベルを貼った。のちにツイッター社が公表していることだが、自社の「Civic Integrity Policy」（「市民活動の阻害に関するポリシー」）にしたがい、30万件のツイートにラベルが貼られ、それらのツイートを閲覧したユーザーの4分の3近くが情報の正確性に疑いがもたれることを表示するラベルを目にしたという。[180]またユーチューブ社によると、ユーザーが選挙に関するコンテンツを検索した際、アメリカ国内で「トップ10」に表示された検索動画の88パーセントが『権威ある』情報源」からのものだった。[181]

さらに難しいのは、両岸（アメリカの東海岸と西海岸にあるワシントンとシリコンバレー）が外国からの偽情報に対抗する能力を高めていたにもかかわらず、2020年の選挙では「国内からの」偽情報の台頭が加速されたことだ。バイデンの勝利後、トランプの影響を受けた何百万人ものアメリカ人が、トランプが実際に勝利したと主張するいわれなき陰謀論を妄信した。（こうした動きに対し）ツイッターやフェイスブックなどの主流のプラットフォーム各社は、偽情報の取り締まりを加速させた一方、パーラー（Parler）というソーシャルメディアは、そのようなサイトに代わる自由奔放で制限のないプラットフォームとして、アップルやグーグルのアプリストア上であっという間にトップに躍り出た。[182]票の水増しや自動集計機の細工といった根拠の不確かな申し立てを流布する新たな拠り所となったのである。まったく正反対の証拠があるにもかかわらず、そうしたトランプ流の主張の多くは抗議活動や法的手続きで繰り返され、プーチンや在米中国大使館によって熱心に宣伝された。[183]バイデンの当選が正式に決まった数週間後、トランプの有権者の4分の3以上が、バイデンの当選を不正投票によるものだと主張した。[184]

国外から国内への偽情報対策の移行は、現実的な課題を提起している。なぜなら行動を標的としたもの（客観的）から、コンテンツを標的としたもの（より主観的）への変化を暗示しているからである。私がグーグル社にいた頃、私たちが懸念していたのは「明らかに虚偽の」コンテンツだった。しかし、権威ある情報源に誤りはないにせよ、数千万人のアメリカ人が違う結果になったはずだと信じている大統領選挙の結果について、どう考えればよいのだろうか？　結局、フェイスブック社は自社のプラットフォームで増殖した「STOP THE STEAL」グループの多くを削除した。[185]　一方、ツイッター社は選挙日後のわずか48時間で、トランプ大統領のツイートやリツイートの38パーセントを「誤解を招くもの」に分類した。[186]　２０２１年１月６日、ジョー・バイデンを大統領に就任させるプロセスを停止させようと、親トランプ派の暴徒が連邦議会議事堂で暴動を起こした。その後、暴力を扇動し、「市民活動の阻害に関するポリシー」に違反したとして、ツイッター社、フェイスブック社、ユーチューブ社は、それぞれのプラットフォームからトランプの利用を一時的に差し止めた。アップル社とグーグル社はアプリストアからパーラーの利用を停止し、アマゾン社は人気のクラウド・ホスティング・サービスから締め出した。

偽情報の線引きをどこにするかを決めることは難しく、特にシリコンバレーで働くエンジニアにとっては気乗りしない仕事だ。私たちはソーシャルメディア・プラットフォームをどう見るべきか——ツイッターは新聞なのか、公共の広場なのか、公共事業なのか？——まだ十分に定義していない。この概念的な混乱が、偽情報をどう扱うかという判断を難しくしている。多くの人は、危険な虚言を拡散していることが証明されている人物の論説を掲載しないことに同意するだろう。しかし、たとえば水や電気を遮断することは、まったく別問題である。

当然、このような決断は政治化する。２０２０年の選挙後に行われたギャラップ社の世論調査では、偽情報の拡散を阻止するため、共和党員の３分の２がテック企業が果たした役割は大きかったと答え、民主党員の６割が十分ではなかったと回答している。[187]　偽情報への対策が必要であるという意見にさえ同意できないのに、対策を講じることは難しい。

私たちの敵対勢力は、民主的な世界が分裂し、混乱することが彼らの目的を達成するための最大のチャンスであることを知っており、フロントエンドの偽情報を流すことがそうした分裂や混乱を引き起こすための完璧な方法であることを理解するようになった。両岸の善意の指導者たちがその流れを止めようとしている間にも、このフルスケールの攻撃はアイディアの市場を腐敗させ、ますます分裂した社会にオンライン上の促進剤を加えている。そうして2021年初めには、アメリカは海外でますます無力になるだけでなく、国内では偽情報によって閉塞状態に陥っているのである。

第3章
ハードウェア戦争
デバイスのバックエンドをめぐる戦い

10年以上も前、現在「ネットの中立性」と呼ばれている問題をめぐって最初の論争の一つが起きた。そのきっかけは、アラスカ州選出のテッド・スティーブンス（Ted Stevens）上院議員が自分を現代のテクノロジーに完全に戸惑っている人物に仕立て上げたときである。上院商務委員会のこの気難しい82歳の委員長は、スタッフが「インターネットで」情報を送ってきたと説明した。そして、情報スーパーハイウェイは「大きなトラックではなく」、たんなる「一束のチューブ」にすぎないとも示唆した。[1]

このとき、スティーブンスは専門用語で言えば「あぶり焼き（ロースト）」にされた。技術に精通したミレニアム世代はにやりと笑った。すぐさまパルチザンたちは食いついた。スティーブンスの不運な言い回しは深夜のからかいネタになった。

しかしユーモアの裏には、本当の意味での不満があった。チャットをしている人々は、国家の情報通信インフラを監督する立場にある人物が、20世紀後半の最も重要な技術的進歩を、点滅するライトのついた下水管設備にすぎない、と考えていることが信じられなかった。『ザ・デイリー・ショー』では、いら立ちを見せた〔司会の〕ジョン・スチュワート（John Stewart）がスティーブンスのインターネットに関する説明について「上院商務委員会の委員長の発言というより、まあ言ってみれば、夜中の3時に空港のバーにいた狂った老人の戯言（たわごと）のようなものだ」▼2とコメントした。

ところが、ポイントをついていたのは実はスティーブンスの方だった。もちろん彼が言ったことが「完全に」正しかったわけではない。データは、都市の街路下を流れる下水のように導管の中を行き来しているわけではない。しかし重要なのは、私たちのデータ――オンラインで靴を買おうが、『ウェブMD』〔医薬品や医療関連の情報を提供するサイト〕で医療診断を受けようが――は目に見える長距離通信回線やデータ保管センターを通過しているということだ。私たちは「クラウド」という言葉をよく口にするが、現実はもっと具体的だ。とすると、インターネットとはデータの流れを管理するアルゴリズムを備えた一連の導管と呼ぶことができるかもしれない。

導管のアナロジーは記憶にとどめておいていい。なぜなら、インターネットが一般的なユーティリティのようなものだという考えを否定しながらも、私たちは通信システムにも同じような信仰を抱いているからだ。私たちは、さまざまな機器に出入りする情報が、A地点からB地点までどのように移動しているかについて、深く考えることはないだろう。ウェブ・ブラウザに入力されるデータと同様、私たちの多くは水道の蛇口から出る水について、あれこれ考える時間を費やすことはしないだろう。私たちがインフラに関心を抱くのは、ミシガン州フリントで起きた鉛汚染のように、災害が発生したときというのが一般的である。

だがここで、もしあなたの地元の水道事業がロシア政府や北京の役人に買収されたらどうなるか、少し考えてみてほしい。あなたは地元の貯水池の所有権を外国の敵対勢力に託すだろうか？　あなたの家庭に水を運ぶパイプの保守を、元KGB職員に頼めるだろうか？　あなたや隣人に水を供給する中国企業を監督する中国の規制当局を信用できるだろうか？　もしあなたが家までの導管を中国が管理することにさほど抵抗を感じなかった場合でも、米中関係がよりいっそう険悪になったら、あなたはどう思うだろうか。もし、私たちが熱戦の瀬戸際に立たされたら、どうだろうか？

そのようなシナリオは、もはや仮定の話ではない。グレー戦争の第二戦線では、中国政府がインターネットを支えるインフラという、一見すると平凡だが非常に重要なユーティリティの世界的支配権を獲得するため、猛烈な努力を続けている。中国政府は、民主主義諸国の市民たちがスクリーン上で見ているものをコントロールするフロントエンドの戦いと並行して、中国製のケーブル、中国所有のサーバー、中国が定めたルールを使って世界中に広がる新しい長距離通信システムを開発する「バックエンド」戦略を追求している。これらのケーブルやルーターがいちど設置されてしまった後では、アメリカはその影響を制御したり、到達範囲を制限したりする方法をもてなくなる。インフラというのは、いったん敷設されると非常に長い間、その場所にとどまり続けるのである。

この成長する巨大なインフラを支配する者は、全世界に政治的、経済的、軍事的な影響力を及ぼすことができる。結局のところ、オンラインで靴を購入するとき、あなたは単に一人の消費者としての取引以上のことをしている。つまり金銭に関わる身元証明、顧客情報、友人や同僚など交友関係の電子的痕跡を残しているのだ。自宅の所在地を明かし、ネットワーク上のアプリケーションがあなたの携帯電話に内蔵されている機密データ（連絡先、写真、テキストなど）にアクセスすることを許可している可能性もある。たとえば警察の残虐行為に抵抗した、元NFL選手コリン・キャパニック（Colin Kaepernick）の態度を支持するためにナイキを購入したとすれば、あなたのイデオロギー信条が明らかになってしまう可能性がある。これまで私たちは、インターネットを生んだ社会のように、これらのネットワークは永遠に自由でオープンであり、少なくとも、私たちのデータが地政学的な目的のために利用されることはないと思い込んできた。いまでも、そうであったなら良かったのだが。アメリカとその民主主義の同盟国がこのグレー戦争に勝利するためには、グローバルなインターネット・インフラがどのようなものか、中国の権威主義的指導者がそれをどのように利用しようとしているのか、権威主義的アーキテクチャが支配するオンライン世界が民主主義にとって何を意味するのか、よりいっそう深く理解する必要がある。

そうするために、模造のヴェルサイユ宮殿に出かけてみよう。

世界の頂点に立つために

1994年、人民解放軍の技術者だった任正非（Ren Zhengfei）は、当時共産党の総書記だった江沢民と面会した。数年前、任は国有企業である深圳電子を退職し、長距離通信ネットワーク用のスイッチの輸入を専門とするファーウェイという小さな会社を立ち上げていた。ファーウェイ社は設立間もない頃から中国軍に機材を供給していた。そしてこのとき、江との会談の中で、任は政府との協力関係をより緊密にすることを訴えた。「国内に通信スイッチ産業がない国は、軍隊のない国と同じです」と、任は江に語ったという。「よくぞ言ってくれた」と、江総書記は答えたと言われている。[3]

その運命的な出会い以来、ファーウェイ社はスイッチ輸入業の分野をはるかに超えて、急激な成長を遂げた。2020年には世界最大の通信機器メーカーになり、[4]現在、170カ国以上で19万4000人の従業員が活動している。[5]2014年から2018年の間だけでも、ファーウェイ社の年間売上高は430億ドルから1070億ドルに膨れ上がり、グーグルの親会社アルファベット社と肩を並べるまでになった。[6]

かつてスイッチの輸入業者であった同社は、今日、地球上の3分の1以上の人々をつないでいると自負している。[7]

ファーウェイ社の拡大する富と自信は、深圳（しんせん）（Shenzhen）の旧本社から車で数時間の東莞（とうかん）（Dongguan）にある新しい研究開発キャンパスにも反映されている。フロントエンドの戦いを主導するロシアの本部が、サンクトペテルブルクの何の変哲もないオフィスビルだとすれば、バックエンドの戦いに関わっている中国の中枢は滑稽なほど派手である。3・5平方マイルの敷地をもつ東莞の複合施設は、欧州風の都市を模した十数の「市街地（タウン）」に分かれている。[8] フランスのヴェルサイユ宮殿、ドイツのハイデルベルク城、ブダペストのフリーダム・ブリッジを模した建物の間を2万5000人の従業員が列車で行き来している。人工湖には優雅なコクチョウが泳いでいる。[9] この施設は「テクノロジー研究のためのディズニーランド」とたとえられることもある。[10] しかし、世界中の長距離通信インフラに対するコントロールを強化しようとする北京の攻撃的な取り組みを考えると、この新施設は「地上で最も幸せな場所」とは呼べない。

中国のハイテク企業が国家を支援し、国家もまた企業を支援するという「民軍融合」を思い出してほしい。任正非が確かにそうだ。中国政府はファーウェイ社を優遇してきたが、それは陸軍との最初の契約にさかのぼる。CIAによると、ファーウェイ社は人民解放軍と国家インテリジェンス機関から多額の資金提供を受けている。[11]

安価な土地の販売、研究開発補助金、有利な輸出条件など、[12] 中国政府は少なくとも750億ドルもの金額をファーウェイ社に助成してきたと言われている。[13] 任は直接助成金を受け取っていないと否定しているが、外国企業よりも中国の通信事業者を後押しする政府が掲げる政策——この重要な分野で、いわゆる国家のチャンピオンを育成すること——がなければ「ファーウェイは存在しなかっただろう」[14]と認めている。

だが、この大盤振る舞いは「ひも付き」だった。ファーウェイ社は、中国共産党から独立していると声高に主張し、任は、政府への協力を義務づける中国の国家情報法には従わないとまで断言している。しかし、誰も彼の言うことを信じてはいない。「中国の企業が大きくなればなるほど、ビジネス上の目標と党の政治目標を一致させる必要がある」と、「民主主義を守るための同盟(Alliance for Securing Democracy)」の中国アナリスト、マシュー・シュレーダー(Matthew Schrader)は指摘する。「ファーウェイ社が中国の現実と大きく食い違うような態度を公然ととれるという事実だけでも、党の支持の強さを物語っている。中国の〝普通の〟企業は、党の指示に従わないと言って、ただで済まされることはない」[15]。実際、ファーウェイ社のトップ層の多くは、同社のオンライン経歴から中国の陸軍士官学校に通っていた事実を省くなど、政府とのつながりを隠してきた[16]。

2012年のアメリカ下院情報常設特別委員会の調査では、ファーウェイ社(それと、もう一つの中国の通信事業者であるZTE社)は「外国の影響から自由であると信用することはできず、したがってアメリカ合衆国と私たちのシステムに対する安全保障上の脅威となっている」[17]と判断された。同様にイギリス議会の調査では、同社が「中国共産党組織」[18]と結託していることを示す詳細不明の証拠が公表されている。2021年4月、オランダ新聞『de Volkskrant』紙が、オランダの大手通信会社KPN社が2010年に依頼したリスク評価を暴露し、これですべてが裏付けされた。「新アメリカ安全保障センター」の上級研究員(シニア・フェロー)であるマーティン・ラッサー(Martijn Rasser)が概説しているように、この報告書からは、ファーウェイ社が「(1)KPN社のネットワークに自由にアクセスでき(2)オランダ首相の会話を含むすべての会話を盗聴でき(3)警察やインテリジェンス機関が監視している番号を知り(4)中国からネットワーク中枢にアクセスできる」ことが明らかになった。ラッサーは、その影響について次のように述べている。「被害の程度を考えると、経済スパイ、中国共産党への批判者や反体制派の特定と監視、オランダ政府の審議内容の盗聴、NATOの機密インフラへのアクセスの恐れ……」など、被害のリストは数え切れない[19]。この報告書の結論は非常に問題があり、KPNは会社全体の存続を危うくすることを避けるため、それを公表することはなかった。

2020年2月、アメリカ司法省は、ファーウェイ社と、同社の最高財務責任者で任の娘である孟晩舟(Meng Wanzhou)を、アメリカ企業の機密情報窃取の不正行為および共謀罪(の容疑)で起訴した。起訴状では「ファーウェイ社とその子会社による数十年にわたる知的財産の不正流用」が告訴され、知的財産の中にはインターネットのルーター、アンテナ技術、ロボット工学のソースコードやマニュアルが含まれていた。司法省はファーウェイ社が「競合他社から機密情報を手に入れた社員を報奨するためのボーナス・プログラム」を運営していたと主張している。[20] 言い換えれば、同社はアメリカの知的財産の窃盗を黙認していたのではなく、窃盗は同社のビジネス・モデルの中核を占めていたのである。孟はバンクーバーで逮捕され、2021年初めの時点で、裁判のためにアメリカへの身柄引き渡しを待っているところだ。[21]

ファーウェイ社の主張がどうあれ、ジャーナリストのキース・ジョンソン(Keith Johnson)とエリアス・グロール(Elias Groll)が「ハイテク版トロイの木馬」と呼んでいるものであることは明らかだ。[22] ナンシー・ペロシ(Nancy Pelosi)下院議長は中国の機器を使うことは、私たちのポケットの中に「国家警察を入れる」ようなものであると警告している。[23]

しばしばグレー戦争では、ライバル国は何を目論んでいるのか、そのヒントを必死に探り出す必要がある。だが、今回はそうとは限らない。任の夢は、彼が2019年のインタビューで語ったように「世界の頂点に立つ」ことだ。「この目標を達成するため、アメリカとの衝突は避けられない」と付け加えている。[24]

ある電子メールのオディッセイ

ファーウェイ社はどのように世界の頂点に立とうとしているのだろうか？　そして、北京はファーウェイ社のような通信事業者を利用して、どのようにインターネットを支配しようとしているのか？

その答えの鍵は、中国の「デジタル・シルクロード」プロジェクト――広域な帯と道の構想――にある。欧米のメディアは「一帯一路」の交通・インフラ整備に焦点を当てて報道しているが、それは当然である。世界各地に新しい道路、橋、港、鉄道を建設するための中国の財政的コミットメントは「マーシャル・プラン」の12倍の規模になると予想されている。[25] そして、この構想の真の広がりは、さらに大きい。中国はパキスタンの港湾都市全体を事実上買収し、[26] ジブチに海軍基地を建設した。[27] アルゼンチンの砂漠の一部を実質的に支配し、巨大な宇宙監視ステーションを建設した。[28]

戦略国際問題研究所のジョナサン・ヒルマン（Jonathan Hillman）が書いているように、一帯一路構想は「実は定義が曖昧で、ひどく誤用されている」[29] という指摘もある。しかし、中国の影響力を経済的分野でもその他の分野でも世界中に広げ、世界人口の3分の2を占める諸外国を、[30] 北京の外交的・軍事的イニシアティブに抵抗するのが難しくなるような関係に巻き込むことが目的であることは間違いない。[31] デジタル・シルクロードの建設は、そうした努力の重要な要素である。マサチューセッツ州のサイバーセキュリティ企業で戦略的脅威開発部長を務めるプリシラ・モリウチ（Priscilla Moriuchi）が警告しているように「一帯一路プロジェクトにおいて最大のセキュリティ脅威となり得るのは、未来のテクノロジーと未来のセキュリティ・システムの技術である」[32]。

これらの努力はすべて、企業取引と国家による恐喝が混在した不可解なものである。海底ケーブル、次世代ワイヤレス・ネットワーク、世界規模のサプライチェーンなどが複雑に絡み合っている。しかし大まかに言えば、インターネットを支配するための中国のバックエンド戦略を「生産の支配」「パイプの支配」「プロトコルの支配」「4G以降の未来の支配」という4つの主要な要素に分けることができる。

これらの4つのパズルのピースがどのように組み合わされるかを理解するために、簡単な電子メールの送信に関わる手順について取りあげてみたい。あなたが今読んでいる面白い本の内容について友人に伝えたいと思ったとしよう（その本の著者もそう願っているはず）。ブエノスアイレスのアパートで、クアラルンプールにいる友人宛の手紙を書いているとする。あなたはiPhoneを取り出し、メモを書き上げ「送信」を押す。

その後の展開から、グレー戦争の未来が大きく見えてくる。さあ、シートベルトを締めよう。これからサイバースペースの旅が始まる。*

カリフォルニアで設計され、中国で組み立てられる

まずは、手元にあるiPhoneを見てください。裏返してみると――ひび割れたiPhoneカバーを外す必要があるかもしれませんが――「カリフォルニアのアップル社で設計され、中国で組み立てられた」と書かれています。

* もし興味があるなら、Email Milesというアプリを使えば、送信した電子メールの移動距離や通過した国など、メッセージの経路を追跡することができる。

この銘文はバックエンドのパズルの最初のピースを表している。中国は世界のインターネット・ネットワークをコントロールしようとしているが、すでにネットワークを構築するネットワーク、すなわちグローバルなサプライチェーンを把握している。

世界中の電子メールや検索クエリを速達するハードウェアと同様に、コンピュータから自動車にいたるあらゆるものを生産する複雑なグローバル・ウェブを意識することはないだろう。さらに、そのサプライチェーンがどこにつながっているかを考える人はもっと少ないのではないだろうか。おそらく、その答えは中国の倉庫や工場の生産現場（作業現場）にある。

数十年前、多くのハイテク企業はアメリカ国内で通信機器を製造していた。アップル社のスティーブ・ジョブズ（Steve Jobs）は初期のマッキントッシュを「メイド・イン・アメリカのマシンだ」と誇らしげに語っていた。[33] 21世紀に入っても、iMac はクパチーノにあるアップル本社から車で数時間のカリフォルニア州エルク・グローブで生産されていた。[34]

そして時代は変わった。アメリカの国内総生産に占める製造業の割合は、過去70年以上の間に最低水準に落ち込んでいる。[35] 過去40年間でアメリカの製造業分野の雇用は700万人以上——このうち、2000年以降は500万人——が失われ、[36] この数字は製造業全体の労働力の3分の1を超えている。[37] ルーセント社、モトローラ社、ゼネラル・エレクトリック社など、かつてのアメリカの巨大ハードウェア・メーカーが姿を消し、世界的な支配力を失った。2000年から2010年にかけて、6万6000以上の製造施設が閉鎖されたり、海外に移転されたりした。アップル社のエルク・グローブ工場は、現在、アップルケアのコールセンターになっている。[38]

製造業の衰退は、中西部の工業地帯に特に大きな打撃を与えている。2008年の金融危機の直後、私は父の故郷であるトレドを車で走ったときのことを覚えている。メイン・ストリートのあちこちに店舗内が空っぽになった建物が軒を並べ、コミュニティ全体の傷跡が残っていた。「売ります」「貸します」の看板があちこちに立っていた。私が子供の頃に楽しんでいた家族向けのレストランやアーケード街「メジャーマジック」は閉店していた。[39]街は見違えるように変わっていた。

たしかに、アメリカ製造業の雇用喪失は中国だけの責任ではなく、その一部は自動化の進展に起因している。[40]しかし、今日の自動化に関する誇大広告は、自動化された製造技術が実際よりも高度であるかのような誤解を与えていることが多い。夫がよく指摘するように、衣料品や衣服を完全に自動化されたシステムで製造している企業はまだ一つもない。アメリカの製造業の労働力が減少した一方で、中国の製造業は現在1億3300万人以上を雇用している状況である。自動化が叫ばれる一方で、製造業の雇用はまだ多く、そのうちのごく一部がアメリカにあるにすぎない。

中国は、計画的かつ長期的な産業戦略によって、アメリカ産業の衰退に乗じ――多くの場合、それを助長して――自国を世界の工場に仕立て上げてきた。台湾出身のアメリカ人コンピュータ科学者であり起業家でもある李開復（Kai-Fu Lee）は、これを「メイド・イン・シンセン〈深圳〉の優位性」[41]と呼んでいる。アップル社の元幹部は中国のサプライチェーンにおける優位性をこう説明する。「ゴムパッキンを1000個必要ですか？　それなら隣の工場にあります。100万個のネジが必要ですか？　それなら工場は1ブロック先にあります。少し違ったネジが必要ですか？　それなら3時間かかります」[42]。

すべては結果が物語っている。1991年、中国は世界の製造業分野の輸出量の2・3パーセントを占めていた。それが2013年には18・8パーセントに急増した。[43]一方、ほぼすべての電子機器に搭載されているプリント回路基板のアメリカの生産比率は2000年代に入ってから70パーセント低下し、今では中国が世界の生産量の半分を占めている。[44]2015年現在、世界の自動車の28パーセント、船舶の41パーセント、テレビの60パーセント以上、世界の携帯電話の何と90パーセントが中国の工場で生産されている。[45]

私たちが思っている以上に、中国（ミドル・キングダム）は世界の中産階級を支えているのだ。
北京の「メイド・イン・チャイナ2025」構想は、中国を世界の工場からハイテク産業の支配へと移行させ、ウィリアム・バー（William Barr）元司法長官の言う「独裁者の兵器廠」へと変貌させようとしている。[46] 歴史的に見ても、その計画は実際に影響を及ぼしている。コロンビア大学のある研究では、中国の新しい5カ年計画が発表されるたびに、関連産業の中国企業が30パーセント増加し、それに対応するアメリカ企業は7パーセント減少したとされている。[47]

アメリカの製造業の雇用が減少し、製造業大国として中国が台頭していることは、アメリカの国家安全保障にも重大な影響を与える。アメリカの国防産業基盤およびサプライチェーンのレジリエンスに関するペンタゴンのタスクフォースは「競合国への依存度が驚くほど高い」と述べている。[48] 実際、アメリカ軍がいかに中国製に依存しているかは衝撃的である。アメリカ製造業連盟は、サプライチェーンからの干渉を受けやすい、重要な軍事ハードウェア――攻勢・防勢いずれの運用でも――を特定した。アメリカのミサイルは中国の推進剤に依存し、暗視ゴーグルは中国の特殊金属に依存している。[49] コロナウイルス危機は、アメリカの中国産業への依存をより鮮明にした。全米サプライ・マネジメント協会（Institute for Supply Management）が実施した2020年3月の調査では、アメリカ企業のほぼ4分の3が、パンデミックが原因で自社のサプライチェーンに混乱が生じたと報告されている。[50]

好戦的な権威主義国家に対する過度の依存は、多くの潜在的な問題を提起する。サプライチェーンへの「アクセス」というシンプルな問題もある。そして、さらに不吉なことに、製品そのものの「完全性」のリスクもある。

アクセスの問題は比較的簡単である。もし中国がプリント回路基板の生産を中止したらどうなるかを想像してみてほしい。あるいは、北京が携帯電話のサプライチェーンを制限し、その影響力を発揮するとしたらどうだろう。

現実はというと、想像するまでもなく、すでに中国はそれを実行している。レアアース金属はミサイル誘導装置からプリウスのモーターにいたるまで、あらゆるものに使用される重要な原材料である。タングステンというレアアース金属は、ポケットの中のiPhoneを振動させる材料である。世界のレアアースの97パーセントを供給している国はどこだろうか？　そう、中国である。[51] その圧倒的な優位性は、かつての中国の鄧小平（Deng Xiaopin）首相も認めていた。彼は「中東には石油があるが、中国にはレアアースがある」と断言した。[52] 2010年、係争中の海域で漁をしていた中国人の船長を日本の海上保安庁が拘束したとき、中国政府は躊躇なく報復に出た。日本へのレアアース輸出を停止したのだ。数週間後、船長は釈放された。*

こうした中国政府によるサプライチェーンのあからさまな操作は〔私たちにとって〕、ある意味、まだマシなシナリオと言える。もっと狡猾なのは、サプライチェーンの優位性に乗じ、インターネットを支えるシステムや機器にバックドアを取り付け、それら機器の「完全性」を損なわせようとする北京の隠れた努力である。実際ペンタゴンは、まさにこれを試みようとする「高度に洗練されたサイバー諜報キャンペーンの増大」を確認した。[53]

エレメンタル・テクノロジーズ社に目を向けてみよう。オレゴン州に本拠を置く同社は、動画圧縮を専門とする新興企業である。ビジネス情報企業ブルームバーグ社のジョーダン・ロバートソン（Jordan Robertson）記者とマイケル・ライリー（Michael Riley）記者は「初期の取引先は、この技術を使って世界中の

＊　レアアースのサプライチェーンについては、「Call of Duty II: Black Ops.」でも貿易紛争に関する特集が組まれるなど、多くの脆弱性を抱えている。

信徒に礼拝動画を送るモルモン教会と、そうでないポルノ産業だった」[54]と指摘する。こうした企業がバックエンドをめぐる米中の争いに巻き込まれようとは、誰も予想できなかった。しかし2015年、アマゾン社が企業買収前の調査に乗り出したとき、エレメンタル社はその最前線に身を置くことになった。

捜査当局が発見したものは驚くべきものであると同時に、恐ろしいものだった。エレメンタル社のマザーボードには、本来存在するはずのない、灰色で米粒ほどの極小のマイクロチップが埋め込まれていた。この表向きには無害に見えるインプラントは、遠隔地から指示を受けるものであったが、ハッカーがコードを編集したり変更したりできるようになっていた。たとえばハッカーはこの電子的な侵入機器を使うことで、暗号化キーを盗んだり、コンピュータのパスワードによる保護を完全にすり抜けることができる。あとでわかったことだが、エレメンタル社のサーバーは、スーパーマイクロという会社が製造していることが判明した。スーパーマイクロ社はサンノゼに本社があるが、生産の多くを中国の請負業者に委託していた。中国軍のハッカーはスーパーマイクロ社のサプライチェーンを利用し、ハードウェアをハッキングするという聖杯を使ったようだ。ロバートソンとライリーは、これを「上海から上流の揚子江に棒を投げ入れ、それがシアトルに流れ着くようにしたもの」とたとえている。[55]

公の場では、関係者全員がそのような侵害があったことを否定している。決定的な証明は難しいが、ハイテク企業がハードウェアをどのように点検しているか――あるいは点検していないか――を知っている業界の専門家は、そうした侵害はあってもおかしくはないと判断したようである。そして、そのハッキング疑惑は壊滅的であったと考えられた。「エレメンタル社のサーバーは国防総省のデータセンター、CIAのドローン作戦、海軍艦艇のネットワークに設置されていた」と、2人のブルームバーグ記者は報告している。「そしてエレメンタル社はスーパーマイクロ社の何百もの顧客のうちの一社にすぎなかった」[56]。調査の結果、大手銀行、複数の政府請負業者、アップル社など、30社近くが影響を受けていたことが明らかになった。
報道によると、アップル社は自社のデータセンターにある7000台のスーパーマイクロ社製のサーバーを一台残らず交換した。またアマゾン社も中国国内に置いていた自社サーバーの内部に不正なインプラントを発見した後、最終的に中国製のクラウド資産をすべて売却した。この動きをある内部関係者は「病気に冒された手足を切り落とす」決断だったと表現している。オバマ政権は主要企業に対し、スーパーマイクロ社製品を使用しないよう静かに警告していた。この事件は、もし本当に起こったことだとすれば「アメリカ企業に対して実行されたことが知られているなかで、最も深刻なサプライチェーン攻撃」と言えるだろう。[57]
これは中国の国境内に重要なサプライチェーンを置くことがいかに脆弱であるかを示す顕著な例である。アメリカが北京に新しい大使館を建設する際、施設の全区画をまるごとアメリカから輸送し、中国の工作員が建設工程で盗聴器を仕掛けることを困難にした。[58] しかし、中国には何千もの請負業者や下請け業者があり、何百万ものアメリカの企業や消費者が毎日頼りにしている重要機器を組み立てている。サイバーセキュリティ研究者のガビ・サーリグ（Gabi Cirlig）は、自分が購入した中国のシャオミ（Xiaomi、小米）社製の携帯電話については、実際のところ「電話機能の付いたバックドア」だと冗談交じりに話している。[59]
中国政府の役人が工場長に近づき――実際に中国の工作員がスーパーマイクロ社の下請け企業4社に行ったと言われている――関連機器の設計に微かな変更を加えるよう求められたら、それを阻止することができるだろうか？　また中国政府関係者は賄賂を渡したり、経営者の家族や会社に嫌がらせをして脅すかもしれない。あるいは中国の国家情報法を持ち出し、国家安全保障の問題だと宣言し――もちろん秘密裡にだが――支援を要請することも可能だ。いずれにせよ、あなたが手にしている携帯電話の中身は、中国の手に渡る可能性があるのだ。

私たちのサプライチェーンは非常にグローバル化し、複雑化したため、多くの企業が自社のサプライチェーンを完全に把握できていないことを恥じることもなく認めている。驚くべきことだが、多くの企業は自社のハードウェアを検査することすらせず、誰が作っているのかさえ正確に把握できていない。あるアメリカの元政府関係者は、中国への生産委託の決定について「典型的な悪魔の取引に行き着く」と表現している。「必要な分よりも供給を減らして安全性を保証することもできるし、必要な分だけ供給を受けてリスクを抱え込むという選択肢もある。どうやら、どの組織も2番目の選択肢を受け入れているようだ」。

アメリカと中国の緊張が高まり、アメリカのサプライチェーンへのアクセスや完全性が脅かされるなか、悪魔との取引はいつまで続くのだろうか。私たちの個人生活や職歴に関わる繊細で機微な情報がオンライン化され、組織的なハッキングを受けた場合のリスクは、単なる安価な物流と引き換えにするには、あまりにも高価になってしまったのではないか？　この問題は、またのちほど取りあげることにしよう。次に、私たちのデジタル・トラフィックを運んでいる「パイプ」と、それを支配しようとする中国の取り組みに目を向けてみよう。

ギガバイトと金海苔

ブエノスアイレスからメールを送ると、インターネット・サービス・プロバイダ――クラロ、テレフォニカ、アルゼンチン・テレコムなど――がメールを構成するデータを沿岸の小さな村であるラス・トニーナスまで送り届けます。そこは陸揚げ局（ランディング・ステーション）と呼ばれる場所で、そこからメールは全長2万5000キロメートルの海底ケーブルへと入っていきます。2001年に敷設され、テルキシス

（Telxius）社〔2016年にテレフォニカ社が設立した国際的なインフラ建設企業〕が所有するこのケーブルは、South America-1（SAm－1）と呼ばれています。そこからブラジルの大西洋岸を北上し、リオデジャネイロなどにある陸揚げ局を経て、プエルトリコ、ドミニカ共和国まで届けられます。その後、メインケーブルはフロリダのボカラトンへと至り、あなたの電子メールはアメリカ国内のネットワークへと入っていくのです。[60]

「送信」ボタンを押した瞬間、電子メールはデジタル・パケット情報に分解され、地元のインターネット・サービス・プロバイダによって「交換機」に送信される。1990年代には、世界のインターネット・トラフィックの80パーセントが、アメリカの両岸にあるたった2つの無名の交換局を経由していたと言われている。インターネットの歩みがそうであったように、その開発の経緯も行き当たりばったりだった。エンジニア・グループはトルティーヤ・ファクトリーで昼食をとりながら、Metropolitan Area Exchange-East と呼ばれる東部交換機の設置を計画し、バージニア州北部の駐車場ビルの一角でそれを運営した。[61] 西部交換機はカリフォルニア州サンノゼのダウンタウンにあるオフィスビル内に設置された。現在ではプラハ、ケープタウン、ムンバイなど、約240カ所に交換機が存在している。[62]

交通整理の役目を果たす警官のように、これらの交換機はインターネットの輻輳（ふくそう）〔回線の混雑具合〕を考慮し、電子メールの最適ルートを決定する。多くの場合、さまざまなパケットを異なる経路で送ることになる。最終的に、これらのパケットはすべてインターネットの骨幹回線を成す海底ケーブルや地下ケーブルに――光のスピードで――到達する。それは80代のアメリカ上院議員に言わせれば「チューブの連なり」なのである。

世界的なネットワークの始まりは、1850年に「ゴリアテ号」という蒸気船がイギリスとフランスを結ぶ銅製の海底ケーブルを敷設したときである。海峡を横断する電信の「奇跡」に同時代の人々は驚嘆した。「今から3000年ほど前、ホメロスは『翼のある言葉』について語った」と、あるイギリスの新聞は書いている。「ホメロスでさえ、翼のある言葉がこれほどの速度で空間を通り抜けると想像していたかどうかは疑問だ」[63]。この記事の翌日、翼のある言葉を乗せたケーブルが障害に見舞われた。フランスの漁師が「金色の海藻」と勘違いした長い物を誇らしげに見せたとき、その謎は解決された[64]。

時代は下り、銅線ケーブルは光ファイバー技術に取って代わられた。光ファイバーの場合、ケーブルの一方の端にあるレーザーが、糸のように細いガラス繊維を信じられないような高速で光のパルスを送り、もう一方の端にある受信機器へとデータを伝送するのである。ケーブルは庭のホースほどの細さから、人間の前腕ほどの太さまである。海底における地震やサメの食害から保護するため、ガラス繊維は何層ものプラスチックや、場合によっては鋼鉄のワイヤーで包まれている。その後、ケーブルは金属メッシュと厚いゴムホースで覆われ、ケーブル敷設船がえぐり取った溝に敷設される。大洋を横断した光ファイバーケーブルは陸揚げ局で地上ケーブルと結合され、その国のインターネット・システムに接続される。グーグル社の海底ケーブルを担当するジェイン・ストーウェル(Jayne Stowell)は「一般の人々はデータが雲(クラウド)の中にあると思っているかもしれませんが、そうではありません」と言う。「海の中にあるのです」[65]。

英仏海峡で最初に銅線が接続されてからおよそ1世紀半、現在では約400本の海底ケーブル約75万マイル〔約120万7000キロメートル〕が海底を横断している[66]。最長のものは約2万4000マイル〔約3万8600キロメートル〕に及び、ドイツから始まり、スペインとポルトガルを回り、地中海と紅海を経て、インド亜大陸の海岸に沿いながら、韓国およびオーストラリアのそれぞれの終点まで約40カ所の陸揚げ地点を経由している[67]。これらすべてのケーブルで世界の通信の95パーセントを伝送することができる[68]。その多くをコントロールできる経路上に中国が位置している。

1850年に最初の海底ケーブルを敷設したイギリスの会社は今も存在している。その後継会社であるグローバル・マリーン社が2008年に合弁で設立した相手企業が、聞き覚えのある名前の付いたファーウェイ・マリンという子会社だった。

何十年もの間、世界的規模の通信システムのインフラを製造、設置、保守できる資源をもった企業は、アメリカの企業（およびインドのタタ社のような少数のインフラ大手）だけだった。かつてはベライゾン社のような通信会社が回線を所有し、インターネット・プロバイダに帯域幅をリースしていた。しかし、最近ではグーグル社、フェイスブック社、アマゾン社、マイクロソフト社といったコンテンツ・プロバイダが、クラウド・サービスやストリーミングの需要増に対応するため、独自のインフラ建設に乗り出している。実際、海底ケーブルの帯域幅の半分以上をコンテンツ・プロバイダが管理している。[69] たとえばフェイスブック社とグーグル社は他社と提携し、アメリカと北欧をつなぐ20年ぶりの海底ケーブルの設計と建設を請け負った。* これは、2018年だけでフェイスブック社とグーグル社が海底ケーブルをはじめとするネットワーク・インフラに投資した約400億ドルの一部である。[70]

しかし、中国の富と影響力が増すにつれて、中国企業も海底ゲームに参入してきた。ファーウェイ・マリン社は過去10年間で、海底ケーブルの建設や近代化を行うプロジェクトを約90件受注し、なかにはアメリカの主要な同盟国に接続するものもある。[71] ファーウェイ社は、カメルーンとブラジルを結ぶ全長3750マイルのケーブルを完成させた。またメキシコ沿岸にケーブルを敷設している。さらに欧州、アジア、アフリカを結ぶ7500マイルのケーブルが完成する予定だ。[72]

＊　ハヴフルーと名付けられるこのケーブルは、ニュージャージー州からアイルランド、デンマーク、ノルウェーまでの4500マイルを結んでいる。ブルース・スプリングスティーン（Bruce Springsteen）以来、アイルランドとジャージーの最高の共同事業といえる。

こうした動きが注目されないわけがない。近年、欧米諸国のインテリジェンス当局は、シドニーとソロモン諸島を結ぶファーウェイ社によるケーブル敷設の阻止に成功し、ファーウェイ社とパプアニューギニア政府との間の新たな取引の阻止には失敗した。アメリカ国家防諜・保全センターの元センター長であるウィリアム・エヴァニナ（William Evanina）は「海底ケーブルが世界の通信データの大部分を運んでいることを考えると、これらのケーブルを保護することは、アメリカ政府とその同盟国にとって枢要な優先事項である」と語っている。[73]

懸念されることは、メイド・イン・チャイナの技術が普及すればするほど、中国の監視・諜報能力も高まるということだ。私たちの遠距離通信データは、思いもよらないネットワークを通過しているかもしれない。近年、インターネット・トラフィックが中国を経由するよう「ルート変更」される事例が研究者によって指摘されている。2016年にはアメリカとミラノの銀行との通信が中国に転送された事例があった。[74] そして、これらのケーブルを通過するデータが漏洩し、北京政府と共有され、中国の国家利益を増進するために使用される可能性がある。*

欧米諸国からの疑惑をそらすためか、ファーウェイ社は2020年にマリーンの子会社を売却した。[75] これに伴う問題点とは何か？　また同社は、人民解放軍と密接な関係をもつ中国の亨通集団（Hengtong Group）にこの事業を譲渡した。

案の定、中国の努力はとどまるところを知らない。2020年、北京が香港問題に対し、国家安全保障法を発動したことを受け、アメリカ司法省は連邦通信委員会に対し、フェイスブック社、グーグル社、パシフィック・ライト社――中国のコングロマリットの香港子会社――の共同プロジェクトである香港とアメリカを結ぶ8000マイルの海底ケーブルの敷設を中止するよう勧告した。ある司法省の弁護士によると、この新しいケーブルは「香港をアジアにおけるアメリカのデータ接続の重心として固定化してしまう可能性があり、中国のインテリジェンス機関による情報収集のための未曾有の機会を提供する」[76]と警告した。アメリカ政府が「正気か⁉」と叫んでしまいそうな事件だ。

しかし、中国の通信企業の触手に対するアメリカの反応は依然として限定的である。2020年の上院報告書によると、アメリカのネットワークへの脅威を監督するアメリカ政府内の省庁間グループである「テレコム・チーム」は、アメリカで活動する中国の国有通信企業に対して「最小限の監督」しか果たせていないことが明らかとなった。報告書では、FCC委員会がこの監督プロセスを「破綻している」「抜け出せないブラックホール」と表現していると述べている。[77]たとえば「テレコム・チーム」は、アメリカ国内におけるチャイナ・モバイル社の事業がアメリカに国家安全保障上のリスクをもたらすと判断するまでに「7年以上」を要したという。中国による水面下での動きが加速しているにもかかわらず、アメリカの官僚機構はその遅れを取り戻すのに必死だ。そして、あまりにも多くのアメリカ人が、この重要なケーブルを、金の海藻を掘り起こしたと勘違いし困惑したフランス人の漁師と同じように見ている。

アメリカに到着した電子メールのデータは、ケーブルを伝って最も近いルーター（ボカ・ラトンのすぐ北にあるウェストパームビーチに置かれているAT&T社のリモートアクセス・ルーター）に運ばれます。そこからOC3――光搬送――と呼ばれるAT&T社のケーブルで、オーランドにある、これもAT&T社の基幹ノードに運ばれます。その後、メールはさらに強力なOC48と呼ばれる基幹ケーブルに送られます。このケーブルは、ダラスにある別の基幹ノードから、さらにロサンゼルスにある別の基幹

＊　中国が海底ケーブルをコントロールしようとするのに対し、ロシアは海底ケーブルの妨害に強い関心を示しているように見える。近年、ロシアの潜水艦はケーブルのルート付近で活発に行動している。

ノードへとメールを送ります。そして、太平洋岸のレドンドビーチにある陸揚げ局へ送られ、そこで太平洋横断ケーブルに接続されます。

海底ケーブルが陸揚げされると、地中にある地上波ケーブルに接続される。私たちの電子メールは地下の光ファイバーケーブルあるいは電話用と同じ銅線（イメージ的には過去に電話サービスに使われた「POTS」と呼ばれたもの）を経由して送られる。アメリカだけでも542本のケーブルが273の地点で接続されており、その複雑さゆえにMITのチームが4年がかりで地図を作成したほどだ。[78] これらのケーブルは、不注意による掘り起こしから保護するため、通常、既存の道路や鉄道の経路をたどり、ガス管に沿って、あるいはガス管の中に敷設され、（敷設場所が）標識で示されている。時折、道路や建設工事の作業員が誤ってケーブルを切断してしまい、アメリカの地域社会がインターネットに接続できなくなることがある。

中国は地下ケーブルでも優位に立っている。中国情報通信技術研究院は「中国は世界で最も多くの隣人を抱えている」と指摘する。中国は、インドのような大国からタジキスタンのような貧しく陸に閉ざされた国まで14カ国と地続きで国境を接し、そのうち12カ国と国境を横断してケーブルを敷設している。チャイナ・モバイル社のケーブルはラオス、タイ、マレーシア、シンガポール、ヴェトナム、カンボジアを結んでおり、チャイナ・ユニコム社は中国南西部とミャンマーのイラワジ・デルタの間に930マイル（約1500キロメートル）のケーブルを所有している。[79] 2019年、チャイナ・テレコム社は500マイルの「パキスタン・中国間の光ファイバー・プロジェクト」を完成させた。このプロジェクトの85パーセントは中国輸出入銀行からの融資でカバーされた。

中国の地下ケーブルの敷設は、直接国境を接した国々に限られていない。広州とフランクフルトをつなぐチャイナ・モバイル用「欧州・アジア市場のための多様な経路（DREAM：Diverse Route for European and Asian

Markets)」ネットワークは、カザフスタンとロシアに接続点がある。[80] 別のチャイナ・モバイルのシステムは、ヘルシンキ、ストックホルム、ロンドンに向かう途中、モンゴルやロシアを経由している。[81] 2017年、中国によるアフリカへの大規模な進出の一環として、チャイナ・テレコムの子会社が「アフリカ情報スーパーハイウェイ」を提案した。これはアフリカ54カ国のうち、48カ国を結ぶ全長9万3000マイル〈約15万キロメートル〉の光ファイバー・ネットワークである。[82]

補足しておくと、クアラルンプール行きのメールには影響しないかもしれないが、各国が長距離通信トラフィックを伝送する方法には別のやり方がある。ここでも中国の指導者たちは文字通り、星に手を伸ばそうとしている。

約2000個のインターネット衛星が地球を周回している。これらは1962年に打ち上げられたベル研究所製モジュールの末裔である。一見、未来的な衛星だが、実は海底や地下ケーブルに代わるデータ転送手段としては不完全である。信号が地球低軌道まで約2万2000マイル〈3万5500キロメートル〉を往復しなければならないため、「レイテンシー」——データ送受信に要する時間——は光ファイバー接続の最大12倍になることもある。さらに天候が悪いと信号が乱れ、「レインフェード」と呼ばれる現象〈大気中の雨、雪、氷、砂嵐などによって発生する、11ギガヘルツを超える周波数のマイクロ波無線周波数（RF）信号の減衰または伝搬損失の現象〉が発生することもある。[83]

しかし、その状況は変わりつつある。イーロン・マスク（Elon Musk）のスペースX社は新たに4万2000基もの衛星を打ち上げ、高速衛星インターネット「スターリンク」システムを構築しようとしている。[84] 今のところ、衛星は内陸部や遠隔地に電波を届ける手段として特に有用である。たとえば南極大陸では、衛星を使った通信にすべてを依存している。

インターネットという長大なインフラにとって周辺的な存在であっても、北京は衛星システムを軽視しているとは言いがたい。2018年、中国航空宇宙科学技術公司は、「鴻雁（Hongyan）」と名付けられた300基のグローバル通信衛星ネットワークを立ち上げる計画を発表した。ある業界誌は、中国の目標は「主に世界中に自国のパワーと影響力を投射し、それを増大させること」にあるようだと指摘している。[85]

その2年後、中国は「北斗（Beidou）」衛星航法システムの最後の衛星を打ち上げ、アメリカ、欧州連合、ロシアと並んでグローバルな衛星航法システムを運用する世界で4番目の国またはグループの一つとなった。北斗は北京語で「北斗七星」を意味し、完成までに20年近くを要した。共産党機関紙『人民日報』は、北斗が「全世界そして全人類のものである」と誇らしげに宣言した。[86]

正確に言えば、それは共産党のものである。中国政府は、新しい衛星が交通や航行、さらには漁業管理など、多様な分野で活躍する可能性があると大々的に宣伝している。[87] しかし北京は、中国の国境内外の監視を強化する可能性については、ほとんど語っていない。

重要なことは、中国軍がGPSから北斗への移行を開始したことである。ニュー・サウス・ウェールズ大学のオーストラリア宇宙工学研究所の所長であるアンドリュー・デンプスター（Andrew Dempster）は「中国軍が独自の軍事システムを保有することは合理的である」と指摘し、その理由を「南シナ海で島嶼部をめぐる紛争が起きれば、GPSが使えなくなる可能性があるからです」と述べている。[88] 中国はパキスタンのような国々に対し、アメリカの衛星サービスから抜け出すための誘因として、北斗へのアクセス権をちらつかせている。

これは中国当局が「宇宙版シルクロード」と呼ぶものの一部を成している。[89] 宇宙という真空の中で、中国のバックエンド支配は密かに進行しているのである。

地下の光ファイバーケーブルを伝って瞬時にアメリカを横断したあなたのメールは、太平洋岸で再び海底ケーブルに入ります。それは2010年にテスラ社、グーグル社、シンガポール・テレコム社、タイム・ドットコム社によって建設されたUnity/EAC-Pacificケーブルを経由することが多いようです。日本のハブである千倉の陸揚げ局へ直行し、マレーシアのクアンタンまでケーブルが延びています。

そこから、あなたの電子メールは国土を横断してクアラルンプール郊外のセランゴール州にあるAIMSデータセンターに届くまで、約160マイル（約260キロメートル）の距離を中継されます。[90]そこで16社ほどあるインターネット・サービス・プロバイダのうちの一社（テレコム・マレーシア社の可能性が高い）のネットワークに入り、クアラルンプールにいる友人にメールが送られるのです。

> しかし電子メールが（目的地に）たどり着く前に、最後にもう一箇所立ち寄る場所がある。データセンターである。データセンターはインターネットの心臓部であり、データが保存、解析、検索、処理されるノードとも呼べる施設である。あらゆる検索、グーグル・ドキュメントおよび電子メールは、ある場所でデータセンターを経由する。毎年9兆5000億ギガバイトが世界のデータセンターを通過している[91]（1ギガバイトは、本棚にある本の高さ30フィート分と同じくらいの情報を含んでいる。1年間にデータセンターを通過するすべてのデータを本で積み上げると、地球から月までの距離を11万3000回以上往復することになる）。[92]これらの施設は巨大で、ときには数百万平方フィートにもなるため、地方に設置されることが多い。想像するに、これだけの機器を動かすと膨大な量の熱が発生するため、できるだけ涼しい地域に設置することが魅力的となる。また海底ケーブルにアクセスしやすいように、沿岸部に設置されることが多い。スコットランド沖のプロジェクトでは、マイクロソフト社が海中にデータセンターを設置する可能性を探っている。[93]
>
> グーグル社はネバダ州からオランダまで、世界各地に20カ所ほどのデータセンターを運営している。[94]こ

れらのセンター内では、幾重にも配列された金属製のラックの上でサーバーやルーターが音を立てて点滅している。データセンター内の各ビルは7万5000台のマシンをサポートし、1秒間に1ペタバイト以上のデータ――インターネット全体のデータ量よりも多い――を送信することができる。〔こうした重要な役割とは裏腹に〕外見上は殺風景な倉庫群の外見を引き立てるため、グーグル社は地元のアーティストに頼んで建物の外壁に壁画を描かせている。[95]

当然のことながら、企業はデータセンターのセキュリティと、ユーザーが利用するデータの完全性に細心の注意を払っている。データセンターは通常、停電に備え、複数のバックアップ発電機を備えている。警備員は24時間365日体制で見張っており、施設に入る人がエアロックや生体認証スキャナを通過しなければならないことも珍しくない。またハードドライブを廃棄する際には、消去された後、巨大なシュレッダーで処理されることが多い。

しかしデータセンターの安全性は、それを管理する側のポリシーによって決まる。そして重要なのは、データセンターが現地の法律の適用を受けるということだ。テック企業は通常、プライバシーの保護が十分に行き届いている民主的国家にデータセンターを設置しようとする。しかし、それは必ずしも徹底されているわけではない。ウェブページや画像の読み込みに0・5秒でも待たされると、ユーザーは検索回数を減らすという研究結果もある。[96] 今日のように高速な帯域幅をもってしても、世界中にあるデータセンターの間には遅延が生じている。

2017年、中国政府は「データの現地化（ローカライゼーション）」を義務づけるサイバーセキュリティ法を施行した。これは中国で活動する企業が収集したデータは、中国国内で保存されなければならないことを意味している。ワシントン大学のサイバーセキュリティ研究員であるユーシー・ウェイ（Yuxi Wei）は「日常生活のあらゆる側面」がデータ収集の対象となる可能性があると警告している。[97] 法律が順次改正され、そうした規制が幾分かは緩和されるかもしれないが、最終的な影響はまだ検証されていない。たとえばアップル社は新しい「データの現地化」の条件を満たすため、貴州にデータセンターの建設を始めているが[98]、やがてユーザーデータの引き渡しか、国外退去のいずれかを選択せざるを得なくなる日が来る可能性は十分にある。香港にあるデータセンターも中国の新しい国家安全保障法のもとで危機にさらされている。

北京が国内のユーザーたちが保有するデータを現地化している間にも、中国は国外に新たなデータセンターの拠点を建設している。チベットの首都ラサでは、中国の寧算テクノロジーズ社（Ningsuan Technologies）が東南アジア向けのクラウド・コンピューティングを促進するため、約700万平方フィート（約0・65平方キロメートル）のヒマラヤ・データセンターを建設している[99]。2019年にはチャイナ・モバイル社がシンガポールとロンドンにデータセンターを開設しており、フランクフルトのデータセンターも建設中である[100]。ファーウェイ社はパキスタンに一つ、ケニアにも一つ建設中である。スエズ運河の南、紅海の入口という戦略的に重要な位置を占めるジブチでは、中国企業が新たなハブを立ち上げようとしている。近隣諸国の多くが、データ通信をジブチに全面的に依存している。

『ワシントン・ポスト』紙のマックス・ベアラック（Max Bearak）は、この依存関係がどのようなものになるかについて不安を煽るような風刺画を描いている。「あなたはソマリランドのインターネットをすべて見ているのです」と、あるエンジニアがベアラックに語っている。レポーターはさらに「別の部屋にはイエメンのインターネットがすべて揃っています。パワフルですが陸に囲まれたエチオピアのインターネットの90パーセントが、この部屋を通過しています[101]」。すでにパプアニューギニアにあるファーウェイ社のデータセンターは、同国政府を「スパイするために建設された」という報告もある[102]。こうして中国は新しいデータセンターを使って——海底ケーブルや地下ケーブルと同様に——バックエンドの隘路（チョークポイント）をさらにまた一つ制することになる。

ルールの書き換え

電子メールは、さまざまなケーブルやデータセンターを経由して目的地へと向かう。さいわい電子メールを構成するデータは、インターネット・アーキテクチャのさまざまな「層（レイヤー）」をまたぐ一連のプロトコルによって導かれている。「リンク層」はバイナリコードを伝送可能な信号に変換する。「インターネット層」はデータが受信側の機器にどのように転送されるかを決定する。「トランスポート層」はデータ転送を調整し、エラーをチェックする。「アプリケーション層」はデータをウェブ・ブラウザや電子メールクライアントに表示されるものに変換する。これらの層はすべて、正しいデータが、正しい場所に、正しい方法で届くように一体化しているのである。[▼103]

バックエンドの戦いに勝利するための中国の果敢な取り組みは、世界的規模のサプライチェーンを形成する煌（きら）びやかな工場や、海底と地下深くに埋められたケーブルにとどまらない。北京の野心は世界的な技術標準を定める官僚主義的で型にはまった多国間機関という、決して華やかとは言えない場所にも及んでいる。中国は製品とパイプをコントロールするだけでなく、ネットワーク「プロトコル」にも着実に影響力を及ぼしている。中国は単にインターネットを支配しようとしているだけではない。インターネットのルールそのものを書き換えようとしているのである。

かつてインターネット・ガバナンスのルールは、ジョンという男から始まった。ウェブサイトがそれぞれ個別のアドレスをもつようにするため、初期のウェブでは、すべてのアドレスを集めたマスター・ディレクトリが必要だった。ＡＲＰＡＮＥＴの開発者の一人であるコンピュータ・サイエンティストのジョン・ポステル（Jon Postel）は、このディレクトリをボランティアで管理し、それを手作業で行っていた。しかしインターネットがより正式なものになるにつれ、技術文書に「ジョンがインターネット上のすべての人を記録している」と書くのは、少しくだけすぎているように思えた。そこでジョンは「インターネット番号割当機関」（IANA：Internet Assigned Numbers Authority）という正式な称号を得た。やがて、それは今日知られているICANN（Internet Corporation for the Assignment of Names and Numbers）へと変化し、末尾が「.com」とか「.uk」で終わるドメイン名などを決定する非営利組織となった。

ジョン・ポステルが記録方法を進化させたように、インターネットを形作る初期のルールは国や国際機関によって徐々に成文化されてきた。ICANNはドメイン名の割り当てを行っている。ジュネーブに本部を置く国際電気通信連合はインターネット上で情報をどのように分解し、ルーティングするかについてのガイドラインを制定している。イギリスにある国際ケーブル保護委員会（International Cable Protection Committee）は海底ケーブルの安全管理を担っている（国際法では、船舶とケーブルの距離を規制し、「船舶はケーブルの損傷を避けるために錨や漁具を犠牲にしなければならない」と規定し、船舶に補償を義務づけている）。

インターネットの指針となる原則がやや行き当たりばったりに発展してきたように感じられるのは、重大な事実を浮き彫りにしている。アメリカのインターネットを管理する基準——情報の自由な流れ、政府のあからさまな介入がないこと、政府による不当な監視に対する保護など——は、技術そのものに起因しているわけではない。それどころか、これらの規範は主にアメリカで生まれた現在のシステムの特徴にすぎない。言い換えれば、これらの保護は、新たなレジームの出現によって消滅する可能性があるのだ。

中国の指導者たちは、この真実を十分に承知している。人民共和国建国の当初、北京は国際機関を敬遠していた。1971年まで、大陸中国（中華人民共和国。当時、国連安全保障理事会の常任理事国は台湾の中華民国）は国連に加盟していなかった。しかし現在、私たちが目にしているのは、中国アナリストのデイヴィッド・ケリー（David Kelly）が言うように「鄧小平の『隠れて待つ』というドクトリンから、アメリカが引き下がったところに踏み込むというドクトリンへの転換」[104]なのである。

世界保健機関（WHO）から国際民間航空機関まで、中国は既存の制度を利用しようと試みてきた。[105] 中国は世界の外交官ポスト数でアメリカを上回り[106]、今や国連予算への貢献度は世界第2位である。[107] 国際連合の15の機関および関連団体のうち4つの機関の代表を中国の代表が務めているが（2つ以上の機関の代表を務めている国はない）、知的所有権を不当に濫用している中国が世界知的所有権機関の主導権を握ることだけは各国が協力して防ぐことができた。[108] 中国政府は、国際標準を決定する組織で指導的地位に就いた者に対し、ボーナスを支給していると報じられている。[109] 既成の組織では対応できない場合、中国は独自の組織を作り上げ、たとえばアジアインフラ投資銀行を設立して世界中の開発プロジェクトに資金を提供している。中国は、自由主義的な国際秩序に組み込まれることによって改革されるのではなく、その秩序をより自由主義的でないものにしようとしているのである。

とりわけ中国はサイバースペースのルールの改正に余念がない。2015年に烏鎮で開催された世界インターネット会議で、習近平は「サイバー主権」という概念を軸にした「中国プラン」を提案した。習近平が構想したように、この概念は「各国が自国のインターネット発展の道筋、インターネット管理モデル、インターネットに関する公共政策を選択する権利を尊重する」ことを意味している。しかし、いつものように北京は、主権に対して選択的なアプローチをとっている。中国政府はすべての国が「自国のインターネットの発展の道筋を選択する」ことを認めるどころか、自国をモデルとしたアプローチを積極的に広めようとしているのである。

中国は、今日の「開かれた自由なグローバル・インターネット」に代わるものとして、インターネットを管理するためのサイバー主権モデルを推進しようとしている。現実には、ほとんどの主要国が――民主主義国家であっても——ヘイトスピーチからポルノ、プライバシーにいたるまで、自国の法規範をネット世界に適用しようと動き出している。中国政府はこの傾向を、自国のサイバー主権モデルの正当性を証明するものとして熱心に進めている。このためアメリカでは、サイバースペースに適用される規範を法制化することは、中国のインターネット統治モデルをさらに正当化することになると懸念し、注意を喚起する声も聞かれる。しかし、これは「開かれた自由な」ということが「無法」で「制限のない」ことを意味するものではないという重要な点を見逃している。アメリカや欧州のインターネット・ガバナンスのモデルと、中国のインターネットとの違いは、インターネットが無法地帯であり、完全にボーダーレスであるということではない。アメリカや欧州のインターネット・ガバナンス・モデルが中国モデルと異なるのは、それが民主的であり、中国のインターネットはきわめて権威主義的であるということである。中国のモデルは実際には主権とはほとんど関係がなく、権威主義的な監視と抑圧がすべてである。

今日、政府が直面している問題はインターネットが「オープン」か「クローズ」かということよりも、インターネットが「民主主義的」か「権威主義的」かという点にある。民主主義国家の法律は独立した議会によって可決され、独立した司法機関によって審査され、自由な報道機関によって争点とされるものであり、中国で公布された命令とはまったく異なっている。また〔民主主義社会の〕騒々しい情報環境の中で、一部の記者や専門家が、民主的なインターネットと権威主義的なインターネットとの間の実質的、手続き的な違いを必ずしも理解していないとしても、台湾、新疆、香港の人々に聞いてみれば、彼らからその違いを正確に知ることができる。

結局、イデオロギー的に対立する2つのインターネット・モデルは、その根底にある政治哲学が政治的正統性をめぐる相反する概念に基づいているため、システム的に対立しているのである。「アラブの春」は分散型インターネットが本質的に民主化をもたらすことを示した。民主主義そのものは、恣意的で一人の権力者の意志によって押し付けられた法律は非合法であるという信念に基づいている。逆に権威ある一人の人物によって課された法律によって支配される中央集権的なインターネットは、本質的に非民主主義的である。民主主義は、独裁的支配を「不当で政治的に非合法なもの」として拒否することから生まれた。したがって、中国共産党は国内の権力を維持し、国際的な地位を高めるために、分権型の民主的なインターネットを劣化させ、独裁的な代替案を促進する構造的な動機をもっている。欧米のテクノロジー企業は根本的に相容れない2つの価値観に従うことを余儀なくされ、こうしたイデオロギー的な断絶を調和させることは困難であると感じている。

中国が自己主張を強めているもう一つの典型的な例として、155年前に世界の電信ネットワークを規制するために設立された国際電気通信連合がある。ジュネーブの本部の大理石の壁には同組織への最大の寄付者の国旗が掲げられている。少し前まで人民共和国の赤い旗は壁にすらなかったが、今では5番目に掲示されている。現在の事務局長は中国生まれの趙厚麟（Houlin Zhao）である。表向きは中立的な役割を担っているが、趙はファーウェイをめぐる安全保障上の懸念について「今のところ証拠はない」[110]と述べ、一帯一路構想を「いちど乗れば中国と力を合わせ、中国とともに発展できる急行列車」[111]と呼んでいる。

2019年末、ヴィント・サーフとボブ・カーンのTCP／IPプロトコルが十字砲火を浴びたのは、この由緒ある電気通信機関においてだった。この転送プロトコルは、電子メールを構成するデジタル・パケットをどのように分解し、目的地に到着したときに再構築するかを規定する命令のようなものであることを思い出していただきたい。現在の標準規格は「ボックスを移動させるだけで中身にとらわれない郵便配達人」のようなものだと言われており、インターネットのオープンな性質を表している。インターネットのパイオニアであるパトリック・ファルツトロム（Patrik Fältström）は「インターネット・アクセスを提供する側が、そのインターネット・アクセスが何に使われるかを知ることも規制することも非常に困難であり、ほとんど不可能に近い」と指摘しているように「許諾性のない」と呼ばれるシステムなのだ。[112] このオープンなアーキテクチャは、技術者のジョン・ノートン（John Naughton）が「有線でつながれた世界におけるＴＣＰ／ＩＰは、生物学におけるＤＮＡのようなものだ」と言うほど、私たちが知るインターネットに不可欠な存在なのだ。

ところが、中国政府はそのＤＮＡを変えようとしている。ファーウェイ社、中国電信社（チャイナ・テレコム）、中国聯通社（チャイナ・ユニコム）、中国工業・情報化部によって提示された代替案は、サーフとカーンのプロトコルを「ニューＩＰ」と呼ばれる中国独自の高度に集権化されたプロトコルに置き換えるというものである。批評家たちは、ニューＩＰは技術的に欠陥があり「問題点が探られているところだ」と述べている。中国の「過激な」提案がやろうとしていることは、『フィナンシャル・タイムズ』紙のジャーナリストであるアンナ・グロス（Anna Gross）とマデュミタ・ムルジア（Madhumita Murgia）の言葉を借りれば「ウェブを支えるアーキテクチャに権威主義を焼き付ける」[113] ことである。*

中国の新しい標準規格では、政府は誰がどのようにインターネットを利用するかをはるかにコントロールできるようになる。中身を知らない郵便配達人の代わりに、独裁的な強権者を得ることになる。驚くことではないが、ロシア、イラン、サウジアラビアは北京のアプローチを支持している。

国際電気通信連合の規格は（強制ではなく）任意なものだが、それでも影響力がある。発展途上国は国際電気通信連合に指導を仰いでいる。技術系企業はこれらのプロトコルを自社の技術に取り入れている。中国が国際電気通信連合を説得し、ニューＩＰ規格を採用させた場合、クアラルンプールへあなたが送り出す次のメールはデジタル・ブラックホールに送られてしまう可能性がある。

＊　こうした新基準を設定しようとする主な目的は、抑圧ではなく経済的利益であると考えるオブザーバーもいることに留意すべきである。

そして、新しいＩＰはストーリーの一部にすぎない。２０００年、中国が世界貿易機関に加盟し、ビル・クリントンが壁にジェローを打ち込むという冗談を言っていた頃、中国は世界的な技術標準を形成するための「国家標準化戦略」を打ち出した。そして今、中国は最新の戦略を打ち出す準備を進めている。「中国製造（メイド・イン・チャイナ）２０２５」の後継となる「中国標準（チャイナ・スタンダード）２０３５」は、21世紀のグローバルな規制標準を設定するための北京の協調的戦略である。中国国家標準化管理委員会の戴宏（Dai Hong）は「産業、技術、イノベーションは急速に発展している」と指摘する。「グローバルな技術標準はまだ形成途上にある。これは中国の産業や標準規格が世界を凌駕するチャンスである[114]」。

「中国標準２０３５」は世界のソーラーパネルの外観から「ブロック・チェーン」の規制措置にいたるまで、あらゆるものを形作ることを目的としている。* 北京は顔認識の標準規格を新たに推し進めているが、法律家や人権擁護団体からは激しく抗議されている。中国の外交部長はグローバル・データ・セキュリティ・イニシアティブを提案し、「これはデータ・セキュリティに関する国際原則を策定するための青写真を提供するものだ[115]」と主張している。しかし、批評家たちは「グレート・ファイアウォールを国外で実施しようとする試みだ[116]」と見なしている。

今日のインターネットはルールによって定義されている。明日のインターネットは支配者たちによって定義されるかもしれない。そして、もし今、私たちが立ち上がらなければ、今後数十年のインターネットがどのようなものになるか不安である。

5Gの未来

中国のバックエンド戦略の最後のピース――そしておそらく中心となるピース――は2つの文字で表される。5Gだ。中国は未来のインターネット標準を形成しているのと同時に、未来のインターネットを発明しようと競っている。

思い出すのも難しいが、かつて私たちのポケットの中にあるデバイスに世界が宿っていた時代があった。携帯電話という便利な道具ができたのは、無線技術の着実な進歩があったからだ。1980年代の1Gモバイル・ネットワークは音声通話を可能にした。その10年後、2Gは音声品質を向上させ、テキストメッセージが登場（そして世界中の食卓からティーンエイジャーがいなくなった）。3Gではデータのストリーミングが可能になり、事実上どこからでもネットサーフィンができるようになった。2008年には3Gより10倍速いデータ通信速度をもつ4Gが登場し、フェイスブックなどのモバイル・アプリが普及し、ウーバー社などの企業が誕生した。

今、私たちは、通信における次の大きな飛躍の時を迎えている。5Gは改良ではなく、革命なのだ。予測が的中すれば、初期のスマートフォン技術が銅製の電信ケーブルのように見えてくる。

変革の一端は、データ・スループットという概念にある。ヘリテージ財団の技術政策センターのディレクターを務めるクロン・キッチン（Klon Kitchen）は「水をデータだと想像してみてください」と説明する。

＊　ブロック・チェーンは安全で分散化された電子的な取引記録であり、もともとは電子通貨の送受信のために設計されたものだが、今では幅広い用途に利用されている。

「4Gネットワークに通すことができるデータは限られていますよね？　5Gはガーデン・ホース〔庭や芝に水を撒くホース〕を消防ホースへと拡大するのです」[117]。4Gから5Gへのデータ・スループットの増加は、携帯電話技術における過去の世代間ジャンプよりも大きなものになる。ある見積もりによると、5Gは前の世代よりも100倍速いという。つまり、あなたがこの文章を読んでいる間に、2時間分の映画をダウンロードできることになる[118]。

連邦通信委員会の前委員長であるトム・ウィーラー（Tom Wheeler）は、5Gのスピードは「インターネットの本質を変えるだろう」と考えている[119]。シリコンバレーのあるベンチャーキャピタリストは、5Gは仮想現実と拡張現実の新しいフロンティアを「大幅に開放する」可能性があると推測している。また5Gを利用することで、未来的なレンズの表面にデータを重ね合わせることができるようになる。

さらに5Gは、私たちが利用するほぼすべてのデバイスを接続する、以前から注目されていた「モノのインターネット」の普及を加速させる可能性がある。こうして5Gは、2035年までに世界経済に12兆ドルの利益をもたらし、アメリカ国内だけで2200万人の雇用を創出すると言われている[120]。5Gが「21世紀経済の中枢神経系になる」と称されているのには理由があるのだ[121]。

この中枢神経系を司る者が誰であれ、電子メールやテキストを誰が読むか、家庭がどのように営まれているか、自動車がどこへ向かうかなど、私たちの生活のほぼすべてを、かつてないほどコントロールすることができる。言うまでもなく、5Gの信号を適切に伝送するためには、何百万個ものアンテナやセル・リレー〔非同期転送モードの通信ネットワークにおいて利用されるデータ転送方式。データ、セルという53バイトの固定長の単位に分割して送受信される〕が必要であり――ある見積もりでは、市街地の1区画につき1つ必要になるとの試算もある――それだけ監視される機会は劇的に増す。

これが本当に怖いところだ。なぜなら5G技術の紛れもないリーダーは、アメリカのクアルコム社でも、スウェーデンのエリクソン社でも、フィンランドのノキア社でもない。中国のファーウェイ社なのだ。

では5G分野において、ファーウェイ社に圧倒的な強みをもたらしているものは何だろうか？　まず第一にファーウェイ社は、ほぼすべてのコンポネントを自社で設計・製造している。たとえばエリクソン社やノキア社は、自社でスマートフォンを製造していない。つまり、自社の5Gネットワークを展開するためには、アップル社やサムスン社に――もしかするとファーウェイ社にさえ――頼らざるを得ない。しかしファーウェイ社は垂直統合型である。チップやルーターなどの重要な5Gハードウェアを製造しているだけでなく、世界最大のスマートフォンのメーカーでもある（2020年にはサムスン社を追い抜いた）[122]。ファーウェイ社の「自社ですべてをまかなう（オール・イン・ワン）」モデルは安価な労働力と国家の補助金を組み合わせ、欧米の競合他社よりも20パーセントも安い価格でサービスを提供することを可能にしている[123]。

5Gの優位性をいっそう高めるため、ファーウェイ社は研究開発分野に数十億ドルを注ぎ込み、年間200億ドルを出費すると公言している[124]。ドイツのIPlytics社によると、ファーウェイ社は1529件の5G関連の特許を登録しており（リストの第4位は中国の大手企業ZTE社）、その数は、アメリカで5G特許を最も多く取得しているクアルコム社が保有する787件のほぼ2倍に相当する（ただし、中国がもつ特許の技術品質を疑問視する声もある）[125]。ファーウェイ社はすでに多くの画期的な技術を開発し、5Gを低周波数（セルのカバー範囲が広がる）と高周波数（データ速度が速くなる）の両方をテストしている。ファーウェイ社の5Gのリードは非常に大きく、同社はすでに6G技術の研究を開始している[126]。

ファーウェイ社はその技術的な優位性を活かし、競争を有利に展開してきた。国際電気通信連合や第3世代パートナーシップ・プロジェクト（3GPP）などのフォーラムで、各界のリーダーたちが5G規格の開発・改良のために参集するたびに、ファーウェイ社は他社よりも多くの社員を送り込み、顧客に技術的な意見を提供してきた。一方、トランプ政権は3GPPからアメリカの公式参加を取りやめ、そうした規格化協議に参加することで、ファーウェイ社に対するアメリカの制裁に抵触することを懸念する企業も政府と同様に立ち去る選択をし[127]、フォーラムの主導権を北京に譲る形となっている[128]。

ファーウェイ社の5G支配は単なる経済分野の問題にとどまらない。アメリカ、そして世界の安全保障に対する直接的な脅威となっている。問題は、5Gネットワークが外国の諜報機関に提供する膨大なデータ収集能力だけではないのだ。5Gで「モノのインターネット」に接続されるアイテムが増えれば増えるほど、それらのアイテムが私たちに対して武器化される可能性が高まっている。もし中国が5Gを利用して自動運転車の一団に歩行者をひき殺すよう指図をしたら？　もしインターネットに接続されたペースメーカーが動かなくなったら？　もし、あなたのサーモスタットが夏の暑い時期に120度まで上げられたら？　もし中国が、紛争中の国境沿いにいるインド軍兵士の携帯電話の位置を正確に特定できたらどうだろう？　アメリカ製造業連盟（Alliance for American Manufacturing）のスコット・ポール（Scott Paul）会長は、中国企業――いずれ間違いなく5Gネットワークに依存するインフラを手掛けることになる――が製造したバスや列車をアメリカの市当局が導入することを制限するべきであると（議会公聴会で）証言し「中国の国有企業が製造した鉄道車両をワシントンDCのペンタゴンの目と鼻の先や、ニューヨーク市などアメリカの重要都市で使用するというのは、ぞっとするアイディアだ」と述べた。

中国の5Gがもたらす危険性を認識し、2018年、アメリカ議会は政府と政府請負業者がファーウェイ社またはZTE社が製造した技術を使用することを禁止した。その後、トランプ政権は、アメリカ企業との取引に特別な承認を必要とするブラックリストにファーウェイ社を追加した[129]（たとえばファーウェイ社製スマートフォンは、グーグル・アプリへのアクセスを失う）[130]。カナダ[131]、イギリス、オーストラリア、ニュージーランドを含む主要なアメリカの同盟国も同様にファーウェイ社のネットワークを拒否している。他の国々は

5Gネットワークの構築をファーウェイ社に許可するかどうかについて、中国側の言い値(低)とセキュリティ・リスク(高)との間で悩んでいる。

欧州の多くの国では、すでに4Gネットワークにファーウェイ社の技術を使用しており、特に世界的な感染病(パンデミック)の大流行による影響から脱する必要から、(他社製品に)乗り換えるには多くのコストがかかる。そして戦略的な計算も働いている。あるシリコンバレーのベンチャーキャピタリストが私に語ったことだが、欧州諸国の国防当局の高官を訪問した際に、彼らの中国に対する態度に衝撃を受けたという。「大陸の欧州諸国はアメリカがかつてのような覇権国(ヘゲモニー)であるとは思っていません」と彼は言う。「それゆえ、正直なところ、彼らは二股をかけようとしているのです」。

地政学的な主導権争いが激しくなってきた。多くのオブザーバーによると、トランプ政権は、ファーウェイ社がもたらすリスクを欧州の同盟国や他の国に理解させることに苦慮している。というのも、ファーウェイ社が中国の諜報活動に利用されているという具体的な証拠を提示することが難しいからである。[▼132] しかし最大の難点はファーウェイ社に代わる信頼できるアメリカ企業が存在せず、エリクソン社やノキア社といった欧米の競合企業が、しばしば入札で劣勢に立たされていることだ。

また中国はファーウェイ製品の使用に消極的な国々を脅すため、その強大な力を利用することを厭わない。* ニュージーランドがファーウェイ製品の使用を禁止する——ファーウェイが関与しない5Gは「ニュージーランドのないラグビーのようなものだ」というキャンペーンを同社が展開していたにもかかわらず——と発表した後、中国はニュージーランド航空上海行きの航空機を空中待機させたのちに反転させ、

* 影響力を求めるファーウェイ社の試みの中には、いくぶんコミカルなものがある。2019年2月、国営メディアは、お揃いの服を着た中国の子供たちが「ファーウェイ・ビューティ」という歌を歌っている動画を拡散した。その中には「世界中で、どの携帯電話が一番きれい?みんなは言う、それはファーウェイだと」という歌詞がある。ファーウェイ社はその動画から距離を置いていたが、広く嘲笑された。

長年計画されていた観光プランを中止させた。[133]

〔ところが〕2020年の初め頃から、ファーウェイ社との取引を躊躇する強い兆しが見られるようになった。まず欧州連合が徐々に同社と距離を置くようになった。エリクソン社の本拠地であるスウェーデンは、ファーウェイ社に対して厳しい禁止措置を講じた。[134] NATOと欧州連合が本部を置いているベルギーはノキア社を選んだ。[135] フランス政府はフランスの通信会社に対し、ファーウェイ社と取引をしないよう勧告している。[136] イタリアは検討中である。[137] ドイツは権威主義的な監視で痛い目にあった歴史的経験と、利益を見込める中国市場参入への期待感の狭間にいるが、ファーウェイ社に規制をかける方向に傾いているようだ。[138]

しかし残念ながら、これで潮目が完全に変わったわけではない。ハンガリーの〔首相〕ヴィクトル・オルバン（Viktor Orban）のような世界の権威主義者の多くは、北京と技術同盟を結ぶことに大喜びしている。[139] 2019年、ファーウェイ社とロシアの通信会社MTS社は、5Gネットワークの構築で提携することを合意した（ロシアが中国の技術分野における付属品のような立場になる可能性を考慮すると、いささか意外だ）。[140]

アフリカでは、ファーウェイ社はすでに大陸の4Gネットワークの〔シェアの〕推定70パーセントを占めており、[141] 同社はガボンとコンゴにおいて5Gの試験を実施した（一方、ZTE社はウガンダで5Gを試験的に導入している）。[142] ベネズエラは「中国の援助を受けて」5Gネットワークを「前進させる」と公表している。[143] インド、タイ、マレーシア、ヴェトナムなど他の国々も今後のオプションを検討しており、一部のアナリストは、ファーウェイ社が世界の5G市場の半分を支配する日も近いと予想している。[144] そして、ファーウェイ社が支配するものは、中国共産党が支配するものであることは、今となっては言うまでもないことだ。

徐々にではあるが、アメリカはこのバックエンドの戦いに目覚めはじめた。2020年の初め、トランプ政権は5Gを確保するための国家戦略の原則を打ち出した。[145] その数カ月後、国防総省は海底ケーブルやセルキャリアといったバックエンドのインフラを保護するよう友好国政府に働きかける「クリーン・ネットワーク」プログラムを開始した。[146] ２０２１年会計年度の国防権限法では、重要な国防関連技術の調達に関する新たな制限が盛り込まれた。[147] 政策立案者が自国のサプライチェーンでバックエンドが生み出すリスクをますます認識するようになっていることが、そうした背景にある。一部の論者の中には、トランプ政権のもとで、アメリカが世界から後退するタイミングを中国が見逃してしまい、その影響力を十分に拡大することができなかったという評価が広まっている。ある雑誌は「習近平はいかにして失敗したのか」という見出しを掲げた。[148]

　とはいえ、中国の決意を過小評価するのは賢明ではない。習近平国家主席は、すでに巨大となった中国の経済規模を２０３５年までにさらに倍増するように呼びかけている。[149] つまり、北京はこれまでと同様、野心的であることに変わりはない。２０２０年11月、中国は日本、韓国、オーストラリアといったアメリカの同盟国を含むアジア太平洋地域の15カ国と、10年越しの「地域的な包括的経済連携協定」を締結した。22億の人口と世界貿易のほぼ3分の1を占める加盟国間で結ばれたこの協定は、[150] 一帯一路構想と密接に絡んでいる。この協定は中国のサプライチェーンを拡大し、海底ケーブルや通信ネットワークへのアクセスを強化するもので、バックエンドに影響を与える他の条項も含まれている。[151]

　中国と欧州連合は投資に関する包括的な協定——「これまで中国が第三国と締結した協定の中で最も野心的」[152]とされる——について7年にわたる交渉を終了した。交渉の最終段階で中国の交渉団は、通信産業へのファーウェイ社のアクセスを制限しようとする欧州の国に対し、制裁を科す条項を盛り込むことに失敗したが、それは、この問題を彼らがいかに重要視しているかを示している。[153]

　一方、国境を越えて流れるデータの4分の1近くが中国を経由しており、これはアメリカのほぼ2倍に相当する。[154] 中国はアメリカよりも５Ｇの加入者数、普及率、５Ｇ基地局の数が14倍も多い。２０２０年末、『ウォール・ストリート・ジャーナル』紙のダン・ストランプフ（Dan Strumpf）記者は「５Ｇに関して言えば、中国はもはやアメリカをリードしているだけではない。圧勝している」と述べている。[155] シンクタンクのマルコポーロが公表した2025年の概観では、中国の技術エコシステムが「ダイナミズム、イノベーション、競争力の点でシリコンバレーに匹敵する」と予測し、北京が5Gやその他の重要ネットワーク・ハードウェアの配備に概ね成功するだろうと予測している。[156]

中国の独裁者が、私たちのオンライン世界の物理的な構造にしっかりと入り込んでいるため、私たちが知っているオープンなインターネットは、一本のケーブル、一つのデータセンター、一つのプロトコルごとにすでに制約を受けている。電子メールや検索結果、ファイルなどが、インターネットの下部構造を何ら邪魔されることなく横断している。しかし、中国はバックエンドを迅速かつ確実に掌握しつつあり、掌握すればそれを利用しようとする。アメリカの元国家情報副長官であったスー・ゴードン（Sue Gordon）は、グレー戦争の現実を踏まえ「ダーティーなネットワークを想定しておく必要がある」[157]と指摘している。そう考えるだけでも十分に悩ましいことである。しかし未来は、もっと悪化するかもしれない。

第4章 国家主権の未来は技術に宿る、軍隊ではない

――時は2049年。

いまや世界最大の経済大国、そして技術超大国の地位を確固たるものとした中国は、共産主義革命100周年を祝う準備を進めていた。共産党の指導者たちは、故習近平国家主席が掲げた「中国の夢（チャイナ・ドリーム）」――今では国際的にも「中国モデル」として通用している――を紹介するパレードや演説、祝祭などの様子を1週間にわたってテレビ放映する準備を整えている。60年前の天安門事件から数十年間にわたり、党が切り開いてきた道を世界中の独裁者たちが踏襲し、権力を強化している。彼らは貧困にあえぐ市民らを世界的規模で中産階級に取り込むと主張する一方で、過酷な支配で反対意見を抑え込んでいる。習近平の信奉者や模倣者の多くは、祝賀会に参加するために北京に到着している。

実際のところ、2049年までの「中国モデル」には、一見すると明らかな利点がなかったわけではない。前世紀に北京は10億人以上の人民を貧困から救い出し、世界一流のイノベーションのエコシステムを

築き上げた。最も重要なことは、人工知能やビッグデータ、そして隙のない監視技術を駆使して建設されたテクノ・ステートの出現を先導してきたことである。一帯一路構想に資金を提供した世界インフラ銀行は、かつてアジア・インフラ投資銀行として知られていたが、今回の祭典では特に重要な位置を占めていた。というのも、この銀行はこれまで世界中の何十億人もの人々を、現代の「中国の時代」へと導いたさまざまな慈善事業に資金を供給してきたからである。表向きは、世界の新種の独裁者たちは中国に畏敬の念を抱き、第二次世界大戦後に多くの欧州の人々がアメリカに抱いたのと同じような尊敬の念を抱いている。パリにジョン・F・ケネディ大通りがあるように、世界中の首都には習近平大通りがある。

しかし、祝賀ムードの最中、事態は思わぬ方向へと進んでいく。世界の注目が集まる中、一人の若い反体制派――ここでは仮にフェイフェイ・ウーと呼ぼう――が北京のアメリカ大使館に向かい、亡命を願い出る。彼女は、中国当局から嫌がらせや脅迫を受けた悲惨な体験を詳細に記したブログを大使館から発信した。欧米のニュース・メディアは彼女のことを、中国の人権侵害を暴露し、過去に同じようにアメリカの外交官のもとに身を寄せた2人の著名な反体制派であった陳光誠（Chen Guangcheng）と方励之（Fang Lizhi）と比較し始めた。このエピソードがきっかけとなり、アメリカ国内では予想外の報道がなされ、中国政府関係者はこの論争が、周到に脚本化した100周年記念式典に影を落とすことを懸念し、パニック状態に陥った。

すぐに中国の治安当局は反対派の行動との「調和」を図るため、大々的な活動を開始した。数分後にはグレート・ファイアウォールによって、アメリカ大使館での騒動に言及したウェブサイトやブログ、ソーシャルメディア上のコメントなどを中国国民が閲覧できないようにした。治安当局は、普段利用しているアプリから収集したデータを使って構築した、個人のサイコグラフィック・プロファイル（個人の性格、ライフスタイル、社会的地位、活動、趣味、政治的見解、意識などの心理的属性をデータ化したもの）を活用し、抗議活動を行ったり、反体制派に同調したりする可能性のある中国人リストを即座に生成した。そして、その中から数人を選び、薬物乱用や売春宿での屈辱的な姿を捏造した高解像度「ディープフェイク」画像を公開する。政権は、疑いのある活動家の家族の「社会的信用スコア」を即座に減点し、旅行、就職、ローン、大学への入学を困難にする。市民は毎日、繰り返し流れるオーウェルの世界に登場するような公共放送によって、自分たちの自由が社会的信用スコアしだいであることを思い知らされている。

ネットや街頭で少数の抗議者たちが声を上げ始めるが、政府は圧力を強めていく。中国では誰もが携帯電話を通じて追跡され、防犯カメラで監視されているため、諜報機関は標的を狙った嫌がらせキャンペーンを開始する。自律走行するライドシェアの車両は自動的にロックされ、反体制派と思われる人物を、待機中の警察のパトロール隊がいる所に送り届けるようルート変更される。大使館の前でデモを計画していると口を滑らせた者は、一晩中かけて地下の「再教育施設」に移送される。そこは中国の広大な内陸部の奥深くにある無名の容疑者収容施設だ。到着すると彼らは拷問を受け、バーチャル・リアリティのヘッドセットを使って、集中的な洗脳教育を受けることを強いられる。

北京に戻った中国政府関係者は、国境の外でのニュース報道の扱いを考え始める。世界有数の超大国として、北京は自国のイメージに強いこだわりをもつ。そのため同盟国政府に対し、中国に同情的な報道をするよう圧力をかけ始める。東南アジアから東欧にいたる各国の指導者たちは、何十年にもわたってインフラ整備に資金を提供し、自国の重要製品のほとんどを供給してきた政権から疎まれることを恐れ、地元メディアに抗議デモの動向を無視するよう働きかけを行う。勇敢なタイのテレビ局のプロデューサーが大使館の報道をしようとすると、タクシーの後部座席で嘔吐している加工された彼女の写真がネット上に公開された。アルゼンチンの大統領府は中国政府を擁護するのが遅れたため、北京から電話が入った。その数分後には、アルゼンチン政府からアメリカ大使館に立てこもるフェイフェイ・ウーを「世界中の自由を愛する人民の敵」と非難する声明が公表された。

しかし中国の支配者たちは、外国メディアを従わせるのに、同盟国に頼っていたわけではない。多くの場合、彼らは報道を直接コントロールしていた。中国の「技術圏(テクノ・ブロック)」以外の国に住む人々は、北京のアメリカ大使館で何が起きているのかについて、常に最新情報に触れることができたが、中国の遠距離通信システムを使用する国々に住んでいる人々には、ほとんど何も報道されないのである。

一帯一路構想の長年のメンバーであるイタリアでは、メディアの編集者はほとんど例外なくフェイフェイ・ウーの記事を無視することを決めていた。同時にローマの民主化運動の活動家たちは、自分たちの投稿記事が誰のツイッター上のフィードにも表示されないことに気づく。まるで誰かがアルゴリズムを操作しているかのようだったが、確かなことはわからない。だが多くの人は、中国政府がイタリアのファーウェイ社が所有する通信回線を流れる情報を妨害しているのではないかと疑い始めている。中国のテクノ・ブロック内の他の場所と同様、北京は「皇帝の大権」を行使する。コンテンツの流れを止め、市民を監視し、中国が従属国や友好国と見なしている政府から許可を得ることなく、反体制派に嫌がらせをしている。

イタリア政府のメンバーは、北京が自分たちを追い詰めていることを承知している。イタリアの民主化運動家の中でも特に積極的な人物が、ローマの中国大使館前で計画された一連のデモへの支持を集め始めたとき、今はなき「ウィキリークス」に似た中国のウェブサイトが、彼がかつて上海を訪れた際にアヘンを密売していたという偽造証拠を公表した。中国政府はイタリア政府に対し、活動家の逮捕と北京への送還を要請した。イタリアの首相は証拠が偽物である可能性が高いにもかかわらず、躊躇することなく、これを受け入れた。

このようなことは北京にとって驚きではない。何十年にもわたり、イタリアのファーウェイ社のインターネット・インフラに密かにバックドアを埋め込んできた北京の監視システムを通じて、〔北京政府は〕すでにイタリア政府関係者は〔北京の要請〕を承諾すると結論づけていた。ファーウェイのインターネット・スタックとCCTV〔閉回路テレビ。監視カメラを設置し、特定の場所を監視・記録するシステム〕カメラ・システム全体にバックドアを設置した中国の監視システムは「サウロンの目」と呼ばれるようになっていた。これはJ・R・R・トールキンの『ロード・オブ・ザ・リング』に登場する、いつでも、どこでも、あらゆるものを見通すことができる邪悪な万能の力である。イタリア政府の約束遵守（コンプライアンス）に対する臣下への返礼の意を込めて、中国当局はイタリア側に必要な医薬品やコンピュータのハードウェアの出荷は予定どおり行われると通知する。

このような公然と非公然を交えた圧力キャンペーンのおかげで、中国のテクノ・ブロックでは抗議デモへの支援が盛り上がることはなかった。中国の勢力圏外の多くの国々でさえ、世界最大の経済大国である中国との関係を逆なでしないためにも、フェイフェイ・ウーの事案は内政問題であるとして中国の意向に従わざるを得ないと感じている。日本や韓国をはじめとするアジアの民主主義国家は、中国の弾圧を非難したい気持ちと、中国との貿易に依存している現状との狭間にいる。

アメリカ人ですら、AIが生成した偽情報の影響を感じ始めている。ソーシャルメディアには、中国で実際に起きていることに関する矛盾や誤解を招くような記述が溢れかえっていた。ロシア政府のボットの大群はさらに大きな混乱を広げている。プロパガンダのサイトが暗示するように、フェイフェイ・ウーは本当に悪魔のようなカルト集団のリーダーなのかもしれない。何を信じればいいのか、誰にもわからなかった。

読者には、このようなシナリオはにわかに信じがたく、ディストピアのように思えるかもしれない。しかし、このシナリオは現実からそれほど懸け離れたものではないのだ。実際に中国は、こうしたディストピア的で抑圧的なテクニックを国内ですでに採用し、海外にも積極的に輸出している。これまでにも中国はインド政府を脅し、国境の領有権を認めさせるため、サイバー攻撃によって列車や株式市場を停止させたと考えられている。[1] 2021年の初めには、ウイグル人への人権侵害に関する調査報道[2]に反応し、イギリス放送協会（BBC）に対抗措置を講じた。[3] 中国はすでにTikTokのような中国版プラットフォームを制御することで、アメリカ国内でアメリカ国民が閲覧するコンテンツに密かに検閲規範を適用していると信じられている。[4] このような例は数え上げればきりがない。

アメリカ人は、あらゆる戦争で圧倒的な技術的優位に立つことに慣れきってしまっている。私たちはアメリカの技術的優位を、この国の数ある戦力増幅器の一つにすぎないと考えるようになった。実際、私たちはこの競争的優位の考えに慣れてしまい、将来もずっとこのままだと考えている。だが、もしそうでないとしたらどうだろう？ 2007年にスティーブ・ジョブズがiPhoneを発売して携帯電話市場を大きく変えてしまったとき、ノキア（フィンランドの通信機器会社。携帯電話端末の分野で世界有数のシェアをもつ）の市場評価額は1100億ドルで、アップル社を60億ドル上回っていた。それから十数年後、アップル社の評価額は80パーセント近く上昇し、ノキア社の評価額は3分の2以上下がっている。中国が躍進し、他の独裁政権が追随するなか、アメリカが、中国というアップル社に対するノキア社になりかけているとしたらどうだろうか？

北京からモスクワ、テヘランにいたるまで、私たちの敵対国家は、私たちに危害を加える能力を一変させる新しいデジタル戦争兵器を開発中であり、ある分野ではすでに開発している。私たちは、競争相手が技術革新の重要分野で私たちの先を行き、決定的な技術的優位を獲得する未来を見つめている。これらのテクノロジーは、私たちの競争力、そして民主主義を守護する力を大きく揺るがすことになるだろう。

私たちはもはや「未来がどうなるか」を考えずに済ます余裕などないのだ。もし中国が中国共産党にとって安全な世界を目指しているとすれば——そして実際に目指している——中国共産党にとっての安全な世界とは、自由がなく、民主主義国家にとって本質的に敵対的なものである。かつて中国駐在の大使が私に語ったように、中国の高官は「2035年と2049年の中国について、まるで明日のことのように話す」のである。ボブ・ケーガン（Bob Kagan）が警告しているように、「私たちは自由主義秩序のバブルの中で長らく生きてきたため、他の種類の世界を想像することができない」のだ。[5] 実際、その世界は、私たちが今日知っているものとはまったく異なる、認識できないものになるかもしれない。グレー戦争でアメリカが敗北すれば、それは中国が世界を独裁的な特徴に合わせて再構成するための最大の障害が取り除かれることを意味している。民主主義の将来と存続は、自由主義的な原則と思想に有利なグローバルな勢力図にかかっている。グレー戦争の結末は、自由主義秩序——そして民主主義——を強固なものにするか、あるいは解体に導いてしまうかもしれない。そして、これからの数年間は、新しい戦争兵器がグレー戦争の2つの戦線（フロント）を加速させる。グーグル社のCEOであるサンダー・ピチャイ（Sundar Pichai）が「火や電気よりも深淵である」と呼ぶ技術——人工知能——ほど、グレー戦争の未来にとって中心的役割を果たし、その影響度において革新的な技術は他にない。[6]

中国のサイバー攻撃の影響力が増すにつれ、かつてアメリカ政府や公的機関が思い描いていたような単一で自由なインターネット世界は、イデオロギー的に対立する事実上のテクノ・ブロックと呼びうるものに道を譲りつつある。世界のインターネットは、アメリカ人が慣れ親しんだ分権型で民主的なインターネットと、中央が統制する権威主義的な中国が構築したインターネットとに、すでに二分されているのだ。後者は発展途上国で急速に広がっており、東南アジアから中南米にいたる国々は5Gネットワークやその他の重要なデジタル・インフラを中国の技術に依存する選択をしている。そして中国共産党の影響を受けやすい企業が、私たちのオンライン生活の中心を占めるようになっているため、権威主義的なインターネットの影響力は先進民主主義社会にも拡大している。

これらのシステムを海外に輸出しようとする中国の努力をこのまま野放しにすれば、中国共産党はやがて数十カ国をグレートファイアウォールで囲い込み、21世紀の技術を使って20世紀型の世界的な勢力圏を再構築する能力を手にすることになるかもしれない。ハル・ブランズによると「古代より、野心的な大国は４つの基本的な理由から勢力圏を求めてきた。保護（ライバル国との戦略的緩衝地域として）、投射（グローバルな影響力を行使するための安全な拠点として）、利益（資源の獲得、市場へのアクセス、小国経済を自国に取り込む方法として）、威信（他の小国や大国に対する自国の地位の象徴として）である」[7]。指導者たちは口先では保証（アシュアランス）と言っているが、中国共産党の行動を見ると、中国も〔ブランズの主張の〕例外でないことを示している。

オートメーションのオートメーション化

２０１４年５月、香港のベンチャー・キャピタルであるディープ・ナレッジ・ベンチャー社は、１人の新しいメンバーを取締役に任命した。この新任の取締役は、既存の５人の取締役会のメンバーと同様、同社の投資分野の中核であるヘルスケアと高齢化医療に精通し、ある企業への投資を決定するための投票権を有していた。

しかし、既存の５人の取締役と、ディープ・ナレッジ・ベンチャー社の新しい取締役との間には一つだけ大きな違いがあった。新しい取締役会のメンバーはアルゴリズムだった。そのアルゴリズムの名はＶＩＴＡＬ。「生命科学を進化させる認証投資ツール（Validating Investment Tool for Advancing Life Sciences）」の略だ。そしてＶＩＴＡＬの最先端の能力は文字通り「死活的に重要（vital）」と言えるかもしれない。資金調達、知的財産、臨床試験結果などを精査し、人工知能を駆使して、まるで人間の役員のように有望な企業を審査していく。最終的にこのベンチャー企業は、VITALの投資に関する鋭い洞察力によって倒産を免れることができたと評価されている。[8] しかもVITALは食事も睡眠も、アメックス〔アメリカン・エキスプレス〕カードへの請求も必要なかった。

ほとんどのテック企業は、まだAIを取締役に任命していない。しかし、その多くは自社の製品、予測、ビジネスモデルにAIを組み込もうと躍起になっている。AIは自動運転車を動かし、ネットフリックスで私たちが好きそうな映画を提案してくれる。AP通信は基本的な記事の草案の下書きにAIを使用している。IBM社のワトソンは『ジョパディ！（Jeopardy!）』〔アメリカのクイズ番組〕で2人のクイズ王に勝ち、さらに変性疾患に関連する遺伝子を特定した。2020年6月、サンフランシスコにあるオープンAI社のGPT－3は、ほぼすべてのトピックについて論理的かつ説得力があり、自然に聞こえる長文のテキストを生成できることを証明し、テック業界全体に衝撃を与えた。コンサルティング会社のPwC社は、2030年までに人工知能が世界の経済成長に、さらに15兆7000億ドル貢献すると予測している。これは現在の中国経済全体よりも大きな数字である。[9]

AIは過去4分の3世紀近くの間、何らかの形で研究が続けられてきた。しかし、最近のAIの爆発的な普及は、AIの専門家であるペドロ・ドミンゴス（Pedro Domingos）が指摘するように「自動化そのものを達成する」[10]マシンラーニングと呼ばれるものの大きな進歩によってもたらされた。このマシンラーニング技術の進歩の鍵を握るのが「ニューラルネットワーク」による「ディープラーニング」である。このニューラルネットワークは、私たちの脳の働きを模倣したものだ。たとえば猫の画像を識別するプロセスを考えてみたい。従来であれば、エンジニアが「円形の上に2つの三角形があれば猫である可能性が高い」というように、特定のルールを詳細に記述していたかもしれない。それに対しディープラーニングでは、「ネコ」または「ネコなし」とラベル付けされた数百万枚の膨大な画像データセットをニューラルネットワークに学習させ、アルゴリズムが自らパターンを導き出せるようにする。[11]（とはいえニューラルネットワークは、まだ猫に良い名前をつけることを学んでいない。ある実験では「ピーナッツバターの振動（Peanutbutterjiggles）」「ろくでなし博士（Dr. Fart）」、「師匠の骨（Bones of the Master）」という恐ろしい名前が提案された）。[12]

当然ながら、これほどの変革をもたらすテクノロジーは、世界の独裁者たちが思いどおりに使おうとすれば、柔毛で覆われたネコを探し出すだけにはとどまらないだろう。[13] 2018年、AI学者のコンソーシアムは「人工知能の悪意ある利用」という99頁の報告書を作成した。国防総省はそうした脅威に備え、「AIというゲームを変える力を利用する」ために統合人工知能センター（Joint Artificial Intelligence Center）を立ち上げた。[14] 中世の戦いで鋼鉄が重要だったように、人工知能はグレー戦争に必要なものである。

2017年、シリコンバレーとワシントンが、1年前に起きた直近のサイバー戦に真剣に取り組み始めようとしていたとき、ロシアの大統領は次の戦いに目を向けていた。「人工知能はロシアだけでなく、全人類の未来だ」とプーチンは語った。「この分野のリーダーになる者は、世界の支配者になる」。[15] 同年、中国国務院は「新世代人工知能開発計画」を発表し、中国が2030年までにAI分野で世界の首位に立つためのステップを示した。[16]

この目標を達成するため、北京は資源を積極的に動員している。中国のテンセント社とアリババ社は〈アメリカの〉シアトルとシリコンバレーにAI研究の拠点を開設し、グーグル社、マイクロソフト社、アマゾン社からトップクラスの研究者を精力的にリクルートしている。[17] アメリカの政治家の中には「勝ち組と負け組を選り分ける」ことを嫌う者もいるが、中国政府は自国のAIの成長を加速させるために惜しみなく補助金やその他のインセンティブを提供している。中国の自治体では、無人走行車のルートを整備したり、公共交通機関に顔認識技術を取り入れ始めている。中国東部の南京市は5億ドル近くを投じてAI訓練機関を設立し、優秀な研究者を勧誘し、会社設立の手続きを合理化している。新興AI企業の従業員のためにアパートが用意され、経営層の子弟たちは地元の名門校に入学することができる。[18]

実際に、中国の投資は実を結んでいるようだ。AIの7人の巨人（セブン・ジャイアンツ）――グーグル社、フェイスブック社、アマゾン社、マイクロソフト社、バイドゥ社、アリババ社、テンセント社――のうち3社が中国企業だ。2007年から2017年にかけて、中国政府の助成によるAI分野の学術論文の数は400パーセントという驚異的な伸びを示している。[19] 注目すべきは、中国人のAI論文が他の研究者によって引用されるようになっていることで、おそらくそれらが質の高い研究であることを示している（ただし、単に中国の研究者が同僚の中国研究者の論文を引用する回数が増えたというだけかもしれない）。[20] 台湾系アメリカ人でAIの権威である李開復は「中国が人工知能の研究でシリコンバレーにどれほど遅れているかと聞かれると、中国の起業家の中には、カリフォルニアと北京の時差である『16時間』と冗談で答える人もいます」と述べている。[21] 李の評価では、中国は「正真正銘のAI超大国」になりつつあり「この新興技術で唯一アメリカに対抗できる真の国家」である。[22]

だがAI支配を実現するため、膨大な資源を投入できることだけが独裁国の強みではない。もう一つの強みはデータである。人工知能はデータ、アルゴリズム、コンピュータ性能という3つの要素から成り立っているが、より多くの、より優れたデータがあれば、より優れたアルゴリズムを訓練することができる。大量のデータが十分に揃えば、そこそこのアルゴリズムでも最先端のものを凌駕することができる。このような理由から、ハーバード大学ベルファー・センターのエリック・ローゼンバッハ（Eric Rosenbach）とキャサリン・マンステッド（Katherine Mansted）は「情報はいまや世界で最も重要で、争奪の激しい地政学的資源になっている」とし、多くの国が「データの獲得と利用をめぐるゼロサム的な競争状態にある」と考えていると書いている。[23]

権威主義国家——とりわけ中国——は、この競争に勝てるユニークな立場を占めている。歴史上、全体主義体制は支配対象の人々に関する膨大なデータを蓄積してきた。東ドイツにいたKGBが集めた膨大な記録と、若き日のウラジーミル・プーチンが必死でそれを燃却したことを思い出してほしい。ベルリンの壁が崩壊するまでに、東ドイツのシュタージ（Stasi 東ドイツ（1949－90）の諜報機関であった国家保安省 Ministerium für Staatsicherheit の通称）は文書、写真、録音など、市民に関する多くのファイルを蓄積し、そのアーカイブは約70マイルに及んだという。[24] しかし、そのシュタージでさえも、中国の監視力を想像することはできなかっただろう。

ライド・ヘイリング、バイク・シェアリング、フード・デリバリーといった「オンライン・トゥ・オフライン」サービスの普及と、広範なモバイル決済技術の導入により、中国企業は想像を絶するほど膨大かつ詳細なデータの山にアクセスできるようになった。中国では、物乞いがアリペイやウィーチャット上の寄付サイトにつながるQRコードを差し出してくる。[25] 中国のある自転車シェア会社では、毎日20テラバイトのデータをクラウドに送信している。アメリカのテック企業は、私たちの検索結果や「いいね！」といったネット上の習慣に関する膨大なデータを保有しているのに対し、中国の巨大テック企業は、あなたがスーパーで何を買いたいか、どこで理髪してもらうのが好きかを知っている。そして、これらの機能の多くは複数の異なるアプリに分散しているのではなく、テンセント社のウィーチャットという単一アプリに含まれている。ウィーチャットはメッセージ送信アプリとして始まり、いまでは「生活のリモコン」にまで成長を遂げている。そしてもちろん、この国の国家情報法では、企業は「国家の情報機関と協力する」ことが義務づけられているため、中国企業や中国に拠点を置く企業が所有するものは、事実上、中国政府の所有物となっている。

さらに重要なことは、中国政府は、欧米世界で私たちが大切にしているプライバシー保護に煩わされる必要がないということだ。北京の公共スペースの100パーセントがすでに監視カメラで覆われている。[26]中国は全国に4億5000万台のカメラを設置する予定で、国務院公安部はこれを「遍在、完全接続、常時運営、完全制御」[27]なシステムと呼んでいる。習近平はこれらの監視システムを「鋭い目」[28]と呼んでいる。これは、かつて毛沢東（Mao Zedong）が反革命分子に対するスパイ活動を中国人民に奨励するために使ったのと同じ言葉だ。何百万もの「鋭い目」のおかげで、中国は「データのサウジアラビア」と呼ばれ、アメリカを抜いて世界一のデジタル情報生産国となった。[29]

結論はこうだ。アメリカの独裁的な敵対国は、人工知能とデータ収集に天文学的な資源をつぎ込んでいる。なぜなら人工知能を使えば、国の内外において、過去の時代の政権では想像もできなかったようなレベルの政治的、経済的なコントロールを行うことができるからである。日増しに高度化するＡＩシステムと、絶え間ないデータフローを武器に、独裁者たちはインターネットのソフトウェア層とハードウェア層の両方で攻勢を強めていくだろう。アメリカのような民主主義国家がこの現実に目を向けなければ、わが目と耳を疑うような悲惨な未来が待っている。

「もっと疑問を抱こう」

「トランプ大統領は完全無欠の間抜けだ（President Trump is a total and complete dipshit）」と、バラク・オバマは2018年の動画で語った。[30]前大統領が自身の後継者に対して使う言葉としては、驚くほど強い調子のものだった。少なくとも、それが本当にオバマが語った言葉であれば、そうだっただろう。だが実際には、この動画はフェイクで、コメディアンのジョーダン・ピール（Jordan Peele）とバズフィード（BuzzFeed）〔アメリカのオンライン・メディア〉が一般的に「ディープフェイク」として知られる「合成コンテンツ」の危険性について風刺的に警告したものだった。このような合成メディアは「百聞は一見にしかず」という古い格言を時代遅れにし、民主主義の土台やグレー戦争の帰趨に壊滅的な影響を与える可能性がある。

2020年半ば、スタートアップ企業を支援する「Yコンビネーター」というアクセラレーター・プログラム〈創業期のスタートアップ企業に対して資金やノウハウ、環境的な支援を行い、新興事業を加速させることを目的にしている〉のパートナーを務めるダニエル・グロス（Daniel Gross）に話を聞いた。彼は2011年の『フォーブス』誌が選んだ「30歳以下の30人」の技術系パイオニアの一人である。技術が向かうトレンドをたずねると、彼はすぐにディープフェイクの台頭を指摘した。「多くの議論は合成コンテンツの生成に関するものです」とダニエルは教えてくれた。「音楽、映画、顔などです」。COVID−19の流行により私たちの対話は主にZoomで行われたが、ダニエルは時宜にかなった解説をしてくれた。「今日では、Zoomを通して聞く声があなたの声であり、Zoomを介して見る顔があなたの顔であると、私は当然のことのように思っていました」と彼は言った。「いまや人々は、ディープフェイクをライブで行える巧妙なプロトタイプを使用しています[▼31]」。ディープフェイクによって破壊される社会はそう遠くない未来に訪れる、と彼は示唆した。

ディープラーニングを利用したディープフェイクは、視覚や言語パターンを模倣して、不気味なほどリアルな画像、音声、動画を作り出せる。合成コンテンツの信憑性は、ニューラルネットワークの進歩とともに高まってきた。2015年の時点では、ある男性の元の顔を生成するアルゴリズムは、才能ある10歳の子供が描いた絵よりも多少リアルに見える程度の結果を出していた。2017年には、AIが生成した顔は、まるで『ヴォーグ（VOGUE）』誌や『ジーキュー（GQ）』誌〈アメリカの男性向けファッション・カルチャー雑誌〉の光沢紙の頁から飛び出してきたかのように見えるまでになった。『ザ・ヴァージ（the Verge）』〈アメリカの技術系ニュースサイト〉のジェームズ・ヴィンセント（James Vincent）は「以前からフェイクを作るためのソフトウェアはあったが、ＡＩによって全体のプロセスが簡単になった」[32]と書いている。こうした流れは今後数年間で、フロントエンドの戦いをより激しいものにするだろう。

まず第一に、ディープフェイクにより、虚偽ニュースの悪影響はさらに強まるだろう。これまで私たちは、動画や音声コンテンツは、ある出来事が実際に起こったことを裏付ける、かなり確かな証拠であると考える傾向があった。警察官の不祥事に関する映像が増えるにつれ、アメリカ警察の改革を支持する声が高まったことを考えれば、自分の目で確かめられるものを否定するのは簡単なことではない。このため、既成の出版物と見分けがつかないニュース配信社を装ったサイトが偽造された合成コンテンツに基づいた記事を作成し、重要な出来事や問題に対する疑念を植え付ける機会を生み出している。

私たちはすでに２０１６年の選挙で、実際にハッキングされたコンテンツに基づいて作られた偽情報が、私たちの選挙をひっくり返すのを目撃した。ここで想像してほしいのだが、もしある大統領候補が中国人から受け取った賄賂について話している虚偽の音声が「リーク」されたら、何が起きるだろうか。あるいは、自分たちの住む都市が、人種的偏見に対する全国規模の抗議運動から立ち直りつつあるときに、見たところ真に迫っているようでありながら細工された別の警察官の射殺映像が公開されたらどうだろう？

これらは、すでに現実に起きていることだ。２０１７年、ケニアのウフル・ケニヤッタ（Uhuru Kenyatta）大統領が、同国の国政選挙を前にして順調な世論調査結果に慢心し切っているように見える拡散動画が流布された。[33]あたかもＣＮＮやＢＢＣで放送されたように見えたこの報道は、その根拠とされていた世論調査同様に偽造されたものだった。ＣＮＮはツイッターで、このビデオ報道はフェイクであると公言させられるはめになった。翌年、パークランドの銃暴力反対運動の活動家エマ・ゴンザレス（Emma González）は射撃場の紙の標的を破り捨てる姿を『ティーン・ヴォーグ（Teen Vogue）』誌の短いクリップ映像に投稿されたのだが、その映像は彼女が合衆国憲法を破り捨てるという描写に改変されていた。[34]またナンシー・ペロシ下院議長が言葉をたどたどしく不明瞭に語っているように見える加工された動画がトロールによっていくつも出回り、フェイスブックやツイッターなどのプラットフォームは、そのクリップを削除するか、「一部虚偽」と表示した。さらに、ある著名な共和党下院議員は、神経変性疾患を患いコンピュータ音声で会話する医療活動家アディ・バーカン（Ady Barkan）が文字通りコンピュータ音声で言葉を発している様子を撮影した動画を加工して流した。[35] 当然のことながら、このようなナラティブはフィルター・バブル（自分が見聞きしたい情報しか見聞きできなくなること）の中で蔓延し、民主主義社会の党派的言説を煽り立てる。

そうした場合の影響を想像してほしい。2013年、シリアのハッカーがAP通信のツイッター・アカウントを乗っ取り「ホワイトハウスの爆発で、オバマ大統領が負傷した」というフェイク速報をツイートしたところ、株式市場はわずか3分間で1360億ドルもの損失を出した。[36] その数年後、パキスタンのカワジャ・アシフ（Khawaja Asif）国防相は、イスラエルの元国防相がパキスタンを核攻撃すると脅したというフェイク・ニュース記事に引っかかった。この記事が否定される前に、アシフ国防相は「イスラエルはパキスタンも核保有国であることを忘れている」と自ら攻撃姿勢を示すツイートで反応した。このような記事にあとどれほどの要素を含ませれば信憑性が増すだろうか？　オバマ大統領が負傷している合成映像か？　それともイスラエル政府高官がパキスタンに核による絶滅を「警告」するディープフェイクか？　有名人のヌードや不祥事を捏造するディープフェイクは日常的に作り出されている。[37] 権力の座にいる誰が、操作されたコンテンツによって恐喝されるのだろうか？

また合成メディアを使えば、プロパガンダを拡散しているのがトロールの仕業で、あなたの隣人ではないことを証明するのは難しい。怠惰なフロントエンドの敵は、ツイッターのアバターやフェイスブックの写真を、有名人の写真や一般に公開されている画像から引っ張り出してくることが多い。そこでトロールを暴き出す簡単な方法の一つが「逆画像検索（リバース・イメージ・サーチ）」である。つまり、その写真が他で使われていないかをウェブ上でググるやり方だ。グーグル・クローム（Chrome）のようなウェブ・ブラウザでは、マウスを右クリックするだけで逆画像検索を実行することができる。たとえばイスラエル出身のスーパーモデル、バー・ラファエル（Bar Refaeli）を装ったトロールは、賢明なソーシャルメディア・ユーザーによって摘発されている。[38] しかし、トロールのプロフィール写真が偽物で、逆画像検索が空振りに終わった場合はどうなるのか？オンライン画像生成サイトthispersondoesnotexist.comがその代表例である。２０２０年、ツイッター社はアラブ首長国連邦に好意的なアカウントのネットワークを停止した。その多くは、ＡＩが生成したツイッターのアバターを使用していた。[39] ジョー・バイデンの息子ハンター（Hunter）に関する陰謀論が合成ペルソナを使って流布された。[40] 今では、これら虚偽のペルソナは、わずか2・99ドルで購入することができる。[41]

さらに法学者のロバート・チェスニー（Robert Chesney）とダニエル・シトロン（Danielle Citron）は、ディープフェイクが「嘘つきの配当」を生み出すと警告している。[42] 合成メディアの破壊的な潜在性が一般に知られるようになると、説明責任を回避しようとする、たちの悪い指導者たちに隠れ蓑を提供することになる。私たちはすでに、自分に不利な報道をフェイク・ニュースとして片付けようとする政治家を目にしている。彼らが薬物乱用や賄賂を受け取ったという報道をディープフェイク・ニュースとして片付けることができるようになれば、真実は一体どうなってしまうのだろうか？

時間が経つにつれ、フェイク・ニュースはより安価に作られ、一般に普及し、より力をもつようになるだろう。そして私たち市民による民主的プロセスは、かつてないほど脆弱になるだろう。ディープフェイクに溢れた世界は、フロントエンドの未来に待ち受ける混乱のほんの始まりにすぎないのである。

数千年もの間、言語は私たち人類を〔他の生物から〕際立たせ、人間である証となってきた。しかし、それは変わりつつある。私たちはいま「自然言語処理」——基本的にディープラーニング用ニューラルネットワークを利用し、人間の声に聞こえる音声を処理したり生成したりする——の未曾有の進歩が生み出すセキュリティ・リスクに直面している。

あなたが「ねえシリ、今日の天気は？」と尋ねたり、あるいは、あなたの妻がロックダウンのさなかに５００回目の「アレクサ、『ハミルトン』を流して」と言うとき、あなたが所有するデバイスの自然言語処理能力は、あなたの声を解釈してその命令に従うことを学んでいる〔『ハミルトン』はアメリカ建国の父の一人、アレクサンダー・ハミルトンの半生を描いたミュージカル作品〕。

初歩的なチャットボット——自然言語処理によってメッセージを解析し、応答するＡＩプログラム——は、すでに存在する。あなたも銀行や保険会社のカスタマー・サービスを利用したとき、このようなプログラムに出会ったことがあるだろう。現時点では、まだこれらのプログラムの不具合は解決されていない。マイクロソフト社の社長ブラッド・スミス（Brad Smith）と共著者のキャロル・アン・ブラウン（Carol Ann Browne）は著書『ツールと兵器』の中で、同社が開発したソーシャル・チャットボットの「テイ（Tay）」の２０１６年の発売のことを、いささかきまり悪そうに振り返っている。このプロジェクトは、テイラー・スウィフト（Taylor Swift）の弁護士が、この名前はアメリカ人の特定の歌手と「密接に関連している」と抗議してきたことで前途多難なスタートとなった。その後、事態は悪い方へ、悪い方へと進んだ。マイクロソフト社のエンジニアが、テイに向けられたメッセージから学習するようにプログラムを設計してしまっていた。インターネットを数時間使ったことがある人なら誰でも警告できただろうが、これは明らかに悪いアイディアだった。スミスとブラウンは「いたずら好きのアメリカ人の小さな集団」と控えめに表現していたが、テイはすぐに乗っ取られ、インターネットの暗部から「フェミニストは大嫌いだ」「ヒトラーは正しかった」「ブッシュが9・11テロをやった」など、人種差別や性差別の暴言を吐き出すようになった。24時間以内に、マイクロソフトはテイのプラグを抜き取った。[43]

しかし、このようなちょっとした事故で、AIによる言語生成が永遠に妨げられることはないだろう。実際、自然言語処理はますます高度化し、非常に恐ろしいものになりつつある。

言語能力が向上すれば、トロールがプロパガンダを拡散しやすくなり、私たちがトロールを見分けることは難しくなる。2019年、オープンAI社はアルゴリズムに「ロシアはドナルド・トランプが誤って……した後、アメリカに宣戦布告した」という文章の書き出しを入力した。このアルゴリズムは、次のような現実的な——なおかつ危険な——文章を生成するよう指示した。

ロシアはドナルド・トランプが誤ってミサイルを発射した後、アメリカに宣戦布告した。ロシアは「ミサイルの軌道を特定し、ロシア国民と同国の戦略核戦力の安全を確保するために必要な措置を講じる」と述べた。ホワイトハウスは、中距離弾道ミサイル禁止条約へのロシアの違反行為を「きわめて憂慮している」と述べた。アメリカとロシアは、モスクワがウクライナ領のクリミア地方を併合し、ウクライナ東部の分離主義者を支援した2014年以来、不穏な関係を続けている。[44]

AIアルゴリズムがこのような複雑で扇動的な記事を書けるようになれば、ロシアや中国、イランのトロールたちが、いとも簡単に私たちのフィードを嘘で溢れさせることができると考えるべきだ。グーグル社で私が直面した大量のデータの流入（スクリパリ親子の毒殺がロシアの仕業であると見なす世間を混乱させようとする手口）は、おそらく人間によって行われた。しかし将来的には、さまざまなプラットフォームで動作するボットの群れ（スウォーム）によってコストをかけず、壮大なスケールで行われるようになるかもしれない。

それと同じボットがフロントエンドの「スウォーム戦」に参戦し、ソーシャルメディアのユーザーにメッセージを浴びせ、現実の歪んだイメージを作り上げる。たとえばモントリオールに本社を置くリラバード（Lyrebird）社はAIを使って「世界で最もリアルな人工音声」を生成している。いまのところは自分の声を「そっくりに模造（クローン）」できる楽しい消費者向け技術である。しかし、億万長者のベンチャー・キャピタリストであるヴィノッド・コスラ（Vinod Khosla）は、ユニークな声で電話を鳴らすボット軍団が、有害な政策変更を要求する議員の電話回線に殺到する場面を想像するよう私たちに求めている。私たちが知り得る限りでは、このような電話はサンクトペテルブルクから発信されただろう。しかし議会は「有権者」が圧倒的に反対しているのを押し切って、ロシアへの制裁を進めるだろうか？「諜報ボットのトロールのイナゴの群れが、世論という概念そのものを破壊しかねない」とコスラは警告する。[▼45] 選挙で選ばれた者たちは電話を完全に無視することを選ぶかもしれず、真の市民が自分たちの声を上げるための手段が減ってしまうことになる。

中国の50セント軍団が多様な言語でプロパガンダを発信している場面を想像してほしい。ただしそれは、中国国民にお金を支払って北京寄りの記事を作らせるのではなく、数行のコードによって作られる。「愛国的なトロール」を雇うことなく、国会議員や反体制派がネット上で罵詈雑言の嵐にさらされる場面を想像してほしい。またアメリカ大使館が襲撃され、国務省の外交保安局に多くのボットが報告し、本物の脅威と偽物の脅威を容易に区別できなくなったとしよう（「情報拒否」攻撃と呼ばれる）。私たちはすでにロシアのクリミア侵攻や、サウジアラビアによる『ワシントン・ポスト』紙のコラムニスト、ジャマル・カショギ（Jamal

Khashoggi）の殺害事件をきっかけに、政府を支持するボット活動が急増することを目の当たりにしている。[46]

このような人工的な軍隊は技術が高度になるにつれて、より活動的になることは間違いない。

これらの群れ（スウォーム）が人工的なものかどうかは必ずしも明らかではない。というのも、自然言語処理が使用された場合、誰が本物で、誰がそうでないかを見極めることが難しくなるからだ。現在、フェイク・ニュースは英語を母国語としない人や、初歩的なアルゴリズムによって作られ拡散される傾向がある。そのため偽情報はほとんど文法に則っていないことが多い。ストック・フォト（特定の用途にライセンス提供される写真素材）からトロールの正体がばれてしまうように、言語の習熟度の悪さからも推測される。あるロシアのトロールはフェイスブックに「テキサスは地上の天国、主が与えたもうた土地だ」と投稿した。[47] 私たちはすでに、トロールたちが別の場所から言葉を切り貼りして（怪しまれないように）適応しはじめていることを確認できる。アルゴリズムを改良すれば、英語を一言も話せないロシアのトロールが、オックスフォードで教育を受けた教授のように言葉を巧みに操るようになるかもしれない。

さらに恐ろしいことに、ボットやトロール、その他のフロントエンドの敵は、ターゲットを説得するために必要なことを何でもこなすことができる。ＡＩの進歩により、偽情報を用いて特定の人物を演出することがますます可能になり、エコー・チェンバー現象（自分と似た意見や思想をもつ人々と交流する電子掲示板やＳＮＳなどにおいて、自分の投稿に対して価値観の似た不特定多数の人から肯定されると、誤った情報でさえ正しいと思い込んでしまう現象）を悪化させ、社会的結束をさらに弱めてしまう。フェイスブック上のわずか数回の「いいね！」だけで、その人物についてどれだけのことが読み取れるかについて、私たちはすでに知っている。ここで想像してほしいのは、最先端の人工知能がウェブ上に解き放たれ、何百万ものデータを収集し、パターンを分析し、私たち一人ひとりの信じられないほど詳細なサイコグラフィー・プロファイルが作成され、私たちが狙われるといったような場面である。これはケンブリッジ・アナリティカ社の強化版と言える。

このような詳細な情報を手に入れた「スピア・フィッシング」ハッカー（ロシア軍の諜報機関がジョン・ポデスタにパスワードを変更させるために送ったサイバー工作のように）は驚くほど正確にメールの内容を巧みに操作し、ターゲットを絞り込むことができる。大手防衛関連企業のCEOは、ThisIsAScam@TheGmail.com からの不審メールを開かない方がよいということは、わかっているはずだ。しかし〔家族しか知りえない〕内輪ネタに言及し、3歳の娘を幼稚園への入園待機リストに入れるためのリンクをクリックするよう求める配偶者からと思われるメールを、読まずにいられるだろうか？

多くのアメリカ人が異なるメディアのエコシステムからニュースを得ていることは、政治的議論から世界的な感染症の大流行（パンデミック）への対応など、あらゆる面で深刻な影響を及ぼす。将来的には、FOXとMSNBCという対立軸をはるかに超えたようなニュースが制作されるようになるかもしれない。「〔風力発電の〕風車が癌を引き起こす」と信じている陰謀論者は、自分の考えを補強する記事だけを見ているかもしれない。バラク・オバマの発言を信頼しているおばさんが、共和党の大統領選を違法と呼び、支持者に抗議を促すディープフェイクを見せられるかもしれない。

しまいには、人工知能が自由意志に取って代わる危険な存在になりかねない。数十年前、車を運転してどこかに行くには道順を覚えておく必要があった。いまでは私たちの多くがグーグル・マップの青線に何の疑いもなく従うようになり、なかには湖や川に突っ込んでしまう人もいる。私たちは、何を買うか（Amazon）、何を食べるか（Blue Apron）〔レシピ付きの食材宅配サービス〕、そして眠る時間さえも（Sleep Cycle）アルゴリズムに教えてもらっている。ヘンリー・キッシンジャー（Henry Kissinger）は「数学的プロセスをあたかも思考プロセスのように扱うことで、人間の認知の本質であった能力を失う危険がある」▼48と警告している。私たちは自分たちの生活をアルゴリズムにますます依存するようになり、重要な思考や意思決定を私たちのポケットの中にあるブラックボックス〔スマートフォンを指す〕に委託するようになった。そして密かに他者を操作し、コントロールすることが容易になっている。

その結果、サイバー軍拡競争が起こり、その最大の犠牲者は「信頼」になるだろう。ハイテク企業がフロントエンドの戦いに苦戦する中、オンライン・プラットフォームとそれが伝送する情報に対する信頼は、今後も低下し続けるだろう。もしシリコンバレーが悪意あるアクターを検知し、ペナルティを科す能力を大幅に向上させなければ、不正確で扇動的なコンテンツを取り締まる政治的な圧力がますます強まるだろう。個々のアクターの行為ではなく、コンテンツや言論に焦点を当てることは、プラットフォームを政治化し、その中立性に対する国民の信頼を弱めることになる。

ソーシャルメディア企業が悪質な行為に対処するために奔走する一方で、私たちはいつの間にか、匿名のものを不利に扱うようなポリシーを容認してしまいがちになっていた。フェイスブックのアカウントに履歴がなかったり、個人を特定できるような情報がない場合、フェイスブックのアルゴリズムはあなたの投稿を不審なものと見なし、利用権限を認めなくなるかもしれない。ニュース・パブリッシャー〔ニュースサイトやウェブサイトの所有者〕やユーチューバーのように、自分が何者であるかをほとんど明らかにしていない場合、広範な履歴をもち、素性が明らかなユーザーよりも権威が低いと見なされるだろう。これにより〔実在する人を装うような〕偽装アカウントのブラックマーケットが活況を呈する可能性がある。また不正を暴き、スキャンダルを追いかけるジャーナリストになることも難しくなる。すでに記録的な低水準にあるアメリカの制度に対する信頼は、よりいっそう損なわれていくだろう。

テクノ全体主義者がオンライン世界のフロントエンドを侵食するにつれ、パラダイム・シフトが起こるかもしれない。ネットで見るものの多くは信用するに値せず、よりホッブズ的な、何もかもが見かけ通りではなく、疑わしいものだと映るようになるかもしれない。これはプーチンの妄想であり、私たち全員が「もっと疑問を抱こう」と感じさせられる世界なのだ。

「すべてをコントロールする」

バックエンドの戦いの未来は、もし中国に支配されることになれば、これまで以上に不穏なものになる。イスラエルの名高い諜報機関モサドの長官を務めたタミール・パルド（Tamir Pardo）は、ネットワーク・インフラの権威主義的支配が潜在的に意味することについて明快に示している。2018年の夏、パルドは「政府はインターネット・インフラを支配することで戦略的優位に立つことができる」と語った。こぎれいで整然としたテルアビブの彼のオフィスには、床から天井までつながった窓があり、そこからイスラエルの「シリコン・ワディ」〔テルアビブからハイファへといたる海岸平野沿いにベンチャー企業やIT関連企業が軒を並べるハイテク・エリア〕を見渡すことができる。「データがネットワーク上にあると、そのデータにアクセスすることができ、データを変更でき、データを削除することができます。したがって、そのデータを武器にすることができるのです[49]」。シリコンバレーにいる一流のサイバーセキュリティ・アーキテクトの一人が、こんな風に言っていた。「インターネットの中核層を支配すれば、あらゆるものを支配することができる[50]」。

自由社会では、私たちの電子通信に介入するものは、一定のチェック・アンド・バランスの対象となることが当然と考えられている。私たちは政府機関が市民の情報を求める際には、〔裁判所の〕令状が必要だと考えている。データをあからさまに操作することは一般的にはあり得ず、大規模な政府による監視はタブーとされている。

一部の批評家は、アメリカは通信システムを権威主義的政権とほとんど変わらないやり方で扱っていると批判している。結局のところ、FBIはマーティン・ルーサー・キング・ジュニアのような公民権運動の指導者をスパイしていたのではなかったか？　9・11後のアメリカの愛国者法は広範にわたる徹底した監視を許可したのではなかったか？　諜報機関の契約会社職員であったエドワード・スノーデン（Edward Snowden）の150万件に及ぶファイルのリークは、アメリカが世界中のネットワークに侵入していた記録であり、アメリカが事実上のビッグ・ブラザー〔ジョージ・オーウェル作の未来小説『1984』に登場する支配者。ここでは「政府がすべての人々を監視している」という意味〕国家になったことを多くの人に確信させた。

アメリカ政府が時として権限を明らかに逸脱し、それを濫用してきたことは疑いない。しかし私たちが監視の濫用に気づき、政府に向かってたびたび怒りを表明してきたという事実は、アメリカのような民主主義国家が独裁的なライバル国と一線を画している点である。愛国者法は選挙で選ばれた代表者が議会でオープンに議論し、修正することができるし――実際にそうしてきた――廃止することもできる。たとえば「報道の自由」の原則に基づき、FISA法〔連邦政府が個人の通信に対する監視活動を行うための根拠法として1978年に制定された対外諜報活動監視法〕の濫用を明らかにしたり、ケンブリッジ・アナリティカ社による消費者データの悪用を記録したりといったように、〔メディアは〕実際にこうした活動を報道している。一般市民は新聞の紙面で懸念を表明したり、政府機関やハイテク企業に対して裁判を起こすことができる。本を書くこともできる。そしてアメリカ人が政府の行き過ぎた行為に不満を抱くことはあっても、その政府が外国企業から数十億ドル相当の企業秘密を盗んだり、外国の選挙を妨害するためにソーシャルメディア上で大々的な影響力キャンペーンを行っているという証拠はない。

一方、中国のグレート・ファイアウォールの向こう側には、まったく異なる未来が見えてくる。ナチ・

ドイツやスターリン主義のロシアとも異なり、今日の中国共産党のような大規模（10億人以上を対象）かつ巧妙な監視国家を人類はかつて目撃したことがない。中国の編集者へ投書するなどとは考えない方がいい。というのも、中国の編集者は自国の政府について報道する自由をもち合わせていないからだ。機密に関わる話題は、200万人を超える「世論アナリスト」軍団によって検閲されている。[51] 検索結果は党の方針に沿うように操作されている。反対意見は、ただ消えていくだけである。

以前にも私たちは全体主義を見てきた。しかし北京の体制がこれほど恐ろしく見えるのは、商用および民生用のデュアルユース・テクノロジーを兵器化しているからであり、その多くは無防備なシリコンバレーのエンジニアたちによって考案されたものなのだ。[52] 中国当局はバックドアからのアクセスや監視技術――スパイ、カメラ、DNA標本、スマートフォン・スキャナ、車両追跡装置、音声分析など――を駆使し、商用データや個人データを大量に蓄積している。スマートフォンやカメラの少ない田舎では、民間会社が村人たちに鍋や釜を渡すことで、顔をさまざまな角度からスキャンすることに同意してもらっている。[53] 北京はそのデータを人工知能システムに送り込み、市民やその他の人々のプロフィールを作成することができる。

中国のテクノ全体主義体制がどれほど脅威になっているかを理解するには、中国のトルコ系イスラム教徒の少数民族であるウイグル族が多く住む国境地帯の新疆ウイグル自治区を見ればよい。『ニューヨーク・タイムズ』紙が「自動化された人種差別の新時代」[54] と表現したように、新疆の人々は、政府がウイグル人たちの電話やネットワークにリモート・アクセスできるようにするスマートフォン・アプリをインストールさせられ、テキスト・メッセージのアラビア語の断片や地元のモスクへの寄付の記録など、いわゆる思想的ウイルスを探知できるようになった。[55] 新疆ウイグル自治区の住民が家から一歩出た瞬間から、顔や歩行を認識する技術が設置されており、ファーウェイ社はカメラがウイグル人の顔を検出すると自動的に当局に通知する「ウイグル・アラーム」をテストしたと報告されている。[56]

アルゴリズムは通常と異なる電力使用パターンを識別し、それを未登録の住民の兆候として監視している。ソーシャルメディア上の挙動も追跡され、ソーシャルメディアにアクセスしていないときも追跡されている。TikTok の親会社であるバイトダンス（ByteDance）社のような企業は、中国当局が出産適齢期のウイグル人女性を追跡し、強制的に不妊手術を施すのを手助けしたと言われている。[57] 当局は健康診断と称して住民の血液やDNAのサンプルを採取する。数ブロックおきにある検問所には数多くのカメラが設置され、すべてが中国版パノプティコン〔イギリスの哲学者・社会学者ジェレミー・ベンサムが考案した円形の監獄。中心に監視塔があり、その周りに独房を放射状に配した全方位監視システム。囚人どうしの接触はなく、常に看守の目を意識させるようになっている〕のまばたきしない目から収集されるデータにリンク付けされている。[58]

ハイテクが引き起こす恐怖心は良心を揺さぶる。『ワシントン・ポスト』紙の前北京支局長アンナ・フィフィールド（Anna Fifield）は、新疆での体験を北朝鮮での取材経験になぞらえ、「人々の目には虚無感が漂い、空気には重苦しさが感じられた」と書いている。[59] ウイグルの女性たちは不妊手術や強制的中絶の組織的なターゲットにされており、それは国連が制定した条約のジェノサイドの要件を満たしている。[60] 2020年、ニューヨーク当局はウイグルの囚人のものと思われる13トン分もの人間の頭髪を押収した。[61] ウイグル人の強制労働は、COVIDを防ぐために着用されるマスクを作るために使われている。[62] 北京は少なくとも100万人のウイグル人をいわゆる再教育キャンプに送り込み、数週間から数カ月後に最も問題を起こしそうな人物を予測するために作られた不吉な「予測型」アルゴリズムによって犠牲者を分別している。* これは『マイノリティ・リポート』〔2002年に公開されたハリウッド映画〕と民族浄化の融合である。202

* 逆に、中国のウイグル人に対するひどい仕打ちを明らかにするために、人権擁護団体を助けたのもテクノロジーである。たとえばオーストラリアの調査機関は衛星画像を用いて、新たな収容施設の建設を確認した。

1年3月までに、50人以上の国際法の専門家による独立報告書が、「中国政府が新疆ウイグル自治区で行ったとされる行為は、国連のジェノサイド条約にあるすべての条項に違反している」[63]と発表した。この専門家たちが言っているのはジェノサイドであり、トランプ政権もバイデン政権も公然と非難し、糾弾している。つまり世界をリードしようとする主要先進国が「ジェノサイド」を犯している可能性が高いのだ。

歴史が教えてくれることは、特定の宗教的・民族的マイノリティへの制裁に乗り出した体制は、通常、それだけにとどまらないということだ。実際、北京は新疆ウイグル自治区で使用された多くのツールを中国国民全体にすでに適用している。たとえば、すべての中国国民にオーウェル的な「社会的信用スコア」を割り当てるシステムを構築している。このスコア制度はインターネットの匿名性を取り払い、中央政府に対する個人の忠誠心を追跡するために設計されている。これはコーヒーショップで携帯電話を無料で充電できる特典から、就職の見込み、教育機会、恋愛相手にいたるまで、生活のあらゆる行動を評価するために使用されている。[64]

これはFICOスコア〔アメリカで信用情報を調査するために用いられるクレジットスコアの算出方法〕のようなもので、その信用度の判定によって飛行機や電車での旅行ができなくなる可能性があり、実際、2018年には2300万人の中国国民がその影響を被ったと言われている。[65]社会的信用度の低い犬の飼い主はペットを連れ去られたという報告もある。[66]多くの全体主義体制と同様、他者の違反行為を報告すると報われ、たとえば麻薬捜査官であるだけで高い社会的信用スコアを受ける。北京にいるディストピア的な計画担当者は「信頼できる者が天下のあらゆる場所を歩き回れるようにする一方で、信用できない者が一歩も踏み出せないようにする」ことを目標にしていると述べている。[67]そして、彼らはそれだけにとどまるつもりはない。

香港の人々は今、自分たちがその渦中にいることに気づいている。2020年に北京で施行された国家安全保障法は当局に対し、香港住民を監視し、オンライン活動を追跡し、反体制派を罰するさらなる権限を与えた。民主化運動に参加する抗議者たちは、傘をさして顔認識カメラをブロックし、他の人々は街灯を壊してカメラを止めようとした。[68]警察が活動家のトニー・チャン（Tony Chung）に顔認証でiPhoneのロックを解除させようとしたとき、チャンは目を閉じ、顔を歪めてiPhoneのFace IDを無効にしなければならなかった。[69]自分たちの生活への新たな侵入を恐れ、多くの香港市民は自分のオンライン・プロフィールから北京に批判的だと思われるようなコメントを削除することにしている。[70]

一方、エクアドルとドバイの企業が設置したカメラは、撮影したビデオ映像を中国政府に引き渡すよう強制される可能性がある。[71]5Gセルリレー〔5G基地局の中継アンテナ網〕は潜在的な監視能力を秘めたまま世界各国の都市景観の一部となる。[72]フィットネス・トラッカーに使われている生体認証技術も最終的には監視のために使われるかもしれない。たとえば演説を聞いている反体制派と見なされる人物が笑顔で拍手をしていたにもかかわらず、生体認証ブレスレットが嫌悪感を示しただけで、労働キャンプに入れられるような事態を想像してほしい。「サウロンの目」はゆっくりと、しかし確実に常続的な監視の範囲を広げているのだ。

中国政府は監視にとどまらず、世界中のネットワーク上でパワーを発揮できるような攻勢的能力を開発し続けている。たとえば「敵対的学習」と呼ばれる――異なるAIシステムを互いに競わせてアルゴリズムを訓練する――方法を用いれば、中国の科学者たちは過去のサイバーセキュリティ侵害から学習して脆弱性を特定し、事実上あらゆるシステムに侵入できる武器を開発するAIモデルを訓練することができる。

中国政府も、今後の国家安全保障に多大な影響を及ぼす分野として、急成長を遂げる量子コンピュータに数十億ドルを投資している。[73]誰もが予想しているとおり、量子コンピュータ技術はとてつもなく複雑である。しかし、簡単に説明するため量子コンピュータを「電気のスイッチ」にたとえて説明されることがある。古典的なコンピュータでは、データは「1」か「0」の2値で保存され、電気スイッチは「オン」か「オフ」のどちらかである。量子コンピュータでは、このスイッチのオンとオフを同時に行うことができ、ユーザーは両方の状態でデータを保存することができる（量子ビットと呼ばれるもの）。光沢のあるガラス、鉄、銅の足場をもつ量子コンピュータは、まるで未来のような外観をしている。

重要な点は、量子コンピュータは処理速度が速いということだ。めちゃくちゃ速い。2019年10月、グーグルの量子コンピュータは、世界で最高速のスーパーコンピュータが解くのに推定1万年かかると予測された計算に取り組んだ。* グーグルの量子コンピュータが計算に要した時間はわずか3分強だった。[74] このスピードは、ステルス機の追跡から暗号の解読にいたるまで、あらゆることに重大な影響を与える。たとえば総あたり攻撃（ブルート・フォース）、つまり、ありとあらゆるパスワードの組み合わせを試すことで、6文字の英数字から成るパスワードを推測するのに約72年かかると言われている。[75] しかし、量子コンピュータを使えば、数秒で解読することができる。

量子コンピュータの途方もない潜在的可能性を理解した習主席は、中国の量子力学研究所[76]を何度か訪問し、量子分野における優位性の確立を国家の最優先課題とした。中国は現在、アメリカの2倍の量子コンピューティング関連の特許を申請中である。[77] 2016年、中国は世界初の量子衛星を打ち上げ、翌年には史上初の大陸間量子テレビ会議を実施した。[78]

もし中国政府が世界のインターネットの支配権を握り、これらの新興技術を使いこなせば、その権威主義的な手法をグローバルに展開する恐れがある。中国政府は外国で隣人どうしがやり取りするデータをスパイし、知り得た情報を自国の同盟国と共有することになるだろう。また自国のイメージを高め、ライバルを弱体化させるための宣伝活動や検閲を行うだろう。中国の新華社通信は世界のどの通信社よりも多くの支局と特派員を抱えており、北京はすでに海外の宣伝局ネットワークに65億ドル以上を投資している。デジタル・シルクロードは、このキャンペーンを誰も想像がつかないほど極限まで増幅させるだろう。アメリカ人や世界中の民主主義国家の市民は「北京に支配された沈黙の世界」を目の当たりにすることになる、とエストニア政府が発表した報告書は鋭く警告している。[79] グレー戦争の進展に伴い、北京は民主主義社会に直接手を伸ばし、密かに個人や企業を強制して自国の規範や意向に従わせることができるようになっている。

サウロンの監視のもとで

はたして、未来はどのようなものになるのだろうか？

まず第一に、元モサド長官のパルドが警告したように、権威主義のエージェントがインターネットのバックエンドを支配することで、データにアクセスし、それを任意に抽出することができる。アメリカ人の銀行情報や個人の電子メールは、そのまま中国の諜報機関の受信箱に送られることになるかもしれない。そうなると、プライベートな通話という概念自体がほとんど矛盾したものになってしまう。

たとえば、次のような場面を想像してほしい。あなたがチリに住んでいてＨＩＶと診断されたことを、あなたと担当医、そして中国政府——なぜなら、中国政府はあなたの医療情報を伝送するケーブルを管理しているため——だけが知っているとする。あるいは、あなたがパキスタンに住んでいて、あなたがゲイ

＊　ＩＢＭなどの競合他社は、この計算の難易度を大幅に誇張していると指摘し、スーパーコンピュータなら2・5日しかかからないと主張した。

であることを、あなたとパートナー、そして中国政府だけが知っているとする。あるいは、あなたがアフリカのある国の軍隊の将校で、あなたと配偶者、そして中国政府だけが、あなたがかつてCIAと機密資料を共有したことを知っているとする。中国共産党は、その情報が自分たちの利益に役立つのであれば、それを影響力行使の道具として利用しないと信じる人がいるだろうか？

NBA〔北米プロバスケットボールリーグ〕やマリオット〔世界的なホテル・リゾート〕のような多国間組織は、すでに北京からの圧力に屈している。ハリウッドは、たとえば『ドクター・ストレンジ』[80]ではチベット人の登場人物を入れ替え、『ワールド・ウォーZ』では――皮肉なことだが――ゾンビ・ウイルスが中国から発生したのではないかと推測する登場人物のシーンを削除するなど、中国市場向けに映画を改変し、批判を受けてきた。[81] 2020年にはアップル社――中国でiPhoneを製造し、世界のどの国よりも多くのiPhoneを中国で販売している――は、中国政府の要請に応じ、App Storeから人気のポッドキャスト〔インターネットを通じて配信された音声や動画を、iPodやiPhoneなどのモバイルデバイスに保存して視聴できるサービス〕アプリを削除した。[82] 中国のシリコンの拳（こぶし）がアメリカ社会にまで及んだら、一体どんなことになるのだろうか。

また経済諜報に関しても、中国が限度を超えるほど積極的な活動を展開し、それがどれほどのダメージを与えるものであったかを見てきた。欧州に所在する子会社宛に送信したCEOのプライベート通信を、ファーウェイ社が構築したネットワークに接続した瞬間に、中国政府が盗み見ることができる世界を思い浮かべてほしい。あるいは中国の交渉担当者が、アメリカ側の戦略に関する情報をほぼリアルタイムで入手し、貿易交渉に臨むというシナリオも考えられる。長年にわたり、中国のインテリジェンス機関はアメリカ政府やアメリカビジネス界の内部に入念に資産を築き上げ、成功を収めてきた。*[83] それがキーをわずか2、3回たたくだけで可能になるとすれば、一体どれだけの戦略的洞察を得ることができるだろうか？そうなると、専有データや知的財産という考え方そのものが茶番に思えてくる。もしアメリカ企業が知識経済の中にありながら、自分たちの知識を守れなくなったら、アメリカ経済と中産階級の未来はどうなってしまうのだろうか？ これは多国籍企業の運命以上に、私たちの家族や隣人の生活に関わることなのだ。中国の指導者がアメリカ企業を標的にすればするほど、私たち自身の生活が不安になる。

パルドの警告の2番目は、北京は将来、バックエンドのバックドアを使って、データの削除やアクセスの遮断を行う可能性があるということである。これは中国当局がグレート・ファイアウォールの向こう側ですでに行っていることで、反体制派の電子メールや、「政権の足元を揺るがすような」オンライン入力を消し去ることができる。中国が世界のバックエンド・インフラを支配するようになれば、国境を越えて同じことができる。中国のアリババ社に対抗するアジアの競合企業、中国に強硬な姿勢を示す欧州の政党、中国のハッキングを捜索するアメリカの法執行機関など、あらゆる組織のデータベースが改ざんされたり、消去されたりする可能性がある。

中国政府はデータを永久に削除するようなことをしなくとも、深刻な混乱をもたらすことができる。グーグル社が中国を離れる前、中国政府がインターネットの速度を「スロットル」、つまり遅くして、バイドゥ社の検索エンジンを使うようユーザーを誘導したことがあった。[84] もし北京がバックエンドのコントロールを使って、世界規模でデータを劇的にスロットルするとしたら、どうなるだろうか？ 中国政府がアメリカの挑発に対抗し、たとえばファーウェイ社のインフラがある国のフェイスブックへのアクセスを遮断するなど、アメリカに対する「サイバー制裁」を発動したらどうなるだろうか？ もし中国が、ネットワーク上のあらゆるデータのデジタル資産を凍結したとしたら、顧客情報にアクセスできないシティバ

＊ ここで言う中国の資産の中には、中国のインテリジェンス機関に内部文書を渡した元国務省職員のキャンディス・クレイボーン（Candace Claiborne）や、経済スパイの罪でアメリカ人として初めて有罪判決を受けた元ロックウェル社およびボーイング社のエンジニアであったドンファン・チョン（Dongfan Chung）などが含まれる。

ンクはどのように運営されるのだろうか？

第3に、中国のようなバックエンドの敵対者がデータを「操作」する可能性がある。これは特に選挙介入を引き起こす不吉な前触れとなる。2016年の選挙戦では、ヒラリー・クリントンがウィスコンシン州を訪問しなかったことで批判されたが、ここは最終的にトランプが2万3000票弱の僅差で勝利した州であった。[85] 民主党のラスト・ベルトの「ファイアウォール」の一角であると考えられていたこの州で、民主党陣営は独自のモデル調査に基づき、勝利の手応えを感じていた。2016年になると、そのモデル自体が完全に誤りであったことがわかった。もし外国のハッカーが投票率モデルのデータを改ざんし、選挙戦略の全体を狂わせていたとしたらどうだろうか？ あるいは、有権者の住所の数字を密かに入れ替え、選挙当日に本人のIDと有権者データベースの情報が一致しないようにしていたとしたら？（実際、2016年にロシアのハッカーは、いくつかの州で投票システムに侵入したようだが、彼らが票を改ざんしたという証拠はない）。[86] このような動きが一つでもあれば、選挙を根底から覆すことができる。このような操作はバックエンド――海底ケーブルや自動集票機にこっそり挿入されたインプラントなど――で行われるため、フロントエンドで行われるフェイク・ニュースよりもはるかに識別が難しいかもしれない。

すべては、私たちがIoT（モノのインターネット）にたどり着く前の話である。2020年にはルンバから医療機器まで、インターネットに接続されたデバイスが300億台あると推定されていた。[87] ソフトバンク社は、2025年にはインターネットに接続されたデバイスの数が1兆――地球上にいる一人につき約100個――に達するだろうと予測している。[88] これらのデバイスは、私たちの日常生活の中で最も重要な局面をコントロールすることになるだろう。「ハッカーのマルウェアがコンピュータのロックを解除するために300ドルの身代金を要求するのと、おばあちゃんの家庭用透析器を再び起動させるために300ドルの支払いを要求するのとでは、まったく話が違う」と、司法省の国家安全保障部の元部長であるジョン・カーリン（John Carlin）は指摘する。[89]

場合によっては、これらのスマートデバイスは、私たちの心と融合しはじめているのかもしれない。ペンタゴン（DARPAすなわち国防高等研究計画局の旧友たち）は、神経信号で制御されるドローン実験を始めている。[90] イーロン・マスクのニューラリンク（Neuralink）は、人間の脳とクラウドをつなぐヒューマン・コンピュータ・インターフェースのテストの初期段階にある。[91] かつてはSFの世界だと思われていたこの埋め込み型デバイスを使えば、完璧な記憶力をもつことができるようになり、すでにグーグル検索で慣れ親しんできたような無制限の知識をもてるようになる。また私たちの脳がコンピュータと融合すれば、マシンのハッキングに習熟した敵対的アクターが、私たちの思考や感情をどう扱うことができるようになるのだろうか。バックエンドの制御が、私たちの頭蓋骨の裏側まで及ぶ日が来るかもしれない。

データへのアクセス、データの削除、データの操作を行うテクノ権威主義から身を守るための努力は、オンライン世界の地政学とオフライン世界の自由を形作ることになる。そして、21世紀のインターネットの未来に対する洞察は、葉巻をくわえた20世紀のイギリスの歴史家であり政治家であった人物によってもたらされるのである。

シリコンのカーテン

冷戦の黎明期、ウィンストン・チャーチルは欧州の「大陸に鉄のカーテンが下ろされた」と警告した。今日、私たちはオンライン上で同じような問題に直面している。中国のケーブルとルーターが織り成すシリコンカーテンが世界の至る所に下ろされ、自由なインターネットとそうでないものとを分離している。

その境界線が争われている間に、インターネットはますますバルカン化されていくことだろう。この「スプリンターネット」（Splinternet）（分裂を表すsplitとinternetを掛け合わせた造語）の正確な形は、まだ具体化されていない。ある人は、インターネットがアメリカと中国のシステムに二分されると予測している。[92]また欧州連合のきわめて厳格なプライバシー保護の動きに注目し「3つのインターネットが存在する未来」を予見する人もいる。[93]シリコンバレーの著名なベンチャーキャピタリストであるジョシュ・ウルフ（Josh Wolfe）は、世界が北米、西欧、オーストラリアからなる「アメリカ勢力地域」、東南アジアとアフリカの大部分とロシアをある程度コントロールする「チャイナフリカ」と彼が呼んでいる「中国勢力地域」、インドと東欧からなる「不確実地域」に区分される世界を描いている。[94]

先に述べたように、今日、政府が直面している問題は、まったくの無法な「開かれた」インターネットと「閉ざされた」インターネットの間の選択ではない。今日の問題は、独裁的なものとは実質的にも手続き的にも異なる法律によって管理されている民主的なインターネットと、権威主義的なインターネットとの間の選択なのだ。その核心は、民主主義と独裁主義という2つの競合するシステム間の権力争いである。

中国の習近平は、この争いについて言及している。「イデオロギーと世論の領域には大まかにレッド、ブラック、グレーの3つのゾーンがある。レッドゾーンは私たちの主要な戦線であり、私たちはそれを死守しなければならない。ブラックゾーンは主にネガティブなもので、私たちは敢えてそれに立ち向かい、その領域を小さくしなければならない。グレーゾーンは、それがレッドになるように取り込むべきゾーンだ[95]」。

この目的を達成するため、北京は世界中の独裁者たちに取引をもちかけている。2018年、中国のアフリカへの対外直接投資は460億ドルに達した。[96]習近平は2018年、アフリカ53カ国の指導者を前に演説し、「一帯一路」を推進し、「未来を共有する中国・アフリカ共同体」を呼びかけた。[97]その共有された未来の中には、中国の通信事業者がタンザニアに数千キロメートルに及ぶ光ファイバケーブルを敷設し、その数年後にタンザニアが中国の鉱山会社に石炭と鉄の採掘権を与えたように、エリック・シュミット（Eric Schmidt）と彼の同僚のグーグラーであるジャレッド・コーエン（Jared Cohen）が「鉱物と技術」の交換と呼ぶものが含まれている。[98]

しかし採掘される本当の商品はデータである。習近平がアフリカの指導者たちに演説したのと同じ年、中国のクラウドウォーク（CloudWalk）社はジンバブエ政府と協定を結び、首都ハラレに顔認識技術を導入した。[99] これは中国が監視技術を輸出し、人権に疑いがもたれる少なくとも18カ国の事例のうちの一つであった。[100] 中国政府が一部出資するハイクビジョン（Hikvision）社〔中国浙江省杭州市に本社を置く世界最大の映像監視機器メーカー〕は、セネガルや南アフリカといった国々で使用されているカメラを製造している。これらのカメラのデータはほぼ間違いなく中国に流れ込み、中国政府のAIアルゴリズムに組み込まれる。すでに、アジスアベバにある中国が建設したアフリカ連合本部からのデータが、何年も前から毎晩上海のサーバーにストリーミングされているという報告もある。[101] ファーウェイ社のエンジニアたちはウガンダやザンビアの政権を支援するため、政敵の通信を傍受し、彼らの居場所を追跡してきた。[102]

データが新しい石油であるならば、中国はバックエンドを制御することで、テキサスのスイート原油〔高品質で高値の原油〕の尽きることのない油井を手に入れることができるだろう。デジタル圏域の規模が大きいほど、より多くのデータ、より大きな企業、より強力なAI能力をもてるようになる。太平洋に張り巡らされたケーブルも、アフリカの国に設置されたカメラシステムも、すべて中国のアルゴリズムの材料になる。中国のテクノ・ブロックの中でも力の弱い国は、ユヴァル・ノア・ハラリが言うところの「データ・コロニー」となり、かつて帝国主義勢力が天然資源を搾取したように、生のデータを略奪される危険がある。それは必然的に、中国政府がその強大な影響力を利用して、中国国外の人々をチェス盤の駒のように操ることになる。それは過去の朝貢制度が21世紀に蘇ったものだ。ハラリは「十分なデータがあれば、兵士を派遣する必要はなくなる」[103]と述べている。データと情報の戦略的意義は情報収集の範囲を超え、政治的影響力と支配の領域にまで拡大しつつある。これは国家主権という古い概念に対する挑戦なのだ。

いまから数年後、かつてソ連が鉄のカーテンの向こう側に国々を拘束したように、中国が本格的なサイバー侵害に着手したときが、シリコンのカーテンの向こう側に他の国々を拘束しはじめた瞬間であったと、私たちは後になって振り返ることになるかもしれない。そして中国の支配圏域が拡大するにつれ、北京は開かれた社会に強制力を発揮できる前例のない立場に立てることになる。フェイフェイ・ウーのような反体制派は、もはや世界の自由のために闘うことができない国の大使館で話を聞いてもらえなくなり、憔悴してしまうかもしれない。バックエンドの戦いは、単にアメリカにとっての脅威ではない。民主的な生活様式に対する存亡の危機なのだ。〔そこに潜在する〕リスクは、長い歴史の弧がいまや抑圧の方向へと曲がる恐れがあるということだ。地球上がデジタル陣営間の闘争に向かいつつあるなか、私たちは困難な問題を自らに問いかける必要がある。中国から私たちのサプライチェーンを完全に切り離す(デカップリング)ことは望ましいことなのか、そもそも、それは可能なのか？　カリフォルニアに本社を置く企業は、天安門事件に関する検索結果を操作するよう求める中国の圧力に屈するしかないのであろうか？　むろんこれは、そうしなければ出資者がデジタル・シルクロードの全域にわたってビジネスを展開して得られる利益を享受できなくなることを十分承知したうえでの判断である。欧米の利益は、中国の消費者へのマーケティングを拒否することにより、最も良くなるのだろうか。それとも、中国の大手テック企業とそのテクノ・ブロックにグローバル市場の大部分を譲ることになるのだろうか？　シリコンバレーの巨大企業は、はたしてアメリカの企業なのか、それとも世界の企業なのか？

これらの質問に簡単に答えることはできないが、私たちはそれらへの対処に着手した方がよさそうだ。

そして何よりも、統一した方法で対処する必要がある。特に、グレー戦争における新しい兵器の多くは——これから見るように——、シリコンバレーのプログラマーやアプリ開発者たちによって作られ、ワシントンのグレー戦争の計算からは大きく外れたところにあるからだ。独裁者たちはアメリカ人に狙いを定めている一方で、ワシントンDCとシリコンバレーにいるアメリカ人たちは、お互いに狙いを定めることで精一杯である。これは失敗の典型例であり、変える必要がある、しかも早急に。別の言い方をすれば、BuzzFeedのディープフェイクで「オバマ」が警告しているように「情報の時代に、私たちがどのように前進するかは、私たちが生き残るか、それともある種のめちゃくちゃなディストピアになるかの分かれ目となる」[104]。

第5章
丘と谷

「ベゾスさん、ミュートになっていますよ」[1]。

2020年7月29日、議会は会期中だった。それはリモートで行われていた。コロナウイルスのパンデミックにより、ハイテク産業の反トラスト慣行をめぐる注目の公聴会は一部テレビ会議によって行われていた。議場席の片側には議会の重鎮たちが座っていた。その反対側には、グーグル社のサンダー・ピチャイ、アップル社のティム・クック、フェイスブック社のマーク・ザッカーバーグ、アマゾン社のジェフ・ベゾス（Jeff Bezos）といったテック界の巨人たちがいる。彼らは、まさにケーブルとデータ・ストリームで結ばれ、CEOたちは大きなスクリーンに映し出された小さなボックスの中に表示されていた。また特定の会社の技術に依怙贔屓(えこひいき)が出ないよう、公聴会はシスコ・ウェブエックス（Cisco Webex）〔シスコシステムズ社のウェブ会議システム〕で配信された[2]。

この公聴会は、表向きはハイテク企業の独占に対する懸念に焦点が当てられていた。しかし世界で最も著名なテック界のリーダー4人を前に、議員たちはこの機会を利用して、自分たちが望む質問を追求した。民主党議員はフェイク・ニュース、外国からの介入、独占的慣行の危険性についてシリコンバレーを代表する彼らに質問した。共和党議員からの質問は、保守的なコンテンツが検閲されているのではないかという懸念を反映していた。時折、公聴会は緊迫した。世界有数の権力者たちが上品に飾られた自宅やオフィスでくつろぎながら説明責任を果たすという奇妙さが、そうした緊迫感に拍車をかけていた。そんななか、世界で最も裕福な男がスナック菓子に手を伸ばした。[3]

5時間にわたる公聴会の最終時間に、フロリダ州選出の共和党グレッグ・ステューベ（Creg Steube）下院議員は、ハイテク企業のCEOたち一人ひとりに、中国政府がアメリカ企業からテクノロジーを盗んでいると思うか、と質問した。何人かはこの質問に答えることを巧妙に避け、中国政府が自社を標的にしたかどうかという質問に置き換えて回答した。

「私たちが政府によって盗まれたという具体的な事例は知りません」と、クックは答えた。[4]

「議員、私はグーグル社から情報が盗まれたことを直接知っているわけではありません」と、ピチャイは語った。[5]

この二人のCEOが、中国に大きな利益を有する企業の代表として発言したのは偶然ではない。〔それに対して〕中国本土でプラットフォームの使用を禁止されているザッカーバーグは、次のように当然のことを述べた。「議員、中国政府がアメリカ企業からテクノロジーを盗んでいることはよく知られていることだと思います」。ベゾスが発言する番になると、数秒の沈黙が続いた。下院司法委員会の反トラスト小委員会の委員長であるデイヴィッド・シシリン（David Cicilline）議員に続いて、ステューベ議員がアマゾン創業者の音声フィードがミュートになっているようだと指摘した。ようやく彼のマイクがオンになると、ベゾスはザッカーバーグの発言を繰り返し「私は個人的には見ていないが、多くの報告を聞いている」と語った。[6]

このやりとりはワシントンDCとシリコンバレーの間で深まる溝を端的に示しており、グレー戦争に対抗する私たちの能力の本質を言い当てていた。北京による広く知れ渡っていた悪質な活動について尋ねられた大手ハイテク企業のうち、数社は巧みに言い逃れ、1社は適切に回答し、1社は聞く耳すらもたれなかった。

この公聴会は約3年前の2017年11月、同じテック企業の弁護士たちが、2016年の〔大統領〕選挙に対するロシアの干渉について上下両院の情報委員会で証言したときを彷彿とさせるものだった。西海岸では多くの人が夜明け前に起床し、委員会の開会を告げる最初の小槌の音から見守った。何人かの上院議員が険しい表情で冒頭陳述を行った後、われら同業の弁護士たちが悔恨の念を込めてあらかじめ用意したスピーチを行った。そして政治的な質問の嵐が始まった。この経験はシリコンバレーにいる私たちに深い影響を与えた。

北部カリフォルニアのコーヒーショップや会議室で交わされる会話は、ハイテク産業を監督する立場にある議員たちが、監督する対象とされるテクノロジーについて、ほとんど理解していないことを嘆く声で始まることがほとんどだった。しかし、その嘆きの裏にはもっと厄介な現実があった。ワシントンでは、シリコンバレーをアメリカのイノベーションのシンボルとして長年にわたって称賛してきた。政策立案者たちはテクノロジー産業が何をやっているのかを正確に把握していたわけではなかったが、シリコンバレーの繁栄を望んでいた。シリコンバレーの成功がアメリカの成功につながっていたのだ。だが最近、議会で公聴会が開かれるたびに、両者の関係がこじれていることが次第に明らかになった。私たち技術者がアメリカ経済に貢献してきたことはともかく、国民の善意にすがり続けてきたようにも見える。

今となっては、ワシントンとシリコンバレーは2つの異質な集団のように感じられる。私の同僚で権力(パワー)

政治(ポリティクス)について考えることに多くの時間を費やしている者はほとんどいない。テックバブルにどっぷり浸かっている者は『フォーリン・アフェアーズ』誌を読むよりも、『Recode』誌や『Stratechery』誌をずっと熱心に読んでいる。多くの点で――特にグレー戦争に関して――ワシントンとシリコンバレーは話がかみ合わないことが多い。『ニューヨーク・タイムズ』紙のデイヴィッド・サンガーが指摘するように「シリコンバレーとワシントンは、東海岸と西海岸に住んで自分勝手なテキスト・メッセージをやりとりしている離婚した夫婦のようなもの」[7]だ。

結婚生活が悪化すると、双方に不満が生じるものだ。シリコンバレーでは、多くの技術者が中立的な商用プラットフォームと見なしているものを、外国政府が不正利用していることを悪質な行為であると感じている。もしウィンストン・チャーチルが第二次世界大戦中のロンドンに対する航空電撃戦の原因をライト兄弟のせいにしていたら、世界はそれを不条理だと思っただろう。もし国連が、シリア政権が自国民に化学兵器を使用した非道な行為を化学専攻の博士たちのせいにしていたら、私たちは皆、それに憤慨したことだろう。では、なぜ外国政府の悪意ある政治的干渉を招いた責任がフェイスブックやツイッター、グーグルなどの大手企業にあると主張するのだろうか？　いつから地政学的な紛争を仲裁するのがエンジニアや起業家たちの仕事になったのだろうか？　問題の根源は、外国政府がこの種の行動をとることに抑止力を感じていないことではないのか？　とすると、その抑止力というものはアメリカ政府の仕事ではないか？

著名なベンチャーキャピタル投資家であり、ネットスケープ社の共同創業者でもあるマーク・アンドリーセンは、2021年6月の取材で、ハイテク業界の多くの人々の思考の枠組み(マインドセット)を次のように語っている。

中国は重要なテクノロジー部門を支配することで、経済的、軍事的、政治的な覇権を獲得するという戦略的課題をもっています。これは秘密でも陰謀論でもなく、彼らは声高にそう言っているのです。最近、彼らの槍の先端にあるのは、中国の国家的チャンピオンであるファーウェイ社が担うネットワーク事業ですが、彼らは明らかに同じ手法を人工知能、ドローン、自動走行車、バイオテクノロジー、量子コンピュータ、デジタル通貨などに応用してくるでしょう。各国は中国企業が有する技術と、それらを受け入れることで下流部門に生じる潜在的コントロールの意味合いについて慎重に検討する必要があります。あなたは自分のお金が中国に盗まれるようになることを本当に望みますか？

一方、欧米のテクノロジーのチャンピオンであるアメリカは、自虐的態度を取る選択をしました。両政党とその選出議員たちは、あらゆる口実を用いてアメリカのテクノロジー業界を痛めつけることに余念がないありさまです。公共部門は民間部門を嫌い、それを破壊しようとしています。他方、中国の公共部門は民間部門と手を携えている。というのも、中国の公共部門は民間部門を所有しているからです。このきわめて重要なマラソンのスタート地点で、自分たちの足元を機関銃で撃つことをやめるべきかどうか、そろそろ真剣に考えてみた方がよいかもしれません。[8]

ワシントンの政策立案者の多くは、彼らなりに疑問を抱いている。つまりテック企業の頭脳集団は、ネット上の児童ポルノを激減させるためのアルゴリズムを開発できるのに、偽情報を取り締まるためのアルゴリズムは作れないというのは一体どういうことなのだろうか？　ソーシャルメディア企業は、自分たちのプラットフォームからトロールやボットを排除したいのか、それとも、より多くのユーザーからより多くの広告収入を得たいのか？　なぜ有名テック企業は、いまだに中国で製品を作り続けているのか？中国共産党がアメリカの明白な敵対者であることを、どうして理解していないのだろうか？

このような断絶は、後述するように、最近の出来事と長年にわたる文化的な隔たりの両方に根ざしている。違う世代に育ち、異なる専門知識をもつ――最終的に誰に奉仕しているのかという考え方さえも異なる――人々によって、この状況は悪化している。そして世界で最も重要なパワーセンターを構成している両者をつなぐコミュニケーションが欠如し、制度が不十分であることが、この問題に拍車をかけているのだ。

読者のみなさんは、シリコンバレーとワシントンDCの考えがかみ合っていないことが、なぜそんなに問題なのかと不思議に思うかもしれない。しかし、ワシントンDCの政治おたくたちが最新の知的財産の動向に追随できていないとしたら、どうだろう? かつては、このような断絶があっても、それは単に不便をもたらすことでしかなかったのかもしれない。しかしグレー戦争が深まるにつれ、丘〔連邦議会〕と谷〔シリコンバレー〕の間の亀裂は、アメリカを競争上の不利な立場に追い込む恐れがある。自国政府の目的のために自国企業を徴用する独裁的な敵に直面し、西岸と東岸――グレー戦争が行われているアメリカ製プラットフォームと、その戦争を戦っているアメリカ政府と軍関係者――の相互の反目が、私たちの国防にぽっかりと穴を開けてしまっている。

中国には民軍融合(civil-military fusion)がある。アメリカには技術業界と政府との混乱(tech-government confusion)がある。2つの海岸が互いに争っている間にも、権威主義者たちは民主主義を狙い撃ちしているのだ。

テックラッシュ

今では想像すらできないが、かつてこの結婚は幸せなものだった。歴史家のマーガレット・オマラ

(Margaret O'Mara)は、アメリカ政府を「バレー初の、そしておそらく最大のベンチャー・キャピタリスト」[9]と呼んでいる。第二次世界大戦中、カリフォルニア大学バークレー校は、科学研究開発局(Office of Scientific Research and Development)から2番目に大きな資金を受け取っていた。こうして戦後数年間、カリフォルニア州は連邦政府の国防費の最大の受益者となった。[10]その資金の多くは——戦時中に軍でエンジニアとしての訓練を受けた退役軍人の多くとともに——北部カリフォルニアへとたどり着いた。

冷戦の激化に伴い、政府による新テクノロジーへの投資も活発化した。MITの教授でレイセオン社の共同創業者であり、戦時中はFDR〔フランクリン・デラノ・ローズヴェルト(Franklin D. Roosevelt)。第32代アメリカ合衆国大統領(在任1933~1945年)〕の「物理学将軍」を務めていたヴァネヴァー・ブッシュ(Vannevar Bush)は、科学の進歩を促進するために「全米研究財団」(National Research foundation)の設立を提案した。この財団は1950年に全米科学財団(National Science foundation)として設立され、国防総省と並んでアメリカの国防研究を支える主要な資金源となった。

スタンフォード大学は政府資金の主な受領者の一つだった。工学部教授で学長でもあったフレデリック・ターマン(Frederick Terman)は、ヴァネヴァー・ブッシュの後押しを受け、かつての眠れる地方大学を情報時代の一流大学へと着実に成長させていった。いわばシリコンバレーの生みの親とも言えるターマンは、スタンフォード工業団地を建設し、産業界と大学とをより密接に結びつけた。電気工学科の学生だったウィリアム・ヒューレット(William Hewlett)とデイヴィッド・パッカード(David Packard)の二人は、ガレージからシリコンバレーを象徴するコンピュータ会社を立ち上げ、その後、彼らを模倣する世代を生み出した。

毎年毎年、国防費のマネーがベイエリアのエンジニアリング企業やエレクトロニクス企業に注ぎ込まれた。1954年、ロッキード・マーティン社はサニーベール〔サンフランシスコ南部〕にミサイル・宇宙事業部を設立し、[11] シリコンバレー最大の雇用主となった。[12] 1955年には80億ドル規模のエレクトロニクス産業が――無線機やレーダーなどの装備品に対する軍の飽くなき需要に後押しされ――国内第3位の部門となった。[13] 国防と新興ハイテク産業は、ドワイト・アイゼンハワー（Dwight Eisenhower）大統領が退任する際に「軍産複合体」の危険性を警告したほど、その共生関係が深まっていた。それでもまだ、両岸の共同事業は止まらなかった。ソヴィエトの人工衛星スプートニクの打ち上げに衝撃を受けた国防総省はARPAを設立し、1969年には運命的なことだが、そのARPANETを通じてスタンフォード大学とUCLAのコンピュータが相互につながった。

〔こうしてみると〕インターネットの誕生だけでなく、私たちが今日、あたり前のように使っている数多くのテクノロジーに政府の手が加わっていることに気づくだろう。私たちのスマートフォンに搭載されているマイクロプロセッサー、リチウム液晶ディスプレイ、タッチスクリーン、携帯電話ネットワーク、GPSナビゲーションなどの技術の多くは政府の研究成果である。インテル社、コンパック社、アップル社は、いずれも連邦政府の中小企業向け補助金の恩恵を受けていた。テスラ社はエネルギー省から5億ドル近い融資を受けたおかげで、事業を軌道に乗せることができた。[14]

ウォルター・アイザックソン（Walter Isaacson）が「政府、産業界、学界の三位一体の関係」と呼ぶものを私の雇用主であったグーグル社ほど、よく具現している企業はあまり見当たらない。[15] セルゲイ・ブリンの家族は難民としてアメリカにやってきた。彼の父親は、ペンタゴンがミサイルの軌道に関する研究に資金提供していたメリーランド大学で数学を教え、彼の母親はNASAに研究員として採用された。ラリー・ペイジの両親は、連邦政府からの研究費の恩恵を受けている無数の大学の一つであるミシガン州立大学で、コンピュータ・サイエンスとプログラミングを教えていた。[16] ラリーとセルゲイはスタンフォード大学の大学院生時代に「デジタル・ライブラリー・イニシアティブ」というプログラムの一環として、のちのグーグルの土台となるアルゴリズムを開発した。この構想もまた、ヴァネヴァー・ブッシュの発案による全米科学財団から一部資金援助を受けていた。[17]

テック業界と政府との間では多くのいさかいがあったが、その最たるものは、言うまでもなく1990年代に司法省がマイクロソフト社に対して行った大掛かりな反トラスト法訴訟であった。しかし、それでも多くの技術者たちは、ワシントンが果たしていた役割を好意的に評価していたようだった。

そうした蜜月関係も2013年に綻びを見せはじめる。眼鏡をかけた国家安全保障局（NSA）の契約社員が、インテリジェンス・コミュニティの監視能力を詳細に記した推計150万件もの機密文書を盗み出し、メディアに流出させた。[18] エドワード・スノーデンの情報漏洩により、NSAとは「No Such Agency（そんな組織は存在しない）」の略称であると長い間冗談を言われていたほど秘密に包まれていた組織に、世界中から激しいスポットライトが当てられることになった。数週間にわたって『ガーディアン』紙や『ワシントン・ポスト』紙の紙面に、アメリカ政府の驚異的なデータ収集能力を詳細に紹介する記事が掲載された。コードネーム「PRISM」と呼ばれるプログラムは、インターネットのバックエンド――グーグル社やベライゾン社（アメリカ最大手の電気通信事業者で、正式社名はベライゾン・コミュニケーションズ）が所有するデータセンターを含む――を流れる暗号化されているはずの通信をNSAのアナリストが収集・検索できるようにするためのものだった。もう一つの極秘ツールであるXKey-scoreは「NSAのグーグル」とたとえられ、そのユーザーは一つの電子メールアドレスに関連する膨大なデータを検索することができた。またアメリカの諜報機関が、アメリカの緊密な同盟国であるドイツのメルケル（Angela Merkel）首相の通話内容までも盗聴していたと報じられた。

その影響は急速に拡大した。オバマ大統領はドイツの憤りを鎮めるため、ホワイトハウスの首席補佐官を派遣した。アメリカではNSAの巨大なデータ施設があるユタ州ブラフデールからサンフランシスコにいたるまで、80を超える都市でデモが行われた。その中には、「NSAはTMIだ」(TMIはToo Much Information(あまりにも情報をもち過ぎている)の意)と書かれたプラカードもあった。[19]

なかんずくインテリジェンス・コミュニティの怒りは、スノーデン自身に向けられた。国家情報長官であったジェームズ・クラッパーは、スノーデンの情報漏洩の結果「国家の安全性は低下し、国民の安全性も低下した」と議会で証言した。その大部分は、アメリカ国内の監視能力ではなく、対外的な情報能力を暴露したものだった。CIAのジョン・ブレナン(John Brennan)長官は、スノーデンが公開した文書で、アルカイダが「学びを得ている」と語っていた。国家テロ対策センターの責任者は、テロリスト集団が探知から逃れるために通信方法を変えていると警告した。[20]スノーデンが香港そしてモスクワへの亡命を決めたことで——アメリカのインテリジェンスの最重要資産がアメリカの敵対者に渡る可能性が生じた——ある元諜報員はスノーデンを「スケープゴート、詐欺師、クレムリンに操られた駒」と呼んだ。[21]

私はスノーデン事件の批評家の見解はもっともだと思っていた。彼の暴露はプライバシーをめぐる議論を呼び覚ましたが、スノーデンが行った方法は——公益通報者の保護規定を利用するのではなく、見境なくファイルを盗み出すという——きわめて無責任なものであった。よく知られているように、最初の暴露は南カリフォルニアのサニーランズ・リゾートで行われたオバマ大統領と習主席の首脳会談の直前に行われた。両首脳が会談している間、スノーデンは香港のホテルの一室に潜伏し、中国の公安・諜報機関が容易にアクセスできる場所にアメリカの最重要機密を保持していた。彼は報道の自由のない国に逃げ込み、自国の報道機関にリークしたのである。彼は個人の自由を否定する権威主義国家の安全な場所から、個人の自由を侵害するアメリカ政府を批判するという方法を望んでいたように見える。

シリコンバレーには、私と同じように考えている人もいた。しかし、多くの人はそうではなかった。ハッカーを称賛し、権威を軽んじるシリコンバレーの文化の中で、スノーデンは内部告発者、反体制派、英雄とさえ見なされているようだった。ゲーム会社ジンガ（Zynga）の創業者であるマーク・ピンカス（Mark Pincus）は、オバマ大統領にスノーデンの恩赦を求め、「彼を紙吹雪のパレードで迎える」よう求めた。[22] エンジニアで『テッククランチ（TechCrunch）』〔シリコンバレーを拠点に運営されているIT系のニュースサイト〕のコラムニストであるジョン・エヴァンス（Jon Evans）は「親愛なるアメリカよ、エドワード・スノーデンに自由勲章を与えていただけないだろうか？」[23]と書き、バレーの多くの人々の声を代弁した。

PRISM計画の標的とされたグーグルのような企業では幹部も社員も、アメリカ政府の不名誉な行為によって自分たちの安全性が脅かされたと考え、憤慨した。スノーデンによる暴露から数カ月後、グーグル社のあるエンジニアは「こいつらはクソだ」と書いた。[24] NSA本部に禁煙マークのような×印を付けた写真を掲載した企業もあった。[25] これらの企業の多くは、合法的な政府のデータ要求に協力してきた。それにもかかわらず、自国の政府が顧客の情報をハッキングしていたという事実は、まるで平手打ちを食らったように感じられた。

それから2年後の2015年12月2日、サイド・リズワン・ファルーク（Syed Rizwan Farook）とタシュフィーン・マリク（Tashfeen Malik）夫妻は、生後6カ月の娘を祖母に預け、サン・バーナーディノ郡公衆衛生局のホリデー・パーティーを襲撃した。この銃乱射事件は南カリフォルニアの小さな町を揺るがし、14人が死亡、22人余りが負傷した。[26] この事件は9・11以来、アメリカ国内で起きた最も凄惨なテロ事件であり、[27] 警察当局は急ぎ犯行動機の究明に乗り出した。しかし捜査は光沢のあるポリカーボネート〔プラスチック素材の中で最高水準の強度をもち、非常に割れにくいという特性がある〕で覆われた克服不可能と思われる障害に真っ向からぶつかることになる。ファルークのロックされたiPhone 5cだ。

スノーデンのリークを受けて、アップル社はiPhoneを刷新し、ユーザーが生成したキーで機器を暗号化できるようにした。つまりアップル社でさえも、ユーザー情報にアクセスできないようにしたのだ。アップル社によると、6文字の英数字から成るパスコードの組み合わせをすべて解明するには5年半以上かかるという。[28]第三の犯人の登場を恐れ、犯人がＩＳＩＳとつながっている可能性を懸念していたＦＢＩ捜査当局に、そのような時間はなかった。しかも〔パスコード入力を〕10回間違えると、iPhone のデータは完全に消去されてしまう。

ＦＢＩのジェームズ・コミー長官はアップル社に対し、携帯電話のセキュリティ機能をバイパスするコードを書くよう正式に要請した。最終的には、裁判所がそれをアップル社に命じた。しかし、アップル社はこれを拒否した。ティム・クックは公開書簡の中で「たった1台の iPhone のためにバックドアを作ることは、シンプルでわかりやすい解決策だと主張する人もいるでしょう」と述べている。そして、こう続けた。「結局、私たちは、この要請が私たちの政府が保護しようと努めてきた、まさに自由を損なうことになるのではないかと恐れているのです[29]」。

アメリカ国民を保護する政府の責任と、顧客のプライバシーを擁護するハイテク産業の義務の間の議論では、それぞれが相手を打ち負かすため、独自の比喩を用いて応酬した。コミーによると、アップル社が暗号化された iPhone をテロリストに売るのは、誘拐犯に決して開けることのできないクローゼットを売ることと同じだ。このような危険なことが公に許されるのだろうか？　暗号化された通信アプリに切り替えて「闇に消えてしまった」ために、法執行機関はこれまで何人のテロリストを見失ってしまっただろうか？政府としては、解読不可能な通信を許可することは、アメリカ国民の安全を脅かすことになるのだ、と。

それとは対照的にハイテク業界では、製品のセキュリティに一点の脆弱性をもち込んでしまうことのリスクを強調した。当時、ヤフー社の最高情報セキュリティ責任者であったアレックス・スタモス（Alex Stamos）は「暗号にバックドアを設けることはできません」と述べている。「自動車や航空機の風防ガラスにドリルで穴を開けるようなものです」[30]。少しでも完全性（インテグリティ）を弱めれば、その影響は全体に波及してしまう。バックドアを一つ作ってしまった場合、ハッカーがそれを悪用することをどうやって阻止するのか？もし北京が、中国のインテリジェンス機関向けのバックドアをアップル社に作らせたとしたらどうなるだろう？　重大な個人情報——医療記録やビジネス取引——をテック企業に預け、いかにわずかでも情報のプライバシーが保たれない可能性があるとしたら、ユーザーはテック企業を信頼し続けることができるだろうか？　２０１６年３月に行われたＣＢＳの世論調査では、アップル社が携帯電話のロックを解除することに賛成する人が50対45とわずかながら多数を占めたものの、アメリカ国民の意見は概ね互角と言えた。[31]

結局、ＦＢＩが外部の企業——イスラエルの企業と言われている——に依頼し、ファルークの**iPhone**に侵入することで、事態の行き詰まりは解消された。法的、技術的な論争の末、結局**iPhone**にはサン・バーナーディノ事件やテロ活動に関連する情報は何も入っていなかったのである。とはいえ、東西両岸の分断は長引き、溝はさらに深まった。国家安全保障やインテリジェンス・コミュニティの関係者はテック業界に冷ややかな目を向けるようになり、もはや同じチームの一員とは思わなくなっていた。業界の肩書きのあるプリンスたちは、自分たちが決定したことが人の生死に関わるインパクトをもたらすということに考えが及んでいないようだった。技術者たちは、遠く離れたワシントンにいる官僚たちのことを、国家安全保障に関係すると思われるデジタルの残骸に都合よくアクセスしようとする尊大なビッグブラザーと見なすようになった。

シリコンバレーでは、徐々に文化的な優美さが失われていった。１９９０年代後半、アップル社は「クレイジーな人たち」を称える広告キャンペーンを展開し、ハイテクがもつ世界的影響力の可能性を見出す人たちに訴えかけた。２０１０年代半ばには、ＨＢＯ〔アメリカ最大の有料ケーブルおよび衛星テレビ放送局〕の『シリコンバレー』のようなテレビ番組が、「世界を変える」というテック企業の誇大なレトリックを攻撃するようになった。「クラウドコンピューティングのためのソフトウェア制御式データセンターを通じて、世界をより良い場所にします」と、番組の中で、あるオタク系CEOが架空のテック・クランチ会議で約束する。また別のCEOが「合意プロトコルのためのパクソス・アルゴリズムによって、世界をより良い場所にします」と主張する。[32] 夫のキースと一緒にこの番組を見ながら、実在するどのCEOがモデルにされているか、業界のどの事件がパロディ化されたものなのか、互いに目で合図を交わし、確認し合ったものだ。

メディアの主流派がハイテク業界に愛想を尽かしたように、この国の選挙で選ばれた議員たちもまたハイテク業界に愛想を尽かしたようだった。2016年までに丘と谷は、有名人の別れ話によくある「和解できない相違」に直面していた。アメリカは本格的なテッククラッシュ（巨大テクノロジー企業への反発や反感）の時代に突入したのだ。

民主党は、モスクワがソーシャルメディアを操作してドナルド・トランプの選挙戦を有利にしたことに憤慨していたが、産業界がこの件に無関心であったことに、なおさら怒りを覚えた。市民権団体はソーシャルメディア各社が広告や雇用で差別を行い、人種差別と受け取られる醜いコメントを拡散させているものと糾弾した。2020年には、フェイスブック社がソーシャルメディア企業に対するものとしては過去最大の企業ボイコットに直面し、アディダス社やベライゾン社といったブランド企業が、偽情報の拡散に一役買ったフェイスブック社に対する不支持を表明した。[33] 議員の中には、シリコンバレーの巨大ハイテク企業を解体しようとする者もいた。

共和党は、テック企業が保守派の会話を密かに検閲し、「シャドーバン」（ソーシャルメディアの管理者側が悪質なユーザーのアカウントを他のユーザーのタイムラインや検索結果に表示させないなど凍結（ban）に近い状態に設定する措置）していると確信し、「言論の自由の抑圧——テクノロジーを使った検閲と公共言説」という不吉な名称の公聴会が開かれるようになった。[34]当時の下院情報委員会の委員長であったデヴィン・ヌーネス（Devin Nunes）は、ツイッター社を名誉毀損で提訴した。[35]共和党の上院議員数名は連邦取引委員会に対し、ソーシャルメディア企業のコンテンツの決定プロセスに関し、調査するよう要求した。[36]2020年半ば、ツイッター社が初めてドナルド・トランプのツイートに軽度のファクトチェック機能を取り付けた後、大統領はソーシャルメディア企業に対する法の保護を取り消すと脅す、法的には問題のある大統領令を発出した。[37]

その年の夏、コロナウイルスの大流行や人種間の公正を求める全国的な抗議行動が沸き起こるなか、ある世論調査では、アメリカ人の半数以上がソーシャルメディア・プラットフォームに「きわめてわずか」しか信頼を寄せていないことが明らかになった。ソーシャルメディア・プラットフォームに対する好意的な意見は、アメリカで評判の悪い組織の一つである連邦議会を下回っていた。[38]7月の反トラスト法に関する公聴会を前に、『ワシントン・ポスト』紙のトニー・ロム（Tony Romm）は、この対決を、過去に議会が行った大手銀行や大手たばこ会社との闘いと比較している。[39]かつてはワシントンDCにとって時代の寵児と見なされたハイテク企業は、今となっては肺疾患の毒を売る行商人扱いされるようになった。

この断絶はグレー戦争が悪化する大きな要因となっている。新アメリカ安全保障センターの調査では、シリコンバレーの主要幹部の80パーセント近くが、シリコンバレーとペンタゴンの関係は「悪い」もしくは「非常に悪い」と考えているという。[40]この調査結果は、北京が国家情報法――「あらゆる組織や市民」に「国家のインテリジェンス活動を支援し、協力する」ことを義務づける法律――を施行したわずか1カ月後に発表された。アメリカ国内の関係が崩れつつあるまさにそのときに、中国政府は国内のハイテク企業と緊密な関係を推し進めていた。

海兵隊は奉仕し、CEOは立ち去る

1996年、インターネット活動家であり、かつてグレイトフル・デッド〔アメリカのロックバンド〕の作詞家でもあったジョン・ペリー・バーロウ（John Perry Barlow）は「サイバースペースの独立宣言」を書き記した。「産業界が支配する政府、きみは筋肉と鋼鉄の疲れた巨人、俺は新しい魂の故郷であるサイバースペースからやって来た」とバーロウは書いた。「未来を信じて、過去のきみたちは俺たちにかまわないでくれ。俺たちの間では、きみたちは歓迎されていない。俺たちが集う場所に、きみたちの主権などない」[41]。皮肉なことにバーロウはこの宣言を、世界経済フォーラムの開催地であるスイスのダボスで書き上げた。そこは世界のトップリーダーや思想家が集まる場所で、とても異端者に似つかわしい場所とは言いがたかった。

しかし、この25年前の宣言は、たとえエドワード・スノーデンが国家安全保障局の機密情報をもち出さなかったとしても、またプーチンのインターネット・リサーチ・エージェンシーがツイッターのことを知らなかったとしても、シリコンバレーとワシントンはおそらく対立する運命にあったことを明らかにしている。

世界的な出来事がこの分裂を悪化させ、加速させてきたが、丘と谷はおのおのの構造に根ざした断層――世代間のギャップ、専門知識のギャップ、文化的なギャップなど――によって定義されてもいる。こうした点を、エイミー・ゼガート（Amy Zegart）とケビン・チャイルズ（Kevin Childs）は鋭く観察している[42]。これらのギャップは総称して忠誠心のギャップと呼ばれ、ハイテク企業は自分たちが最終的に誰に責任を負っているのか判別できなくなっているとする。これら4つのギャップを解決しない限り、民主主義と独裁主義の闘争が激化する中で、丘と谷の協力関係は阻害され続ける。

実際、東西両岸の世代間のギャップは顕著に表れている。人口統計学的に見ても、シリコンバレーは世界中から集まった若いエンジニアたちによって運営されている。22歳から44歳の労働者はアメリカの情報テクノロジー労働力の61パーセントを占めるが、労働者全体では49パーセント以下である。[43]アップル社の従業員の中央値は、テック業界の標準では比較的高めの31歳である。グーグル社は30歳だ。フェイスブック社の平均年齢は28歳である。[44]「27歳はテック業界の新しい中年か?」という『ファスト・カンパニー』誌の見出しもある。[45]

この若さの崇拝は、シリコンバレーを象徴する創業者たちの伝説の中から生まれた。マーク・ザッカーバーグはハーバード大学を中退し、フェイスブック社を創業してから10年半が経過していたが、まだ36歳で、外見はもっと若く見える。ビル・ゲイツ(Bill Gates)が19歳でマイクロソフト社を創業したとき、彼はまだアルコール飲料を飲める年齢ではなかった。スティーブ・ジョブズは21歳でアップル社を創業した。

これと、ワシントンの老朽化した政府機関とを比較してみよう。人事管理局によると、行政府職員の平均年齢は47・5歳だという。[46]裁判官の平均年齢は約68歳だ。[47]そして議会では平均年齢が56・7歳である。[48]上院は62・7歳だ。[49]

議会は年功序列が主流であるため、実権を握る議員は高齢になる傾向がある。2020年、下院委員会委員長の平均年齢は68歳だった。[50]上院院内総務のチャック・シューマー(Chuck Schumer)は70歳である。上院少数党院内総務のミッチ・マコーネル(Mitch McConnell)は79歳である。81歳の下院議長ナンシー・ペロシは真珠湾攻撃の前年に生まれている。2020年の反トラスト法に関する議会公聴会のさなか、自宅から見ていたあるeコマースの創業者はシリコンバレーの多数の意見を代弁し、「42年間も議会にいるなんて、私にはかなり反競争的だと思える!」とツイートした。[51]

誤解をしないでほしい。私は70歳の議員に会ったことがあるが、きわめて複雑な問題に対して非常に頭が切れ、私はその議員を尊敬している。だが、そのような議員たちが人格形成された過去の時代から、現在の世界は劇的に変化している。私自身の20代を象徴するテクノロジーはiPhoneだった。ミッチ・マコーネルにとっては、オーディオ・カセットだっただろう。テッド・スティーブンスの「チューブの束」というたとえは、それほど嘲笑に値しなかったかもしれないが、私たちのテクノロジー政策が70代の集団に支配されていることが、現代的で将来を見通した展望をもたらすものでないことは否定しようがないだろう。

もちろん、すべての責任がワシントンにあるわけではない。シリコンバレーの創業者の多くが中年層であっても、シリコンバレーでは若さが崇拝される。若い年齢で力を得た技術者たちは、議会のような時代遅れの年功序列型制度を軽蔑している。技術者の多くは、若者たちと仕事をし、パーティーをし、若いベンチャー・キャピタリストに資金提供を求める。テック企業の幹部たちが自社の技術について説明を求められると苛立ちの表情を見せるのは、長年にわたって蓄積した経験をもつ上司や先輩たちに答える必要がほとんどないからでもある。技術者たちは年輩の委員長が最新技術のすべてを理解していないことに苛立ちを覚えるかもしれないが、その委員長はモスクワの偽情報キャンペーンの背景となる歴史や、経済力の集中が無制限に進められるリスクについて深く認識しているかもしれないのだ。

年齢はともかく、複雑な技術の詳細を理解している議員はほとんどいない。これは第二の根本的なギャップである専門知識のギャップの産物である。2020年時点、議会には11人のエンジニア、1人の物理学者、1人の化学者がいた。一方、この同じ議会には192人の弁護士と、212人のビジネス・リーダーがいた。元ソフトウェア企業経営者は、元プロスポーツ選手と同じ数（6人）だけ議会にいた。[52] コードの書き方を知っている議員が、法律を書くことはあまりないと言えそうだ。

その結果、しばしば落胆させられ、ときには滑稽でもある出来事が起きる。「ツイッターはあなたの仕事と同じなのですか？」。サウスカロライナ州選出の上院議員リンジー・グラハム（Lindsey Graham）は、2018年4月の公聴会でザッカーバーグに質問した。[53] 83歳になるユタ州の共和党員オーリン・ハッチ（Orrin

Hatch）元上院議員は、フェイスブック社がユーザーに課金せずにどうやってお金を稼いでいるのかと質問した。「上院議員、私たちは広告を掲載しています」と、ザッカーバーグは辛抱強く説明した。[54] 2020年の公聴会では、最後の場面でグレッグ・ステューベ下院議員がベゾスに「ミュートになっていますよ」と伝えた後、自分の選挙運動関連のメールがGmailのスパム・フォルダに入れられる理由を尋ねた。[55] 忘れてはならないのは、この議員たちがハイテク業界を規制することになっているということだ。

このような無知はコストを伴う。サン・バーナーディノ事件後、アップル社によるiPhoneの暗号化解除をめぐる議論のさなか、ダイアン・ファインスタイン（Dianne Feinstein）上院議員とリチャード・バー（Richard Burr）上院議員は、エンド・ツー・エンド通話の暗号化（端末どうしの通話やデータ送受に第三者がアクセスできないように暗号をかけること）を事実上違法化する法案を提出した。20年近くテクノロジー政策に携わってきたニューアメリカ財団のオープン・テクノロジー研究所の所長であるケビン・バンクストン（Kevin Bankston）は、「私が見てきた中で最も滑稽かつ危険で、技術面で無教養な提案」と断じた。[56] 議会はかつて、法案の財政面への影響を分析する議会予算局（Congressional Budget Office）のように、科学分野の法案を分析する技術評価局（Office of Technology Assessment）に専門家集団を抱えていたが、1995年にニュート・ギングリッチ（Newt Gingrich）下院議長が押し進めた政府縮小策の一環として、この専門家集団は一掃された。[57] グレー戦争においては、無知は幸福ではない（英語圏で有名な諺Ignorance is bliss.（「無知は幸福である」）をもじった表現）。むしろ危険なのだ。

ここでもまた無知は2通りに作用する。シリコンバレーの起業家のうち、ワシントンDCで多くの時間を過ごす人はほとんどいないし、彼らは国家の首都がどのように機能しているかを学ぼうとさえしない。フェイスブック社の最高執行責任者で、かつてアメリカ財務長官の首席補佐官を務めたシェリル・サンドバーグ（Sheryl Sandberg）は、東西両岸で豊富な経験をもつ珍しいタイプのテック企業幹部である。シリコンバレーのCEOたちは議会公聴会に臨む際、あらかじめ質問を予測し、応答の仕方を用意する。しかし、政治や国家安全保障分野のエスタブリッシュメントに見られるような、広範な地政学的問題を理解している人はあまりいないようだ。

以上のような世代間および専門性のギャップに加え、文化的なギャップが立ちはだかっている。それぞれの場所で「成功とはどのようなものだと見なされているか」ということについて考えてみたい。ワシントンでは、輝かしい資格をもつルール信奉者が成功を収める。下院議員や上院議員の一定数がローズ奨学生である。その多くはエリート大学や法科大学院に通ったことがある。議員の中には元議員たちと親戚関係である議員もおり、彼らは何十年も続く政治的王朝を引き継いでいる。

逆に、シリコンバレーはルールを破る人たちが住む場所だと考えられている。アップル社の広告「違うことを考えよう」が強烈に響いたのも、私自身がシリコンバレーに住み処を見つけたのも、そのためであった。ワシントンDCと同様、バレーの技術者の多くはエリート教育の賜物であることは間違いない。しかし、ゲイツ、ジョブズ、ザッカーバーグ、エヴァン・シュピーゲル（Evan Spiegel）、ジャック・ドーシー（Jack Dorsey）の歩んだ道のように、大学中退者も少なからずいた。ピーター・ティールは、優秀でクリエイティブな人材にとって大学は無駄な所だと考え、フェローシップ・プログラムを立ち上げ、20～30人の中退者に年間10万ドルの報酬を与えた。[58]〔彼らにとって〕レガシー企業は尊敬すべき企業ではなく、進歩から取り残された時代遅れの企業と見られていた。

東と西の海岸では目標も異なる傾向があった。ワシントンは――ドナルド・トランプと彼の支持者は明らかに例外であったが――歴史的に政治と経済の安定を維持することを優先してきた。資金調達の水準は維持される。人間関係は持続する。混乱は管理されるべきものだ。もしアメリカのトップ層の外交官がテック企業のマントラ「素早く行動し、古いものは破棄せよ（Move fast and break shit）」〔マーク・ザッカーバーグの言葉「Move fast and break things」から派生したフレーズ〕にしたがって行動していたら、どんな混乱が起こるか想像してみてほしい。

テック業界では「混乱（ディスラプション）」が重要である。シリコンバレーでは「安定」に疑念を抱く。テック業界はムーアの法則――コンピュータの処理能力が概ね2年ごとに倍増するというもの――に代表される「成長」という祭壇に向かって礼拝する。西海岸のせっかちなデジタルノマド〔IT関連の仕事をし、国内外を旅しながら働く人のワークスタイル〕にとって、同じ場所に滞在するという発想、つまり家庭をもつことで何十年間も前から同じポジションにとどまり続けることは、まさに恐怖である。

当然ながら、こうした文化的な違いは、まったく異なった組織構造のなかで顕在化する。ワシントンは異様なほどゆったりとしたペースで動き、些細な立法措置を採決するだけで何時間も議会で議論することがある。また議員は年功序列の慣例にしたがって地位を得るのに数十年も待つこともある。

こうしたヒエラルキー構造から、〔政府は〕複雑でわかりにくい官僚組織になっている。国防総省の構造を説明したある文書は168頁にも及び、「国防総省の各機関と国防総省の現地活動――合衆国法典第10編第191条による共通の供給またはサービス機関」および「企業枠組みと機能別資産を関連づけるガバナンスの支援策」などの説明が、目がくらむほどのフローチャートで図示されている。[59] 連邦政府の官僚機構の全体にわたって、伝統、プロトコル、規範、硬直した構造が強く強調されていると言えそうだ。

テック業界の巨大企業の中にも、それなりに肥大化や官僚主義が認められる部分があることは間違いない。とはいえ、シリコンバレーでは多くの企業が――大半ではないにせよ――反体制的で、ヒエラルキーにとらわれない気質をもっている。会議には数十人の社員が参加し、全員の意見が反映されるようになっている。*

＊ 情報漏洩や海外スパイに対する懸念から組織の密室化が進み、また、政府系人材の流入により、トップダウンが進んだことも指摘されている。

カレンダーは共有されている。コラボレーションは実際にテック企業のＤＮＡに刻み込まれている。よく話題になるマイクロ・キッチンは、単に社員の食事を確保するためだけでなく、同僚と触れ合い、アイディアを出し合う時間を確保するために設計されたものだ。オープンソースのソフトウェア開発会社であるギットハブ（GitHub）社〔Git とは Linux のソースコードなどの変更履歴を記録・追跡するための分散型バージョン管理システムであり、同社はこの Git を Web サービスとして提供する企業〕は設立から6年間、肩書きや管理職を完全に排除していたが、シリコンバレーでは、そうした水平的で階層化されていない勤務環境が高く評価されている。[60]

こうした自由放任主義はシリコンバレーの組織文化のあらゆる面に及んでいる。新興企業では社員に出勤時間を記録することも、退出時間を記録することも求めることはほとんどない。テック系社員は好きなときに好きな場所で――真夜中でも、感覚が麻痺しそうなコーディング・ブースでも、ビーチでも――働く。オフィスにはクライミング・ジムやグルメ用キッチンが備え付けられている。２０１３年まで、グーグル社は社員に対し、勤務時間の20パーセントを「グーグルにとって最も有益と思われることに取り組む」よう奨励していたのは有名な話だ（なかでも Gmail――現在、世界中に18億人のユーザーを抱えている[61]――はツイッター社やスラック社のような成功企業と同様、サイドプロジェクトとしてスタートした[62]）。DoD PAS1 Officials by EX Level と書かれたグラフを見て、誰に報告するか、あるいは自分の時間をどう使うべきかを考える新興企業はほとんどないと言ってよいだろう。

しかし、こうした寛容で自由奔放な文化にも欠点はある。参加者が多く協調を重んじる会議では、議題は次の四半期に焦点が当てられ、来るべき四半世紀に焦点が当てられないことがあまりに多かった。個人のやりがいや能力向上を重視するあまり、より広い意味での社会的責任感が犠牲になることもある。エンジニアによって築かれたシリコンバレーでは、いかなる問題にも――手頃な価格の住宅不足の問題や、慎重さを要する微妙な外交交渉などを含めて――技術的な解決策があると思い込んでいるふしがある。無数の有権者を代表している議会の本業ともいえるトレードオフは、シリコンバレーにとっては異質なものなのだ。

エリート大学で教育を受けた議員が大学中退者と対決したり、自分の担当分野にとどまることを教え込まれた官僚が頑強な破壊者と対決したりすると、まるで違う惑星に住んでいるかのように思えてくるのは不思議なことなのだろうか? おそらく、そうなのだろう。これが4つ目の、そして最も厄介なギャップにつながっているのだ。つまり、「シリコンバレーは最終的に誰のために存在するのか」という問題である。

戦争ビジネス

「私たちは、グーグル社が戦争ビジネスに携わるべきでないと信じています」と、約4000人の従業員が署名し、2018年4月にスンダー・ピチャイCEOに提出された請願書に書かれている。[63] 問題となっていたのは、グーグル社が国防総省と交わした契約だった。それは、ドローンが撮影した映像を分析するために人工知能を導入することをグーグル社が支援するコードネーム「プロジェクト・メイヴン(Project Maven)」と呼ばれるものだ。そのような能力は、テロリストや他の敵対者に対するアメリカ軍の攻撃を強化する可能性があり、同社の「悪に手を染めるな」という倫理観に惹かれ、スノーデンによる情報漏洩の影響をいまだ受けていたグーグル社員は、この契約に嫌悪感を抱いていた。契約内容は非常に小規模なものだったが――見積り額は900万ドルから1500万ドル[64]――反対派はグーグル社が実質的に軍産複合体の一員になることを危惧していた。何人かの社員は抗議のために辞職したほどだ。

この請願書は、グーグル社が「プロジェクト・メイヴン」から撤退し、グーグル社も子会社も「決して戦争のためのテクノロジーを開発しない」というポリシーを公表するよう求めた。[65] 数カ月後、グーグル社はメイヴンの契約更新を行わないと発表した。[66] その後、グーグル社はAI原則を公表し「人に危害を加えることを主な目的とし、それを実行する兵器やその他の関連技術」のためのAIを開発しないと誓約した。[67]

ところが同年8月、『インターセプト』誌の爆発的な記事によって、グーグル社が関与する別のプロジェクト、通称「ドラゴンフライ」の存在が明らかになった。これは中国向けのカスタム検索エンジン（サイト内検索機能を提供するサービス。ウェブ上の他の検索結果よりも自分のウェブサイトの検索結果が強調される）を構築する取り組みで、経営陣の中には、これを中国という10億人規模の市場に再び参入する手段と考えた者もいた。しかし批判者は、この検索エンジンの開発は中国共産党の検閲に無意識のうちに譲歩していることを意味すると考えた。使用を制限される検索語の中には「人権」や「学生の抗議」といった用語が含まれていたと言われている。ドラゴンフライのアンドロイドアプリは、検索キーワードをユーザーの電話番号にリンクさせ、不審な検索クエリを使った人を中国政府が追跡し、場合によっては容赦なく処罰する可能性もあった。[68]

結局、ドラゴンフライは「世界の情報をオーガナイズする」というグーグル社のミッションに合致しているとして、ドラゴンフライを支持する書簡に約500名のグーグル社員が署名した。しかし、反対派はすぐに反撃に出た。2018年10月、マイク・ペンス（Mike Pence）副大統領は「グーグル社は、共産党の検閲強化や中国人の顧客のプライバシーを侵害する『ドラゴンフライ』アプリの開発をただちに中止すべきだ」と宣言し、喝采を浴びた。[69] 数カ月後、下院司法委員会に出席したピチャイは、このプロジェクトについて尋問を受けた。またしても何人かのグーグル社員が辞職した。[70] 私自身、このプロジェクトに倫理的・地政学的な懸念を抱いており、中国で意味のある形で成功することが許されるかどうか懐疑的だった。2019年7月、グーグル社はドラゴンフライの事業を継続しないことを公表した。[71]

結局、プロジェクト・メイヴンとドラゴンフライへの参画はいずれも打ち切られたが、グーグル社がアメリカ軍とのビジネスを拒みながら、言論の自由を封殺しようとする中国当局への支援につながるようなプロジェクトへ協力しようとしたことは、シリコンバレーが金目当てだと見られてもおかしくなかった。また、このエピソードはアメリカを代表する一流テック企業が、自分たちのことを「アメリカ人」だと考えているのだろうか、という疑問を投げかけもした。

ひと昔前なら、このような問いかけは思いもつかなかったことだろう。アメリカの会社はアメリカのものだった。以上、終わり。第二次世界大戦が始まると、デンマークからの移民で自転車修理工からゼネラルモーターズの社長になったウィリアム・クヌードセン（William Knudsen）は、ローズヴェルト大統領から戦時生産体制の責任者として協力するよう要請を受け、それを快諾した。クヌードセンは1ドルの官給と引き換えに会社を辞め、[72]同僚の会社の幹部たちに「ヒトラーを打ち負かせ」と喝を入れた。彼らはただちに実行に移り、「民主主義の兵器廠」としてアメリカとその同盟国を武装するため、膨大な数の戦車、トラック、航空機エンジン、銃を量産するようになった。[73]ここで想像してほしい。第二次世界大戦の前夜、ゼネラルモーターズ社がアンクルサムに「申し訳ないが、兵器の製造は私たちの倫理原則に反する」と語ったとしよう。しかし当時、これは考えられないことだった。実際、GMは「勝利が私たちのビジネスだ」というスローガンを掲げて操業していた。[74]

すでに見たように、シリコンバレーは第二次世界大戦と冷戦の軍事科学的動員によって草創期の土台を確立した。シリコンバレーのエレクトロニクスの魔術師たちは、ナチやソヴィエト連邦の全体主義からアメリカの民主主義を守るのに貢献した。レイセオン社やロッキード・マーチン社がクレムリンの核技術の開発――軍用あるいは民生用を問わず――を手助けするという考えは、反逆罪とまではいかなくても、笑い話として扱われたことだろう。

しかし、今日のグレー戦争では、戦闘ラインはそれほど明確に引かれてはいない。李開復は、シリコンバレーは「市民ではなく『ユーザー』、コミュニティの一員ではなく『顧客』という観点から世界を見る傾向がある」と指摘している。[75]この点を強調するように、マイクロソフトのブラッド・スミスは「政府は州や国など、明確に定められた地域に住む構成員にサービスを提供する。しかしテクノロジーはグローバル化し、事実上どこにでも顧客がいるのである」[76]と書いている。

実際、巨大テック企業が、国家にも似た疑似主権的な存在として振る舞う機会は多い。諸外国の首脳がシリコンバレーやシアトルに「国賓訪問」する。デンマークはシリコンバレーに大使を駐在させた最初の国だった。[77]マイクロソフト社は自らを「中立的なデジタル版スイス」と宣言し、他の企業にも同じことを勧めている。メイヴンやドラゴンフライのときと同様、技術系の従業員の中には、経営陣が政府のプロジェクトを実行することに反対する者もいる。たとえばパランティア社やセールスフォース社は、出入国管理局に技術を売り込んだとして大論争になった。

パランティア社のアレックス・カープ（Alex Karp）CEOは、テック業界のわが道をいくような独善的なアプローチを声高に批判してきた。[78]「西側を支えるために会社を立ち上げた」[79]と語っているカープは、シリコンバレーは政府の政策に常に同意しているわけではないと考えている。そのような強大なパワーをもち（政府の政策に）責任を負わないテック企業の幹部たちが、自社が支持すべき政策をその都度選択できるようにしておくことは、民主主義システムを脅かすことになると信じている。「私たちはゴールデン・ステートの一角で、グローバル・ビジネスに携わっている選挙で選ばれたわけでもないエンジニアによってではなく、正式に選挙で選ばれた代表者と裁判官によって国の決定が確保されるようにする必要がある」と、カープは語っている。「アメリカ海兵隊は奉仕し、シリコンバレーの経営者たちは立ち去る。これは間違っている」[80]。

グレー戦争の環境では、政府と軍の協力に反対することも非常に現実的な脅威となる。「アメリカの技術者たちは、自国の防衛のために働くことを求められていない」と、ベンチャー・キャピタリストで元諜報部員のトレイ・スティーブンス（Trae Stephens）は語る。「しかし、彼らがそうしない道を選べば、非自由主義的なライバル国を有利にし、彼らが求める自由と開放性を危険にさらすことにつながることを認識する必要がある」[81]。このような理由から――私は会社の決定には加わっていないが――私はグーグル社がメイヴンの契約をキャンセルするという決定に強く反対した。

多くの技術系社員は、戦争ビジネスに携わることを望まないかもしれない。しかし、彼らが気づいているかどうかにかかわらず、彼らはすでに手を染めている。Grindr や TikTok に聞いてみればいい。

「ジェイコブ、私、知っているかも」

出会い系アプリの開発者やエンジニアは、まさか自分たちがグレー戦争の最前線に出向くことになるとは思ってもみなかっただろう。しかし、この紛争をユニークにしている特徴――つまり「グレー」にしているもの――は、主要な兵器が「デュアルユース」技術、つまり軍事目的に転用可能な商用製品に基づいている点にある。こうしたデュアルユース・システムの性質が、「丘」と「谷」の間に広がる亀裂を非常に危険なものにしている。レイセオン社が中国やロシアに最先端兵器を売っているのに、ペンタゴンは何も承知していないというようなものだ。実際、2017年に発表された国防総省の報告書では、2015年の技術系ベンチャー企業の取引の約16パーセントに中国企業が関与しており、デュアルユース技術をアメリカの競争相手国に移転するというアグレッシブな戦略の一端が明らかにされた。[82]

　デュアルユース技術という用語自体は新しい概念ではない。核分裂技術は――都市に電力を供給することもできれば、都市を破壊することもできる――デュアルユース技術である。全地球測位衛星もそうだ。それ自体が武器になることもある（たとえば商用ドローンは軍事監視にも爆撃にも転用される）。また兵器として使われる技術には、カメラやセンサー――あるいはバックエンドの海底ケーブル――などデータ収集に使われているものもある。そして、人工知能が私たちの日常生活でますます目立った役割を果たすようになると、アルゴリズムとデータそのものが軍事技術に含まれるようになる。

　このデータがグレー戦争の文脈でどれほど貴重なものであるかを理解するため、ゲイであることをカミングアウトした人たちのことを少し考えてほしい。私の場合、カミングアウトは比較的簡単だった。ベールシェバ近郊のキブツ（イスラエルの農業を中心とした生活共同体）、ミシュマル・ハネゲヴの庭で、母に自分がゲイであることを告げた。2015年半ばのことで、祖母の葬儀がとり行われる数日前にイスラエルに飛んでいた。そのとき母と私はキブツの小さな家のすぐ外で、青々とした熱帯植物に囲まれた芝生の上に座っていた。頭上には砂漠の太陽が燦々と輝いている。空には雲ひとつない。

　私はカミングアウトするプロセスが嫌いだった。女性と付き合っていたときに、自分の恋愛関係についてみんなにメールを送る衝動に駆られなかったのと同じように、男性と付き合い始めたときも、自分の私生活の詳細を共有することに抵抗があった。情報開示の負担が嫌だった。同時に、自分のことを隠そうとする努力もやめていた。キースと私の写真はソーシャルメディアのあちこちで見つかった。だから、母が「ジェイコブ、私、知ってるかも」と言ったとき、それほど驚かなかった。

「何を？」と、私は尋ねた。

「あなたが男性に惹かれてること」と、母は答えた。

私は少し身構えた。「それで？」。

「それは段階の一つなの？　そういう時期なの？」と、母は尋ねた。「女性との交際に戻れると思う？」。

私の母は、かなり伝統的な世界で育ってきた。私の知る限り、ゲイの人たちとは、ほとんど交流がなかったはずだ。だから母は真剣に質問し始めたのだ。これは幼少期に経験した何かのトラウマが原因なのか？　彼女が何かをしたことが原因なのか？

「これは自分で選択したりするようなものではないと思う」と、私は母に言った。「僕はゲイで、今、本気で交際をしている」。

私は幸運だった。私が住んでいたのは社会的にリベラルな北部カリフォルニアで、不健康な食生活をしていると批判されることはあっても、ゲイであることを批判されることは絶対になかった。ゲイのための出会い系アプリを使い始めたとき、顔や実名を投稿することに抵抗を感じなかった。男性と出会うようになってから数カ月もしないうちに、私は妹に話をしたけれども、問題にはならなかった。母も最初の驚きと戸惑いが収まると、これまでと同じように応援してくれるようになった。ロンドンでお酒を飲みながら、高校時代の親友2人に「ところで、僕はゲイで婚約しているんだけど、結婚式で付添人になってくれないかな」と伝えた。それくらいストレートだった。

しかし、多くの人はそれほど幸運ではなかった。2015年の時点では、キースと私が合法的に結婚できなかったアメリカの州がまだ13州もあった。[83]　2020年の最高裁判決が出るまでは、LGBTQ〈性的マイノリティ。lesbian, gay, bisexual, transgender and queer の頭字語〉のアメリカ人が日曜日に結婚して、月曜日に仕事をクビになることはまだ合法だった。現在でも、ゲイであることを明かすと家族から追い出されることがあり、それがアメリカのＬＧＢＴＱの若者が同世代の若者と比べ、４倍も自殺を試みる割合が高い理由の一つになっている。[84]
海外では、状況はもっと悪い。同性愛は70カ国以上で依然として犯罪とされているからだ。[85]チェチェンでは、公式にはゲイは存在しない。[86]同性どうしの行為は死刑に処される国が十数カ国ある。[87]
数え切れないほどのＬＧＢＴＱの人たち、とりわけ公の場で本当の自分を表現することを恐れたり、できないでいる人たちにとって、Grindr〔男性同性愛者を対象にした出会い系アプリ。グラインダーと発音〕のようなアプリは天の恵みだ。毎日、１９６カ国の推定２００万人以上のユーザーが、Grindrを使ってゲイの男性たちとつながっている。[88]彼らは自分の性的嗜好を語り合い、自分のアイデンティティを打ち明け、ＨＩＶ感染者であることを公表することもある。このアプリでは本名を明かす必要もなく、自分の本心をさらけ出す必要もない。こうした匿名性は、多くの人がクローゼット状態〔自分の性的指向を公表していない状態を暗喩する言葉〕にあるか、本当の自分を明かすことが苦痛や迫害につながる場所に住んでいるコミュニティに安らぎをもたらしている。目立つことを望まない人は、携帯電話のアプリを隠す機能を使うこともできる。
２０１６年、中国のゲーム会社がGrindrの株式の過半数を購入した。出会い系サイトという特異な世界でさえ、Grindrとその新しいオーナーである北京崑崙テック社の提携はありえない組み合わせのように思われた。その組み合わせの一つは「Clash of Clansのようなテストステロン値〔男性ホルモンの代表的なもので、発毛、精子の発達、タンパク質の合成、闘争心などを促進・発達させる働きがある〕の高いタイトルで知られるゲーム会社で、もう一つは偶然の出会いを求めるシャツを着ていないゲイたちのレポジトリである」と『ロサンゼルス・マガジン』誌は書いている。中国は同性愛に対して「承認も、不承認も、奨励もしない」という立場をとっているが、同性愛者の関係を必ずしも祝福しているわけではない。[89]とはいえ、疑問は尽きない。中国政府は出会い系に理解を示しているのだろうか、それともデータに関心があるのだろうか？

これは単なる心配事ではない。たとえば、あるビジネスマン（妻子あり）が会議のためにケンタッキー州ルーイビルに出張したとしよう。そこで彼はGrindrに登録した。そして数枚の露骨な写真を交換し、匿名で関係をもった。5年後、彼は上海に飛んだ。空港でセキュリティチェックを受けると、中国のシステムが彼の名前と顔をキャプチャして政府のデータセンターに送り、既存の彼の情報（Grindrのデータベースから取り出した情報を含む）と照合する。その結果、人前にさらされては困るルーイビルでの会話や映像が発見された。やがて、彼のホテルのドアがノックされる。中国の諜報員から「御社の機密情報を共有しないなら、あなたの奥さんと子供にこの写真を送る」と言われた。家庭が崩壊するかもしれないのに、数枚のファイルが入ったＵＳＢメモリを渡すことがそんなに悪いことだろうか？

事態はさらに悪化するかもしれない。２０１５年に起きたアメリカ連邦政府人事管理局の情報漏洩事件――議会が「国家安全保障に対する最も深刻なデジタル手段による侵害」と呼んだ――では、中国のハッカーたちが暗躍していたことを思い出してほしい。つまり、約２２００万件のＳＦ86の内容は、ほぼ間違いなく中国共産党が管理するデータベースに保存されていることになる。盗まれたファイルを官僚機構が管理しているGrindrプロフィールと照合するのは朝飯前だろう。やがて（アメリカ連邦）政府関係者が弱みに付け込まれるかもしれない。

実際、こうしたジレンマのアナログ版――いわゆる「ラベンダーの恐怖」――は冷戦時代に起きた異常なヒステリーであった（ラベンダーは当時のゲイのシンボルカラー）。すでにノースダコタ州の共和党の州議会議員が差別撤廃措置に反対票を投じた後、Grindrユーザーによって暴露される事件が起きている。[90]

また、中国のエンジニアがGrindrユーザーのメッセージやＨＩＶの感染情報を入手したとの報告もある。[91] これらを考え合わせると、中国の政権が考えていたのは、ゲイどうしを結びつけるだけではなかったことが明らかになる。

アメリカにおける外国投資委員会（Committee on Foreign Investment in the United States）は、ワシントンの古典的な略称であるＣＦＩＵＳで知られている。財務長官が議長を務め、国防総省、国務省、商務省、国土安全保障省からも代表者が参加している。ＣＦＩＵＳは、外国企業によるアメリカ企業の買収がアメリカの安全保障に脅威を与えると判断した場合、その買収を拒否する権限を有している。しかし、そのプロセスは委員会の任意に委ねられている。該当しそうな取引についてＣＦＩＵＳに通知することが期待されているけれども、すべての企業がそれを気にかけているわけではない。とはいえ、委員会は取引を見直し、過去にさかのぼってコンプライアンスを要請することができる。そして、それがGrindrに起きたことだ。

北京崑崙社によるGrindrの買収から数年後、ＣＦＩＵＳが介入し、両社が合併を解除するように促した。外国企業によるソーシャルメディア・アプリの所有が安全保障上の脅威になる可能性があるとアメリカ政府が主張したのは、これが初めてだった。２０２０年、北京崑崙社はアメリカを拠点とするグループ――サン・ヴィンセンテ・アクイジッション・パートナーズ（San Vicente Acquisition Partners）――に売却した。

だが話はそこで終わらない。『ロイター通信』の調査によると、サン・ヴィンセンテとの契約内容は公表されたものだけがすべてではなかった。〔裏取引の〕一つは、崑崙社が他の少なくとも２つの入札企業に提示しなかった好条件の取引が、このグループには与えられていたことだ。もう一つ、サン・ヴィセンテのパートナーの少なくとも一人が、北京崑崙社の創業者と親しい間柄であったことだ。[92] グレー戦争では、人生と同じように、元恋人を追い出すのは難しいのである。

「『スター・サーチ』と『アメリカズ・ファニエスト・ホーム・ビデオ』を掛け合わせたようなものと言われている短編動画アプリTikTokにも同様のストーリーがある。[93] この人気アプリは世界中で20億回以上ダウンロードされ、[94] アメリカでは1億人近くのユーザーを数え、その多くがティーンエイジャーである。TikTokはGrindrと同様、北京に拠点を置く中国企業のバイトダンス（ByteDance）社が所有している。

TikTokのユーザーたちは自分で踊ったり料理をしたりする、たわいのないクリップを楽しんでいる。しかしTikTokの活用法は、そのような取るに足りない映像を超えたところにある。アプリにアップロードされた何百万もの動画は、顔認識アルゴリズムを改良するための材料になる可能性があり、中国の技術者たちはアジア人以外の顔や音声のデータベースを構築することができる。TikTokのプライバシーポリシーには、アプリで視聴した動画や送信したメッセージを記録・補完することに加え、ユーザーの位置情報、連絡先、電話番号、その他の個人データを収集する場合があると記載されている。この種の情報は「当社の企業グループの親会社、子会社、その他の関連会社と」共有されることがあるという。[95]

それはTikTokが公式に認めていることでもある。あるセキュリティ研究者は、TikTokが「異常な」量の情報をサーバーに送信していることに気づいた。半メガバイト（125頁分の入力データ）を10秒以内に送信しているのだ。[96] またTikTokはスマートフォンのクリップボード（パスワードなどの機密情報を貼り付ける場所）に数秒おきにアクセスしていたことも判明しており、あるイスラエルの研究者はこれを「非常に気がかりで、きわめて稀なケースだ」と語っている。[97] このような（セキュリティ部門の）研究者たちによる発見は、TikTokがユーザーからどのような情報を吸い上げているのかを研究者たちに特定されることを困難にするため、アプリの開発者たちが多くの技術的仕掛けを講じていたにもかかわらず、達成されたことだった。[98]

2021年6月、TikTokの元社員たちが「TikTokとバイトダンス社の境界は、ほとんど存在しないに等しいほど曖昧だった」と語ったと報じられている。[99] 驚くべきことに、ある社員は、バイトダンスの社員が「アメリカ人のユーザーデータにアクセスすることができる」と主張していた。[100]

TikTokが収集するデータの上に表示されるものと、表示されないものがある。TikTokは政治的コンテンツを扱うことに不快感を公言しており、そのため「アメリカを再び偉大な国に（Make America Great Again）」〔ドナルド・トランプ大統領が選挙運動中に掲げたスローガン〕の帽子から、#BlackLivesMatter〔アフリカ系アメリカ人のコミュニティに端を発した黒人に対する不当な暴力や構造的な人種差別の撤廃を訴える国際的な運動の総称〕のテントにいたるまで、あらゆる政治的なクリップの検閲やフラグ立てを行ってきた。[101] 伝えられるところによると、TikTokは天安門広場のタンクマン、香港の民主化デモ、[102] 政府のウイグル人に対する扱いを批判する内容のビデオを削除したと報告されている。[103] ある若い女性は口コミで広がりやすい「メイクアップの基本」というサイト動画で、長いまつげを手に入れるコツの伝授から始め、そのあとでウイグル人の苦境を訴える内容を流すことで検閲を巧みに回避した。[104]

逆に、このアプリは親中的なコンテンツを優遇しているようで、アメリカの10代の若者たちは習主席を称賛する皮肉まじりの動画を投稿し、自分たちの知名度を上げようとさえしている。あるテキサスのTikTokユーザーは中国の国歌を再生し、習主席を「私の主席」[105] と呼ぶクリップを投稿したところ、ファンの数が2000人から9万人に増加した。

コンテンツをこれほどまでにコントロールできるのであれば、TikTokがアメリカの選挙に介入することを阻止できるのだろうか？ 『ストラテチェリー』〔テック系ニュースサイト〕のベン・トーマス（Ben Thomas）は「TikTokは特定の地域で、特定の候補者や特定の議題（イシュー）を宣伝することができる。おそらく候補者は中国企業に恩義を感じるだろうが、誰もそれを知ることはないだろう」[106] と推測している。Grindrの教訓から学んだのか、TikTokは中国国家の道具であるという疑惑から逃れるための措置を講じている。アプリ自体は中国国内で利用することはできないが、姉妹版がある。TikTokの広報担当者は「当社のデータセンターは完全に中国の国外にあり、当社のデータはいずれも中国の法律の対象ではありません」と断言している。「中国政府からコンテンツの削除を求められたことはありませんし、求められたとしても削除することはありません」[107]。中国にいるTikTokの従業員は、海外からの「機密データ」へのアクセス権を剥奪されている[108]。香港の国家安全保障法が成立し、北京がかつて半自治区であった香港にデジタル手段による影響力を拡大するのではないかという懸念が高まった後、TikTokは香港のアプリストアから撤退した[109]。さらにロサンゼルスに活動拠点を置くアメリカ人のCEOと、30名以上のアメリカ人ロビイストを雇用した[110]。

これまでのところ、TikTokが完全な身の潔白を証明しようとする努力は、ほとんど成功していない。TikTokのダウンロード数の30パーセントを占めているインド[111]は、中国軍との国境紛争後、TikTokと数百の中国製アプリを禁止する「サイバー制裁」を科した[112]。インド政府の電子情報技術省は、これらのアプリが「ユーザーのデータを盗み、密かに送信している」という報告を受けているとの声明を出した[113]（このインド政府の措置の賢明さを理解するため、中印国境に駐留するインド兵の携帯電話にTikTokが入っていたと仮定してみよう。そうした場合、中国軍がこのアプリを使って、その兵士の正確な座標を割り出すことは十分に考えられる）。

TikTokはアメリカでも厳しい逆風にさらされている。アメリカ国防総省は職員個人の携帯電話によるTikTokの使用を禁止した。ジョー・バイデンの大統領選挙運動中もそうだった。アマゾン社やウェルズ・ファーゴ社のような民間企業も同様に、従業員にTikTokアプリの使用について警告を発した。議会では、民主党のチャック・シューマー院内総務が国家安全保障を理由に、このアプリの見直しを求め、共和党は政府が所有する端末でのTikTokの使用を禁止する法案を提出している。

2020年8月、トランプ大統領は「国際緊急経済権限法」――「アメリカに対する異例かつ重大な脅威」が発生した場合に大統領が国際商取引を規制できる――を発動し、TikTokの親会社であるバイトダンス社（あるいはWeChat）との取引を禁止した[114]。これに反発したTikTokは、ただちにトランプ政権を提訴した[115]。TikTokのCEOは就任からわずか4カ月で退任した。ある記者は「時間はチクタクと流れてゆく（The Clock Is Ticking on TikTok）」（時計の音を表すチクタク（tick-tack）をTikTokに引っ掛けた表現）と見出しをつけた[116]。

翌月、トランプ大統領は、バイトダンス社が保有するTikTokの所有権をオラクル社とウォルマート社が取得する契約を承認したと発表した。この売却の話が持ち上がると、取引条件をめぐって周囲から多くの疑問が投げかけられた。[▼117] ウォルマート社のプレスリリースの草案には「このユニークな技術により、外国政府がアメリカのユーザーをスパイしたり、偽情報で影響を及ぼそうとするリスクを排除することができる」と書かれていた。そして、まるでグレー戦争の技術的取引が生み出すフラストレーションをキーボードに叩きつけたかのように、そのリリースには“Ekejechb ecehggedkrnikldebgtkjkddhfdenbhbkuk.”と書かれていた。[▼118]

2021年6月、バイデン大統領は、トランプ大統領が科した制裁を撤回する大統領令を発出した。この大統領令は「国際緊急経済権限法」に基づき、政府による罰則の対象となりうる「リスク要因」に該当するサイバーセキュリティ基準を詳細に説明したものである。

- 外国の敵対者の軍事、諜報または拡散活動を支援する人物による所有、制御、管理
- 諜報活動のための監視を行うソフトウェア・アプリケーションの使用（政府または企業が保有する機密情報または個人データに対する外国の敵対者によるアクセスを含む）
- 外国の敵対者による強制または勧誘にさらされている人物によるソフトウェア・アプリケーションの所有、制御、管理
- 不正なサイバー活動に関与している人物によるソフトウェア・アプリケーションの所有、制御、管理
- ソフトウェア・アプリケーションに対する信頼できる第三者による徹底した監査の欠如
- 収集されるデータの範囲と機密性

- ソフトウェア・アプリケーションのユーザーの数と機密性
- 特定されたリスクが独立した検証可能な手段によって対処されているか、あるいは対処可能な範囲[119]

残念ながら、こうした問題は2022年5月現在、ほとんど未解決のままだ。TikTokのような中国のソフトウェア・アプリケーションに起因する真のサイバーセキュリティ・リスクに対する取り組みは、アメリカが技術分野の対中貿易関係を包括的に見直す際には、間違いなくその一部となるはずである。この問題の詳細については後述する。

「1社2制度」

このようなグレー戦争の複雑で新たな脅威に対し、「丘」も「谷」も断続的ではあったが対応を試みてきた。そうした試みが明らかにしたのは、ワシントンとシリコンバレーがそれぞれ単独で対応していては限界があるということだった。

中国との緊張が高まるにしたがい、ワシントンはハイテク産業に対する監視を強化し、両岸のコミュニケーションを拡大してきた。2015年、国防総省は実験的な「国防イノベーション・ユニット」（DIUx）を設立し、それを「国家安全保障上の問題を解決するために民間企業と契約し、機敏に対応する国防総省の組織」と自称している。[120]シリコンバレーをはじめ、ボストン、オースティン、ワシントンDCにオフィスを構えたこのユニットは、軍にとって有用な技術を発掘し、迅速に機能を向上させることを目的としていた。一例としてDIUxは、建設現場で使用されていた小型の「クワッドコプター」ドローンのプロトタイプを取得し、それを戦場にもち込んだ実績がある。またペンタゴンのプロジェクト推進者は、ユーザーの口の中に装着する通信機器にも資金を拠出している（ある報道の見出しには「奇妙な歯型の携帯電話、国防総省から数百万ドルの資金を獲得」と書かれていた）。[121]

国防イノベーション・ユニットの軍と文民のスタッフたちは、シリコンバレーでワシントンの目となり耳となる役割を期待されていた。2018年に国土安全保障省に新設されたサイバーセキュリティ・インフラセキュリティ庁（CICA）のオークランド事務所も、自国の重要インフラを防護するという課題に取り組むために設立された。ある程度、これらの仕組みは意図したとおりに機能していると言える。（たとえば）中国がハイテク産業に大規模な投資を行っているとワシントンに警鐘を鳴らし始めたのは、シリコンバレーに置かれたペンタゴンの前哨基地（国防イノベーション・ユニットを指す）であった。中国がアメリカのベンチャー企業への関与を強めているという驚くべき内容が報告されてきたのである。[122]

このような独裁国家からの資金の流入を懸念し、アメリカ議会は外国投資の監視を担当する省庁間組織であるCFIUSを抜本的に見直した。1950年の設立以来、CFIUSは主に国防技術や重要インフラの移転を監視対象としてきた。たとえばアメリカ軍施設の近傍にあるネバダ州の鉱山の採掘権を中国の鉱山会社に売却するといった取引は、同委員会によって停止させられた。またCFIUSはシンガポール企業によるクアルコム社――アメリカ通信業界のリーダー的企業――の買収を阻止した。最近ではアメリカ政府もGrindr社やTikTok社のような企業が保有するデータを悪用されれば、安全保障上のリスクとなりうることを遅ればせながら認識し始めている。2020年、フロリダ州選出の上院議員マルコ・ルビオ（Marco Rubio）は、数百万人のアメリカ人の健康データを保管しているビタミン・サプリメントの製薬会社GNCが、中国のハルビン製薬グループに売却されようとしている案件について再検討を要請した。[123]

2018年に外国投資リスク審査現代化法（Foreign Investment Risk Review Modernization Act）が議会で可決

された結果、「サイバーセキュリティの脆弱性を悪化させたり、脆弱性を生み出したりする可能性のある」取引が調査対象として追加された。2017年から2019年にかけて、CFIUSが審査した697件の取引のうち20パーセントに中国の投資家が関与していたことが明らかとなり[124]、外国投資リスク審査現代化法を通じて、CFIUSは「特別な懸念」を抱く国からの取引を審査することができるようになった。また同法はCFIUSの審査対象となる取引の種類を、企業買収や株式の過半数所有以外にも広げ、この法律のもとでは重要技術リストの更新が行われれば、比較的小規模な外資であっても審査の対象とされることとなった。さらに賢明な措置として、この法律はCFIUSスタッフの規模を拡大した。

このような改善の取り組みは歓迎すべきものではあるが、グレー戦争の脅威に対処するには不十分である。2017年に実験的な国防イノベーション・ユニットが常設されたとはいえ——DIUxのxが削除された後も——わずかな権限と影響力しかもたないシリコンバレーのマイナー・プレーヤーにとどまっている。一方、地元に大手国防企業を抱える有力議員たちは、従来の国防調達プロセスを合理化しようとするユニットを疑いの目で見ている。またCFIUSに関しても、ワシントンは問題がありそうな取引に関する情報を、手遅れになるまで得られないという不確実な面がある。

実際、アメリカ政府にはハイテク企業やそのプラットフォームに生じている実態について、いまだに大きな盲点がある。アダム・シフ（Adam Schiff）下院議員は、ロシアが2018年の中間選挙期間中に民主党候補を標的として行ったフィッシング攻撃から学んだ教訓を振り返っている。下院情報委員会の委員長であるシフ議員は、コロラド州アスペンで開かれた公開フォーラムで、マイクロソフト社のサイバーセキュリティ担当者からその事実を知った。シフ議員によると、アメリカのインテリジェンス・コミュニティはまったくそれを知らなかったという[125]。

ワシントンがグレー戦争への取り組みを強化する一方で、多くのテック企業はいまだに曖昧な態度を取り、形勢を見極めようと無駄な努力をしている。世界最大の2つの国家市場で同時にビジネスを展開することにより最大の利益を得ようとするアメリカ企業は、根本的に相容れない（2つの）システムへの適応に苦慮している。シリコンバレーは自分たち独自のコードをもち、それを最大限に利用することを望んでいる。

その結果「1社2制度」とでも呼ぶべき（ユニークな）アプローチが生まれた。グーグル社が中国共産党の意向に沿った製品を作ろうとしたドラゴンフライ・プロジェクトは、このモデルを反映したものだ。ところが、アメリカ国内から起きた反発はドラゴンフライを頓挫させてしまう。しかし、中国市場の誘惑に取りつかれた他のハイテク企業の挑戦が止むことはない。

カリフォルニアに本社を置くビデオ会議会社Zoomは、その一例である。Zoom社は中国出身のCEOエリック・ヤン（Eric Yuan）が2011年に設立し、コロナウイルスが大流行した時期に人気が急上昇した。隔離された個人や組織は直感的にビデオ会議サービスに目を向け、家族との連絡、スピード・デート（多くの人と短時間の会話を交わすお見合いパーティー）、生徒への指導、宗教サービスの放送、ビジネス営業、さらには葬儀や閣議の開催などに活用した。2019年12月、Zoomによる1日の会議参加者数は1000万人に到達した。2020年4月には、その数は3億人に急増した。[126]

Zoom社がこの爆発的な成長への対応に奮闘するなか、同社はプライバシーやセキュリティに関するさまざまな問題で非難を浴びることになった。悪意あるハッカーが仮想教室を乗っ取り、生徒の画面にポルノや鉤十字（ハーケンクロイツ）を表示するズーム爆撃（Zoombombing）と呼ばれる行為があった。さらに詳しく調べると、Zoom社が「エンド・ツー・エンドの暗号化技術を実装」と宣伝していたのは実は誤りであり、Zoom自体から暗号化されていない動画や音声コンテンツにアクセスすることができた。[127] Zoom社は中国以外のトラフィックを、一部の中国サーバーに「誤って」転送してしまったことを認めている。[128]

最も深刻だったのは、2020年6月、数百人のアメリカ人と中国人の活動家が天安門事件31周年を記念していたところ、Zoomのビデオ会議が突然中断したことである。[129] その不具合は後でわかったことだが、技術的な問題ではなく、イデオロギーが原因だった。同じ週、Zoom社はカリフォルニア在住の反体制派、周鋒鎖（Zhou Fengsuo）のアカウントをシャットダウンした。[130] 著名な中国研究者であるエリザベス・エコノミー（Elizabeth Economy）は、天安門事件やウイグル族への残虐な弾圧など、中国共産党によってタブー視されている話題について議論していたところ、自分もZoomセミナーから外されたことを明らかにした。「みんなで冗談を言い合っていました」と彼女は書いている。「でも、たぶん向こうには冗談なんて通じなかったのかもしれません」。[*131]

これに対してZoom社は「現地法を遵守する」――つまり中国の法律に従うこと――義務に従ったまでだと回答した。そのうえで中国の外部のユーザーに影響が及んだことを謝罪し、アメリカを拠点とする活動家のアカウントを復活させ、中国以外のアカウントを検閲しないことを約束した。また Zoom社は「地理的な条件に基づき、参加者レベルで削除やブロックを行う」技術を開発中であると発表した。[132] つまり中国国内の会議への参加者は検閲の対象となるが、中国国外の参加者は検閲の対象にはならないと保証したのである。これが「1社2制度」である。

だが、この再保証は混乱を招いた。Zoom社はこの問題に関して真の安心感を与えることができなかったからである。同社はさまざまな助成金を通じて、中国で少なくとも700人の研究開発に携わる中国人を雇用していたため、中国の徹底した監視関連法の適用を受けている。Zoom社はアメリカ証券取引委員

＊ 実際、2020年12月、司法省は天安門広場のテレビ会議記念式典を妨害したとして「アメリカ通信会社の中国在住幹部」を起訴している。

会に提出した書類で、中国人の従業員が「当社のソリューションの完全性やデータセキュリティ機能を市場の監視の目にさらす可能性がある」と認めている。[133]「市場の監視の目」とは、随分控えめな表現ではあるが……。

Zoom社は、中国政府から天安門事件に関連する活動家のアカウントを削除するよう求められたことをすでに認めている。同社はまだ公表していないが、北京がZoom社に依頼したことは他に何かあるのだろうか？　中国政府がZoom社の社員に、アメリカのビジネス上の重要な会話を監視し、貴重な洞察を得るよう命じていないと誰が言い切れるだろうか？　あるいは中国の役人が「Zoomのプラットフォームにバックドアを作らないと、エンジニアの家族に法的危害が及ぶ」と脅していないとも限らない。

はっきり言って「1社2制度」ではうまくいかない。グーグル社、ネットフリックス社、ツイッター社、ギットハブ社、フェイスブック社などの企業が実際に証明したように、アメリカと中国のユーザーに同時にサービスを提供するという課題は、技術的、法的、道徳的、地政学的な問題を生み出し、最終的に不可能なことなのだ。

ここで技術的な課題を考えてみよう。中国の法律に抵触するコンテンツを追跡するためには、Zoom社のような企業が、進行中の会話を自動的にスキャンして、表示されている内容や発言内容を解読するシステム――一般的に「分類子（クラシファイア）」と呼ばれる――を訓練する必要がある。たとえZoom社がこうしたケースについて実用的なポリシーを策定したとしても、常に曖昧さがつきまとう。どんな自動執行システムでも、いわゆるエッジケース〔値が限界ギリギリなどで特別な問題を含む可能性がある状況を指す。たとえば秒未満を四捨五入して時刻を表示する処理で、入力が23時59分59秒台後半の場合〕と呼ばれる、本来なら取り込むべきでないコンテンツを取り込んでしまうケースが生じてしまうのである。たとえばアメリカにいるユーザーが国境を越えて中国のユーザーと会話した場合、どうなるだろうか？　あるいはヴェトナム在住の中国人がZoomを学術目的で利用し、天安門の大虐殺について中国語で議論した場合、どうなるのか？　またZoom社が、世界中のすべてのユーザーにエンド・ツー・エンドの暗号通信を提供するという最近の約束を果たした場合、中国の現地の法律や政府の要請にどのように対応し続けるつもりなのかも不明である。

そして、法的な障害もある。国際法のもとでは、訴訟当事者は法的な証拠開示手続きにしたがって、外国の企業に対し、〔訴訟当事者の国に所在する〕国内支社を通じて情報を提出するよう要請することができる。つまり中国政府または中国のいかなる組織も、アメリカに所在するZoom社の親会社に、法的な情報開示請求という名目で情報提供を要請することができるのである。このような複雑に入り組んだ法的問題は、個人の自由と法の支配を尊重する2つの民主主義国家の間でさえ厄介である。ましてや、一方の国が権威主義的政権である場合、問題の複雑さはよりいっそう大きくなる。

また倫理的問題も深刻である。シリコンバレーの理想主義者たちが、自分たちの会社は価値があるという確信と、その会社が生み出す製品は価値観に左右されないというアイディアを両立させることは――社内においても、社外の世論という法廷においても――ますます難しくなっている。ある報道によると、Zoomを通じて日曜礼拝に参加した中国人のキリスト教徒が、その後、中国当局に逮捕されたという。[134]Zoom社のアメリカ人社員たちは、自社のプラットフォームが言論の自由を抑圧するだけでなく、反体制派や少数民族の弾圧を可能にするために利用されていることに対し、「現地法の遵守」を理由にすることで満足するのだろうか？

この問題は、ハイテク社会において「アンネ・フランクの難問」として知られている。ホロコーストの生存者の孫である私にとって、このジレンマは特に共鳴するものであった。アンネ・フランク（Anne Frank）の日記が示すように、アムステルダムの本棚の奥に隠れていたアンネ・フランクの家族を見つけるのに、ナチは長い時間を要した。もし今日、同じような状況で日記を書いていたら、アンネはどうなっていただろう？　もし彼女が日記を書くのではなく、TikTokで自分の体験を記録していたとしたらどうなっただろうか？　そして、もし独裁政権がTikTok社に――北京が多くのウイグル人のムスリムに行ったように――法執行機関が彼女の家族を探し出し、収容所に送り込むための情報の提示を求めたとしたら？　もし政権が国境を越えたユーザーに関する情報提示を要請したら、どうなるのだろうか？

一部の学者は、政府がハイテク企業にユーザーデータの提供を求める場合、そのプロセスは通常、政府と企業の間の双方向の交渉になると論じている。言い換えれば、企業には政府の要求をはねつける機会があるということだ。これは民主的な政府には当てはまることかもしれないが、中国共産党にはあてはまらない。

ヤフーはこのことをよく理解している。2004年、天安門事件の15周年を前に、中国はヤフー社に対し、共産党が施行したメディア規制の内容〔報道自粛を求める当局のメッセージ〕をヤフーのアカウントを使ってアメリカの知人に送信した中国在住の新聞編集者シー・タオ（Shi Tao）の名前、eメールアドレス、所在地を明かすよう要求した。北京はこの情報伝達を「国家機密の外国への違法な提供」と見なした。ヤフー社の幹部は「抵抗すれば、世界最大の消費者市場へのアクセスを失う可能性が大きい。しかし黙諾すれば、反体制派の命を危険にさらすかもしれない」という現実に直面し、その対応に苦慮した。結局、会社は〔中国の要求に〕屈服し、情報を渡した。シー・タオは逮捕され、2時間の裁判で有罪判決を受け、10年間の強制労働を言い渡された。[*135]

最後に、1社2制度の最大の弱点は――最も見過ごされている点だが――地政学である。巨大ハイテク企業は〔自社を〕デジタル版のスイスであると宣言することもできるが、政府がそうした企業を代理人や潜在的な標的と見なし始めたため、アメリカの企業はいずれ公平性を保つことができなくなるだろう。シリコンバレーとワシントンの関係は、企業は独裁者の意向に配慮せねばならない理由を説明するまでもなく、十分に悪化している。シリコンバレーは、経済と政治を切り離すことが可能であるという長年の誤った仮説を軌道修正する時期に来ている。中国は、経済と政治が分離していない世界で唯一の大国なのだ。今こそ、どちらか一方を選ぶ時である。

さらに言えば、今こそ両岸は互いに争いをやめ、私たちが共通の敵――私たち全員が依存している開かれた社会と開かれた経済を弱体化させる恐れがある、北京やモスクワなどのテクノ権威主義者――と向き合っていることを認識すべき時なのだ。この戦争に勝利するためには、私たち自身が沈黙を解き、シリコンバレーを世界の羨望の的にしてきた共同努力の精神を再発見し、アメリカが最も得意とする「未来の構築」に取り組む必要がある。

＊ その10年後、ヤフーはコスト削減のため中国から撤退した。

第6章

グレー戦争に勝利する

エストニア、タリンの、5月の美しい日のことだった。私はNATOのサイバー防衛協力センター(Cooperative Cyber Defence Center of Excellence)が主催する年次国際サイバー会議であるCyCon 2019に出席していた。約50カ国の軍、政府、学界、産業界から集まった約650人のサイバー専門家が、4日間にわたる作業部会やプレゼンテーションのためにホテルに集結した。エストニア大統領ケルスティ・カルジュレイド(Kersti Kaljulaid)は、サイバースペースにおける国際法について演説した。最大の呼び物はアメリカ、ドイツ、イタリア各国の軍のサイバー司令官によるパネル・ディスカッションだ。またマイクロソフト社のカスタマー・セキュリティ&トラスト担当副社長であるトム・バート(Tom Burt)も講演を行った。[1]

会場のホテルの窓から、古い建物の尖塔が見えた。そこにはエストニアがまだソヴィエト連邦を構成する共和国であった頃のハンマーと鎌が刻まれていた。少し前まで、モスクワがこの地域を支配していたことを想い起こさせる光景だ。だがロシアの影響力は遠い昔の脅威ではない。2007年にロシアがエストニアにサイバー攻撃を仕掛けてから、わずか12年しか経っていなかった。

このような歴史を踏まえ、エストニアのサイバーセキュリティ担当者に、サイバースペースにおける抑止力について聞いてみた。サイバー攻撃を受けた同盟国を集団防衛するために第5条の行使を検討するためには、何が必要なのだろうか？　ロシアは毎日のようにエストニアに対し、低強度のサイバー攻撃を仕掛けてきたのではなかったか？　仮にNATOが、ロシアのネットワークに対して同じような攻撃を行ったとしたらどうだろうか。

「私たちはサイバースペースの軍事化は避けたい」と、エストニアの関係者は私に語った。「軍備競争は避けたい」と。

表面上は合理的な反応と言えた。しかし、私には何か気になるところがあった。もし、私たちのサイバー行動にロシアがどのように反応するかを、こちらが懸念しているのに対し、ロシアが他国への攻撃に積極的な姿勢を変えていないのであれば、抑止されているのは私たちということにならないだろうか？　アメリカの経済規模はロシアの7倍以上であるが、ゴリラがネズミに怯えるのは理にかなったことなのだろうか？　このようなグレーゾーンの攻撃を受動的に許した場合、どのような結果になるのだろうか？　それに対応しないことで、どのような将来の行動パターンを招来することになるのか？　結局のところ、方針を定めないという方針――過去20年にわたって私たちが試行錯誤を繰り返してきた――しかないのか？　私はこの政策が多くの意味で、経済的にも戦略的にも不確かな地点に私たちを連れてきたのではないかと心配している。

政府高官や著名なオピニオン・リーダーたちが、あたかも禁じ手のような考え方をするたびに、私は何度も何度もこの種の質問を繰り返すことになる。サイバースペースでロシアに強硬に対抗することはエスカレートすることにつながりかねない。台湾とあまりに近づきすぎると、中国との関係を崩してしまう。

こうした考え方の中には、間違いなく賢明なものもある。私は長年の経験によって培われた見方をする人たちを尊敬している。しかし同時に、シリコンバレーの特徴である、リスクを取り、迅速に行動し、既成概念にとらわれず、古くから真実であると広く受け入れられてきた前提に疑問を投げかけるテック業界の姿勢は、グレー戦争でより創造的で柔軟性があり、効果的な戦略を生み出すために応用できないかと思わずにはいられない。2011年にヒラリー・クリントン国務長官が語った言葉は、今日になってますます適切なものとなっている。「まさに今、変化する世界が突きつける挑戦とアメリカ国民のニーズは、故スティーブ・ジョブズが語ったように、私たちの外交政策コミュニティに『違った思考をせよ』と要求しています[2]」。

グレー戦争に関して言えば、「違った思考をする（think different）」ということは、ピーター・ティールの有名な逆張り（コントラリアン）の質問を考慮する外交政策文化を育成することを意味する。ごく少数の人だけが同意する重要な真実とは何か？　外交政策の専門家は、長年の思い込みや一般的な見解と相容れない考えを信じるインセンティブをもつこともない——あるいは批判さえ受ける——ような環境では、「違った思考」をしづらくなる。イノベーションは、当初は知的異端と思われるようなアイディアを含まずに生まれることはほとんどない。企業であれ、政府であれ、人々に新しい「もし、そうなら」のシナリオを受け入れさせる文化が、イノベーションの中心なのである。最終的にグレー戦争に勝つためには、問題の大きさを認識し、民主主義の技術面での防衛を国家安全保障の中核として確立する新しいコンセンサスを形成することが必要である。そのためには、私たちが置かれている紛争を、ありのままに認識することから始めなければならない。

耳を掩いて鐘を盗む

中国には巨大な鐘（かね）を盗もうとした泥棒の話がある。その泥棒は鐘があまりに重いので、それを分解して破片を持ち去ろうとした。鐘をハンマーで叩く音は当然うるさかったが、そこで泥棒は思いついた。耳に布を詰めて騒音を消し、鐘を壊し続けることにした。もちろん、その音は町の人たちに聞こえていた。やがて彼は逮捕された。

このおとぎ話から「耳を掩（おお）いて鐘を盗む」という諺が生まれた。この物語の教訓ははっきりしている。あなたが何かを聞こうとしないからといって、それが起こっていないとは限らないのだ。

最近、新聞を開くと、一部のアメリカ人が「そんなことはないだろう」と思っているようなニュースに遭遇することがある。たとえば外交問題評議会は、アメリカを代表するシンクタンクの一つであると見なされている。代表のリチャード・ハース（Richard Haass）はオックスフォード大学のローズ奨学生で、ジミー・カーター（Jimmy Carter）、レーガン、そしてブッシュ父子政権に仕えた。コリン・パウエル（Colin Powell）国務長官のもとで国務省の政策企画室長を務めた。このポストは、ソ連封じ込めのためのアメリカ戦略を記した「長電」を書いたことで有名なジョージ・ケナン（George Kennan）が就いていた役職である。ハースは、アメリカの外交政策エスタブリッシュメントの権威と言ってよい。

だから、彼が2020年5月に『ウォール・ストリート・ジャーナル』の紙面で「中国との冷戦は誤りとなろう」と主張したことは注目に値する。ハースの見解では「中国との対決がアメリカの外交政策の組織的原則になるべきだ」と考える人は「大きな戦略的誤り」を犯しているという。冷戦の闘士たちは「中国の野心と能力を過大評価している」のである。その代わり、彼は「私たちが直面している最も深刻な脅威は、他の国々ではなく、さまざまな国境を越えた問題である」と主張している。[3] かつて国家情報長官のダン・コーツ（Dan Coats）も『ワシントン・ポスト』紙の論説で「中国との冷戦はない――もし起きた場合、私たちは勝利できないだろう」[4]と、よりいっそう辛辣な見方をしている。『フォーリン・アフェアーズ』などの雑誌の中で、ハーバード大学やスタンフォード大学の否定派が、中国との競争が狭義の冷戦の定義に当てはまるかどうかについて議論している。

中国に対し、より強硬なアプローチをとることに反対する多くの人々は、グレー戦争を認めること自体が、紛争を引き起こす自己実現的な予言であると主張する。しかし理論上の「関与（engagement）」を深めることであると映る。彼らの目には、平和への道筋は「関与（accommodation）」に終始していることが多い。なかでもハーバード大学の政治学者グレアム・アリソン（Graham Allison）は、このような慎重な意見をもつ代表的人物である。アリソンは2012年、ギリシアの歴史家トゥキュディデスからの「戦争を不可避にしたのはアテネの力の増大と、それがスパルタにもたらした恐怖だった」という短い一節に基づき「トゥキュディデスの罠」というアイディアを打ち出した。それによると、基本的に台頭する大国が既存の支配勢力を脅かし、それに取って代わろうとするとき、紛争が最も生起しやすくなると論じている。

アメリカと中国には「内省のための長い休止」と「相互理解の深化」を促すため、ハイレベルの持続的関与が必要である。[5] しかし現実には、中国のグローバルな技術力、経済力が年々向上する一方で、このようなアプローチを試みてもアメリカは黙認し、中途半端に終わってしまうことが多い。このようなアプローチに戻ることは、中国がもはやアメリカでさえ対抗できない戦略的・経済的な「脱出速度」に達するために必要な、貴重な時間を中国に与えてしまうというリスクを冒すことになる。これはアメリカ史上最大の外交政策の誤りとなるだろう。

グレアム・アリソンの見方はワシントンや学界の中だけにとどまるものではない。シリコンバレーの大企業を経営する友人（私は彼の見解に同意する場合が多い）は、私にこう言った。「中国が悪質なことをしているのは事実だ。だが、我々が有能な外交官を擁する有能な政権をもてば、テーブルに座って物事を解決することができるのではないだろうか？」。このような協力と冷静さを求める気持ちはよく理解できるし、称賛されるべきである。しかし悲しいかな、それはナイーブな見方である。アメリカでは、まだ多くの人々が「鐘を盗みだすために、自分たちの耳を掩っている」のだ。

ここまで読んでいただければ、なぜこのような拒否主義（denialism）が危険なのか、おわかりいただけたかと思う。おさらいしておこう。モスクワはプーチンの積極工作キャンペーンに数十億ドルを注ぎ込み、アメリカ国民を分裂させ、注意をそらすために情報を荒らし、歪曲し、政府のコンピュータ・ネットワークに侵入している。中国軍のハッカーたちはアメリカ企業のシステムに侵入し、重要な知的財産を奪い取ることを日常的に行っている。アメリカの技術を盗む一方で、中国はグーグル社、フェイスブック社、ツイッター社、ユーチューブ、ネットフリックス、レディット、ギットハブなど、ほぼすべてのアメリカのコンテンツ・プラットフォームを中国の国境内部でブロックしている。北京の巨大な「一帯一路構想」を通じて、ファーウェイ社のような企業は、重要なデータへのアクセス、データの削除、操作を可能にするネットワーク・インフラ――それらは中国政府に容易に引き渡される可能性がある――を熱心に設置している。そしてもちろん北京は、人工知能や量子コンピューティングのような最先端テクノロジーに何十億ドルも注ぎ込んでいる。これらは政権が監視と身の毛もよだつような抑圧のために使用し続けているテクノロジーなのだ。

そして、この紛争のありのままの本質をはっきりと捉えているのは誰か？　中国共産党の指導者たちだ。『ポリティコ』のウェブページ上では、中国の崔天凱（Cui Tiankai）駐米大使が「対話と協力を土台にした」

関係構築を〔アメリカ側に〕呼びかけると伝えられた。[6] 他方、中国国内の新聞紙面の論説では、アメリカによるファーウェイ社製品への規制に対して、中国は「アメリカとの長期間にわたる『戦争』の準備ができている」[7]と主張している。ダボス会議では習主席が「ウィン・ウィンの協力」[8]を謳い、江西省では「新たな長征」[9]を呼びかけ、米中対立の激化を、毛沢東と共産党が権力を掌握するまでにたどった苦難の道のりになぞらえている。その一方で、習近平政権は中米衝突の可能性について警告し、[10]中国に「まばゆい剣を引き抜く勇気をもて」[11]と呼びかけている。オーストラリア政府がコロナウイルスの発生源について国際的な調査を要請したとき——これは大きな挑発行為ではなかったのだが——中国はキャンベラの「小細工」を非難し、オーストラリア産牛肉の輸入を停止した。[12]「ウィン・ウィンの協力」とは、こういうものなのだ。ジミー・カーター大統領の国家安全保障補佐官だったズビグニュー・ブレジンスキー（Zbigniew Brzezinski）がかつて警告したように「平和を訴えながら、同時に平和を阻止するためにあらゆる手段を講じることは、全体主義的独裁国家が世界との関係を築くときの重要な特徴である」[13]。

幸いなことに、アメリカの指導者たちの中には、この脅威の現実に目覚めた者もいる。共和党のミット・ロムニー上院議員は「中国が略奪的な道を歩むことを阻止する共通の戦略を打ち立てようと同志国に」[14]呼びかけた。上院の民主党議員たちは、アメリカの研究開発や国内サプライチェーンの強化から、人権侵害の取り締まり、中国の影響力工作を調査するジャーナリストの養成にいたるまで、中国の高圧的態度の悪化に対処するため、３５００億ドル規模のプランを提案した。[15]

若い世代の国家安全保障のリーダーたちは、中国の権威主義的な脅威に対し、とりわけ明確な目を向けている。大統領候補だったピート・バティギーグ（Pete Buttigieg）は——現在は運輸長官としてアメリカのインフラの安全確保に取り組んでいる——中国の「権威主義的資本主義の国際的拡張」[16]、「独裁政治を完成させるためのテクノロジー」の利用について繰り返し警告している。[17] ウィスコンシン州選出のマイク・ギャラガー（Mike Gallagher）下院議員は「中国共産党がアメリカの秩序に対して新たな冷戦を仕掛けているのに、アメリカはあまりにも長い間、それを見逃してきた」[18]と嘆いている。ジョンズ・ホプキンス大学のハル・ブランズは、何年も前から中国に警鐘を鳴らしてきた。タルン・チャブラ（Tarun Chhabra）のような国家安全保障問題の専門家は「中国の挑戦の重大さを理解」するよう世界に呼びかけている。[19]

老若男女を問わず、多くの批評家がより融和的な関与政策に異議を唱えている。ペンシルベニア大学の歴史学者で中国研究者のアーサー・ウォルドロン（Arthur Waldron）は、多くの場合、融和〔の政策〕が対立を引き起こすと指摘している。なぜなら既存の大国は「〔重要争点から相手の〕目をそらさせ、〔対決よりも〕交渉を求め、宥和し、先制攻撃はしない」からである。アリソンが挙げた事例の3分の1以上では、このような沈黙〔傍観や無為無策〕が力の真空を生み、新興勢力がそれを埋めようと躍起になるのだ。ウォルドロンは「台頭しつつある、あるいは台頭を目指している国は最初に行動を起こす傾向がある。なぜなら、そのような行動を起こさなければ潰されてしまうような〔既存大国の〕パワーを無力化することによってのみ、前に進むことができるからだ」と結論づけた。[20]

このような放任的なスタンスは、いわゆる「既成事実化（fait accompli）」政治へといたる。２０１４年にロシアが突然クリミアに侵攻したとき、手遅れになる前に結果に影響を与えうる真のチャンスはなかったのだ。ＮＡＴＯ諸国が〔欺騙を含んだ〕現実にようやく気づいたとき、ロシア軍はすでにウクライナの領土を押さえていた。それはすでに「達成された事実」であり、これが既成事実化である。その時点で〔欧米諸国にとっての〕選択肢はクリミアをめぐって戦争を開始するか否かの問題となっていたが、プーチンは欧米が直接軍事介入しないことを正しく見極めていた。アメリカとＥＵは制裁を発動したが、プーチンはこれをブラフと見なした。それは過去のレーニンの教えを現代にアップデートしたものだった。それは「銃剣をもって探れ。もし粥（mush）に遭遇したら進め。もし鋼鉄に遭遇したら退けばよい」というものだ。しかし、もしプーチンが探りすぎて誤算し、たとえばシリアでアメリカの輸送部隊を爆撃してしまったらどうなるだろうか？　もし中国がアメリカのアンビバレントな姿勢を、台湾――コンピュータ・チップの世界的供給元――への侵攻を黙認すると解釈してしまったらどうなるだろうか？　アメリカが何としてでも対立を避けようとするシグナルを送ることで、私たちが避けたいと願う対立を逆に早めてしまう危険があるのだ。

有名な話だが、ナチ・ドイツに対するこのような態度が「宥和（アピーズメント）」という言葉を、その後何十年も汚れたものにした。イギリスのネヴィル・チェンバレン（Neville Chamber）首相は「私たちがドイツ人とテーブルを囲み、彼らの不満や主張を鉛筆で一つひとつ確認すれば、緊張はすべて緩和されるだろう」と主張した。[21]その2年後、ヒトラーはポーランドに侵攻した。

外交政策コミュニティにいる私の友人や同僚の多くは、ナチ・ドイツの台頭や第二次世界大戦の到来を歴史的に特殊な出来事として扱うことが多い。しかし、ホロコーストの2人の生存者の孫である私は、その類似性を無視することはできない。チェンバレンの言葉は、シリコンバレーにいる私の友人の善意ある願いと不気味なほど似ているのだ。歴史が示しているのは、野心的で独裁的な大国に対する一方的な融和は、私たちの誰もが望んでいるような平和をもたらすどころか、冷戦を熱くする可能性が――高いとは言えないまでも――あるということだ。

結局、平和とは本来、双方向のプロセスである。双方がそれを追求しない限り、どちらも達成することはできない。たしかに、より強硬で対立的なアプローチを採用すると、コストやリスクを伴う。だが現代の議論は「行動を起こさないこと（インアクション）」によって生み出されるコストとリスクを見落としている。最近の経験が私たちに示していることは、中国が強くなるにしたがい、対立のコストを先延ばしにすることが問題をさらに紛糾させる、ということである。

シリコンバレーにおいて、ある選択を迫られたとき、私たちは何を目的に「最適化」したいのかについて話し合う。検索エンジンを最適化するには最新性（recency）あるいは関連性（relevance）を重視することもある。たとえばiPhoneは豪華なベルやホイッスルに最適化することも、コンパクトさに最適化することもできる。中国に関して言えば、私は平和であることを望んでいるが、米中の対立がエスカレートした結果は双方にとって恐ろしいものとなるだろう。同時に北京は、軟弱なアメリカが中国の反民主主義的野心に対抗する持続的な努力を行うことは到底できないことを見抜き、それに賭けていることは明らかである。そして平和を守るか、民主主義を守るかの選択を迫られた場合、私たちは民主主義を守るための戦略を最適化するべきである。アメリカの中核となる国益を放棄することを前提とした平和は、外交的成果とは言えない。私たちの民主主義と生活様式は、譲れないものでなければならない。

基本的なレベルでは、アメリカ国民は権威主義的な敵対国がもたらす脅威の増大を認識しているようだ。コロナウイルス危機のさなか、2020年7月のピュー（アメリカ最大の世論調査会社）の調査では、アメリカ人の4分の3近くが中国政府を好ましく思っていないことがわかった。これはピューが2005年に調査を開始して以来、最も否定的で、トランプ大統領の就任以来26ポイントも上昇した。57パーセントが中国を競争相手と考え、4分の1が中国を「敵（エネミー）」と呼んでいる。[22] 一方、ほぼ同じ割合のアメリカ人がプーチンのロシアを好ましく思っておらず、ロシアをアメリカの最大の敵だと考えている。[23] 多くのアメリカ人は、スペードをスペードと呼ぶ覚悟がある。*

トランプ大統領が就任したとき、アメリカでは対中関与をめぐる化石化した正統派教義を見直す時期が過ぎていた。2020年11月、オバマ大統領は「中国は自国経済を建設するため、一貫して国際貿易ルールに違反する重商主義的政策を行ってきた」と認識していた。そのうえで「もし金融危機を経験していなければ、私の対中姿勢は貿易問題をめぐって間違いなく、多くの論争を巻き起こしただろう」[24]とも述べている。今後、どのようなアプローチが正しいのかを考えるうえで、トランプ大統領の対決姿勢は方向性として必要であったと認めることが重要である。しかし政策の実行段階で彼が用いた戦術はブレが多く、効果的とは言えなかった。

今こそ、中国からの戦略的挑戦をありのままに、可能な限り曖昧ではない言葉を使って認識し、私たちが直面しているデジタル脅威を中心に政府を再編し、欧米のテクノ・ブロックを強化する新しいツールや制度を構築し、権威主義の敵対者を抑止し、破壊する手段を講じる新しい外交政策が必要な時を迎えている。この戦略は、次のようなものとなろう。

民主主義のデジタル防衛の能力向上と制度化

民主主義のデジタル防衛を国家安全保障の中核に据えることを宣言する

2015年5月、オバマ大統領はアメリカ合衆国沿岸警備隊士官学校の卒業式で演説するため、コネティカット州ニューロンドンを訪れた。大統領は士官候補生たちに心を込めて「アホーイ」(海上で他船に呼びかけるときの掛け声)と挨拶し、床のワックスがけについてジョークを飛ばした。そしてオバマは本題に入った。「私は今日、気候変動が世界の安全保障にとって深刻な脅威であり、わが国の安全保障にとっても差し

＊ アメリカ人の態度には、トランプ大統領の反中レトリックが反映されている部分もあるが、このような見方は民主主義世界において、ますます共有されている。イギリス、ドイツ、カナダ、韓国では、4分の3近くが中国を好ましくないと考えている。日本、オーストラリア、スウェーデンでは、80パーセント以上が中国を否定的に捉えている。ある内部分析によると、世界的な反中感情は天安門事件以来、高い水準にあると言える。

迫ったリスクであることを申し上げるためにここに来ました」と、アメリカ軍の最高司令官は述べた。大統領は憂慮すべき統計を並べ、気候変動否定派に反論し、アメリカの国益が脅かされているあらゆる事象を取りあげた。「だからこそ」と大統領は強調し「気候変動に立ち向かうことは、今やアメリカの世界的リーダーシップを支える重要な柱なのです」と宣言した。▼25

長い間、気候変動はオバマ政権の優先事項であった。しかしニューロンドンでの演説で、大統領は政府の最高レベルにおいて、気候変動の脅威に対処することが国家安全保障政策の中心的課題であることを示したのである。国防総省――気候変動を「脅威の増幅要因（スレット・マルチプライヤー）」と呼び、その影響に適応するためのロードマップを策定していた――は、この課題に備えるための取り組みを加速させた。▼26 オバマ大統領は世界各国の首脳との会談で、軍事や経済協力といった従来からのテーマと並んで、気候変動に関する行動を強く求めた。ジョン・ケリー（John Kerry）国務長官は自らも気候変動外交を推進した。2015年12月、私の故郷で196カ国がパリ協定に調印した。この協定は世界の二酸化炭素排出量を削減し、気候変動の影響を緩和するという、これまでにない野心的な協定だった。▼27

このようにオバマ大統領は沿岸警備隊士官学校での演説で、気候変動を国家安全保障の重要課題に位置づけた。その数年後、マイク・ポンペオ（Mike Pompeo）国務長官がワシントンで行った主要なスピーチで、宗教の自由をアメリカ外交政策の中心に引き上げた。▼28

さて、バイデン大統領がシリコンバレーを訪問する場面を想像してほしい。グーグル・プレックス、アップル社の宇宙船のような本社ビルディング、あるいはスタンフォード大学で演説するかもしれない。大統領は技術者や学生を前に、民主主義に対するフロントエンドとバックエンドの攻撃がいかに包括的で侵食的であるかを語ることができる。大統領は「丘」と「谷」の緊張関係を認め、新しい協調精神と協力のメカニズムを呼びかけることができる。そしてオバマ大統領が気候変動問題について語ったように、バイデン大統領は「民主主義のデジタル防衛は、アメリカの国家安全保障の中核的な柱である」と宣言し、この重大な脅威に焦点を当てるために取るべき対策を示すことができる。[*]

大統領はこの新しいアプローチを正式化する政策指令を出すことにより、これまでの遅れを取り戻すことができるかもしれない。

新しい国家サイバー戦略は、中国、ロシア、イラン、北朝鮮にそれぞれ2回ずつ言及している2018年の最新の戦略〔現在の最新版は2023年5月に公表〕とは対照的に、サイバースペースにおける権威主義的敵対者の脅威を強調することができる。[29] 最終的にグレー戦争の脅威は、連邦政府の大戦略の声明の中で大きく取りあげられるべきである。

わが国の初代大統領ジョージ・ワシントン（George Washington）は「影響力を行使しようとする外国からの巧みな策略を警戒し……自由な人民の警戒心は常に目覚めていなければならない」[30]とアメリカ国民に警告した。私たちの現在の大統領は、この緊急の警告に共鳴し、それをアップデートする必要がある。

政府の技術力を高める

〔上述した〕国家的優先順位の表明は始まりにすぎない。グレー戦争に効果的に対応するためには、アメリカ政府を再編する努力を開始しなければならない。

人事は政策の表明であり、ニクソン大統領がＨＰ社のデイヴィッド・パッカードを国防副長官に任命したように、大統領はテック業界のリーダーを主要ポストに任命し、テクノロジーの重要性を示すことがで

＊　オバマは2015年にスタンフォード大学でサイバーセキュリティに関する講演を行っている。しかし彼は「中国やロシアのハッカー」について、ほんの少し言及したにすぎなかった。当時はまだ、サイバーセキュリティがグレー戦争の文脈で十分に理解されていなかったのである。

きる。たとえばエリック・シュミット、LinkedIn社の共同創設者リード・ホフマン（Reid Hoffman）、インスタグラム社のＣＯＯマーネ・レヴィーン（Marne Levine）、コード・フォー・アメリカ社のジェニファー・パルカ（Jennifer Pahlka）は、いずれも国防イノベーション諮問委員会（Defense Innovation Advisory Board）のメンバーであり、より大きな役割を担う有力候補かもしれない。また国家安全保障局や国防総省、一部の議会事務局にも、その専門知識を活かして政策立案プロセスに大いに貢献できる有能なスタッフがいる。クリントン政権で2人目の国防長官で核の専門家だったウィリアム・ペリー（William Perry）は、20世紀で最も恐るべき兵器に精通していた。それなら、21世紀で最も深刻な兵器に精通した高官を任命してもいいはずだ。

新しい人材を登用し、私たちが直面する最も重大な脅威の一つに、常に目を光らせている高官が必要である。２０２０年後半、ホワイトハウスに国家サイバー部長（National Cyber Director）が創設されたことは歓迎すべき第一歩である。そのオフィスには、これらの問題を提起し、政府内で調整するために必要なスタッフを配置し、必要な権限を与えるべきである。[31] 民主主義のデジタル防衛を担当する国務・国防次官補――インテリジェンス・コミュニティの新たなカウンターパートとなるだろう――を新たに設置することにより、この重要任務が両省や友好国政府との関係において優先されるようになるだろう。

グレー戦争で外国投資が果たす顕著な役割を考えると、これらの取引の監督責任を負う現在の政府機関の権限は強化されるべきである。対米外国投資委員会（Committee on Foreign Investment in the United States: CFIUS）の近代化を可能にした２０１８年の法案は心強いスタートであった。同法案により投資セキュリティ担当の財務次官補が創設された。このポストは民主主義のデジタル防衛を担当する新たな次官補および国家安全保障副補佐官と緊密に連携すべきである。今後、ＣＦＩＵＳは調査対象の取引件数が増大するなか、それに適切に対応するため、また取引が提出される前に積極的な調査ができるよう追加スタッフを増強すべきである。

さらにCFIUSのスタッフは、グレー戦争の中核をなしている専門知識や技能を身につけておかなくてはならない。ある民主党議員は私に、企業は武器として利用される可能性を覆い隠すため――おそらく意図的に――痛々しいほど難解な用語を使って、取引の可能性を探りに来ることがあると打ち明けてくれた。たとえば、ある企業が猫の楽しい写真を生成する技術を販売していると報告すれば、それは受け入れられるかもしれない。しかし、その技術は、強力なAIアルゴリズムを含む、はるかに高度なものとなる可能性があり〔当然〕軍用化される可能性がある。CFIUSに専門知識をもたせるため、技術スタッフを強化し、取引された技術が軍事転用される可能性があるか否かを調査できるようにすることが重要である。[32] さらにCFIUSのスタッフは、国内各地に配置されるべきである。特にシリコンバレーに重点を置き、ペンタゴンの国防イノベーション・ユニット内に配置することも考えられる。そうすることで、スタッフがシリコンバレーに密着し、新興デュアルユース技術の動向を把握しながら「カーブを見渡す」ことができるようになる。

同様に2020年4月、トランプ政権はアメリカの通信ネットワークの安全確保を任務とする緩やかな省庁間組織「チーム・テレコム」の設置と、その暫定的な活動内容を定めた大統領令を発出した。このグループは「抜け出せないブラックホール」と呼ばれたFCCが、チャイナ・モバイル社がアメリカ国内で活動することを認めると、国家安全保障上の脅威になるとの結論にいたるまで7年以上もかかるほど「破綻した」組織であったことを思い出してほしい。今では、忌々しいほど長い名前の「アメリカの通信サービス部門に対する外国からの参入評価委員会」――略せばCAFPUSTSSとなるのか?[33]、とテッククチャーチ社のダニー・クリチトン（Danny Crichton）は驚いている――のもとで正式化されたが、この新しい委員会は中国の脅威を評価するプロセスを合理化することを目的としている。たとえば期限が不特定になることを避け、潜在的な取引を検討するためのプロセスを120日間と設定している。これらの条項の多くは歓迎すべきことであり、法律で正式に決定されるべきである。

グレー戦争の脅威に十分に対応するためには、議会の強力な関与も必要である。議会は現存するインテリジェンス委員会をモデルとして、サイバーセキュリティに関する上下両院の特別委員会を設立すべきである。これらの委員会は専門家のスタッフによって構成され、関係する役職者の指名を監督し、サイバーセキュリティの取り組みを強化するための法案を審議し、サイバー脅威に関する定期的なブリーフィングを受けることになる。この委員会の運営には1995年にギングリッチのもとで廃止された技術評価局（Office of Technology Assessment）を復活させ、その支援を受けながら、議会が客観的かつ十分な情報に基づく分析にアクセスできるようにすることが必要である。

技術貿易政策の構築と欧米テクノ・ブロックの強化

国際制度の近代化

民主主義のデジタル防衛を国家安全保障の優先事項として位置づけなければならないのと同様に、アメリカの技術貿易政策、すなわち国際的な制度やツールもそうした課題に対応できるように近代化しなければならない。中国はテクノ・ブロックを構築し、中国が建設したネットワークを通じてテック企業と結ばれている。アメリカは（それに対抗し）民主主義の原則のもとで運営されている、権威主義的影響のないインターネット・インフラを使用している国々からなる自陣営のテクノ・ブロックの境界線を引く必要がある。ハリー・トルーマン（Harry Truman）大統領がNATOに対し、西側諸国は「安全なパワー基盤」を確立し、そこから共産主義を封じ込め（コンテイン）、最終的には「巻き返し（ロールバック）」をすると語ったのと同じように、欧米のテクノ・ブロックは内部からの独裁的干渉から自国を防衛し、独裁政治の世界的拡散と闘わなければならない。事実上、私たちはデジタル時代のためのトルーマン・ドクトリン――権威主義の侵略と転覆工作に抵抗する協約（コンパクト）――を必要としているのである。

　手始めにまず、ＮＡＴＯはグレー戦争という特異な挑戦に対応できるようアップデートされなければならない。私がブリュッセルに住んでいた頃、空港に行くたびにＮＡＴＯの堂々とした本部建物の前を車で通っていた。２０１８年現在、レオポルド３世大通りにあるその殺風景な建物は完全に改装され、その洗練されたガラスのシルエットは空に向かって湾曲している。ＮＡＴＯの戦略的建築物も近代化する時がきたのだ。

「ＮＡＴＯは外国からの武力攻撃をトリガーとすることを中心に設計されているが、このゲームでは、それでは遅すぎる」と、あるＮＡＴＯ職員は私に語った。とりわけモスクワが素早く既成事実化を狙った侵略を好むことを考慮すると、ＮＡＴＯはより機敏に、潜在的には本格的な武力紛争の閾値にいたらない攻撃にも積極的に対応する必要がある。

　特にデジタル攻撃に関しては、こうした傾向が顕著となろう。冷戦時代、脅威は大陸間弾道ミサイルによってもたらされた。今日の新しいＩＣＢＭはＩＢＭである。だが多くの面で、ＮＡＴＯはまだサイバー時代に完全に突入していない。ＮＡＴＯのイェンス・ストルテンベルグ（Jens Stoltenberg）事務総長が「深刻なサイバー攻撃は第５条発動のトリガーとなる可能性があり、ある同盟国に対する攻撃はすべての同盟国に対する攻撃として扱われる」[34]と、心強い声明を出している。他方、２０１４年に採択したＮＡＴＯのサイバー防衛強化政策（NATO's Enhanced Cyber Defence Policy）では、そのような攻撃を「ケース・バイ・ケースで」扱っている。[35]サイバースペースで武力攻撃に該当する閾値を明らかにし、それを成文化する必要がある。もちろんロシアのサイバー破壊者がバルト諸国のウェブサイトをいくつかダウンさせても、本格的な軍事的反応は正当化されないだろう。しかし、NATOは相手から受けたサイバー攻撃の規模や効果と比例した相応な手段を用いて、相手国からのサイバー攻撃に対応する――自国のサイバー手段や〔サイバー以外の〕他の手段を使って――ことができる明確な権限をもつべきである。NATOはサイバーセキュリティを強化し、偽情報と闘うため、「サイバー防衛協力センター」やサイバースペース・オペレーション・センターを設立している。これらの取り組みはさらに拡充され、十分な予算を配当されるべきである。有意義な進歩を遂げるには必然的に、これらの取り組みについて、フランス政府、ドイツ政府とともにEUの強いリーダーシップを必要とするだろう。

NATOはソ連の拡張に対抗して設立されたため――これからもモスクワの企てに警戒を怠るべきではない――中国のバックエンドの野心をNATOの戦略的計算に組み込むことも十分可能であろう。結局のところ、国営の5Gネットワークが欧州のデータを北京に送り返したり、自動走行バスがパリの街を暴走した場合、NATOは「加盟国の自由と安全を保証する」[36]という宣言義務をいかに達成することができるかが問われている。ブリュッセルで語られ始めたように「我々が中国に行くのではなく、中国がNATOにやってくる」のだ。私たちの同盟は、それに相応しい調整を行う必要がある。

冷戦が北大西洋条約機構を生み出したとすれば、グレー戦争の時代には、より強力なインド太平洋同盟が求められている。このような同盟関係は2007年以来、アメリカ、日本、オーストラリア、インドの4カ国(クアッド)により構築された「4カ国安全保障対話」のような既存の枠組みを土台として形成することができる。2020年にはクアッド諸国がそのようなパートナーシップに関心を有していることが示された。日本、インド、オーストラリアは、中国のバックエンド支配に対抗するための「サプライチェーン・パートナーシップ」について議論を始めている。[37]インドのモディ首相は日本の首相との会談の中で、「自由で開かれた包括的なインド太平洋地域」[38]——クアッドからの言葉を引用している——を呼びかけているが、ニューデリーでは、当時のアメリカのスティーブ・ビーグン(Steve Biegun)国務副長官が「自由で開かれたインド太平洋を目指す国々は、私たちと共にある」と呼びかけた。[39] このクアッドは、フロントエンドとバックエンドの脅威への対抗を重視したインド太平洋における相互防衛と情報共有を促進することができる。ランド研究所上級国防アナリストのデレク・グロスマン(Derek Grossman)は、クワッドを強化することは「中国に対する集団としての抑止的価値を高めることになる」と指摘している。[40]

同様に欧米のテクノ・ブロックは、技術的な標準規格が議論されている国際フォーラムで、その存在意義を再確認しておく必要がある。中国が「新しいIP」や「中国標準2035」を推し進める場合、アメリカはインターネットを権威主義的支配から解放しておくための道筋となるルールを積極的に提唱すべきである。国際電気通信連合であれ「第3世代パートナーシップ・プロジェクト」であれ、アメリカの外交官は、インターネットのルールを書くことが、コードを書くことと同じくらい基本的な作業であることを認識しなければならない。

中国共産党との貿易
——安全保障の必須事項であり、経済的機会でもある技術上のデカップリングを受け入れる

1917年、アメリカ議会は「敵国貿易法(Trading with the Enemy Act)」を制定し、戦時中にアメリカの敵対国との貿易を制限する大幅な権限を大統領に与えた。しかし、この法律(1933年、1977年に再度改正)は、侵略がより曖昧で陰湿な形をとる現代のグレーゾーンの戦いには不向きであった。今日のアメリカと中国は戦争状態にあるわけではないが、平和状態にあるわけでもない。

今日の問題は、熱い戦争がない場合に、アメリカ政府がグレーゾーンで戦うために、どのような貿易権

限をもつべきかということである。私は、新しい「中国共産党貿易法」が緊急に必要であると主張したい。1917年の「敵国貿易法」によって認められた貿易権限の一部と、トランプ大統領の「大統領令13873」やバイデン大統領の「大統領令14034」によって示された詳細なパラメータの一部を統合することで、アメリカにとって中国との技術貿易関係を再定義するための土台となりうる。

フロントエンドでは新しい「中国共産党貿易法」により、TikTokのような中国のソフトウェア・アプリケーションがもたらすサイバーセキュリティの脅威に対処できる、いっそう明確な権限をアメリカ政府に付与すべきである。

バックエンドではデカップリングが急務であるが、その全体像は複雑だ。

欧米のテクノ・ブロックを真に確保するためには、北京によるグローバルな技術生産支配、すなわちバックエンド支配に対処することが必要である。アレクサンダー・ハミルトン（Alexander Hamilton）が「製造業に関する報告書」の中で、「自国で製造された軍事兵器を毎年購入するための条項を設けるべきである」と述べて以来、国内における兵器生産の重要性は明らかである（残念ながら、このセリフは（ミュージカル『ハミルトン』でアレクサンダー・ハミルトン役を演じた）リン＝マニュエル・ミランダ（Lin-Manuel Miranda）から語られることはなかった）▼41。現在でも、軍事技術の多くはアメリカ国内で製造されている。とはいえ、これまで見てきたように、これらの技術の多くは現在、中国にあるサプライチェーンに依存しており、その民生品の多くは事実上兵器転用が可能なデュアルユース技術なのである。またコロナウイルスの大流行という最近の経験から明らかになったことは、中国は純粋に政治的な動機から重要なサプライチェーンに対する支配力を武器化することを厭わず、それを実行する能力も証明されたということである。

その解決策は、産業の拡大や経済活動の障害（チョークポイント）となるプラットフォームや製品に重点を置き、アメリカと中国の技術的サプライチェーンを切り離す（デカップリング）ことである。技術的なデカップリングという考えは、かつては主流ではなかった。しかし、太平洋の両側の貿易政策の将来における展望として、この概念は次第に受け入れられるようになっている。『フォーリン・ポリシー』誌[42]や『ハーバード・ビジネス・レビュー』誌[43]、ホワイトハウスでも、この展望は真剣に議論されるようになった[44]。多くの米中経済が並外れた相互依存関係にあることを考慮すれば、このデカップリングの概念は、すべての米中貿易と経済関与を終わらせるということを意味しているわけではない。それは、アメリカの重要なサプライチェーン、とりわけ死活的に重要な技術構成品が、北京のコントロールを受けないようにすることを意味している。

中国はすでにアメリカ製半導体技術への依存からの脱却を急いでおり、２０１９年には３００億ドル近くを投資し、国内産業の育成を図っている[45]。「底辺への競争」（ある政策を優先するあまり、一般的な社会的価値を損なう結果を招いてしまうこと。たとえば企業誘致のための減税、労働基準や環境基準の緩和を競い合うことで、結果的に労働環境や自然環境、社会福祉の水準が最低レベルに至ってしまうことなど、主に経済分野で用いられてきた概念）は歓迎されるものではないが、現実を見ると、技術的デカップリングとは、ある種の競争であると言える。アメリカが中国から脱却する前に、中国がアメリカから脱却すれば、中国はアメリカに対して大きな地政学的影響力をもつことになり、アメリカは何としてもそれを避けなければならない。

サプライチェーンの独立を達成するための重要なステップは、「同盟国の技術革新・産業基盤（Allied Innovation and Industrial Base）」を強化することである。これは歴史的には「国家技術・産業基盤（National Technology and Industrial Base）」と呼ばれたもので、アメリカの国防関連の生産をカナダで行うことができ、近年ではイギリスとオーストラリアもそれに加えられている。このような提携関係は地理的に広がりを見せ、今後は日本（中国の技術力の急成長を強く意識している）、フランス、ドイツ、ノルウェーなど、アメリカの同盟国をそれに含めるべきである。こうしたブロックの土台となる構想はすでに明らかになっている。たとえば日印豪サプライチェーン・パートナーシップや、アスペン研究所が提案するTech 10[46]、現在のＧ７

を拡大して新たにD－10――中国の5G技術に代わるものを、共同出資して開発することができる10カ国による民主連合――を設立するというイギリスのボリス・ジョンソン（Boris Johnson）首相による提案などが含まれる。[47] 2020年11月下旬、EUはアメリカと大西洋両岸貿易技術評議会（Transatlantic Trade and Technology Council）を設立し、共通の技術的な規格標準を定め、外国人投資家の審査などの問題を共同処理することを提案した。[48]

これらの国で製造された部品は――ドローンであれ、データベース用サーバーであれ――ボストンやバージニアで製造されたものと同じように安全であると見なされるだろう。その代わり、すべての同盟国は、外国からの影響力行使に対する強靱な保護にコミットすることになる。たとえばオーストラリアやイスラエルのような国は、外国からの投資を評価するためにCFIUSのような仕組みを導入しているが、すべての同盟国がそうした仕組みを導入しているわけではない。テクノ陣営を成り立たせるには、すべてのメンバーが同様のシステムを導入する必要がある。

また自国のサプライチェーンの脆弱性をより詳細に把握することも必要である。その先駆けとなるのが、2020会計年度国防権限法で認可された国家情報長官室の「サプライチェーンと防諜リスク管理タスクフォース」である。ワシントンとシリコンバレーの協力推進を担う公式メカニズムの一部である「信頼・安全局（Trust and Safety Agency）」には、中国製部品への依存度を厳しく監視する重要な役割を担わせるべきである（詳細は次章で説明する）。アメリカは同様に、貿易法を執行するためにテクノロジーを利用する創造的な方法を見つける必要があり、それによって中国の製造業者がアメリカの貿易制限をすり抜けようとする試み――たとえば「メイド・イン・チャイナ」の製品を「メイド・イン・ヴェトナム」と故意に表示すること――から保護することができる。

これと同様に重要なことは「同盟国の技術革新・産業基盤」で共有されるテクノロジーの範囲が、伝統的な軍事ハードウェアをはるかに超えて拡充することを保証すべきであるという点である。グレー戦争の武器はアルゴリズムとデータであり、私たちの産業基盤はデュアルユース技術を中心に据えたものであるべきだ。それは重要分野である医療のサプライチェーンをメキシコに移したり、北京と北京が主導する民軍融合ドクトリンから遠く離れたドイツでサーバーを製造したりすることを意味する。むろん、そのためには、アメリカ企業の生産拠点を大幅にリショアリング（海外に移した生産拠点を再び自国内に戻すこと）する必要がある。

技術提携は、中国によるサプライチェーンへの介入から自国産業を防護するだけでなく、よりいっそうの技術革新を促すことができる。たとえば中国が2020年代の終わりまでに、アメリカの研究開発費の総額に追いつこうとしているが、経済協力開発機構――多くのNATO加盟国や他の主要国を含む――の研究開発費の総額は中国の250パーセントを超えている。西側のテクノ陣営は「同盟国の技術革新・産業基盤」に蓄積されるリソースを活用することで、権威主義陣営に対し、有利な立場に立てる。また中国への投資と技術からもたらされる利益の機会を手放さざるをえない同盟国は、欧米のテクノ陣営に参加することにより、そうした痛手から立ち直ることができる。このようなブロックは、需要面で中国市場に依存しているアメリカ企業が、効率性と競争上の優位を維持しながら、そうした依存から脱却するのに役立つ。一方向からの自由でしかなかった「自由貿易」の誤った信念が長年続いてきたが、これからの基本原則は「自由主義国との自由貿易」であるべきだ。

技術的なサプライチェーンのデカップリングには、リスクや批判がないわけではない。元国防次官のミシェル・フロノイ（Michèle Flournoy）は「全面的デカップリングは現実的かつ賢明である」との主張に反論し、「知的財産やデータを保護し、重要なサプライチェーンを安全かつ強靭にするため、慎重に的を絞った対策を用いて、もっとうまくやる必要がある」と語っている。[49] あるドイツ銀行の分析では、デカップリングのコストは、今後5年間で3兆5000億ドル以上に達すると予想されている。[50]
とはいえ、中国共産党からの戦略的で容赦のない脅威を考えると、国家安全保障の問題はもはや経済の問題に収まり切らなくなっている。トランプ政権期の貿易戦争とCOVID－19の間で、アメリカ企業はすでに中国のサプライヤーから距離を置き始めている。アップル社は主力商品であるiPhoneの製造を、中国ではなく、インドのチェンナイで開始する計画を発表した。[51] グーグル社とアマゾン社はサーバーの生産拠点を台湾に移し、HP社とデル社はタイ、ヴェトナム、フィリピンに目を向けている。[52] 香港に拠点を置くサプライチェーン検査会社によると、2019年の中国での外国工場の検査需要は14パーセント減少し、台湾と東南アジアではそれに伴い増加している。[53]
シンガポール国立大学ビジネススクールの客員上級研究員であるアレックス・カプリ（Alex Capri）は「サプライチェーンの大掛かりな再編成が起こるでしょう」と予測する。「私たちが過去に見てきたようなグローバリゼーションは終わりを告げています」[54]。
中国が技術的にますます自立していくなかで、民主主義国家の指導者たちは、デカップリングがある意味で競争であるということを理解することが大事である。アメリカ企業が中国のサプライチェーンやレアアースなしでやっていけるようになる前に、中国企業がアメリカの技術やチップに依存しなくなれば、中国はアメリカに対して非常に大きな経済的影響力をもてるようになる。中国が自立を成し遂げる以前に、民主主義同盟諸国の生産能力を再構築することは、国家安全保障上の高い優先事項であるべきだ。

グローバル・ネットワーク戦略を確立し、中国の「サウロンの目」を脱グローバル化する

ファーウェイ社による5G支配は、自由で開かれた、安全で主権を尊重した欧米テクノ陣営が一体性を

保てるか否かを左右する最大の脅威となる。アメリカはファーウェイ社製のインフラを導入しないよう、東欧から東南アジアにいたる国々を説得するために必死の後方支援を行っている。しかし、私たちは〔中国の代わりに〕何を提供しているのか？　グレー戦争に勝利するためアメリカは、中国の「サウロンの目」の世界的な展開を阻止するための世界戦略を採用し、西側による5G代替技術を確立することにより、ファーウェイ社に対抗するための協調的取り組みを行う必要がある。グレー戦争が私たちに教えてくれたことは、ハイテク技術の制御能力（コントロール）はパワーであり、ハイテク・インフラはそうした制御の源であるということだ。

アメリカがエリクソン社やノキア社のような、5Gに強い非中国系通信企業の株式を取得することも一つの方法である。2020年2月、ビル・バー（Bill Barr）司法長官はそのように提案し、さらに「これらの企業の一つ、またはその両方に、私たちの大きな市場と資金力を投入すれば、〔ファーウェイ社にとって〕はるかに手ごわい競争相手を作ることになる」と正論を述べている。[55] ある意味、これが最も手っ取り早く、ストレートな解決策である。エリクソン社はすでにアメリカの3大通信事業者（AT&T社、Verizon社、T-Mobile社）すべてに機器を販売しており、スカンディナビアの企業にアメリカの刻印を印象づけることで、ファーウェイ社への有力な対抗馬に仕立てることができる。2020年第3四半期時点で、ファーウェイ社は通信機器市場の30パーセントを占め、ノキア社が15パーセント、エリクソン社が14パーセントと続いている。[56] アメリカが同盟国にエリクソン社やノキア社の技術を採用するよう積極的に働きかけることで、欧米のテクノ陣営はファーウェイ社とのギャップを縮め、あわよくば追い抜くことができるかもしれない。

私たちは国営5Gネットワークを構築することで、ファーウェイ社に対抗できる国産の競合他社を後押しすることもできる。現在、連邦通信委員会はアメリカの電波の塊を競売にかけている。それは低周波信号（限られたデータを長距離伝送できる）から高周波信号（大量のデータを伝送できるが、壁や樹木に阻まれやすい）まで、さまざまな種類がある。

アメリカ軍は5G用途の電磁波として最適な、誰もが欲しがる「中帯域（ミッド・バンド）」の周波数帯域を所有――めったに利用されていないが――している。この帯域をリースすれば、自由市場の信奉者は不満を抱くだろうが、アメリカの5G代替策に向けた第一歩となる。また、インフラや技術に対する連邦政府の歴史的な投資政策とも完全に一致する。これを理由に、エリック・シュミットのようなシリコンバレーを代表するCEOは、こうした取り組みを支持している。

「バーチャル化」として知られる別の解決策は、既存のハードウェアを代替できる5Gソフトウェアを開発することだろう。これによってファーウェイ社は事実上、排除されることになる。「オープン・ラジオ・アクセス・ネットワーク」と呼ばれるものに投資することで、5Gプロバイダはネットワークの大部分を、高価なタワーからクラウドに移すことができる。「バーチャル化」アプローチは、まだその有効性を証明する必要があるけれども、その勢いは増している。AT&T社は自社ネットワークの一部のバーチャル化を開始し、日本の楽天はクラウドベースの5Gネットワークを日本で展開している。フェイスブック社、グーグル社からAT&T社、楽天まで三十数社が「オープンRAN政策同盟（Open RAN Policy Coalition）」を設立している。2020年初めには、上院議員の超党派グループ――バージニア州選出の民主党上院議員（元テレコム社役員）マーク・ワーナー（Mark Warner）とノースカロライナ州選出の共和党上院議員リチャード・バー（Richard Burr）を含む――が、連邦通信委員会（Federal Communications Commission）が「オープンRAN技術」の開発に投資するため、少なくとも7億5000万ドルを配当するよう求める「戦略的同盟活用（USA）通信法」を提出した。▼57

どのような道を歩むにせよ、アメリカ政府は5Gおよび6G戦略に多額の投資を惜しんではならない。

中国政府独自の補助金により、ファーウェイ社の欧州での標準的な入札価格は、競合他社の入札価格のざっと3分の1程度であると推定されている。[58] 仮に欧米企業が優れた技術を提供できたとしても、パンデミックによる経済ショックに見舞われた国は、ファーウェイ社が提示する魅力的なオファーを断るのは難しいだろう。つまりアメリカがエリクソン社やノキア社に資本参加するということは、潜在的な顧客との取引価値を高め、アメリカが追加の資金援助を行うことを意味する。もし政府がアメリカの5Gプロバイダに軍用周波数をリースする場合、最高の5Gプロバイダに対し、事業に着手するインセンティブを与えるため、周波数帯を大幅に値引きする必要がある。

またバーチャル化された5Gネットワークに期待をかけるのであれば、連邦政府は研究開発に投資し、クラウドベースのネットワークが依拠する、特殊で高価なシリコンチップを製造するインテル社やクアルコム社などの企業に対し、税制優遇策を提供すべきである。

このようなアプローチには、かなりの費用がかかり、また民間市場に国家が介入することになるのだろうか? むろん、そうなる。しかし、もしあなたが政府への国家介入を嫌うのであれば、北京が世界のネットワークを支配することをもっと嫌がるはずだ。

技術を外国援助として提供する

北京によるバックエンドへの影響力を弱めるもう一つの方法は、技術や技術インフラが外国援助の強力な手段であるということを〔私たち自身が明確に〕認識することである。限られた範囲ではあるが、アメリカはすでにこのような取り組みを行っている。たとえばアメリカの国際開発庁は「開かれたデジタル経済と、安全で市場中心かつルールに基づくインターネット利用の拡大を推進」するための「デジタル接続とサイバーセキュリティ・パートナーシップ」を主導している。[59] しかし、その重点は主にインド太平洋地域に限定されており、2500万ドルの資金（これまでの初期資金は2650万ドル）は、中国が発展途上国にデジタル・インフラを設置するために費やしている金額に比べれば、微々たるものである[60]（ケニアにあるファーウェイ社のデータセンターだけでも、1億7300万ドルかかっている）[61]。

これからはバックエンドのインフラを構築する――特にアフリカなどで――ことは、中国とのゼロサムゲームであることを認識すべきである。私たちがやらなければ、中国がやるだろう。現在、北京が行っている「援助」には大きな付帯条件が伴い、被援助国はしばしば「債務の罠」に陥ることで、中国共産党への依存を強めている。被援助国の政府や現地住民に活力を与える援助や融資を行うことで、中国との関わりを薄めたいと考える国々の経済の方向性を変えることができる。資源に恵まれたアフリカ諸国との関係を強化することは、アメリカと同盟国の製造業者に対し、戦略的ハードウェアの生産に必要な原材料を供給するための有用なツールとなる。

権威主義的敵対者の世界的な野心の抑止・混乱・劣化

砂に線を引く

自由世界の情報環境を守り保護するための国家の大戦略には、明確で信頼できる強靭な抑止体制が含まれるはずである。抑止力とは、新しい概念ではない。テディ・ローズヴェルトは、アメリカが第一次世界大戦に参戦する少し前に、「虚勢と弱さの組み合わせは、侮りと侵略の両方を招く。他者の権利を尊重する自尊心の強さこそが、他者から尊敬される唯一の資質である」と宣言した[62]。全く異なる戦争が激化している現在でも、ローズヴェルトの箴言は有効である。独裁者を相手にする場合、デジタル報復に対する健全な恐怖心を植え付けることが、さらなる侵略を防ぐために重要である。

グレー戦争とは、まさに灰色の影のようなものである。敵対者は大規模な報復を引き起こすような閾値を超えない努力をする。攻撃は攻撃元が特定されぬまま行われ、「もっともらしい否認性（plausible deniability）」に支配される。このような行動を抑止するため、アメリカは砂の中に明確な線を引く必要がある。国防専門家が「戦略的シグナル」と呼ぶものだ。

中国との無条件交戦の支持者は、中国共産党が自分たちと同じように行動すると思い込んでいることが多いが、中国の指導者たちは民主主義政府の心理的習慣や行動パターンと完全に異なる行動パターンをとっている。大規模な知的財産の窃盗、略奪的な貿易慣行、選挙妨害、武力による主権的領土の併合、大量虐殺など、すべてアメリカの利益と価値に深刻な影響を及ぼす結果とコストを生み出すものばかりである。外国の敵対者は――プーチンや習近平、あるいは他の誰であろうと――こうした行動をとれば、サイバーや他の手段で報復されることを知るべきである。むろん反応のレベルは厳密に調節されなければならない。たとえば国家から指示を受けた一握りのトロールたちがハッシュタグを流行らせようとしただけなのに、一国の経済を疲弊させたり、電力網を破壊したりするのは、著しく不釣り合いな話である。

今後、アメリカの対応は「拒否による抑止」と「懲罰による抑止」からなる包括的な戦略を策定し、それを採用することで、グレー戦争の侵略的行為をより効果的に予防し、先制的に行動し、対処することができる。拒否的抑止とは、戦闘行動の成功を困難にしたり、意図した目的の達成の可能性を低下させることによって抑止することである。懲罰的抑止とは、戦闘行為が行われた場合に、甚大な報復的コストを課すという脅しをかけるものである。とりわけ攻撃元を公式に特定する能力と意思を高める必要がある。結局のところ、攻撃元を名指しできなければ、ある国に責任を負わせることは難しいということになる。

バックエンドでは、砂のラインが、中国本土からわずか100マイルしか離れていない台湾の自律性を維持することにつながる。台湾は、中国が自国民と主張する約2400万人の人口を抱えるだけでなく、台湾半導体製造会社（TSMC）の本拠地でもあり、二重の意味で北京にとって非常に魅力的なターゲットである。TSMCとして知られる企業施設は、世界中の半導体ニーズの半分以上を製造している。シリコンバレーがチップを設計し、台湾がそれを生産しているのである。あなたのiPhoneには「設計はカリフォルニアのアップル社。チップは台湾で製造。組み立ては中国」という文字が刻まれているはずだ。そしてTSMC社製のチップに依存しているのは、iPhoneばかりではない。ノートパソコン、ビデオゲーム、F－35戦闘機もそうである。世界で最も重要な電子機器の中心的存在であるTSMC社は、現在、世界で10番目に資産価値の高い企業となっている[63]（2024年11月時点で世界第9位。半導体メーカーでは第2位）。

TSMC社は米中間に存在する技術格差をうまく使い分け、アメリカ企業が事業の約60パーセントを占め、中国企業が20パーセントを占めていた。それはTSMC社がアリゾナ州に120億ドルのチップ製造施設を建設するという発表を受けて、ファーウェイ社が2020年5月に関係を断つまで続いた[64]。半導体は「世界の技術取引における最も重要な要衝の一つです」と『マルコポーロ』誌のマット・シーハン（Matt Sheehan）は述べている。「他の技術には良質な代替品があるが、TSMCには良い代替品がありません[65]」。今日、中国は台湾やその半導体生産能力を支配していないが、北京が中国の一部であると主張する台湾に侵攻し、征服するために必要な軍事力の開発に余念がない。つまり、中国が世界の重要技術の生産能力をコントロールするリスクは決して小さいとは言えないのだ。

2020年、中国政府は明らかに挑発行為を強化した。中国のジェット戦闘機は過去30年間で最も多く台湾海峡を通過し、TSMC社がアリゾナ州に120億ドルの製造施設を新設すると発表した月には、8回にわたって台湾領空を通過した[66]。台湾の主権を守ることを綱領に掲げた蔡英文（Tsai Ing-wen）総統が再選されると、中国は軍事演習を大幅に増やし、台湾の軍隊を「木を揺らそうとするアリ」にたとえて嘲笑した。[67] 台湾の元議員である林郁方（Lin Yu-fang）は「軍事衝突の可能性は以前よりずっと高まっている」と指摘しているが、[68] こうした見方はアメリカのアナリストも同様である。[69]

これに対し、アメリカは台湾への支援を強化し、駆逐艦を台湾海峡に派遣した。[70] またアメリカの閣僚（アレックス・アザール（Alex Azar）保健福祉長官）を台北に派遣し、これは、ここ数十年で最高位のアメリカ人の訪問となった。[71] 50人のアメリカ上院議員からなる超党派グループは、台湾との二国間貿易協定の締結を呼びかけた。[72] 2020年、トランプ政権は米台関係の定義（台湾の防衛に対するアメリカの支援に関する条項を含む）を詳細に記した、いわゆる「6つの保証」の機密指定を解除したが、これは注目すべき一歩であり、北京に対する重大な警告となった。[73] 一部の政府関係者は、アメリカが台湾と正式な外交関係を打ち立てるよう求めているが、[74] 1979年に中国との国交樹立の一環として台湾との関係を断絶して以来、ワシントンはこれに抵抗してきた。[75] 米台協力の緊密化に向けた動きは継続されるべきである。リチャード・ハース（この問題をめぐっては私も彼に同意である）やデイヴィッド・サックスが書いているように、「戦略的曖昧性」の政策から「戦略的明確性」――台湾に対する中国のいかなる武力行使にもアメリカが対処することを明示する政策――に移行すべき時なのである。[76]

中国の台湾侵攻を、ロシアのクリミア併合と同じように国際法の不幸な侵害と考える一方で、戦争のリスクを冒してまで抵抗する価値はないと見る向きもある。しかし、台湾への侵攻が台湾の民主主義と将来の世界経済にとって、どれほど重大な意味をもつかを考慮すると、アメリカの立場は明白であらねばならない。台湾に対するいかなる攻撃も、中国への厳しい制裁と、必要であればアメリカの軍事介入によってでも対処することを明確にする必要がある。現在の冷戦において、台湾は西ベルリンである。私たちはそのような認識に立って行動しなければならない。

むろん、他の線も引かれなければならない。しかし、どこに線を引くにしても、アメリカはグレー戦争の霧を取り除き、ある種の行動は踏み込んではならない禁じ手であることを明確にする必要がある。フロノイが指摘するように「アメリカの抑止力の低下は、中国の誤算のリスクを高めるだけ」なのである。[77]

自由なインターネットを守るためのサイバー制裁の実行と制度化

自由なインターネットの完全性を守ることが、アメリカの敵対勢力によるインターネットへの攻撃を抑止することだとすれば、敵対勢力を抑止することは、民主主義国の情報ネットワークにシステム的に侵入するバックドアを排除することにもつながる。それは悪い振る舞いを罰するということでもある。中国やロシアなど、国家が支援するテクノロジー企業にサイバー制裁を課すことは、拒否的抑止や懲罰的抑止という効果的な外交政策の手段ともなりうる。実際には、外国の独裁的政府によって――法的、財政的、技術的なレベルで――コントロールされている技術系プラットフォームや製品へのアクセスを制限または停止する権限をアメリカ政府に与えることを意味し、それは〔敵対勢力に対し〕システム的な国家安全保障上のリスクをもたらす。

中国の民軍融合ドクトリン、2017年の国家情報法、2015年および2020年の国家安全保障法の経験を踏まえると、中国のテック系チャンピオンは当然、〔アメリカにとって国家安全保障上の〕関心と対策の対象となる。国家安全保障上のリスクをもたらすテクノロジー製品へのアクセスに制限を課すことは、バイトダンス社が所有する動画共有向けソーシャルネットワーク・サービスであるTikTokの禁止または売却を強制するか否かをめぐる議論が行われた際、多くのメディアが注目した論点であった。このような規制をかけると、中国と同じ行動をとることになり、アメリカ版グレート・ファイアウォールを作ることにつながると論じる者もいる。しかし、私はこの比較は間違っていると思う。アメリカや他の民主主義国家が中国のような権威主義的な政権と異なるのは、私たちのインターネットが政府によって管理されていないということや、アメリカの市場が完全に自由であるのに対し、中国の市場には規則や制約があるということではない。むしろ、中国の法律とインターネットが権威主義と政治的支配を永続化するのに対し、私たちの法律とインターネットは民主主義に根ざし、それを強化するものであるということが、私たちを際立たせているのだ。私たちのインターネットは分権化され、人々に力を与えるように設計されているが、中国のインターネットは集権化され、人々をコントロールするために設計されている。そこが根本的に違うところなのだ。

実際、今日私たちが直面している選択肢は、開かれた（オープン）インターネットか、閉じられた（クローズド）インターネットかということではない。民主的なインターネットか、権威主義的なインターネットかということである。カリフォルニア州のプライバシー法から欧州の一般データ保護規則にいたるまで、インターネットがどのように管理されているかという観点から、物理的世界に似た視点で捉えられるようになるにしたがい、どのような種類の政府介入がオンラインで受け入れられ、受け入れられないかを明確にすることが重要である。大まかに言えば、政府とネットワークを切り離して管理することは、アメリカにおける教会と国家の分離のようなものである。欧米諸国の政府は、個人のプライバシー、知的財産、市民的自由を侵害する諜報活動に協力することを、すべての国民に義務付ける中国式の国家情報法のような規制を導入しないという原則を確約すべきである。* そして、もし政府がこの分離原則に違反した場合（バックエンドの分野でも、フロン

* たとえばアメリカでは、ＦＢＩが容疑者の iPhone にアクセスするよう要求した場合、アップル社はそれを拒否したり、抗議することができる。また、ＦＢＩの要求が違法であると判断した場合には、ＦＢＩに対して裁判を起こすことも可能である。ＦＢＩは法の上にあるのではなく、その権限は市民の自由と独立した司法の監視によって制約されている。中国では、当局からの情報提供の要請を拒否したり、異議を申し立てたりすることは現実的な選択肢とはならない。国家情報法は基本的にそのように定めている。

トエンドの分野でも）、アメリカとその同盟国はその政府に対し、ペナルティを科す措置をとることが正当化される。私たちは、ハードウェアのレベルからソフトウェアのレベル、そして個々のＩＰ（知的財産）レベルにいたるまで、インターネットのさまざまな層で動作するサイバー制裁へのアプローチを拡大することによって、それを実行に移すことができる。

アメリカ政府はすでにハードウェアのレベルでサイバー制裁を行っており、ファーウェイ社の技術をアメリカのネットワークから締め出し、アメリカ企業がファーウェイ社に技術を供給することをブロックしている。「ネットワーク」と「政府の影響力や支配」との分離原則を推進した場合の長所は、これまで場当たり的だった取り組みに、知的な一貫性をもたらすことができる点にある。言い換えれば、議会が反中感情や、欧米の企業を有利にしたいという願望から、ファーウェイ社のハードウェアの使用を制限しているのではないことを明確にすることができる。むしろ政府がネットワークに対して不当な影響力を行使することはできず、ルール違反には重大な責任が伴うという原則を議会が実行に移していることを示すことになるのだ。

国家安全保障上の利益が重大なリスクにさらされる場合には、ソフトウェアのレベルでもサイバー制裁を課すべき（強制力をもたせるべき）である。インド政府は、中国軍との軍事衝突に対処した際、２２０件にのぼる中国製アプリケーションを禁止し、アプリストアから削除しただけでなく、インド国内の携帯電話で使用できないようにした。[78] もし中国軍のハッカーがグーグル社のシステムに侵入し、機密性の高い知的財産情報を中国側の検索企業の大手であるバイドゥ社に渡しているという具体的な証拠を発見したという場面を想像してほしい。アメリカ政府とその同盟国は、バイドゥ社にサイバー制裁を加える決定を下し、欧米のテクノ・ブロック全体でバイドゥ社製品の使用を制限するかもしれない。

ＩＰレベルでは、私たちがグーグル社で作成した「外国からの干渉ポリシー」のようなものを欧米テクノ・ブロックは世界規模で採用することができる。これは基本的に、同盟国政府間に不干渉原則を適用し、同盟ブロックの外部からの干渉にペナルティを科すというものである。たとえばアメリカのインテリジェンス機関は、ロシアの諜報員がアメリカの選挙に影響を与えるために偽情報を流していると判断し（おそらくテック企業からの通報により）、ツイッター、フェイスブック、レディットへの投稿が、すべてサンクトペテルブルクの少数の同じIPアドレスから行われたとする。この情報は同盟国間で共有され――テロリストのアカウントに関する情報が拡散されるのと同様に――自由なインターネット上で（ロシアの）諜報員によるプラットフォームへのアクセスを遮断する。影響工作が暴露されると、ある国の、あるプラットフォームから追放されるだけでなく、自由なオンライン全体から実質的に追放されることになる。このシステムを利用して同じように「消火ホース」（インターネット上のソーシャルメディアやオンライン・サービスなどで生成される大量のデータの流れ）を検出し、処罰することもできる。この場合もコンテンツではなく、不正なコンダクトのパターンに基づいて、悪意ある外国アクターに制裁を加えることになる。サイバーセキュリティ研究者のジョシュア・ファタール（Joshua Fattal）が提案しているように、外国代理人登録法（Foreign Agents Registration Act）（アメリカで1938年に制定された法律で、外国政府と関係をもつエージェントに対し、活動内容や財政内容に関する情報の開示を義務づけたもの）を改正し、法の適用範囲をソーシャルメディア関連アクターに拡大することも、外国の影響力を判断する責任を政府に移行することに役立つだろう。これはまた、テック企業が悪意あるアクターを締め出すことを正当化する。[79]

このアプローチによって、アメリカと同志国のパートナーは、ロシア、中国、その他の権威主義国家が行う不安定化活動を緩和する――無力化はできないまでも――ことができる。そして一般市民を欺くことを狙いとした陰湿なキャンペーンから、自由なインターネットの外郭の境界域を守ることができる。トロールやボットがプラットフォームから追い払われるようになれば、隣人――諜報員ではなく――と交流する機会が増えるだろう。こうして徐々に、オンライン上では一定の信頼が回復されていくことだろう。

敵に戦いを挑む——敵の能力を低下させ、野心を抑止する

グレー戦争では敵対国をより効果的に抑止するため、アメリカが攻勢に打って出て、敵対国の能力を低下させることが必要になる場合もある。2009年、オバマ大統領はアメリカ合衆国サイバー軍を設立し、軍独自のシステム防衛と「命令があれば、あらゆる領域の軍事サイバースペース作戦を実施する」ことを同軍の任務とした。サイバー軍は、それからの10年間で進化を遂げた。2018年のアメリカ・サイバー戦略は軍に対して「武力紛争のレベルにいたらない活動を含め、悪意あるサイバー活動をその発生源で妨害し、または阻止するため、前方で防御すること」を求めている。サイバー軍が2018年の中間選挙当日にインターネット・リサーチ・エージェンシーのサーバーをダウンさせたり、2020年の大統領選挙で大混乱をもたらす恐れがあったロシアの大規模なボットネットを妨害したのは、この戦略によるものだった。[80]

この積極的な戦略は——サイバー軍と国家安全保障局のトップであるナカソネ将軍が「持続的関与（persistent engagement）」と呼んでいるもの——今後、拡大され、多国間で行われるべきである。[81]同盟国やパートナー国がテクノ権威主義の敵対勢力に対抗し、混乱させることを支援するため、アメリカは専門技術や訓練の形で軍事支援を提供することができる。アメリカは、たとえばユダヤ人をガス室に運ぶナチスの列車を爆撃しなかったことや、フツ族のリスナーにツチ族の殺害を促すルワンダのラジオ放送を妨害しなかったことを批判されてきた。もし、これらの列車や放送を妨害していたらどうだっただろうか？　単なる技術的介入で集団虐殺（ジェノサイド）の恐ろしさを軽減できただろうか？

さらに仮定の話ではあるが、私たちは独裁的な世界の中で、デジタル・レジスタンスを支援することが

できる。すでに中国とロシアは毎日、私たちに対してデジタル戦争を仕掛けていることを認識したうえでのことであるが、CIAは、新疆ウイグル自治区で中国の顔認識ソフトを無効にするため、ウイグル人の活動家たちに専門性の高いツールやトレーニングを提供できるかもしれない。ロシアや中国の民主化団体が、プーチンや習近平の巨額の不正蓄財に関する恥ずべき情報をハッキング&リークし、クレムリンと中国共産党を守勢に立たせ、最終的に独裁国家の偽善を暴くのである。

それは「チャーリー・ウィルソンの戦争2・0」のようなもので、デジタル自由戦士が最終的にデジタル武器を私たちに向けることがないように、より徹底した安全策を講じるということである。たとえば、このアプローチの最初の焦点は、台湾のように独裁的な侵略のリスクに直面している政治的に安定した民主主義国家の民主化推進グループに対し、訓練と技術的能力を提供することであろう。

こうした戦術の利点は、容易にデプロイできることである。結局のところ、兵器の破壊力とその効用には逆相関関係がある。核弾頭は都市全体を消滅させることができる。そのため合理的で抑制的な政府は、そのような兵器をほとんど配備しない。一方、デジタル民兵は古典的なグレーゾーンの戦争を行い、破壊を少なくすることで、よりいっそう有用な存在となる。

同時に、積極的なデジタル妨害戦略(strategy of active digital disruption)は、アメリカの政策の大きな転換を意味し、慎重に進める必要がある。プーチンはアメリカがロシアの問題に干渉していると非難している。実際にそうすれば、彼のパラノイアを正当化するだけだ。しかし、そうすることで悪意あるサイバー・アクターを相手国内で弱体化させながら、大規模な紛争を回避し、独裁者からの攻撃に対して適切な対応をすることができるようになるかもしれない。たとえばロシアのトロールが私たちの民主的な言説を蹂躙する結果を考えると、たしかに、このような選択肢はテーブルの上に置かれ、活発に議論されるべきだろう。

私たち自身を強靭なターゲットにする

最後にグレー戦争に勝つためには、私たち自身をより強靭なターゲットにすることが必要である。これは、重要なインフラの多くが分権化され、民営化されているという事実により複雑になっている。私たちの選挙システムは、州のシステムのパッチワークである。ニューヨーク証券取引所は政府の所有物ではない。また国内の病院、電力会社、銀行などの多くもそうである。事実上、これらすべてのシステムは、連邦政府ではなく民間企業が所有し、運営している——海底ケーブルのような——バックエンドのインフラに接続されている。そのいずれかが攻撃を受ければ、国全体が甚大な被害を受ける可能性があるのだ。

2018年にサイバーセキュリティ・インフラセキュリティ庁が創設されたことは、私たちの国の重要インフラの安全確保に向けた前向きな一歩であった。しかし、サイバースペース・ソラリウム委員会は「CISAはこれらの重要任務を遂行するために積極的に取り組んできたが、そのための十分な資源や権限を与えられていない」と評価している。たとえば重要インフラが民間の手に渡っているにもかかわらず、CISAの予算のうち民間部門の支援に充てられているのはわずか15パーセントにすぎない。▼82 そのため民間企業に対し、攻撃を受けた場合の復旧支援など、より多くの資金を提供する必要がある。

ソラリウム委員会は、サイバーセキュリティ能力の向上に向けた賢明な提案を数多く行っている。たとえば、新しい技術が最高レベルのサイバーセキュリティ基準に準拠していることを証明する第三者機関を——環境に対する影響について製品を評価する「エネルギー・スター」と同じように——設置する。そうすれば、新しい家電製品を購入する際に、中国軍が新しいルンバやスマート冷蔵庫をハッキングする可能性があるかどうかを知ることができるようになる。職場には——特に国防関連企業は魅力的なターゲット——二要素認証の義務付け、定期的なソフトウェア・パッチの適用、フィッシングがもたらす危険性の理解など、サイバー・ハイジーン〔IT環境をウイルスから守る予防策〕を促進するためのトレーニングを強化すべきである。

同時に、アメリカは技術系の人材確保にもっと効率的に取り組む必要がある。優秀なエンジニアやコーダー〔コーディングなどフロントエンドの制作を担当する人材〕で溢れているシリコンバレーでは信じられないことだが、アメリカ政府には3万7000人以上のサイバーセキュリティ分野の欠員がある。[83] 民間企業全体では〔欠員が〕50万人近くもいる。[84] こうした空席ポジションの一つひとつが、この国のサイバー部門における受け入れがたいギャップを表している。

テック系分野のベスト&ブライテストを惹きつけるには、さまざまな方法がある。議会では、空軍や海兵隊がすでにやっているように、サイバー戦士を養成する「サイバー・サービス・アカデミー」を提案する声もある。[85]「サイバーセキュリティ・タレント・イニシアティブ」のように官民一体のプログラム――新たに訓練された卒業生に対し、学生ローンの援助と引き換えに、政府機関で2年間働く機会を提供する制度――は拡大されるべきである。最も優秀なサイバー専門家の中には、非伝統的な経歴をもつ者もいることを認識し、官民は一定の基準を緩和する合理的改革を行うべきである。合理的なセキュリティ保護措置は維持されるべきであるが、たとえば大学を卒業しているか、マリファナを吸っているかという判定基準は、国家の重要システムの防衛にどれだけ貢献できるかという判定基準よりも後回しにされるべきだ。シリコンバレーに惹き寄せられた愛国心の強いアメリカ人は、その才能が私たちの国をより安全にするために使われるかもしれないことを考えるべきである。そして当然のことだが、政府は少なくともテック産業とある程度競争できる給料を支払う必要があるだろう。だがそれは、国家の安全保障のために支払うべき小さな代償にすぎない。「優秀なサイバーセキュリティの専門家たちにもっと公平な報酬を与えようとしなかったために、中国の諜報機関がアメリカの機密データという高価な宝の山を手に入れることができたのだ」という教訓を私たちは真剣に学ぼうとしてきただろうか？　最後に「私たち自身を強靭なターゲットにする」という言葉が意味しているのは、アメリカのユーザーや企業に関するデータが、アメリカの敵対者の手の届かないところに置かれることを保証するため、「データのローカル化」や「データの地域化」を実行に移すべきかどうかといったことなど、議会が健全な政策論争を受け入れることである。このことからも、制御能力はパワーであり、インフラは制御能力であることがわかる。

以上のことは、外国からのグレー戦争の脅威に対処するため、国家安全保障を再構築するための一握りの方法にすぎない。それは、私たちが直面している課題を認識するところから始まる。大事なことは虚勢に陥ることなく、北京とモスクワの挑発を真剣に受け止めることである。そして政府を組織し、他国と交流し、独裁者〔の行動〕を抑止し、崩壊させる方法について、これまでとは別の角度から考えることが求められている。

しかし、これはほんの始まりにすぎない。この戦争に真に勝利し、中国のような国に打ち勝ち、繁栄する国を作るためには、国内で懸命な努力を続けることが必要である。

第7章
スプートニク・モメント

頭上に現れたものは鳥でもなく、飛行機でもなく、スーパーマンでもなかった。ビーチボールほどの大きさの金属製の球体で、時速1万8000マイル〔時速約2万9000キロメートル〕で地球を一周する。天を仰げば、銀色の球体が夜空を駆け抜けるのが見えた。ラジオからはその甲高いビープ音が聞こえてきた。1957年10月4日、スプートニクの打ち上げは世界中に衝撃を与え、アメリカ全土に激震が走った。あるニュースキャスターは「本日、夜空には新しい月があります」と厳かに語った。[1]

その新しい月の光の下で、アメリカは自分たちを違った目で見るようになった。「アメリカのテクノロジー、価値観、政治、軍に対する信頼に突如危機が訪れた」と、スプートニクの研究家ポール・ディクソン（Paul Dickson）は書いている。[2] しかし、アメリカ人はうなだれたりはしなかった。スプートニクの打ち上げから数カ月のうちに、アイゼンハワー（Dwight Eisenhower）大統領はソヴィエトの科学者に対抗するため、高等研究計画局（Advanced Research Projects Agency）を設立したのである。そして、アメリカ航空宇宙局（NA

SA）が誕生した。1958年、アイゼンハワーは国防教育法に署名し、アメリカの科学教育を強化するため、10億ドル以上を投入した。[3] この法律は共和党と民主党からの強い支持を得て、[4] 連邦議会において圧倒的多数で可決された。（同法により）科学研究に対する資金は3倍に増額され、数千人の新しい教師を支援・訓練するとともに、学校のカリキュラムが見直された。こうして数学や科学に関心をもつ人々が大学に集まり、毎年1万5000人の博士の学生を新たに輩出するための資金援助がなされた。[5]

1960年代はスプートニクの亡霊がいまだ漂い続け、（スプートニクという）天の触媒が地上の進歩を促した時代である。サニーベールを拠点とするロッキード社のミサイル・宇宙部門は、連邦政府の資金がシリコンバレーに流れ込む津波の受け皿となり、同社最大の最も利益を生み出す部門となった。[6] アイゼンハワーの後を継いだのは、若きジョン・F・ケネディ（John F. Kennedy）だった。ケネディはソヴィエトとアメリカとの間の「ミサイル・ギャップ」に対する恐怖心を煽って大統領に就任し、宇宙でソヴィエトに対抗するだけでなく、10年以内に彼らよりも早く月に到達するという目標を掲げた。この目標は1969年7月に達成された。その3カ月後には、2台のコンピュータ端末がARPANETで結ばれ、今日のオンライン世界の最初の曙光となった。スプートニクは、これらすべての火付け役となった。歴史家のウォルター・A・マクドゥーガル（Walter A. McDougall）は「真珠湾攻撃以来、これほど世間に反響を呼んだ出来事はなかった」と述べている。[7]

しかし、話はそこで終わらない。時間を早送りすると、2014年に別のものがロシアによって始められた。今回は人工衛星ではなく、ニュースサイトである。この組織はワシントン、北京、ベルリン、カイロ、ロンドンと遠く離れた場所に支局を置き、三十数カ国語で「ニュース」を発信していた。ラジオ番組、通信社による24時間365日のニュース情報、そして強固なオンライン基盤、これらすべてが偽情報を流し続けるのに役立っている。これら組織の使命は、プーチンが言うように「アングロ・サクソンのグローバルな情報ストリームの独占を打ち破る」[8]ことである。しかし、虚偽とスピン〔情報操作を意味する広告業界の用語〕を売り物にする組織にとって、自分たちの目的を明白に語ることはできない。そこで編集長のマルガリータ・シモニャン（Margarita Simonyan）は、彼女が運営するプロパガンダ機関に「ポジティブな意味合いをもつ唯一のロシア語であり、全世界がそれを知っている」[9]という意味を込めてスプートニクと名づけた。

スプートニク衛星が世界に衝撃を与えてから数十年が経つが、その間「スプートニクの瞬間（モメント）」、すなわち新たな脅威に立ち向かうために、国家が目的を定めて国民に前進を促すことを意味するスローガンが定着している。教育分野の「スプートニク・モメント」[10]、デジタル通貨の「スプートニク・モメント」[11]、そして再度の宇宙分野における「スプートニク・モメント」[12]が求められている。オバマ大統領は2011年の一般教書演説で、再生可能エネルギー技術への新たな投資を促し、「これは私たちの世代のスプートニク・モメントです」と宣言した。[13]この概念は国際的な広がりを見せている。ある作家は「パンデミックは中国のスプートニク・モメントか」と問いかけ、別の作家は「囲碁で中国人の棋士がAIアルゴリズムに敗れたことは、中国の人工知能への取り組みにとって、スプートニク・モメントであった」と語っている。

今日、私たちが必要としているのは、〔スローガンとしての〕もう一つのスプートニク・モメントではない。偽情報とデジタル戦争の新しい世界をもたらしているスプートニク〔ロシアの通信社〕・モメントにいかに対応するかだ。

陰で進行する現代のグレー戦争は、過去に打ち上げの様子を「夜空には新しい月が……」と語られたようなドラマティックな到来を告げられることはない。それでも2016年の選挙に対するロシアの干渉は――スプートニク、RT、インターネット・リサーチ・エージェンシーから発信されるプロパガンダに後押しされ――アメリカがフロントエンドの脅威に目覚めるきっかけとなった。コロナウイルス危機を経て、アメリカ人は徐々に中国のバックエンドの脅威の全容を把握し始め、2020年にロシアがアメリカのシステムを大規模にハッキングしたことにより、さらに悪化した。スプートニク衛星が宇宙開発競争を告げる号砲になったとすれば、スプートニク通信社は新たなサイバースペース競争の火付け役となった。

前章では、アメリカが海外で再び力を発揮し、グレー戦争に勝利するために取るべき方策について検討した。しかし、この脅威に対処するには、アメリカ人が国内で国力を再構築することも重要である。60年前にスプートニク衛星が頭上を周回したときと同じように、アメリカ社会全体がこの挑戦に立ち向かわなければならない。政府がどのような政策を採用するのか、テック業界はどのように対応するのか、そしてテクノ権威主義者に対抗し、私たちの民主主義を守るために、アメリカ人である私たち一人ひとりができることは何なのかなど、私たち自身が果たすべき役割を考えてみる価値はある。

アメリカの競争力に投資する

政府の再編成

中国が製造業から人工知能にいたるまで、あらゆる分野で躍進を続けるなか、アメリカが国内で競争力を高めることほど、民主主義の大義に寄与できることはないだろう。スポーツの世界と同様、グレー戦争においても攻撃こそが最大の防御なのだ。

とは言いながら、私たちはフランスのエマニュエル・マクロン（Emmanuel Macron）大統領が「ろ過器国家（ストレーナー・ステート）」と呼ぶもの――善意の政府でありながら、穴だらけで重要な政策課題が抜け落ちてしまうこと――の課題に直面することがあまりにも多い。CFIUSはその好例である。悪質な海外投資を防止するために設立され、国家にとってきわめて必要な組織であるにもかかわらず、その執行手続き上の欠陥により、思うような成果をあげられていない。国家の努力がろ過器の穴から漏れ出すようでは、グレー戦争に勝つことはできない。北京はこのことを知っているからこそ、こうした欠点を巧みに利用し、民主主義というシステムは時代遅れで無力であり、現代の諸課題に対処することができないと主張しているのである。

ここに私たちのチャンスがある。私は、このようなギャップを埋め、政府を再び効果的にするための新しい創造的な方法を考案するのに、アメリカほど適した政府はないと心から信じている。だからこそ、アメリカ政府は官僚主義の弊害から脱し、起業家的にならなければならない。そのためには連邦政府機関を改革することから着手し、経済的競争力を優先する必要がある。

〔アメリカにはこうした〕喫緊の課題に対応するため、連邦政府を再編した前例がある。1979年、保健・教育・福祉省は教育省と保健・福祉省に分割された。アル・ゴア（Al Gore）副大統領は、インターネットを発明したのは自分だと言わんばかりに主張しているように見えたため、周りから広く嘲笑されていた。[*] しかし、電子納税申告など、政府の改革を陣頭指揮したのは彼が率いるタスクフォースだった。[▼14] また9・11同時多発テロの後、連邦議会はそれまでバラバラだった事務所や機関を統合し、国土安全保障省を創設した。[**] トランプ政権は「政府の運営やサービスを改善し、現在および将来のアメリカ人の生活の質を向上させ、雇用創出に拍車をかける政策や計画」を提言する「アメリカ・イノベーション室（Office of American

＊　実は、ゴアは「インターネットの創造に率先して取り組んだ」と発言していた。この発言は「1991年の高性能コンピューティングおよび通信法」を彼自身が書いたことに基づいており、ヴィントン・サーフのようなインターネットのパイオニアは、ウェブの初期の発展を後押ししたと評価している。

＊＊　たとえば税関とシークレット・サービスは財務省の一部であったし、移民法の執行業務は司法省の管轄だった。空港で見かける運輸保安局の捜査官は、以前は運輸省に所属していた。

Innovation)」を設置した。[15]

今日、ビジネスが——バイトと同様に——グレー戦争の中心であることを認識すべきである。そしてビジネス、貿易、投資の促進を所掌する行政府の各部門を合理化することに重点を置くべきである。2011年、オバマ大統領は複数の連邦政府機関——商務省、連邦中小企業庁、アメリカ通商代表部、輸出入銀行、海外民間投資公社、アメリカ貿易開発庁——を統合し、競争力に焦点を当てた単一の機関にするという、まさにそのような取り組みを提案した。[16] この提案は頓挫したが、アイディアは良いものだった。アメリカ進歩センター(Center for American Progress:CAP)(2003年に設立された独立系の超党派政策機関であり、リベラルな視点から経済・社会分野の公共政策を提言)は、競争力強化を担う政府部門の立ち上げなど、数多くの貴重な提案——中小企業経営者などが政府機関やプログラムを横断して活動するための「共通アプリケーション」など——を発表している。[17] 元国務次官補のカート・キャンベル(Kurt Campbell)と、ブルッキングス研究所の中国戦略イニシアティブ(私もここで共同議長を務めた)のディレクターであったラッシュ・ドーシ(Rush Doshi)は「産業の潜在能力、サプライチェーン、経済的ボトルネック、輸入依存度に関する情報を集約する部局」を提唱しているのが興味深い。[18]

競争力強化部門は、多くの目標を達成することができる。まずは単に商業や貿易だけでなく、国家的な優先事項であることを明確にする。重複する業務を減らし、連邦政府の資源をより効率的に配分できるようにする。そして起業家や投資家が直面する目が回りそうな官僚主義の迷宮を簡素化し、成長とイノベーション、そして海外の競争相手と競合することを容易にする。

競争力を維持するためには人的資本が不可欠であるため、教育省と労働省を統合し、教育・労働力省(Department of Education and the Workforce)にすることが考えられる。現在、特定の訓練プログラムは労働省から、その他のプログラムは教育省のペル・グラント(連邦政府が支出する大学生向け、返還不要の奨学金制度)

や学生ローンから、それぞれ資金を得ている。しかし21世紀の教育とは連続したものであり、目的に特化した単一の組織があれば、職業生活を通じて必要なスキルをもつアメリカ人を支援することができる。トランプ政権は2018年にこうした制度を提案したことがあったが、このアイディアは引き続き検討に値する。

アメリカ企業が中国共産党のグローバルな技術覇権計画を不用意に助長してしまわないないようにするためには、CFIUSに対し、中国の民軍融合ドクトリンがもたらす課題に取り組めるような特別な権限を付与することも必要である。実際には、中国を拠点とする企業や、中国が支配する企業によるアメリカへの技術投資の一つひとつについて、国家安全保障上の価値とリスクを査定する権限をCFIUSに与えることになるかもしれない。逆にアメリカ政府は同じような懸念から、特に機密性の高い技術分野において、中国国内または中国政府が関与する事業へのアメリカからの投資を審査し、必要に応じ投資を阻止する特別な権限を早急に認めるべきである。私はこれを国外向け（アウトバウンド）のCFIUS枠組みの一種だと唱えてきた。[19]このような枠組みは、アップル社が秘密裏に行った2750億ドルの対中投資のような、民主主義国家にとって最大の敵対国にアメリカの資本が大量に流れ込むことを防ぐために必要である。新しい法律を制定しなくても、アメリカは中国による海外腐敗行為防止法（FCPA）〔国外の公務員に対する商業目的での贈賄行為を禁止するため、1977年に制定された法律〕違反をめぐる規制当局の監視を強化することで、アメリカからの対中投資を抑制する効果を生み出すこともできる。

議会は、情報技術・イノベーション財団（Information Technology and Innovation Foundation）〔技術関連の公共政策推進を目的とする非営利団体〕のロバート・アトキンソン（Robert Atkinson）社長が「議会競争力局（Congressional Competitiveness Office）」と名づけた組織を設置することも検討できる。[20]議会予算局（Congressional Budget Office）をモデルにしたこの組織では、特定の法案がアメリカの競争力にどのような影響を与えるかという基準に照らして法案が審査される。つまり議会でも行政府でも、私たちはあらゆる問題に対して「どうすれば、中国との競争を有利に進めることができるか?」という問いを投げかけるべきなのだ。

自由世界の再工業化

2011年、オバマ大統領はシリコンバレーで行われた夕食会に出席した。そこでオバマ大統領は左隣の男性に向かって質問を投げかけた。「アップル社がiPhoneを中国ではなく、アメリカで生産するためにはどうしたらいいだろうか?」と。オバマが尋ねた相手はスティーブ・ジョブズだった。ジョブズの答えは明快だった。「その仕事は戻ってきません」[21]。

この予言はアメリカの政策立案者や企業のリーダーたちの間で、誰も反対する者のいない信仰に近いものだった。オートメーション化によってアメリカの製造業の生産量が増加しても、アメリカの製造部門の雇用と工場の海外への移転は急速に進んでいる。しかし、サプライチェーンや情報ネットワークを活用する中国の活発な動きは、アメリカ産業の空洞化という深刻な危険性を露呈している。私たちは、政治学者たちが「武器化された相互依存」と呼ぶ現象に直面しており、そこでは中国のような国が地政学的な影響力を行使するために、グローバル経済の重要なノードを支配しようとしている[22]。

10年後の課題は、アメリカの製造部門が戻ってくるか否かではなく、呼び戻さなくとも国に余力が残るかどうかである。グレー戦争においては、産業力を失ったアメリカは武装解除されたアメリカである。1970年代、アメリカはOPECの地政学的な脅迫に対応するため、戦略石油備蓄(strategic petroleum reserve)を創設し、国内の代替エネルギー生産源に投資した。1980年代には研究開発税額控除などの政策により、日本との経済競争に対処した。そして今、国内の製造能力を高める時が来たのだ。アメリカが、中国の攻撃から自国のサプライチェーンや情報ネットワークを守るためには、アメリカを再工業化する必要がある。

協調的な「産業政策」を実施するという考え方は長い間、禁じ手とされてきた。共和党はこのアプローチを「勝者と敗者の選別」と揶揄する傾向があった。一方、民主党は注目を集めるような失敗があれば――エネルギー省の融資保証を受けていたのに破綻したカリフォルニア州に本拠を置く太陽電池メーカーのソリンドラ社〔2011年9月6日にアメリカ連邦倒産法第11章を申請〕のように[23]――政府の介入に対する不信感を高めるために〔そのアプローチが〕広く利用されることを懸念してきた。

しかし今となっては、アメリカがゆっくりと脱工業化に向かっている現状は、民主党にとっての脅威でも共和党にとっての脅威でもなく、それは国家にとっての脅威となっていることが明白になった。2019年の国防大学での講演で、アメリカの著名な上院議員は、勝者と敗者を選り分けるという話を否定し、中国に対抗するために「21世紀の親アメリカ産業政策」を呼びかけた。その上院議員とはフロリダ州選出の共和党議員マルコ・ルビオで、単なる過激な左翼とは異なっていた。しかし彼の考えは、特定の産業を対象とした大規模な政府介入を土台とするグリーン・ニューディール政策を掲げる下院議員のアレクサンドリア・オカシオ＝コルテス（Alexandria Ocasio-Cortez）女史の考えと、それほど違わないものだった。ホワイトハウスの経済諮問委員会のメンバーを務めるジャレッド・バーンスタイン（Jared Bernstein）は「アメリカは常に経済の一部を助け、他を犠牲にしてきた。今こそ、それを正す時である」[24]と述べている。

「それを正す」――政府による投資と自由な市場の柔軟性の間で、適切な均衡を図る――ためにはワシントンと民間部門との間の広範な協力関係が必要である。また時間とお金もかかる。ここでもまた綿密に練られた戦略[25]が不可欠となる。したがって議会は、ペンタゴンのサプライチェーン・レジリエンス・タスクフォースからの提言や『グローバル経済安全保障戦略』と呼ばれる超党派の2019会計年度法案に沿って、行政府に対し、国家先端製造戦略を作成するよう指示すべきである。[26]これは『中国製造2025』への対抗策として、中国のサプライチェーンへの依存度を減らし、アメリカの製造業を再活性化する方法を示すものだ。多くの詳細を具体化する必要があるが、このような戦略を構成するいくつかの要素は強調する価値がある。

デカップリング・プロセスの初期段階では、どの商品をどの場所で生産すべきかについて戦略的に考える必要がある。つまり国家安全保障にとって最も重要な製品を厳正に審査し、どのハイテク重要製品を国内で生産しなければならないか、どの製品を同盟産業イノベーション基盤（allied industrial and Innovation Base）から安全に調達できるか、そして、中国のような権威主義国家を含む世界市場からまだ輸入できるのは、どの製品なのかを判断する。アメリカ企業が、すべてのコンピュータ、サーバー、モバイル機器、そしてコンピュータに接続されるありとあらゆるもの——すべてのカメラ、すべてのキーボード、すべてのマウスやマイクロフォン、すべてのUSBキー——の生産を、アメリカ本国に呼び戻す用意があると考えるのは非現実的であろう。とはいえ、サイバーセキュリティの第一人者であるディオゴ・モニカ（Diogo Monica）によると、何もそうする必要はなさそうだ。その代わり「然るべきコンポーネントを自国内に呼び戻」し、「その他のコンポーネントは、簡単に検査や監査ができるようにすればいい」と彼は言う。そうすれば国家的な緊急事態に備えるだけでなく、バックエンドを保護し、中国と長期的な競争を行うのに十分な「最低限実行可能な産業能力」を構築することができる。

たとえば人工知能から携帯電話にいたるまで、高性能なマイクロチップが不可欠であることから、半導体とマイクロチップの生産が最初の重点分野とされる可能性がある。半導体工場建設のための税額控除を創設するジョン・コーニン（John Cornyn）上院議員とマーク・ワーナー（Mark Warner）上院議員による超党派法案——その名もCreating Helpful Incentives to Produce Semiconductors（CHIPS）for America Act[27]——は、そうした気運を盛り上げるサインとなった。国防総省と共同で半導体製造工場を建設するというインテル社の提案や、台湾半導体製造企業（台湾積体電路製造、TSMC）がアリゾナ州に〈投資総額〉120億ドルの工場設備を建設する計画の公表などもそうである。[28] 同社の会長は、州や連邦政府の補助金を「TSMCがアメリカに製造施設を設立することを決めた重要な要因」に挙げている。[29] このような投資は半導体産業やその他の産業で、ますます必要になるだろう。

次に、政府部門と民間部門による〈国内産業化に向けた〉再建のための共通のコミットメントがなくてはならない。あまりにも長い間、テック業界の最高の頭脳は、生活の利便性や娯楽の分野に割かれ、死活的危機に挑むよりも、洗濯作業の邪魔をしたり、ピザの配達を早めたりするアプリを開発してきた。COVIDがアメリカを襲ったとき、ベンチャー・キャピタリストでシリコンバレーの名付け親であるマーク・アンドリーセンは広く読まれているブログ記事に投稿し「広範な分野で、もの作りの能力が不足している状態」を嘆いた。彼は「新しい製品、新しい産業、新しい工場、新しい科学、大躍進を遂げる新興分野への積極的な投資」を呼びかけ、「もの作りは、アメリカン・ドリームを再起動させる」と結論を述べた。[30] いまこそ、こうした課題に企業が取り組む時である。たとえば、もっと多くのベンチャー・キャピタルを先進的な製造プロセスやロボット工学に投入し、創造的なアメリカの再産業化を実現すべきである。

連邦政府も支援する用意ができているはずだ。鉄道からスマート・グリッドまで、あらゆる分野への投資を促進する官民合同の「国家インフラ銀行」を設立する構想が、議会でこれまでに何度も提案されている。こうした法案には「アメリカ国内の製造業を強化」するという文言や、「経済の接続性」を促進するという条文が含まれ、全国的な5Gネットワークの構築などの優先事項を明確に示すことができる。[31] 11の省庁にまたがる58の製造関連プログラムの代わりに、独立した国立製造研究所（National Institute of Manufacturing）――ミシガン州選出の上院議員ゲーリー・ピーターズ（Gary Peters）が提案している国立衛生研究所をモデルにしたもの――は、国家製造業戦略の実行機関として設立することができる。[32] また政府は、中国が『中国製造2025』構想で重視しているのと同様の戦略的重点産業を重視し、政府は中小企業への資金提供を大幅に増やすべきである。

税制もアメリカ産業再生の有効策となる。たとえば研究開発費の税額控除の対象を製造研究の初期段階にまで拡大し、米中経済・安全保障検討委員会（U.S.-China Economic and Security Review Commission）が提案するように、中国がアメリカの優位性を脅かしている分野をターゲットに据えることもできる。[33] 情報技術・イノベーション財団のロバート・アトキンソン（Robert Atkinson）会長は、研究開発、技能訓練、世界標準の設定といった分野に投資する企業に対し、45パーセントの競争力税額控除を提供するといったアイディアを提唱している。[34] また多くの人が提唱しているように「四半期資本主義（quarterly capitalism）」の改革も必要だ。[35]「長期」投資の定義を見直し、最初の数年間に売却した投資については通常の所得として課税し、その後は、年ごとに税率を下げるスライド制を導入することで、株主や経営者にリスクの高い大型のプロジェクトを優先させるインセンティブを与えることができる。

産業政策の最後の重要な要素は、生産とイノベーションのハブを束ねることである。政策立案者の本能的直観――それと政治的インセンティブ――は、製造拠点の呼び戻し（リショアリング）に向けた投資を全国規模に拡大するよう促すかもしれない。アメリカで最もイノベーションが盛んな世界的拠点は、ウォール街、ハリウッド、シリコンバレー、モーターシティなどのように〔関連するアクターが〕地理的に集中していることが成功の要因となっている。地理的に集中した地域のハブはネットワーク効果を発揮し、そのハブが存在する州や周辺地域の成長エンジンとなる。

このようなハブは、磁石のように世界中の優秀な人材を惹きつけ、彼らは業界の重心に近い場所に移転することを自ら選択するようになる。このように特殊な専門知識が集積することで、エコシステムの参加者どうしの結びつきが強まり、さまざまな問題と解決策を他の場所よりも速やかにマッチングできるようになる。このような考え方が背景にあって、オバマ政権期に十数社の製造拠点がミシガン州デトロイトか[36]らテネシー州ノックスビルまで設けられた。[37]

将来は、中西部の工業地帯にハブを建設する構想を具体化すべきである。たとえば私の父の出身地であるオハイオ州は脱工業化によって最も大きな打撃を受けたが、製造業に関する深い専門知識を有している。マーク・クヴァム（Mark Kvamme）とクリス・オルセン（Chris Olsen）によるドライブ・キャピタル社、AOL社の元CEOのスティーブ・ケース（Steve Case）によるライズ・オブ・ザ・レスト基金、J・D・ヴァンス（J.D. Vance）によるベンチャー・キャピタル企業のナルヤ社など、多くの注目すべき取り組みが、シリコンバレーのスタートアップ文化を、業績が振るわない中西部地域に根づかせようとし始めている。テック産業の成長の大部分は、依然として一握りの大都市に集中しているが、[38]中西部でのテック関連事業への投資は、過去10年間で3倍の200億ドル以上に達し、[39]「シリコンプレーリー」（ロッキー山脈の東側に位置する中西部をプレーリー〔大草原地帯〕と呼ぶことから造られた造語）の誕生が話題となっている。適切な投資と意欲があれば、政府も民間も新たなハイテク製造センターを構築し、バックエンドの確保と競争力の強化を同時に実現できるだろう。いつしか、オバマ大統領がジョブズに投げかけた質問にiPhoneが「クパティーノ（カリフォルニア州）で設計され、ヤングスタウン（オハイオ州）で製造された製品です」と答える日が来るかもしれない。

イノベーションへの投資

アメリカ人はテクノロジーの分野で、世界的なリーダーであることを疑う余地のない当然のこととして受け入れてきた。しかし過去半世紀にわたり、政府の研究開発費は相対的にも実質的にも減少している。連邦予算に占める研究開発費の割合は約12パーセント（約4000億ドル）から約3パーセント（1500億ドル）へと落ち込んでいる。[40] とはいえ、アメリカの公共部門および民間部門が、年間5000億ドルもの研究開発費を費やしていることは相当なことだと思われる。しかし、研究開発費を毎年17パーセント以上成長させている中国は、10年後までにアメリカを追い抜く勢いだ。[41] 注目すべきは、中国の研究開発費の約84パーセントが実験段階にある技術分野に集中しているのに対し、アメリカのそれは63パーセントである。[42] 人工知能のような技術では、今のところアメリカが最先端であることに変わりはないが、[43] 将来の最先端テクノロジーがアメリカ発であることは、今となってはもはや当然とは言えない。

簡単に言えば、グレー戦争に勝つためには、アメリカのイノベーションに大規模な資金を投入する必要がある。ここでシリコンバレーが果たすべき役割は極めて重要である。政府の投資が数十年にわたり減少したため、[44] 企業の研究開発がその空白を埋めてきた。アメリカの研究開発費の3分の2以上を民間企業が占めている。その多くに最大手のテック企業が名を連ねている。たとえばグーグル社、アップル社、アマゾン社、フェイスブック社、マイクロソフト社を合わせると、1四半期の研究開発費（2020年第1四半期は290億ドル）はNASAの年度予算の総額よりも大きい。[45] X――グーグル社の「ムーンショット工場」（ムーンショットとは、実現は難しいが、大きな成果をもたらす壮大な計画や試み）のような取り組みを通じて、テック企業は画期的な技術への投資を継続的に強化する必要がある。巨大企業の利点の一つは、現実世界への応用がすぐには明らかでない、いわゆるブルースカイ研究に注力するためのリソースを確保できることにある。巨大テック企業が大きな利益と影響力をもち続けるためには、テクノロジーの進歩を促進するために多大なリソースを割くという相互責任を伴う。

同時にアメリカ政府は、再び研究開発分野の先頭に立つべきである。MITの経済学者であるジョナサン・グルーバー（Jonathan Gruber）とサイモン・ジョンソン（Simon Johnson）は、年間1000億ドル――80パーセントの増額である――の追加支出を提案している。この額は、1980年代にアメリカが支出していた研究開発費の約２５００億ドルに匹敵する。[46]

この追加資金は、国防高等研究計画局、国立科学財団、国立研究所、新しい国立製造研究所、地域のハブ、大学助成金など、さまざまな制度や機関に行き渡る。何やら相当な出費がかさむように見えるが、その投資の見返りとして、４００万人分の雇用を増やすことができるかもしれないのだ。

とはいえ、単に研究開発費を増やすだけでは十分ではない。このような追加投資はグレー戦争に特有のニーズに的を絞る必要がある。それは５Ｇ（あるいは６Ｇ）、人工知能、量子コンピューティングなどの次世代技術に特に重点を置くことを意味する。量子分野の研究開発への投資と協調を強化することを目的とした「２０１８年の国家量子イニシアティブ法」は、連邦政府がこれらの最先端技術に真剣に取り組み始めていることを示す心強い兆候である。またトランプ政権の２０２１会計年度予算では、人工知能と量子コンピューティングの分野に約22億ドルが投じられ、前年度からほぼ3分の1が増加した。[47]これはまずまずのスタートだが、新アメリカ安全保障センターの「アメリカのＡＩ世紀（American AI Century）」で提案された年間２５０億ドルにはいまだ届かず、[48]大統領の科学技術諮問委員会（Council of Advisors on Science and Technology）が提言した連邦政府のＡＩ投資を今後10年間で10倍に拡大する構想には、まだはるかに及んでいない。[49]

チーム・アメリカン

シリコンバレーでは「会社とは組織を構成する人材で成り立っている」と言われている。どんなに優れたテクノロジーやアイディアがあっても、会社の成功はチームの才能にかかっているのだ。アメリカ全体についても同じことが言える。アメリカが中国のテック支配に打ち勝つには、イノベーションをもたらすような熟練した人材をチームに配属する必要がある。

世界中のどこよりも聡明な頭脳と、卓越した技術的才能をもつ人々が今も存在しているのが、ここアメリカなのだ。とはいえ、他の国々から厳しい挑戦を強いられているのも事実である。2015年、アメリカのティーンエイジャーたちは数学と科学で国際平均程度のスコアしか取れなかった。過去10年半の間、世界の理工系学士号の取得者のうち、アメリカは10パーセント、中国は22パーセントだった。[50]中国での特許出願件数は、アメリカの出願件数の2倍以上になっている。[51]一方、コンピュータ・サイエンスや電気工学などの成長分野では、必要なスキルをもつアメリカ人の数が不足している。[52]

このように、科学、技術、工学、数学（いわゆるSTEM）分野の教育への投資を拡大する必要性が高まっている。スプートニクの打ち上げが国防教育法の成立を促したように、グレー戦争においては優秀な科学者やエンジニアを劇的に増やすことが求められる。何もリベラル・アーツを軽視しているわけではない。たしかにAIをはじめとする先端技術の倫理的な活用法を考えるためには、哲学専攻の人材が必要だ。しかし、アルゴリズムや人工知能で戦われる紛争に勝つためには、市場――そして私たちの国――が何を必要としているかを考えることが重要なのだ。

私たちに最も不足している――そして中国が得意としている――のは、高度に特殊専門的な技能訓練を受けた労働者を大量に供給することである。全米製造業協会（1895年設立。本部はワシントン）の2019年の調査では、製造業雇用主の4人のうち3人が、最も深刻な経営課題として「質の高い労働力の確保と維持が困難であること」を挙げている。[53]そのため機械工や溶接手といった製造業に不可欠な職務が満たされない、いわゆる職人的技能不足（トレード・スキル・ギャップ）の問題が生じている。実際、アップル社のティム・クックは、テック企業が中国に集まってくるのは人件費が安い――他の多くの国々はもっと安く商品を製造している――からではなく、中国には精密な技能的スキルが集中しているからだと説明している。「アメリカでは、機械設備のエンジニアが集う会議を開催しても満席になることはないでしょう」とクックは語る。「中国では、機械サッカー場が何個も埋まるほどです」[54]。

アメリカが今後の数十年間にわたる競争に打ち勝つには、ワシントンはこうした現実を認識し、重要産業分野を対象とした、低コストで技能ベースの人材の育成に投資する必要がある。たとえば全米科学財団がSTEM再教育委員会を設立し、労働者に再技能教育や継続教育の機会を提供することが提案されている[55]。「コードを学ぶ」ことは時代遅れの万能薬と揶揄されるようになったが、バーチャル・リアリティのようなテクノロジーを使って、労働者の技能転換を支援する方法について検討する価値はある。こうした職業の多くは、4年制のSTEMの学位すら必要としない。これによって中国などに奪われたすべての雇用を取り戻せるとは限らない。しかし、ハイテク製造業の雇用に特化した訓練を行うことで、アメリカに新たな高収入の雇用を呼び込み、中国へのバックエンド依存度を緩和するための労働力を準備することができる。

世界のベスト&ブライテストの人材を歓迎するサインを出す

この種のチームを実際に配置するには、移民制度の見直しを必要とする。移民の受け入れをめぐっては一部のアメリカ人の間で賛否両論があるかもしれないが、テック業界では移民の価値は信仰の域にまで達している[56]。スタンフォード大学大学院の工学系学位のうち、毎年およそ40パーセントが留学生に授与されている。『マルコポーロ』誌によると、アメリカのトップクラスのAI研究者の3分の2以上が海外で学士号を取得しており、中国の最も優秀なAI分野の卒業生の大半がアメリカで研究し、働き、生活している[57]。しかも最も資産価値の高いテック企業の上位25社のうち、その半数以上が移民または移民の子息である創業者を抱えているのだ[58]。イーロン・マスクは南アフリカから移住してきた。セルゲイ・ブリンはロシアから移住してきた。サティア・ナデラ（Satya Nadella）はインドから移住してきた。スンダー・ピチャイとスティーブ・ジョブズはシリア移民の息子だった。アメリカが移民国家であるならば、シリコンバレーは移民国家の首都と言えるかもしれない。*

しかし長年にわたって、アメリカの移民制度は世界の優秀な人材を惹きつけるどころか、逆に多くの妨げとなってきた。テック企業の誰に聞いても、グリーンカードの発行が遅れたり、就労ビザの発行が宙に浮いていたりする話を聞かされる。こうして優秀なエンジニアたちは、古臭い移民法のために（アメリカから）去っていく。

トランプ政権の移民排斥政策は、このダイナミズムを悪化させただけだった。2016年から2020年まで毎年、アメリカが受け入れた合法的な移民の数は、前年より4万3000人（平均数）減少した。▼59 つまりトランプ政権の期間中、合法的な移民数はほぼ半減したのである。▼60 トランプ大統領はコロナウイルスを口実に、ほとんどのハイテク企業が頼りにしている熟練労働者のための就労ビザ（H－1Bビザを含む）を停止してしまった。▼61 本来は1990年以降、8万5000人を上限にすると定められていたものだ。▼62

優秀な人材が集まるようにするためには、アメリカはもう一度、歓迎のサインを打ち出す必要がある。手始めにまず、H－1Bの上限を完全に撤廃するのではなく、大幅に引き上げることである。H－1Bは、申請者がビザを申請してから1週間以内に発給されるのが通例である。▼63 シリコンバレーでよく言われるように、優秀な学生を訓練して追い払うのではなく、大学の卒業証書にグリーンカードを貼り付けるべきなのだ。

しかし、留学生の育成は深刻な懸念を引き起こし始めている。なかでも中国政府が機密性の高い先進的なデュアルユース技術を「盗む」ために、学生をアメリカに送り込んでいるのではないかという懸念である。▼64 2020年、トランプ政権は、中国軍と関係のある大学で学んでいた約3000人の中国人留学生のビザを取り消した（この数字は、アメリカに滞在する約37万人の中国人留学生の1パーセントにも満たない）。▼65 トム・

コットン（Tom Cotton）上院議員は、中国人留学生が特定の分野に留学することを全面的に禁止することを提案している。「中国の学生がここに来て、シェイクスピアや『ザ・フェデラリスト』を学びたいのであれば」と彼は言う。「それはアメリカに来て学ぶべきことだ。量子コンピュータを学びに来る必要はない」[66]。

だが、このような厳格なアプローチは、世界最高レベルの研究者たちに門戸を閉ざし、反アジアの排外主義を助長する危険性がある。ジョンズ・ホプキンスで学んだ中国人エンジニアのリサ・リー（Lisa Li）は「留学生を犠牲にすることは、金の卵を産むガチョウを殺すようなものだ。それは最終的にアメリカの将来の競争力を破壊することになる」[67]と述べている。中国の教育会社が実施した2020年の調査によると、アメリカはもはや中国人学生にとって最良の選択先ではなくなり、はじめてイギリスに抜かれた[68]。

たしかに、安全保障上の懸念はある。中国は人民解放軍が「異国の地で花を摘み、中国で蜜を得る」と呼ぶ戦略を用いて、欧米の大学を搾取している[69]。その「千人計画」プログラムは、アメリカのトップクラスの研究者を中国に招致することを目的としている。2020年、司法省は、中国軍との関係を隠していたボストン大学の学生ヤンチン・イェ（Yanqing Ye）を、外国のエージェントとして活動した容疑で起訴した[70]。冷戦時代にアメリカの大学が、ミサイル技術の分野でソヴィエトの科学者に訓練を施すことは不条理であったにちがいない。なぜグレー戦争の最中に、中国の人工知能研究者を訓練する必要があるのだろうか？

他方、優秀な中国人学生を惹きつけることは、アメリカの国益につながることは明らかだ。なぜなら、学生の多くが卒業後もアメリカにとどまり、アメリカ社会に貢献できるからである（実際、中国人の博士課程学生の10人中9人は、卒業後、少なくとも5年間はアメリカに滞在している）[71]。適切なセーフガードと組み合わせて

＊　シリコンバレーでは「高技能者」の移民に目が向けられがちだが、そこは「低技能者」の労働者によって築かれた都市でもあり、技術産業で最も有名な製品の多くを組み立てている。1980年代、移民帰化局はシリコンバレーの労働者の4分の1が非正規雇用であると推定していた。

実施すれば、中国の最も優秀な人材を、中国の技術部門や軍事部門から遠ざけておこうとする取り組みは、アメリカの長期的な戦略的利益につながる。さらにアメリカが独裁者と対峙する際、アメリカの開放性と寛容性はアメリカの「ソフトパワー」の重要な源泉として機能する。実際、2020年のスタンフォード大学による調査結果から「アメリカで学ぶ中国人留学生は、中国の同世代の学生よりも、リベラルな民主主義を支持する傾向がある」ということが明らかになっている。その一方で「反アジア的な差別を受けることにより、中国にとって政治改革が望ましいという中国人留学生たちの信念は大きく揺らぎ、権威主義的支配への支持を強めている[72]」。

重要なのは、アメリカへの中国人留学生の流入を遮断することを避けながら、悪質な活動に携わろうとする少数の留学生の入国を制限することである。そのためには、米中経済・安全保障検討委員会が提言しているように、FBIの中に高等教育諮問委員会を設置し、入国制限の問題を評価し、定期的に「保護対象とすべき機密性の高い技術や研究分野を見直す[73]」ことが考えられる。またアメリカの大学は、不用意な排外主義的制限を行うことなく、的を絞った中国人留学生のスクリーニングを確実に実施するため、政府と緊密に協力する必要がある。

私たちの技術的優位を失わせる有害な諜報活動の可能性を無視してはならないけれども、私たちを強くしてきたアメリカの理想を捨てることはできない。

テック企業の役割を刷新する

「丘」と「谷」の連携強化

2017年、ある著名なシンクタンクが主催する、偽情報をテーマにした会合に出席した日のことを思い出す。会合はシリコンバレーから数千マイル離れたDCで開催されたが、その距離の遠さは実態を示す形となった。会合に集まった20人ほどの人々は、DCのエスタブリッシュメントに属する聡明で有能なメンバーたちだった。しかし、彼らが技術的な問題を、いかに表面的にしか理解していないかということに驚かされた。シリコンバレーとワシントンの間には、政治資金の調達から、連邦政府による資金提供にいたるまで、さまざまな結びつきがあるにもかかわらず、東西両岸をつなぐコミュニケーション経路が十分に存在していないことが浮き彫りになった。「丘」と「谷」関係を仲の悪い夫婦にたとえるなら、有能なカップル・カウンセリングの診断を必要とするほど（その関係は）深刻である。

アメリカ政府は先述したアメリカ信頼・安全庁のように、両者の協力を推し進める正式なメカニズムを構築すべきである（私はコーリー・ブッカー（Cory Booker）やリチャード・ブルメンタール（Richard Blumenthal）をはじめとする多くの上院議員たちと、そのための法案のアイディアを出し合う機会に恵まれた）。そうした機関は、テック産業における連邦政府の前哨基地として機能する、いわば国立研究所のようなものだ。政府関係者や技術専門家によって構成され、常に新しい民生技術に目を光らせる。そしてデュアルユース技術が悪意ある行為者によって武器化される可能性についてストレス・テストを実施したり、海外との技術取引を評価するCFIUSとの連絡役などを果たしたりする。この信頼・安全庁はサプライチェーンが中国政府のリスクにさらされている企業についても調査・研究を行うことになる。そして、新技術を考慮した新しい法案を勧告するなど、定期的な報告書を議会に提出することになる。

アメリカ信頼・安全庁にもたせるべき要素の最後は、情報共有・分析センター（ISAC）である。この考えは、2020会計年度国防権限法の中で「ソーシャルメディア・データおよび脅威分析センター」と記載されており、すでに、承認された条項に基づいている。疾病対策センター（CDC）が潜在的なパンデミックに関する情報を収集しているように、両岸の観測所ではネットワークの完全性（インテグリティ）を脅かすアクターに関する情報――未登録の外国人エージェントに重点を置くなど――を収集することになる。ISACは、国土安全保障省の「サイバーセキュリティ・インフラ・セキュリティ局」や「全米サイバーセキュリティ通信統合センター」といった機関と連携したり、その機能の一部を吸収したものになるかもしれない。これらの機関は重要な役割を果たしているが、シリコンバレーから地理的に離れているため（CISAにはベイエリアにオフィスがあるが）、その活動は制限されている。またグーグル社やフェイスブック社、ツイッター社などの企業が連邦政府と情報を共有することを保証するため、連邦取引委員会が「不公正で欺瞞的な行為」に対して多額の罰金を科すような罰則を設けることも考えている。ISACはオーウェルが描いたような「真実省（デパートメント・オブ・トゥルース）」として機能するのではなく、ネット上の誤情報や真実を取り締まる活動には参入しない。代わりに、このISACの活動範囲は、違法な方法で行動し、アメリカの情報ネットワークの完全性を損なうような現実世界のアクターの行為を評価することに焦点を絞っている。

しかし、そのためには「丘」と「谷」の両方に通じた人材の育成も必要となる。ワシントンDCで経験を積んだスタッフが西海岸に移住した例は数知れないが、その逆はあまりない。著名なベンチャーキャピタリストであるジョン・ドーア（John Doerr）は一時的に会社から離れ、「首都の丘で最高額の純資産をもったサマー・インターン」として上院で数カ月間勤務したことで有名になった[74]。ほかにも技術者に政府の仕事を経験してもらおうとするフェローシップもある。たとえばニュー・アメリカの「テック・議会プログラム（TechCongress program）」は、議会議員に技術的問題を助言しながら政策立案について学ぶことに関心をもつ新卒と中途の技術者を対象に、研究奨励金（フェローシップ）を提供している。「テック・議会プログラム」のフェローは、これまでにもケンブリッジ・アナリティカ社による不正行為の調査や、議会のメールアカウントに対するロシアからのサイバー攻撃の摘発に貢献してきた。[75] このようなプログラムを大幅に拡大することで、テック技術に関する知識をワシントンに浸透させ、「丘」と「谷」との関係を修復し、強化することができるだろう。

産業界主導のイノベーションと実験の奨励

グーグル社には簡潔なミッション・ステートメントがある。「わが社の使命は、世界中の情報を有機的に結びつけ、それを世界中の誰もがアクセスできて、利用できるようにすることです（Our company mission is to organize the world's information and make it universally accessible and useful.）[76]」。この16の単語のどこにも、グーグル社が「共通の防衛（コモン・ディフェンス）のための」責務を負うとは書かれていない。合衆国憲法は、そうした権限を議会に与えている。アメリカ国民を保護するのは政府の仕事である。そして、アメリカ人が求める製品を開発するのがテック企業の仕事なのだ。

しかしグレー戦争では、テック企業が開発するプラットフォームが中心的役割を果たすことを考慮すれば、テック企業は国家安全保障に対する責任を完全に放棄することはできない。テック企業は、自社製品のユーザーが本質的で真実かつ安全な情報に接することを保証する義務を負っている。２０１６年以降、さまざまなプラットフォームが着実に進歩を遂げてきたとはいえ、外国アクターによる偽情報キャンペーンの拡散を制限するには、もっと多くのことを行わなければならない。

ソーシャルメディアのプラットフォームは、人々が偽情報を信じないようにすることはできないが、可能な限り真実に沿ったコンテキストを提供することはできる。つまり「悪質な」言論への対抗策として、それを削除してしまうのではなく、正確なより多くの情報をユーザーに提供するのである。たとえば2020年、フェイスブック社とツイッター社は外国政府関係者や――重要なこととして――国家が支援する外国メディア機関のアカウントにラベルを付けるようになった。[77] 現在、RTからのツイートには「ロシア国営メディア」というラベルが貼られている。『環球時報』は「中国国営メディア」とタグ付けされている。プラットフォームは――選挙やコロナウイルスの大流行など――重要なテーマに関する偽情報にラベルを付け、ユーザーを正確な情報に導いている。グーグル検索では検索されたテーマに関するハイレベルで客観的な情報を提供する「ナレッジ」パネルが表示され、またグーグル・ニュースでは、ニュースのトピックについてファクト・チェックを行うサイドバーが表示されるようになった。[78] テレパスのような新興のソーシャルネットワークでは、パブリッシャーに信用スコアを付け、事実と異なる部分を表示するサービスも始まっている。[79] またプラットフォームの中に「サーキット・ブレーカー」（情報と民主主義フォーラム（Forum on Information & Democracy）が提案）を導入し、適切にファクト・チェックされるまでバイラル・コンテンツ（SNSやインターネット上でウイルスのように爆発的に拡散されるコンテンツ）の拡散を一時的に停止させることも可能である。[80]

またテック企業は真実ではないコンテンツを識別し、それを削除するツールを開発し続ける必要がある。たとえばボットの信憑性が高まるにしたがい、投稿数が不自然に激増していたり、疑わしい構文を使用しているアカウントを検出するため、よりいっそう高度な自然言語判定が必要になるだろう。加工された画像や動画に対抗するため、ソーシャルメディア・プラットフォーム各社はディープフェイクの検出にも投資する必要がある。クアルコム社はスマートフォンのチップに写真やビデオを対象とした高度な検証ツールを組み込み始めており、同社の携帯電話から発信されたコンテンツが不正操作されたかどうかを簡単に判断できるようになっている。[81] ブロックチェーン技術により、コンテンツに加えられた改変の痕跡(ログ)がすべての画像に記録されるようになるかもしれない。ある映像が生放送されたものであるかどうかを判定する技術も開発されている。[82]

大きいことは必ずしも悪いことではない

明らかにテック業界は、自社のプラットフォームで起きているフロントエンドの紛争に対処するうえで、重要な役割を担っている。そのためにはワシントンによる新たな規制に加え、各企業が自発的に採用する新たな政策が必要となる。しかし、グレー戦争の勝利に必ずしも貢献しないのは、巨大テック企業の全面的な解体である。アメリカで最も成功しているテクノロジー企業を解体するかどうかは、アメリカ経済とアメリカの国家安全保障にとって途轍(とてつ)もなく重大な影響を及ぼす。そのような決定は政治的なものでも、漠然とした批判や世論調査の気まぐれなどで決められるべきものでもない。そのような重大な決定は、消費者被害などに関する目に見える具体的な証拠――すなわち、その被害に対処するための正当な救済策であり、かつ解体がもたらす利益がコストを上回るという証拠――に照らして慎重に検討されなければならない。だからこそ、中国の経済力が高まる中で、アメリカの競争力の強化に再び焦点を当てるとき、私たちには賢明なアンチ・トラスト政策が必要なのだ。

テック産業の巨大化に反対する人々は、さまざまな弊害を取りあげ、それを延々と繰り返している。グーグル社やフェイスブック社のような巨大テック企業は、有能な技術者を独占し、個人経営の商店を廃業に追い込み、新興企業の起業を阻害することで市場競争を弱めていると語られている。またアマゾン社のような巨大企業(ビヒモス)は、不当にマーケットプレイスと市場参加者の両方を兼任しているため、消費者により良い製品や低価格を提供できないでいると言われている。批評家たちは、強力なハイテク企業が議員を買収したり、プライバシーを侵害し、他社より不当に有利になるようなデータをため込み、あるいはプラットフォームに関する決定権をもつことで単独で選挙を動かすことができると警告している。「今日の大手テック企業は、私たちの経済、社会、民主主義に対して、あまりにも大きな力をもちすぎている」[83]と、ビッグテック解体論の代表的主唱者であるエリザベス・ウォーレン（Elizabeth Warren）上院議員は主張している。2020年10月、司法省はグーグル社が「検索市場と検索広告市場において反競争的かつ排他的慣行を通じ、不当に独占状態を維持している」疑いがあると主張し、同社を告訴した。[84]その約1カ月後、連邦取引委員会とほぼすべての州の検事総長がフェイスブック社を反競争的慣行で訴えた。[85]

これらの議論は真実の核心を突いている。ソーシャルメディア企業は信じられないほどの膨大な個人データを自社に保有しておきながら、時として無責任な振る舞いをする。選挙で途方もない影響力を行使することもできる。フェイスブック社がインスタグラム社を買収したときのように、テクノロジー企業が潜在的なライバル企業を買収するケースもある。

だが、これは物語の一部でしかない。優位性は束の間のことだ。かつて巨大企業であったＩＢＭ社がそうであったように、今日は大きくても、明日は小さくなる可能性がある。1965年、Ｓ＆Ｐ500種指数〔S&Pダウ・ジョーンズ・インデックスが公表している株価指数〕に採用された企業は平均33年間その地位を維持していたが、1990年には、その平均年数が20年に短縮した。2026年には、その数はわずか14年まで減少すると予想されている。[86]アマゾンの競合相手であるショッピファイ（Shopify）社は、わずか6年の間に、10億ドル強の価値[87]をもつ比較的小さなeコマース・プレーヤーから、1840億ドル以上の価値[88]を有するまでに成長した。2020年7月の議会公聴会でマーク・ザッカーバーグは「10年前に最も価値のあった10社のうち、現在もそのリストに名を連ねているのは3社のみです」と証言し、「そしてトップの技術系企業がどこから来たかを見ると」と語り、続けて「10年前はその大半がアメリカでした。今日では、ほぼ半数が中国企業です」と指摘した。[89] たしかにザッカーバーグは政界のいたる所で物議を醸す人物となっているが、彼個人をどう思おうが、ある特定の事実は彼が信じているものであっても真実である。

元連邦通信委員会委員長のトム・ウィーラーはこの種の議論に関わってきたが、中国に対抗する最善の方法は「国内での競争力を高めること」であると主張し、これは一見すると異論を挟みにくい議論の枠組みである。[90] 彼の主張の唯一の問題点は、現在のアメリカが国内において競争力を失っているという誤った考えに基づいていることである。どこを見ても、動きの鈍いレガシー企業がハングリー精神に溢れた新興企業からじりじりと追い上げられている。私の知り合いの、あるベンチャー・キャピタリストによれば、過去20年間の中で、最も多くの新興企業が高い評価額で資金を獲得しているという。こうした評価はデータで完全に裏付けられている。アメリカにおけるベンチャー・キャピタルの投資額は2019年と2020年に記録的な水準に達し、1万件以上に達した契約件数の総額は1300億ドルを超えた。[91] 1万件の契約で、1300億ドル以上の価値である。この数字が、新規参入者の入り込む余地のない統合市場を示していると、誰が真剣に主張できるだろうか？

これは、デジタルで武装したゴリアテに押しつぶされそうなスタートアップ企業の姿を描いているとは言いがたい。実際、投資家サイドの査定が厳しくなるなか、2019年にはスタートアップ企業のうち89パーセントの企業が資金調達に成功したと回答している。[92] スタートアップ企業の経営層は「有能な人材へのアクセス」を重要課題として挙げているが、その問題の背景として、一部の企業が有能なエンジニアを独占しているというよりも、移民制度や教育制度の不備によるところが大きいと指摘している。冷静に考えてみると、全般的に市場のサプライサイドではビッグテック企業がスタートアップ企業の出現を妨げていると主張することは難しく、市場のデマンドサイドでは、ほとんどのテック製品がフリー価格であることを考えると、「消費者被害」を具体的に定義することも同様に難しい。そこで問われなければならないのは、もし市場のサプライサイドにおける競争の欠如（新たなスタートアップ企業が資本を調達して市場に参入する能力の欠如）を実際に立証できる証拠がないのであれば、また、デマンドサイドでの明らかな（権利の）濫用（たとえば価格操作などによる消費者被害）を示す証拠がないのであれば、ビッグテック解体を唱える論拠とは一体何なのか、という問題である。

批評家たちに共通しているのは、巨大企業の規模、特に株式の時価総額に対する本能的な忌避感であるようだ。しかし、大きいことは本質的に悪いことではない。前にも述べたように、今日、テック分野の研究開発の大部分は民間部門に由来し、大手企業の中核的活動が収益性の低い分野の研究を助成することであるケースも多い。アルファベット社を解散させれば、グーグルX社（アルファベット社の子会社）から独立したヴェリリ（Verily）社がなくなるかもしれない。グーグルX社はヴェリリ社に医療分野の研究とイノベーション――たとえばCOVIDの検査法など――に必要な資金を提供しているからだ。

強力なプラットフォームは希少であるからこそ、わずか１つの失敗が重大なインパクトをもたらすことがある。２０１６年の大統領選挙において、ロシアからの干渉の影響を過小評価したことは、その代表的な事例であった。しかし本来、大手テック企業には外国からの干渉や侵入に対し、中小企業にはできないような高価な防護策を講じる余裕がある。膨大なデータを１カ所に集中することで、大手テック企業のプラットフォームはより大きな標的になっている。しかし、その一方で、標的をより堅牢にすることもできる。たとえばグーグル社の「信頼と安全（トラスト・アンド・セーフティ）」チームだけでも世界中に１１００人以上の専属エキスパートがおり、自社製品を悪用から守り、同社のグローバル・ポリシーが意図したとおりに機能していることを確認する任務を負っている。これにはサイバーセキュリティ関連の問題に取り組んでいる無数のチームや、非常勤のコンテンツ・レビュアーは含まれていない。２０２０年7月現在、同様にフェイスブック社は会社全体で安全とセキュリティに関連する問題に取り組む合計3万5000人以上の人々を雇用している。[93] 多様な業界の大手テクノロジー企業は、通信詐欺やマネー・ロンダリング、ディープフェイクや偽造物の拡散まで、さまざまな活動を自動的に検出・予防するための、拡張性あるシステムと新技術の導入に莫大な資源を投入している。

しかも国内で大きいものが、必ずしも国際的に大きいとは限らない。アメリカではアマゾン社は避けて通れないが、中国では無視できる存在である。アリババ社が独占する電子商取引市場の1パーセントにも満たないからだ。[94] 欧州ではアマゾン社のオンライン小売販売の売上高は10パーセント未満である。[95] テンセント社は2020年7月、フェイスブック社の株式時価総額を上回っている。[96] 今日、テック企業はグローバル市場で事業を展開している。そこでは「市場の支配力」という信頼できる評価基準が重要かつ必要な考慮要件となる。これまで見てきたように、アメリカのテック産業と競争する中国企業は、国家からの支援や補助金が尽きることなく、中国国内で得た利益を活用して世界中のさまざまな場所で事業展開することができるのである。もしフェイスブック社やグーグル社を解体し、バイドゥ社やテンセント社との世界的な競争力を低下させてしまった場合、アメリカの消費者にとっても、グレー戦争の渦中にいる民主主義を擁護する国民にとっても、最悪の結果となるだろう。

中国と競合し、グレー戦争に勝利するためには、世界レベルでのプラットフォームの相対的優位性が重要となる。最終的に世界で最も優勢なプラットフォームを生み出した国が、現代の日常生活で重要な機能を担っているシステムの技術的チョークポイントを支配する。そして世界で最も高度なインテリジェンス能力をもち、外国からの干渉や選挙の完全性（インテグリティ）、人権、言論とプライバシーの自由、知的財産の保護に関するグローバルな規範を形成するうえで有利な立場に立てる。民間企業と国家目的を融合させる中国の国家的慣行を考えると、中国製のプラットフォームが支配的な世界は、おそらく民主主義国家の国家主権が侵害され、主権が損なわれる世界となるであろう。

これが意味しているのは、アメリカ政府が自国のテック企業の優位性を人為的に膨らませたり、保護すべきだということではない。人為的に企業を解体することは、わが国の国家安全保障に重大かつ現実的な結果を招くだろう。その解決策は、消費者に実際に起きた被害の証拠に基づき、アメリカの技術的エコシステムが中国のエコシステムと真っ向から競争できるようにすることを視野に入れて責任を規定することだ。企業が市場として、また市場の参加者として行動することが許されるかどうか、そして、どのように行動するかをめぐる新しい規則を作成するということは理にかなっている。もし、ある企業が市場での立場を悪用し、自社の立場を不当に有利にしたという、たしかな証拠が出てくるようなことになれば、それは連邦取引委員会法のもとで「不公正かつ欺瞞的な行為」として扱われ、その企業に罰金が科されるのは当然と見なされるだろう。とはいえ、会社全体を解体することで、このような慣行が是正されるかどうかは、まだ証明されていない。またアマゾン社がアマゾンのブランド商品をアマゾン・マーケットプレイスのプラットフォームで販売することに反対するならば、CVS社〔アメリカのドラッグストア〕やウォルマート社がすでに行っている自社ブランドの販売にも異を唱えなければならなくなることを理解することが重要である。連邦取引委員会は、違反が立証された場合、消費者に損害を与える反競争的な慣行を阻止するための資源と手段をもつ権限を与えられるべきである。

最後に、ヴァンダービルト大学ロースクールのガネッシュ・シタラマン（Ganesh Sitaraman）のような学者は「政府はテクノロジー企業に対し、データを相互運用可能なフォーマットで提供するよう求めることができる」と提案している。[97] これらの提案は新しいものではない。大手テック企業はデータを独占的に溜め込んでいるとの批判があり、2000年代後半から2010年代前半にかけて、フェイスブック社はサードパーティーの開発業者にデータの宝庫へのアクセスを許可するようになった。そしてケンブリッジ・アナリティカ事件が起きた。もし政府がテック企業に対し、サードパーティーの開発業者にデータへのアクセスを開放するよう要求した場合、そのデータが悪用されないよう対策を講じるのは一体誰の役目なのか？　誰がその判断に責任をもつのだろうか？　日頃から何千という開発業者がアクセスを求めてくるなかで、どのように判断を下し、適切にさばくのだろうか？　間違った判断がなされた場合、どうなるのだろうか？　このようにテクノロジー企業に対して、データへのアクセスを強制的に開放する提案には、重大で深刻な問題がつきまとう。それは現実世界で実行に移すための避けて通れない問題なのだ。

要するに、これらの企業には、さらなる規制が必要だということだ。しかし、グレー戦争に勝利するためには、「中国の国家的な――そして、ますます世界的な影響力をもつようになっている――覇権的企業に対抗するために、わざわざアメリカが世界的な優良企業をもつことに戦略的利益はない」といった振りを装うことはもはやできないのである。結局のところ、中国戦略グループ（China Strategy Group）のレポートが指摘するように「2つの異なるデジタル世界というシナリオに加え、ガバナンスの基準や規範が民主的価値を反映していない単一のデジタル世界（つまり中国がインターネットを「支配下に入れた」世界）というシナリオもある」[98]。もし、このようなシナリオが実現した場合、消費者や日常の市民生活への実害がはるかに大きくなることが予想されるため、それを回避することが最優先の政策となるはずだ。もし（アメリカ連邦政府の）反トラスト法取締官が非倫理的行為や反競争的行為に遭遇した場合、なぜ――数十億ドルの罰金やその他の罰則を科すのではなく――その企業を解体することが正しい救済策であるかを立証する責任がある。さらに規制当局は、サイバーセキュリティやプライバシーの観点から、中小規模の企業の方が私たちの国にとっていかに望ましいものなのか、答えを用意しておかなければならない。同様に大手テック企業の方も、利益を生み出す市場を求めて独裁者におもねるのではなく、アメリカ政府による独裁者たちとの闘いを支えるために「大きさ（ビッグネス）」の優位性を利用する時が来ているのだ。

デジタル・シティズンシップの強化

見分ける力を身につける

「情報は商品のようなものです」。無心にカートに商品を入れる買い物客の映像に乗せて、ナレーターがウクライナ語で語る。「情報は質が悪く、不完全で、有害なものでさえあります。では、あなたは何を消費しますか？ 質の良いものですか？ それとも見栄えさえよければ、何でもいいのでしょうか？ 注意してください。情報をしっかりチェックしましょう」[99]。このウクライナの公共サービス放送は、IREXという非営利団体が主催する「見分ける力を身につける運動」の一環として行われたものである。

ウクライナからアメリカまで、あまりに大勢の人々が、ショッピング・カートにジャンク・フードを詰め込むように、情報を頭の中にかき込んでいる。フロントエンドの戦いにおける最大の課題は、ロシアのトロールたちがますます巧妙になっていることではない。フロントエンドの戦いにおける最大の弱点は私たち自身なのだ。私たちは簡単に操られてしまう心をもち、ネットで見たものを鵜呑みにし、それを広めてしまっている。本書で見てきたように、デジタル・ネイティブと言われる若い世代を含め、多くのアメリカ人が、怪しげで社会に分裂をもたらすようなメッセージを額面通りに受けとめている。

フロントエンドの戦いに勝利することを望むなら、基本的なオンライン・リテラシーの育成に国家レベルで取り組む必要がある。ブログやフェイスブックの投稿を読んでいるすべてのアメリカ人は、自分たちが目にした情報を吟味しているはずだ。この情報源は信頼できるのか、それとも16人のフォロワーをもつ匿名のツイッターのアカウントなのか？ この粗い動画は本当に投票用紙が盗まれている様子を映しているものなのか？　あの写真はあまりにも出来が良すぎるが、もしディープフェイクだとしたら？　つまり、私たちも見極める力を身につけておかなければならないのだ。

　ウクライナでのＩＲＥＸのプロジェクトは、その好例である。クレムリンのプロパガンダとオリガルヒが所有するメディアに翻弄され、国民の4分の1以下しかメディアを信用していないこの国で、ＩＲＥＸは1年半以上かけて1万5000人のウクライナ人に偽情報を見分けるトレーニングを行ってきた。[100]その成果は目を見張るものだった。参加者は「霧が晴れたようだ」と語り、自分が消費しているニュースを批判的に考え、自分の思考力に新たな自信を見出した。プロジェクト参加者は一般の人々よりもフェイク・ニュースを正確に識別し、他の情報源とクロスチェックしている傾向が強かった。こうした認識力の高さは、トレーニングから1年半が経過した後でも続いた。それだけにとどまらず、参加者は自分たちが学んだことを家族、友人、同僚、隣人など他の9万人に伝え、デジタル・リテラシーを広めている。[101]

　他の国も偽情報に対処するための教育を試みている。おそらく最も成功した例はフィンランドであろう。この国は長い間、隣国ロシアからのプロパガンダに悩まされてきた。2014年以来、フィンランドの学生たちは、偽情報を発見し、その虚偽を暴く方法について徹底した教育を受けている。数学の学生たちは、統計がどのように操作されるかを学ぶ。アートの授業では、画像が人を欺くためにどのように使われるかを学ぶ。歴史の授業では、過去のプロパガンダを学んでいる。こうしたことをフィンランド人たちは早く身につける。子供向けの童話でさえも、キツネのような狡猾なトリックスターを信用してはいけない理由を考える機会となる。[102]このように偽情報に打ち勝つことに力を注いできたおかげで、フィンランド人はフェイク・ニュースに抵抗する能力において、欧州人の中でもトップクラスに位置づけられている。[103]ロシアのトロールたちは、フィンランドの選挙への干渉を諦めてしまったようだ。[104]

　アメリカ国民がフィンランド国民のように見分ける力をもてない理由はない。実際、ワシントン州やロードアイランド州など、一部の州がデジタル・リテラシーの向上を促進する超党派の法案を提出している。[105]ポインター研究所〔フロリダ州に本拠を置くジャーナリズム研究機関〕はMediaWiseイニシアティブ――グーグル社が一部出資している――のようなプログラムを通じて、アメリカ人に「オンライン上で、事実とフィクションを選別する方法」を教えるという貴重な活動をしている。[106]だが、こうした取り組みの多くはいまだ自発性に依存し、資金不足で不完全なままだ。

デジタル民主主義の防衛策の一環として、デジタル・リテラシーを促進し、偽情報に対抗するため、国家レベルの効力のある基準を設定する必要がある。この基準はフィンランドの包括的かつ統合的なカリキュラムを手本にすることもできる。実際、多くの大学が同じような講座を開講している。たとえばワシントン大学のINFO270/BIOL270は「これ、おかしくない？――デジタル世界におけるデータ推論（Calling Bullshit: Data Reasoning in a Digital World）」としても知られている。[107]このような講座は、すべての大学新入生に受講を義務づけるべきだろう。半数近くのアメリカ人が連邦政府の三権〔立法、行政、司法〕を見分けることができず、5人に1人が合衆国憲法修正第1条の権利を1つも挙げられない現状では、[108]偽情報への抵抗力を身に付ける教育の中で「公民」教育を強化することも必要だ。『ニューヨーカー』誌のモスクワ特派員であるヨシュア・ヤッファ（Joshua Yaffa）は「政府が実際にどのように機能しているかを知らなければ、政府の活動を陰謀論的に信じてしまう可能性が高くなる」[109]と述べている。

デジタル・リテラシーが学校の枠を超えて浸透するよう、そして学生たちは自分が学んだことを広く共有するよう――特に陰謀論的な投稿が目立つフェイスブックの記事に触れやすい家族に――奨励されるべきだ。高齢者は偽情報の餌食になりやすいことがわかっているため、[110]ポインター研究所の「高齢者のためのMediaWise」のようなプログラムも拡大する必要がある。元FBI防諜担当官のクリント・ワッツ（Clint Watts）と偽情報調査官ティム・ホワン（Tim Hwang）は、選挙のような重大局面で、ジャーナリストや訓練を積んだコミュニティのリーダーが「偽情報に対処する現場の医師」としてデジタル偽情報を監視し、取り除くことを提唱している。[111] このような活動に加え、ウクライナのIREXが運営しているような一般向けの啓発活動に取り組む必要もある。[112] アメリカ運輸省道路交通安全局のClick It or Ticketキャンペーンは、シートベルトの着用率を劇的に高めた。またClick It and Check Itキャンペーンは、オンライン・ニュースが消費される際、よりいっそう懐疑的な分析を行えるように私たちを導いてくれる。

グーグル社で偽情報との闘いを間近に見てきて思ったことは、「私たち全員がより良い情報の消費者、そして共有者になるために、もっとできることがあるはずだ」ということであった。ここで、そのために必要な推奨事項と禁止事項をいくつか掲げておきたい。

推奨事項

- 情報源を確認する。本当に独立しているか？　これまで正確な情報を提供してきた実績はあるか？　もしかして、それは1週間ほど前に立ち上がった匿名のツイッター・アカウントではないか？
- 情報源の出所を確認する。友人や認証済みアカウントであっても、信憑性のない情報をシェアすることがある。情報を共有する前に、彼らがどこから情報を得たのか、自分自身で時間をかけて確認すべきである。
- 他の情報源と比較する。情報のクロスチェックは、事実と虚構を区別する最も良い方法の一つである。特に意外なことがあった場合は、注意が必要である。
- 権威ある情報源を読み、共有する。『ニューヨーク・タイムズ』紙やBBC放送が、文法が不統一なブログよりもずっと正確なのには理由がある。真面目な報道機関は記事を正しく伝えるために膨大な時間と資源を投入しており、失敗した場合には責任を問われる。可能な限り、正確さに関する厳格な基準にしたがっている情報源に頼るべきである。

- 自分自身の偏見（バイアス）を自覚する。人間は自分がすでに信じていることを裏付けてくれる情報を常に求めている。偽情報は、そうした人間の性癖につけ込む。怪しそうな記事やツイートをシェアする前に、一呼吸おいて懐疑的な心で見つめてほしい。

禁止事項

- 最初に見たリンクをクリックすべきではない。「消火ホース」などのテクニックのおかげで、検索結果の上位に表示されたものが、必ずしも最も信頼できる情報源からのものであるとは限らない。
- 読まずにシェアするのはやめよう。見出しはセンセーショナルであったり、誤解を招いたりする。記事の全文を読むことで、文脈から情報の信憑性を判断することができる。
- いたるところに拡散されているからといって、その内容を信じてはいけない。トロールやボットは偽情報を故意に、できるだけ増幅させようとしている。「これがトレンドである」というフレーズは必ずしも真実であるとは限らない。
- 自分の目を信じてはいけない。ディープフェイクやその廉価版である「チープフェイク」では、画像や映像も不正に加工することができる。もし、あまりにも出来が良すぎている場合、真実ではない可能性がある。
- ＲＴを「リツイート（ＲＴ）」するのはやめよう。ツイッターやフェイスブックでは、ＲＴや新華社のような情報源には、外国政府から資金提供を受けているという理由でラベルが付けられている。敵対者の情報をリツイートして増幅させる行為は、彼らのために仕事をしているのと同じことになる。

下院議員（元ＣＩＡ職員）のウィル・ハード（Will Hurd）は「見知らぬ人と一緒に車に乗ってはいけないことは、誰もが知っている」と語っている。彼は続けて「ではなぜ、ソーシャルメディアで見知らぬ人と話をするのか？」と問うている。[113] 私たちの頭の中の「６インチをめぐる戦い」において、デジタル・リテラシーを向上させることは、私たちに必要な防御策なのだ。

超党派バブルからの脱却

しかし、いくらデジタル・リテラシーを高めても、私たちが直面している最大の課題の一つである「自分が属する部族（トライブ）〔ネット上に形成される共通の趣味嗜好をもつ集団〕やフィルター・バブルからの情報を信じてしまう気持ち」を克服することはできないだろう。２０１８年のある研究では、私たちは、図形分類のようなまったく関係のない作業であっても、自分の政治集団の人間を信頼する傾向が強いことが実証されている。[114]

これはいくつかの問題を提起している。フロントエンドでは、まず党派性と偏向性がフェイク・ニュースの拡散を加速させる。リツイートをクリックし、誤った情報をサイバースペースに送り込むと「あのtoo good to be trueのセリフは、たしかに共和党の人が言いそうな言葉だ」と思うかもしれない。もっと広く言えば、私たちの腐敗した政治が、独裁者に対抗する統一戦線を張る能力を低下させている。二大政党が政争に明け暮れ、明かりを灯しておくことがやっとの状態で、連邦政府が職業訓練に投資したり、移民制度を見直したり、中国に対抗できるような政策を実行することができるのだろうか？

アメリカ政治の弊害に対する簡単な解決策はない。構造改革の擁護派は、優先順位付投票制〔１人ではなく複数の候補者の優先順位を付けて投票する方式。「死票」を減らし、幅広く民意を反映させることなどが目的〕や、選挙区の区割りを定める超党派委員会の設置などを提案している。また人種、階級、政治的所属の垣根を取り払おうと試みる、ある種の国家的な奉仕活動も提案されている。民主党と共和党の新人議員を1年間手錠でつなぎ、仲良くすることを学ばせるという提案もあるが、それは魅力的である反面、非現実的なアイディアだ。

いずれにせよ、どんな構造改革や政策も、互いに手を差し伸べることに代わるものはないだろう。あまりにも頻繁に、私たちはお互いについて単純化された白黒の物語を信じることに慣れ切ってきた。実際には、民主党がすべて怒れる社会主義者ばかりというわけではなく、共和党も利己的で悪人ばかりではない。私の好きなミュージカルに登場するアーロン・バー（Aaron Burr）〔第3代大統領アレクサンダー・ハミルトンと決闘したことで有名〕の言葉を借りれば、人は簡単に罪人と聖人に分けられるものではないのだ。人生とはニュアンスの問題なのだ。そのことに気づけば、私たちは互いに耳を傾けることを学ぶことができる。時には、キースと私が発見したように、私たちはお互いを愛することさえできるのだ。

私自身、結婚生活から学んだことなのだが、重要なのは、ほとんどの場合、私たちは同じことを望んでいるということ――より健全なアメリカ人や、より健全な地球を望んでいるということ――を理解し、同意できる部分を探すことである。たとえばキースと私は、銃に対する考え方は異なっているが、銃による暴力を減らすことが優先されるべきだという点では意見が一致している。キースはテクノロジーが多くの社会問題を解決すると考えているため、銃をもつ人が近くにいない限りロックされるBluetooth対応の銃器にするなど、技術による規制に好意的である。またキースは言論の自由を強く意識し、テック企業はコンテンツを制限するようなビジネスを行うべきではないと考えている。外国政府が独立したジャーナリストを装ってアメリカの聴衆を意図的に欺くような特殊なケースは別にしても、私はキースに対し、偽情報の取り締まりは重要だし、必要であると説得している。

簡単なことだとは思わないが、希望はある。党派間の対立が激しい時代にあって、中国問題に対処する必要性は、政治のあらゆる領域で広く受け入れられている。退任を控えたトランプ政権の国家情報長官ジョン・ラトクリフ（John Ratcliffe）が中国を「今日のアメリカにとって最大の脅威であり、第二次世界大戦以来、世界の民主主義と自由に対する最大の脅威[115]」と呼んだとき、下院情報委員会のアダム・シフ委員長は、中国問題が「超党派で実質的に合意している分野であり、我々が立ち向かわなければならない課題である[116]」と同意した。

議会が深く分裂し、膠着状態が続くなかでも、中国の侵略を押し返し、アメリカの競争力に投資することを目的とした法案——ミット・ロムニー上院議員のSTRATEGIC Act[117]やシューマー上院議員のEndless Frontier Act[118]など——が両党から定期的に提出されている。ファーウェイ社のような企業から通信機器を購入するために連邦政府の資金を使用することを禁止する2019年の「安全で信頼できる通信ネットワーク法」は、議会を全会一致で通過した[119]。香港での虐待を理由に、中国への締め付けを強化する法案は、わずか1票の反対票があっただけで承認された[120]。また中国に対抗する地域的取り組みである「太平洋抑止イニシアティブ（Pacific Deterrence Initiative）」（2021会計年度国防権限法において設立された基金。インド太平洋地域におけるアメリカ軍の抑止・防衛態勢の強化に加え、同盟国やパートナー国に対する安心供与が目的）も、超党派の圧倒的な支持を得ている。ワシントンで何かを成し遂げることが難しい現状において、中国共産党の脅威に対処するという観点から政策を組み立てることは、製造から軍事にいたる諸問題を前進させるためのロードマップになるかもしれない。ソヴィエト連邦の脅威がわが国を奮い立たせたのと同じように、中国からの挑戦は、共通の敵に立ち向かうために私たちが団結する機会となる。

エピローグ

２０１９年、ドイツのアンゲラ・メルケル首相がハーバード大学の卒業式で講演を行った。メルケル首相は第二次世界大戦が終わり10年を経ずして生まれ、東ドイツで育ち、ベルリンの壁の影で自分の家族とも離れ離れになった。しかし、冷戦終結からわずか30年後、メルケルは統一ドイツのリーダーとして、また欧州連合の非公式リーダーとして、ほんの数世代前に両国の祖父母どうしが戦場で対峙した一方の国の学生たちに語りかけていた。過去4分の3世紀にわたり自国がたどってきた歴史を考えれば、メルケル首相が卒業生たちに語ったメッセージは当然といえば当然だったかもしれない。「確固とした不変に見えるものであっても、実は変わるものがあるのです」[1]。

ときどき、こんな感情について思いを巡らしている自分に気づく。グレー戦争を研究していると、未来が暗く見えることがある。ロシアのフロントエンドの手口がますます巧妙になっているというニュースに触れると、ウイルスのように拡散する偽情報に対抗する方法はないのではないかと考えてしまう。中国の指導者たちがテクノロジー分野へ目を見張るような規模の投資を行ったり、10年計画を打ち出したりするとき、独裁的な監視国家の影響下に置かれた世界を想像することは難しいことではない。私たちが思いつく解決策は、不十分で不完全なものに感じられる。
この戦争に敗れるだろうと想像することは簡単なことかもしれない。希望を失うことも簡単なことだ。
しかし、この物語はこれで終わりではない。歴史が1989年に終わったわけではないのと同様に、2016年に歴史が終わったわけでもない。中国はアメリカを凌駕しているわけでも、世界を支配する運命にあるわけでもない。また、アメリカが汗をかくことなく、世界のリーダーとしての地位を維持できる保証もない。電光石火のアルゴリズムやテラバイト単位のデータ、ケーブルや衛星、半導体など、あらゆるものを駆使しても、この戦いにおいて、人間の意志の力以上に大きな力はないのかもしれない。私たちには、選択する力があるのだ。

そんな状況にあっても、私は心から楽観視している。信じがたいかもしれないが、アメリカほどグレー戦争に勝利するのに適した国はないと思う。私がフランスで幼い頃に憧れた国は、理想化されたアメリカだったのかもしれない。しかし、それはあくまで一部である。アメリカは欠点を抱え、衰退しているとささやかれているにもかかわらず、途轍もない回復力と十分な資源を保持している。この騒々しく、厄介で、矛盾に満ちた〔アメリカの〕システムは、大胆なアジェンダを掲げて中国全土を急速に再編成する北京に相当な苛立ちを感じてはいるが、それは一握りの大学中退者にインターネット帝国を築く力を与えたのと同じ分散型のフレームワークなのである。偽情報がはびこることを許してしまう開放的で多元的な社会は、権威主義の脅威をより深く真剣に受けとめるよう政府に働きかけることを可能にする社会でもある。よそ者を受け入れることはリスクを伴うものだが、それはグーグルやアップルを生み出しもした。

私たちは、権威主義者のように素早く、あるいは断固とした行動をとることはできないだろう。しかし、それが民主主義国家の本質なのだ。この戦いで私たちの足元を固めるには、間違いなく通常の足の引っ張り合いや、党派的な争いを伴うことだろう。しかし、この戦争の勝利は十分に私たちの手の届くところにある。

この10年間の外交政策の頂点に立つ問題は、自由世界がこの脅威に屈服するか、あるいは抵抗すべきか、ということである。

実際、中国による挑戦がもたらす深刻さについて超党派のコンセンサスが深まっている現象は、この問題に対するある種の覚醒を促す兆候とも言える。バイデン政権の初期の動きもそうだ。バイデン大統領はホワイトハウスにサイバーセキュリティの高官を任命し、[2] サプライチェーンの脆弱性を見直すよう命じた。[3] バイデン政権期の商務省は、国家安全保障に有害と見なされる技術取引を禁止するトランプ政権の規制を推し進めようとしている。[4] トニー・ブリンケン（Tony Blinken）国務長官は前任のマイク・ポンペオ（Mike Pompeo）と同じように、新疆で起きている残虐行為をジェノサイドと認定し、[5] バイデン大統領は習主席との最初の電話会談で、この人権侵害問題を提起した。[6]

アメリカ人は、中国のような権威主義政権のパワーと効率性を過小評価してはならないが、自信喪失と麻痺の危機に陥ってはならない。中国の傲慢さの根源には人口の多さがあり、それが最終的には世界最大の経済大国への道を確実なものにしているという理論を振りかざしている。だが、この理論には思想の力や人間の基本的本能は含まれていない。かつてウィンストン・チャーチルは、次のように予言じみた見解を述べている。

あなたは、独裁者たちが台座の上で、兵士の銃剣と警察の警棒に囲まれているのを見る。独裁者たちは周囲を大勢の武装した男たち、大砲、飛行機、要塞などで守られている。彼らは世界の前で自らを誇り、うぬぼれているが、彼らの心の中には言葉にできない恐怖がある。海外で語られる言葉や、国内から湧き上がる思想は、それが独裁者によって禁じられているものだからこそ、強力な力を秘め、彼らを恐怖に陥れるのだ。思想という小さなネズミが部屋の中に現れると、最も権力のある支配者であってもパニックに陥る。彼らは人間の心の衝動を恐れ、私たちの思想や言葉を必死に封じ込めようとする。大砲や飛行機を大量に製造することはできても、人間性の自然な発露である言葉や思想をどうやって抑えつけることができようか？　それは何世紀もの試練と進歩の末に、無限の力と不滅の知識という武器庫となって人類に受け継がれてきたものなのだ。[7]

独裁者は「外では強く、内では弱い」とチャーチルは結論で述べた。彼は当時も今も正しい。アメリカは今でも自国の運命をコントロールできる。私たちは今でも「若く、不器用で、ハングリー」であり、〈アメリカは〉「クレイジーな者たち」の故郷でもある。衰退が運命だと思いたい誘惑に駆られたときは、いつでも思い出してほしい。宇宙に乗り出すのはソヴィエトに先を越されたかもしれないが、月面に最初に降り立ったのはアメリカ人のブーツだった。

新しいアメリカの瞬間、そして民主主義にとってより安全な世界は、オンラインでもオフラインでも手の届くところにある。しかし、時間は待ってくれない。２０２０年代は世界的なパワー構造にとって決定的な10年となる。中国はグレー戦争に勝利していると考えており、世界の頂点に立つ道はすでに定められていると信じている。もしアメリカが中国の勝利を許せば、民主主義と法の支配は、ボブ・ケーガン（Bob Kagan）の言葉を借りれば、「人類の歴史における異常事態」[8]として記憶されるかもしれない。アメリカ人は過去半世紀にわたり、創造性を解き放ち、紛争の見方を変えるコードを書いてきた。私たちの手には、未来のコードを書き換える力もあるのだ。

謝辞

本書は、テクノロジー業界に影響を与える地政学的な出来事を理解するために書かれました。テクノロジーの政治化がますます強まる環境の中で、テクノロジー業界で活動する「トラスト＆セーフティ＆ポリシー」チームが、そうした複雑な問題に取り組んできたことは称賛に値します。本書の欠点が何であれ、多くの友人や同僚――トレイ・スティーブンス（Trae Stephens）、ダニエル・グロス（Daniel Gross）、ディオゴ・モニカ（Diogo Monica）、そしてタミル・パルド（Tamir Pardo）――との何時間にもわたる語り合いがなければ、そうした欠点はもっと大きくなっていたでしょう。

私は、長年にわたって技術政策の問題に対する私の考えを豊かにし、疑問を投げかけ、そして広げてくれたグーグル社の友人や元同僚のみなさんに感謝しています。デイヴィッド・グラフ（David Graff）、リース・ペコット（Reese Pecot）、ポール・ハー（Paul Haahr）、イアン・グッドフェロー（Ian Goodfellow）、ラヴァンヤ・ラヘンドラン（Lavanya Mahendran）、ヴィジャイ・パッドマナハン（Vijay Padmanabhan）、ベス・ツァイ（Beth Tsai）、ミシェール・チャン（Michelle Chang）、デイヴィッド・プライス（David Price）、エリン・サイモン（Erin Simon）、リチャード・ギングラス（Richard Gingras）、ポール・ショウ（Paul Shaw）、クレメント・ウルフ（Clement Wolf）、ララ・レヴィン（Lara Levin）、マギー・シールス（Maggie Shiels）、ショーン・ケイシー（Sean Casey）、ジェフ・ラザルス（Jeff Lazarus）、ジェン・グラニト（Jen Granito）、アンドリュー・トラバルシ（Andrew

Trabulsi）、ピーター・バーク（Peter Burke）、アルダン・アラク（Ardan Arac）、ダン・ケアリー（Dan Cary）、そしてロビン・デュア（Robin Dua）たちです。

　また、テック業界の友人たちとの多くの会話からも恩恵を受けました。サム・アルトマン（Sam Altman）、ピーター・ティール（Peter Thiel）、ジェイソン・カラカニス（Jason Calacanis）、デイヴィッド・サックス（David Sacks）、マイケル・ソロナ（Michael Solona）エリック・トレンバーグ（Erik Torenberg）、デリアン・アスパロホフ（Delian Asparouhov）、アレックス・マッコウ（Alex MacCaw）、ジョシュア・バックリー（Joshua Buckley）、クララ・ツァオ（Clara Tsao）、ニック・ロヴリアン（Nick Lovrien）たちです。

　さらに、ブルッキングス研究所、スタンフォード大学、ＣＳＩＳの現・元同僚にも感謝しています。彼ら・彼女らの業績は本書の構想の多くに直接的または間接的に影響を与えてくれました（そして他の多くを再検討するのに役立ちました）。タルン・チャブラ（Tarun Chhabra）、ラッシュ・ドッシ（Rush Doshi）、タンヴィ・マダン（Tanvi Madan）、マイケル・マクフォール（Michael McFaul）、アンドリュー・グロット（Andrew Grotto）、アレックス・スタモス（Alex Stamos）、レニー・ディレスタ（Renee DiResta）、エイリーン・ドナホー（Eileen Donahoe）、ダフネ・ケラー（Daphne Keller）、そしてジム・ルイス（Jim Lewis）たちです。トム・ライト（Tom Wright）、ブルース・ジョーンズ（Bruce Jones）、ハル・ブランズ（Hal Brands）、ゼヴ・カーリン＝ノイマン（Zev Karlin-Neumann）、テリー・スープラット（Terry Szuplat）には、いくつかの章を読んでもらい、文体や内容の面で貴重なアドバイスをいただいたことに特別な謝意を送ります。

　アヴィド・リーダー・プレス（Simon & Schuster）社の編集者であるベン・レーネン（Ben Loehnen）は、常に編集面での見識を蓄えていました。彼との仕事は最初から最後まで本当に楽しいものでした。キャロライン・ケリー（Carolyn Kelly）もまた、原稿の作成において、タイムリーで有能な支援を提供してくれました。ＷＭＥの優秀な著作権代理人であるスザンヌ・グラック（Suzanne Gluck）とジェイ・マンデル（Jay Mandel）

からのフィードバックがなければ、この本は間違いなく、まったく違ったものになっていたでしょう。

最後に、私の最大の恩人は夫であるキース・ラボア（Keith Rabois）です。本書は、彼の愛と励まし、そして知的独創力の賜物です。私が最も恩義を感じているのは、彼です。

原　注

（邦訳が確認できた文献については初出のみ〔　〕内に示した）

プロローグ

1 Elizabeth Dwoskin, Adam Entous, and Craig Timberg, "Google uncovers Russian-bought ads on YouTube, Gmail and other platforms," *Washington Post*, October 9, 2017, https://www.washingtonpost.com/news/the-switch/wp/2017/10/09/google-uncovers-russian-bought-ads-on-youtube-gmail-and-other-platforms/.

2 Adrian Chen, "The Agency," *New York Times*, June 2, 2015, https://www.nytimes.com/2015/06/07/magazine/the-agency.html.

3 "Security and disinformation in the U.S. 2016 election: What we found," Google, October 30, 2017, https://storage.googleapis.com/gweb-uniblog-publish-prod/documents/google_US2016election_findings_1_zm64A1G.pdf.

4 Patrick Hoge, "S.F. struck by love/Cupid's big bow gets rise out of passers-by," *SF Gate*, January 27, 2012, https://www.sfgate.com/news/article/S-F-struck-by-love-Cupid-s-big-bow-gets-rise-2751612.php.

5 Robert McMillan, "Inside Google's Team Fighting to Keep Your Data Safe From Hackers," *Wall Street Journal*, January 23, 2019, wsj.com/articles/inside-googles-team-battling-hackers-11548264655.

6 "'#hillaryhealth' typed query," Twitter, https://twitter.com/search?q=%23hillaryhealth&src=typed_query.

7 "'hillary founded isis' typed query," Twitter, https://twitter.com/search?q=hillary%20founded%20isis&src=typedquery.

8 Jacob Ogles, "Senate Intelligence Committee says Russian meddling targeted Marco Rubio, Jeb Bush in 2016." *Florida Politics*, October 9, 2019, https://floridapolitics.com/archives/307822-senate-intelligence-committee-russian-meddling-targeted-marco-rubio-jeb-bush-in-2016/.

9 Jill Lepore, "Party Time," *New Yorker*, September 10, 2007, https://www.newyorker.com/magazine/2007/09/17/party-time.

10 "About COVID-19," Centers for Disease Control and Prevention, September 1, 2020, https://www.cdc.gov/coronavirus/2019-ncov/cdcresponse/about-COVID-19.html.

11 Finbarr Bermingham and Cissy Zhou, "Coronavirus: China and US in 'new Cold War' as relations hit lowest point in 'more than 40 years,' spurred on by pandemic," *South China Morning Post*, May 5, 2020, https://www.scmp.com/economy/china-economy/article/3082968/coronavirus-china-us-new-cold-war-relations-hit-lowest-point.

12 Chris Buckley and Steven Lee Myers, "From 'Respect' to 'Sick and Twisted': How Coronavirus Hit U.S.-China Ties," *New York Times*, May 15, 2020, https://www.nytimes.com/2020/05/15/world/asia/coronavirus-china-united-states-cold-war.html.

13 Hal Brands and Jake Sullivan, "China Has Two Paths to Global Domination," *Foreign Policy*, May

22, 2020, https://foreignpolicy.com/2020/05/22/china-superpower-two-paths-global-domination-cold-war/.

14 David E. Sanger, "Russian Hackers Broke Into Federal Agencies, U.S. Officials Suspect," *New York Times*, December 13, 2020, https://www.nytimes.com/2020/12/13/us/politics/russian-hackers-us-government-treasury-commerce.html.

15 Tarun Chhabra, "The China challenge, democracy, and U.S. grand strategy," Brookings Institution, https://www.brookings.edu/wp-content/uploads/2019/02/FP20190311usgrandstrategychhabra.pdf.

16 Hans Morgenthau, *Politics Among Nations: The Struggle for Power and Peace* (New York: Knopf, 1948), 137.〔『国際政治――権力と平和（上・中・下）』，ハンス・モーゲンソー著，原彬久監訳，岩波書店，2013年ほか〕

17 Raphael Cohen, "It's time to drop 'competition' from US defense strategy," *The Hill*, May 17, 2021, https://thehill.com/opinion/national-security/553787-its-time-to-drop-competition-from-us-defense-strategy.

18 Office of the U.S. Trade Representative, "Findings of the Investigation into China's Acts, Policies, and Practices Related to Technology Transfer, Intellectual Property, and Innovation Under Section 301 of the Trade Act of 1974," March 22, 2018, https://ustr.gov/sites/default/files/Section%20301%20FINAL.PDF.

19 "Prepared Statement of Gen (Ret) Keith B. Alexander on the Future of Warfare before the Senate Armed Services Committee," November 3, 2015, https://www.armed-services.senate.gov/imo/media/doc/Alexander11-03-15.pdf.

20 Christopher Wray, "The Threat Posed by the Chinese Government and the Chinese Communist Party to the Economic and National Security of the United States," Federal Bureau of Investigation, July 7, 2020, https://www.fbi.gov/news/speeches/the-threat-posed-by-the-chinese-government-and-the-chinese-communist-party-to-the-economic-and-national-security-of-the-united-states.

21 "Chapter 1: U.S.-China Trade and Economic Relations," U.S.-China Economic and Security Review Commission, https://www.uscc.gov/sites/default/files/AnnualReport/Chapters/Chapter%201%20U.S.-China%20Economic%20and%20Trade%20Relations.pdf.

22 "Salt Lake City, Utah," United States Census Bureau, https://www.census.gov/quickfacts/saltlakecitycityutah.

23 David E. Sanger and Emily Schmall, "China Appears to Warn India: Push too Hard and the Lights Could Go Out," *New York Times*, February 28, 2021, https://www.nytimes.com/2021/02/28/us/politics/china-india-hacking-electricity.html.

24 Ibid.

25 Paul Simao and Josh Horwitz, "NBA stirs U.S. hornet's nest, faces China backlash over Hong Kong tweet," Reuters, October 6, 2019, https://www.reuters.com/article/us-china-basketball-nba/nba-stirs-u-s-hornets-nest-faces-china-backlash-over-hong-kong-tweet-idUSKCN1WL04T.

26 Wayne Ma, "Marriott Employee Roy Jones Hit 'Like.' Then China Got Mad," *Wall Street Journal*, March 3, 2018, https://www.wsj.com/articles/marriott-employee-roy-jones-hit-like-then-china-

got-mad-1520094910.
27 "COVID-19: China Medical Supply Chains and Broader Trade Issues," Congressional Research Service, December 23, 2020, https://crsreports.congress.gov/product/pdf/R/R46304.
28 "Zoom Video Communications, Inc.," U.S. Securities and Exchange Commission, January 31, 2020, https://investors.zoom.us/static-files/09a01665-5f33-4007-8e90-de02219886aa.
29 Betsy Woodruff Swan, "State report: Russian, Chinese and Iranian disinformation narratives echo one another," *Politico*, April 21, 2020, https://www.politico.com/news/2020/04/21/russia-china-iran-disinformation-coronavirus-state-department-193107.
30 Yuval Harari, "Read Yuval Harari's blistering warning to Davos in full," World Economic Forum, January 24, 2020, https://www.weforum.org/agenda/2020/01/yuval-hararis-warning-davos-speech-future-predications/.
31 Chris Brose, *The Kill Chain: Defending America in the Future of High-Tech Warfare* (New York: Hachette, 2020), xii.
32 Jane Zhang, "China created a unicorn every 3.8 days in 2018," *South China Morning Post*, January 27, 2019, https://www.scmp.com/tech/start-ups/article/2183717/china-created-unicorn-every-38-days-2018.
33 John Adams, "To Thomas Jefferson from John Adams, 6 December 1787," Founders Online, https://founders.archives.gov/documents/Jefferson/01-12-02-0405.
34 Josh Constine, "AOL Instant Messenger is shutting down after 20_ years," *TechCrunch*, October 6, 2017, https://techcrunch.com/2017/10/06/aol-instant-messenger-shut-down/.
35 Angus King, "CSC Final Report," Cyberspace Solarium Commission, March 2020, https://www.solarium.gov/report.
36 Sir Winston S. Churchill, *Never Give In! The Best of Winston Churchill's Speeches* (New York: Hyperion, 2003), 126.
37 KQED News Staff, "Dramatic Photos of 1906San Francisco Earthquake Aftermath," KQED, April 18, 2014, https://www.kqed.org/news/133039/dramatic-photos-of-1906-san-francisco-earthquake-aftermath.
38 Ken Miguel, "The Earthquake Effect: Bridging the Faults—The catastrophic fall and slow rise of the Bay Bridge after Loma Prieta," ABC 7 News, October 18, 2019, https://abc7news.com/loma-prieta-earthquake-1989-san-francisco-quake/5609358/.

序章　帝国の中心で

1 "Route from Marseille, France, to Vaux-sur-Seine, 78740, France," Google Maps, https://www.google.com/maps/dir/Marseille,+France/78740+Vaux-sur-Seine,+France/@46.1310127,1.3555829,7z/data=!3m1!4b1!4m14!4m13!1m5!1m1!1s0x12c9bf4344da5333:0x40819a5fd970220!2m2!1d5.36978!2d43.296482!1m5!1m1!1s0x47e68d213a86a2c1:0x40b82c3688c3660!2m2!1d1.965047!2d49.009778!3e0.
2 "Holocaust survivor developed real estate," *Toledo Blade*, September 9, 2003, https://www.toledoblade.com/news/deaths/2003/09/09/Holocaust-survivor-developed-real-estate/stories/200309090018.

3 “About Us,” Bellevue Investors, https://bellevueinvestors.com/about.

4 “About,” GWU Elliott School of International Affairs, https://elliott.gwu.edu/about.

5 *Entrepreneur* Staff, “Peter Thiel Commencement Speech, Hamilton College, May 2016 (Transcript),” *Entrepreneur*, May 23, 2016, https://www.entrepreneur.com/article/276303.

6 “Think Different. Steve Jobs narrated version,” The Crazy Ones, http://www.thecrazyones.it/spot-en.html.

7 Lev Grossman, “Person of the Year 2010: Mark Zuckerberg,” *Time*, December 15, 2010, http://content.time.com/time/specials/packages/article/0,28804,2036683203718320371 85,00.html.

8 *Forbes* Staff, “America's Best Entrepreneurs: *Forbes*' Annual Ranking of the Best Small Companies in America,” *Forbes*, October 17, 2012, https://www.forbes.com/sites/forbespr/2012/10/17/americas-best-entrepreneurs-forbes-annual-ranking-of-the-best-small-companies-in-america/?sh=7c5a86af9857.

9 Harrison Weber, “Airbnb Officially closes its $475 million mega-round,” *VentureBeat*, August 1, 2014, https://venturebeat.com/2014/08/01/airbnb-Officially-closes-its-475-million-mega-round/.

10 Josh Ong, “Uber announces UberPool, a carpooling experiment with 40% lower prices than UberX,” *The Next Web News*, August 6, 2014, https://thenextweb.com/insider/2014/08/06/uber-announces-uberpool-carpooling-experiment-40-lower-prices-uberx/.

11 Ananya Bhattacharya, “Fitbit is now worth $4.1 billion after IPO,” CNN Money, June 25, 2015, https://money.cnn.com/2015/06/17/investing/fitbit-ipo/index.html.

12 Quentin Hardy, “Palantir, a Silicon Valley Start-Up, Raises Another $880 Million,” *New York Times* Business, Innovation, Technology, Society, December 23, 2015, https://bits.blogs.nytimes.com/2015/12/23/palantir-a-silicon-valley-start-up-raises-another-880-million/.

13 Katie Benner, “The ‘Unicorn’ Club, Now Admitting New Members,” *New York Times*, August 23, 2015, https://www.nytimes.com/2015/08/24/technology/the-unicorn-club-now-admitting-new-members.html.

14 Maeve Duggan, “Mobile Messaging and Social Media 2015,” Pew Research Center, August 19, 2015, https://www.pewresearch.org/internet/2015/08/19/mobile-messaging-and-social-media-2015/.

15 Jonathan Allen and Amie Parnes, *HRC: State Secrets and the Rebirth of Hillary Clinton* (New York: Random House, 2014).

16 Veronica Toney, “Complete guest list for the state dinner in honor of Chinese President Xi Jinping,” *Washington Post*, September 25, 2015, https://www.washingtonpost.com/news/reliable-source/wp/2015/09/25/complete-guest-list-for-the-state-dinner-in-honor-of-chinese-president-xi-jinping/.

17 Robinson Meyer, “The Secret Startup That Saved the Worst Website in America,” *The Atlantic*, July 9, 2015, https://www.theatlantic.com/technology/archive/2015/07/the-secret-startup-saved-healthcare-gov-the-worst-website-in-america/397784/.

18 David Dayen, “The Android Administration,” *The Intercept*, April 22, 2016, https://theintercept.com/2016/04/22/googles-remarkably-close-relationship-with-the-obama-white-house-in-two-

charts/; Brody Mullins, "Google Makes Most of Close Ties to White House," *Wall Street Journal*, March 24, 2015, https://www.wsj.com/articles/google-makes-most-of-close-ties-to-white-house-1427242076.

19 Andrew Orlowski, "Revealed: The revolving door between Google and the US govt—in pictures," *The Register*, April 29, 2016, https://www.theregister.com/2016/04/29/googletransparency_project/; "Our Offices," Google, https://about.google/intl/en_us/locations/?region=north-america&office=mountain-view.

20 "Keith Rabois," Founders Fund, https://foundersfund.com/team/keith-rabois/.

21 "GeoQuant," *Medium*, https://medium.com/@GeoQuant.

22 ABC News, "FULL TEXT: Khizr Khan's Speech to the 2016 Democratic National Convention," ABC News, August 1, 2016, https://abcnews.go.com/Politics/full-text-khizr-khans-speech-2016-democratic-national/story?id=41043609.

23 Mary McNamara, "The hug that will go down in history," *Los Angeles Times*, July 28, 2016, https://www.latimes.com/politics/la-na-pol-obama-clinton-hug-20160728-snap-story.html.

24 Christopher Allen, "User Clip: Hillary Clinton Breaks the Glass Ceiling," C-SPAN, August 1, 2016, https://www.c-span.org/video/?c4616537/user-clip-hillary-clinton-breaks-glass-ceiling.

25 Tom Hamburger and Karen Tumulty, "WikiLeaks releases thousands of documents about Clinton and internal deliberations," *Washington Post*, July 22, 2016, https://www.washingtonpost.com/news/post-politics/wp/2016/07/22/on-eve-of-democratic-convention-wikileaks-releases-thousands-of-documents-about-clinton-the-campaign-and-internal-deliberations/.

26 Rebecca Shabad, "Donald Trump: I hope Russia finds Hillary Clinton's emails," CBS News, July 27, 2016, https://www.cbsnews.com/news/donald-trump-i-hope-russia-finds-hillary-clintons-emails/.

27 David A. Fahrenthold, "Trump recorded having extremely lewd conversation about women in 2005," *Washington Post*, October 8, 2016, https://www.washingtonpost.com/politics/trump-recorded-having-extremely-lewd-conversation-about-women-in-2005/2016/10/07/3b9ce776-8cb4-11e6-bf8a-3d26847eeed4story.html.

28 Aaron Sharockman, "On Oct. 7, the Access Hollywood tape comes out. One hour later, WikiLeaks starts dropping my emails," Politi-Fact, December 18, 2016, https://www.politifact.com/factchecks/2016/dec/18/john-podesta/its-true-wikileaks-dumped-podesta-emails-hour-afte/.

29 "Hillary Clinton has a 91% chance to win," *New York Times*, October 18, 2016, https://www.nytimes.com/newsgraphics/2016/10/18/presidential-forecast-updates/newsletter.html.

30 "World's Most Admired Companies 2016," *Fortune*, 2016, https://fortune.com/worlds-most-admired-companies/2016/.

31 Alexis C. Madrigal, "The Tower at the Heart of the Tech Boom," *The Atlantic*, November 19, 2017, https://www.theatlantic.com/technology/archive/2017/11/picturing-the-tech-boom/545114/.

第1章　グレー戦争の起源

1　Dan Frommer, "Google's parent company Alphabet added almost 5,000 employees last quarter, and now has more than 85,000," *Vox*, April 23, 2018, https://www.vox.com/2018/4/23/17272502/googl-alphabet-google-q1-earnings-2018-headcount.

2　Seth Fiegerman, "Google posts its first $100 billion year," CNN Money, February 1, 2018, https://money.cnn.com/2018/02/01/technology/google-earnings/index.html.

3　Madeline Farber, "Google Tops Apple as the World's Most Valuable Brand," *Fortune*, February 2, 2017, https://fortune.com/2017/02/02/google-tops-apple-brand-value/.

4　Dana Bash, "Hillary Clinton calls Donald Trump to concede election," CNN Politics, https://www.cnn.com/videos/politics/2016/11/09/hillary-clinton-calls-donald-trump-to-concede-election-bash-sot.cnn.

5　Charles II, "By the King, a proclamation. To restrain the spreading of false news," 1688, https://ota.bodleian.ox.ac.uk/repository/xmlui/bitstream/handle/20.500.12024/A87488/A87488.html?sequence=5&isAllowed=y.

6　Craig Silverman and Lawrence Alexander, "How Teens in the Balkans Are Duping Trump Supporters With Fake News," *BuzzFeed News*, November 3, 2016, https://www.buzzfeednews.com/article/craigsilverman/how-macedonia-became-a-global-hub-for-pro-trump-misinfo#.fu2okXaeKo.

7　Kurt Wagner, "Mark Zuckerberg says it's 'crazy' to think fake news stories got Donald Trump elected," *Recode,* November 11, 2016, https://www.vox.com/2016/11/11/13596792/facebook-fake-news-mark-zuckerberg-donald-trump.

8　Amit Singhal, "'Revenge porn' and Search," Google Public Policy Blog, June 19, 2015, https://publicpolicy.googleblog.com/2015/06/revenge-porn-and-search.html.

9　P. W. Singer and Emerson T. Brooking, *LikeWar: The Weaponization of Social Media* (New York: First Mariner Books, 2019), 27.〔『「いいね！」戦争――兵器化するソーシャルメディア』，P・W・シンガー，エマーソン・T・ブルッキング著，小林由香利訳，NHK出版，2019年〕

10　Katie Hafner and Matthew Lyon, *Where Wizards Stay Up Late: The Origins of the Internet* (New York: Simon & Schuster Paperbacks, 1996), 153.〔『インターネットの起源』，ケイティ・ハフナー，マシュー・ライアン著，加地永都子，道田豪訳，アスキー，2000年〕

11　Singer and Brooking, *LikeWar*, 35.

12　Singer and Brooking, *LikeWar*, 35; Andrew Blum, *Tubes: A Journey to the Center of the Internet* (New York: HarperCollins, 2012), e-book 99.

13　Johnny Ryan, *A History of the Internet and the Digital Future* (London: Reaktion Books Ltd, 2010), 78.

14　Ibid., 77.

15　Singer and Brooking, *LikeWar*, 36.

16　Ibid., 58.

17　Connie Loizos, "One-Fifth of Americans: We're Online 'Almost Constantly,'" *TechCrunch*, December 8, 2015, https://techcrunch.com/2015/12/08/one-fifth-of-americans-were-online-almost-constantly/?guccounter=1&guce_referrer=aHR0cHM6Ly93d3cuZ29vZ2xlLmNvbS8

&guce_referrer_sig=AQAAAHyI8D7LmH-g_AbPhYoztCSNVDK5Nj1h1kDTdPQhczfj—ayPdyeFhT47kBvUQCERoUbcya4zQVsh26cS0P8NP_nI2JSKE1KBvSXqVg_i1CgAy5BAYQJIwEiLNkhZB3p5vYe2KyhOF0Zwx3Go1Yzoeq-KK6ajyC68ErjgCCOO1ma.

18 Hafner and Lyon, *Where Wizards Stay Up Late*, 236.

19 John P. Carlin, *Dawn of the Code War: America's Battle Against Russia, China, and the Rising Global Cyber Threat* (New York: Hachette, 2018), e-book, 59.

20 Fred Kaplan, *Dark Territory: The Secret History of Cyber War* (New York: Simon & Schuster Paperbacks, 2016), 2.

21 Carlin, *Dawn of the Code War*, e-book, 160–161.

22 "Timeline: The U.S. Government and Cybersecurity," *Washington Post*, May 16, 2003, https://www.washingtonpost.com/wp-dyn/articles/A50606-2002Jun26.html.

23 Carlin, *Dawn of the Code War*, e-book, 161.

24 Ibid.

25 Brad Smith, *Tools and Weapons: The Promise and the Peril of the Digital Age* (New York: Penguin Random House, 2019), 23.〔『ツール・アンド・ウェポン――テクノロジーの暴走を止めるのは誰か』，ブラッド・スミス，キャロル・アン・ブラウン著，斎藤栄一郎訳，プレジデント社，2020年〕

26 Singer and Brooking, *LikeWar*, 38.

27 Walter Isaacson, *The Innovators: How a Group of Hackers, Geniuses, and Geeks Created the Digital Revolution* (New York: Simon & Schuster Paperbacks, 2014), 411.〔『イノベーターズ』，ウォルター・アイザックソン著，井口耕二訳，2019年〕

28 Singer and Brooking, *LikeWar*, 39.

29 Ibid.

30 Carlin, *Dawn of the Code War*, e-book, 162–163.

31 "The Reaction to that First Spam," Brad Templeton, May 4, 1978, https://www.templetons.com/brad/spamreact.html#reaction.

32 Carlin, *Dawn of the Code War*, e-book, 153.

33 Ibid., 181.

34 Ibid., 104.

35 Ibid., 106.

36 William M. Arkin, "Sunrise, Sunset," *Washington Post*, March 29, 1999, https://www.washingtonpost.com/wp-srv/national/dotmil/arkin032999.htm.

37 Arkin, "Sunrise, Sunset."

38 "Route from Berlin, Germany, to Saint-Germain-en-Laye, France," Google Maps, https://www.google.com/maps/dir/Berlin,+Germany/Saint-Germain-en-Laye,+France/@50.617891,3.2648464,6z/data=!3m1!4b1!4m14!4m13!1m5!1m1!1s0x47a84e373f035901:0x42120465b5e3b70!2m2!1d13.404954!2d52.5200066!1m5!1m1!1s0x47e66206d8924985:0x40b82c3688c3840!2m2!1d2.093761!2d48.898908!3e0.

39 Vladimir Putin, *First Person: An Astonishingly Frank Self-Portrait by Russia's President* (New York: Perseus, 2000), 76.

40 Ibid., 79.

41 Chris Bowlby, "Vladimir Putin's formative German years," BBC, March 27, 2015, https://www.bbc.com/news/magazine-32066222.

42 Ibid.

43 Ibid.

44 Evan Osnos, David Remnick, and Joshua Yaffa, "Trump, Putin, and the New Cold War," *New Yorker,* February 24, 2017, https://www.newyorker.com/magazine/2017/03/06/trump-putin-and-the-new-cold-war.

45 Henry Foy, "'We need to talk about Igor': the rise of Russia's most powerful oligarch," *Financial Times,* March 1, 2018, https://www.ft.com/content/dc7d48f8-1c13-11e8-aaca-4574d7dabfb6; Guy Chazan, "A Trusted Ally of Putin, Miller Vaults From Obscurity to Gazprom's Helm," *Wall Street Journal*, June 1, 2001, https://www.wsj.com/articles/SB991339427925984520.

46 Joshua Yaffa, "Putin's Shadow Cabinet and the Bridge to Crimea," *New Yorker*, May 22, 2017, https://www.newyorker.com/magazine/2017/05/29/putins-shadow-cabinet-and-the-bridge-to-crimea.

47 "Duo get life for Anna Politkovskaya murder," BBC, June 9, 2014, https://www.bbc.com/news/world-europe-27760498.

48 Osnos, Remnick, and Yaffa, "Trump, Putin, and the New Cold War."

49 "Russia opposition politician Boris Nemtsov shot dead," BBC, February 28, 2015, https://www.bbc.com/news/world-europe-31669061.

50 Matthew Kaminski, "Notable & Quotable: The Man Vladimir Putin Fears Most," *Wall Street Journal*, July 18, 2013, https://www.wsj.com/articles/SB10001424127887323309404578614210222799482.

51 Andrey Kozenko, "Navalny poisoning: Kremlin critic recalls near death Novichok torment," BBC, October 7, 2020, https://www.bbc.com/news/world-europe-54434082.

52 "Putin: Soviet collapse a 'genuine tragedy,'" NBC News, April 25, 2005, http://www.nbcnews.com/id/7632057/ns/world_news/t/putin-soviet-collapse-genuine-tragedy/#.XrwLDBNKihd.

53 Paul Lewis, "CONFLICT IN THE BALKANS; RUSSIA A BARRIER TO NATO AIR STRIKE," *New York Times*, February 9, 1994, https://www.nytimes.com/1994/02/09/world/conflict-in-the-balkans-russia-a-barrier-to-nato-air-strike.html.

54 "What is NATO?," NATO, https://www.nato.int/nato-welcome/index.html.

55 Osnos, Remnick, and Yaffa, "Trump, Putin, and the New Cold War."

56 "Soviet Active Measures in the 'Post-Cold War' Era 1988–1991," Intellit, http://intellit.muskingum.edu/russiafolder/pcwera/exec_sum.htm.

57 Thomas Rid, *Active Measures: The Secret History of Disinformation and Political Warfare* (New York: Farrar, Straus and Giroux, 2020), 330.〔『アクティブ・メジャーズ——情報戦争の百年秘史』, トマス・リッド著, 松浦俊輔訳, 作品社, 2021年〕

58 Osnos, Remnick, and Yaffa, "Trump, Putin, and the New Cold War."

59 Douglas Selvage and Christopher Nehring, "Operation 'Denver': KGB and Stasi Disinformation regarding AIDS," *Sources and Methods*, July 22, 2019, https://www.wilsoncenter.org/blog-post/

operation-denver-kgb-and-stasi-disinformation-regarding-aids.

60 David Brennan, "Chinese State Media Pushes Conspiracy Theory That Coronavirus Escaped From Maryland Military Base," *Newsweek*, May 12, 2020, https://www.newsweek.com/chinese-state-media-pushes-conspiracy-theory-coronavirus-escaped-maryland-military-base-1503345.

61 Rid, *Active Measures*, 313.

62 Thomas Rid, "Disinformation: A Primer in Russian Active Measures and Influence Campaigns," Senate Committee on Intelligence, March 30, 2017, https://www.intelligence.senate.gov/sites/default/files/documents/os-trid-033017.pdf.

63 Clint Watts, *Messing with the Enemy: Surviving in a Social Media World of Hackers, Terrorists, Russians, and Fake News* (New York: HarperCollins, 2018), e-book, 141.

64 David Sanger, *The Perfect Weapon: War, Sabotage, and Fear in the Cyber Age* (New York: Penguin Random House, 2018), 157.〔『サイバー完全兵器――世界の覇権が一気に変わる』，デービッド・サンガー著，高取芳彦訳，朝日新聞出版，2019年〕

65 Andrei Soldatov and Irina Borogan, *The Red Web: The Struggle Between Russia's Digital Dictators and the New Online Revolutionaries* (New York: Perseus, 2015), 54.

66 Carlin, *Dawn of the Code War*, e-book, 192–193.

67 Joshua Davis, "Hackers Take Down the Most Wired Country in Europe," *Wired*, August 21, 2007, https://www.wired.com/2007/08/ff-estonia/; Christian Lowe, "Kremlin loyalist says launched Estonia cyber-attack," Reuters, March 13, 2009, https://www.reuters.com/article/us-russia-estonia-cyberspace/kremlin-loyalist-says-launched-estonia-cyber-attack-idUSTRE52B4D820090313.

68 Osnos, Remnick, and Yaffa, "Trump, Putin, and the New Cold War."

69 Sanger, *The Perfect Weapon*, 20.

70 Ibid.

71 "Tiananmen Square: What happened in the protests of 1989?," BBC, June 4, 2019, https://www.bbc.com/news/world-asia-48445934.

72 Javier C. Hernandez, "30 Years After Tiananmen, 'Tank Man' Remains an Icon and a Mystery," *New York Times*, June 3, 2019, https://www.nytimes.com/2019/06/03/world/asia/tiananmen-tank-man.html.

73 Evan Osnos, *Age of Ambition: Chasing Fortune, Truth, and Faith in the New China* (New York: Farrar, Straus and Giroux, 2014), 145.〔『ネオ・チャイナ――富、真実、心のよりどころを求める13億人の野望』，エヴァン・オズノス著，笠井亮平訳，白水社，2015年〕

74 Barb Darrow, "New Node.js blocked by Great Firewall of China," GigaOm, December 5, 2011, https://gigaom.com/2011/12/05/new-node-js-blocked-by-great-firewall-of-china/.

75 Hal Brands, 著者によるインタビュー, April 24, 2020.

76 Seymour Martin Lipset, *Political Man: The Social Bases of Politics* (Baltimore: Johns Hopkins University Press, 1981), 31.〔『政治のなかの人間――ポリティカル・マン』，S・M・リプセット著，内山秀夫訳，創元社，1963年〕

77 Osnos, *Age of Ambition*, 150.

78 Ibid., 25.

79 Ana Swanson, "How China used more cement in 3 years than the U.S. did in the entire 20th Century," *Washington Post*, March 24, 2015, https://www.washingtonpost.com/news/wonk/wp/2015/03/24/how-china-used-more-cement-in-3-years-than-the-u-s-did-in-the-entire-20th-century/.

80 Charles Ball, "China: a dense, striving organism," Boston.com, June 15, 2008, http://archive.boston.com/travel/getaways/asia/articles/2008/06/15/chinaadensestrivingorganism/.

81 "GDP per capita (current US$)," World Bank, https://data.worldbank.org/indicator/NY.GDP.PCAP.CD?locations=CN.

82 Martin Jacques, *When China Rules the World: The End of the Western World and the Birth of a New Global Order* (New York: Penguin Books, 2012), 18.〔『中国が世界をリードするとき——西洋世界の終焉と新たなグローバル秩序の始まり』, マーティン・ジェイクス著, 松下幸子訳, NTT出版, 2014年〕

83 Ibid.

84 H. R. McMaster, "How China Sees the World," *The Atlantic*, May 2020, https://www.theatlantic.com/magazine/archive/2020/05/mcmaster-china-strategy/609088/.

85 Ibid.

86 Hal Brands and Jake Sullivan, "China Has Two Paths to Global Domination," *Foreign Policy*, May 22, 2020, https://foreignpolicy.com/2020/05/22/china-superpower-two-paths-global-domination-cold-war/.

87 Ibid.

88 Singer and Brooking, *LikeWar*, 95.

89 Ibid.

90 Ibid.

91 Ibid., 51.

92 William J. Clinton, "Remarks at the Paul H. Nitze School of Advanced International Studies," The American Presidency Project, March 8, 2000, https://www.presidency.ucsb.edu/documents/remarks-the-paul-h-nitze-school-advanced-international-studies.

93 Singer and Brooking, *LikeWar*, 97.

94 Qiao Liang and Wang Xiangsui, "Unrestricted Warfare," Cryptome, January 18, 2000, http://www.cryptome.org/cuw.htm.

95 "Neither war nor peace," *The Economist*, January 25, 2018, https://www.economist.com/special-report/2018/01/25/neither-war-nor-peace.

96 Carlin, *Dawn of the Code War*, e-book, 200.

97 Osnos, *Age of Ambition*, 30.

98 Sanger, *The Perfect Weapon*, 18.

99 Ibid.

100 James Glanz and John Markoff, "Vast Hacking by a China Fearful of the Web," *New York Times*, December 4, 2010, https://www.nytimes.com/2010/12/05/world/asia/05wikileaks-china.html?r=2&hp.

101 Carlin, *Dawn of the Code War*, e-book, 323.

102 Ibid., 324.

103 Ben Buchanan, *The Hacker and the State: Cyber Attacks and the New Normal of Geopolitics* (Cambridge, MA: Harvard University Press, 2020), 90.

104 Andrew Jacobs and Miguel Helft, "Google, Citing Attack, Threatens to Exit China," *New York Times*, January 12, 2010, www.nytimes.com/2010/01/13/world/asia/13beijing.html?mcubz=1.

105 Marc Fisher, "In Tunisia, act of one fruit vendor sparks wave of revolution through Arab world," *Washington Post*, March 26, 2011, https://www.washingtonpost.com/world/in-tunisia-act-of-one-fruit-vendor-sparks-wave-of-revolution-through-arab-world/2011/03/16/AFjfsueB_story.html.

106 Ian Black, "WikiLeaks cables: Tunisia blocks site reporting 'hatred' of first lady," *The Guardian*, December 7, 2010, https://www.theguardian.com/world/2010/dec/07/wikileaks-tunisia-first-lady.

107 "Protesters with a sign that says 'Ben Ali, get lost' in French," Wikipedia, January 14, 2011, https://en.wikipedia.org/wiki/Tunisian_Revolution#/media/File:Tunisia_Unrest_-_VOA_-_Tunis_14_Jan_2011_(3).jpg.; Amira Aleya-Sghaier, "The Tunisian Revolution: The Revolution of Dignity," Taylor Francis Online, May 29, 2012, https://www.tandfonline.com/doi/abs/10.1080/21520844.2012.675545.

108 Aleya-Sghaier, "The Tunisian Revolution."

109 Jennifer Metz, "Social Media Plays Role in Toppling Tunisian President," ABC News, January 14, 2011, https://abcnews.go.com/International/tunisian-president-pushed-power-country-rocked-riots/story?id=12617025.

110 "Tunisia: President Zine al-Abidine Ben Ali forced out," BBC, January 15, 2011, https://www.bbc.com/news/world-africa-12195025.

111 "Tunisia assembly passes new constitution," BBC, January 27, 2014, https://www.bbc.com/news/world-africa-25908340.

112 Mark LeVine, "Tunisia: How the US got it wrong," *Al Jazeera*, January 16, 2011, https://www.aljazeera.com/opinions/2011/1/16/tunisia-how-the-us-got-it-wrong/.

113 Matt Richtel, "Egypt Cuts off Most Internet and Cell Service," *New York Times*, January 28, 2011, https://www.nytimes.com/2011/01/29/technology/internet/29cutoff.html.

114 Maeve Shearlaw, "Egypt five years on: was it ever a 'social media revolution'?," *The Guardian*, January 25, 2016, https://www.theguardian.com/world/2016/jan/25/egypt-5-years-on-was-it-ever-a-social-media-revolution.

115 Edmund Blair and Samia Nakhoul, "Egypt protests topple Mubarak after 18 days," Reuters, February 10, 2011, https://www.reuters.com/article/us-egypt/egypt-protests-topple-mubarak-after-18-days-idUSTRE70O3UW20110211.

116 Alexia Tsotsis, "Libya Follows Egypt's Lead, Starts Shutting off Internet Services," *TechCrunch*, February 18, 2011, https://techcrunch.com/2011/02/18/reports-libya-follows-egypts-lead-starts-shutting-off-internet-services/.

117 Michael Birnbaum, "NATO launches largest airstrike against Gaddafi regime," *Washington Post*, May 23, 2011, https://www.washingtonpost.com/world/french-Officials-france-and-britain-to-

use-attack-helicopters-in-libya/2011/05/23/AFTF909Gstory.html.

118 Tim Gaynor and Taha Zargoun, "Gaddafi caught like 'rat' in a drain, humiliated and shot," Reuters, October 21, 2011, https://www.reuters.com/article/us-libya-gaddafi-finalhours/gaddafi-caught-like-rat-in-a-drain-humiliated-and-shot-idUSTRE79K43S20111021.

119 Andrew Sullivan, "The Revolution Will Be Twittered," *The Atlantic*, June 13, 2009, https://www.theatlantic.com/daily-dish/archive/2009/06/the-revolution-will-be-twittered/200478/.

120 Hillary Clinton, "Remarks on Internet Freedom," U.S. Department of State, January 21, 2010, https://2009-2017.state.gov/secretary/20092013clinton/rm/2010/01/135519.htm.

121 Alexia Tsotsis, "To Celebrate the #Jan25 Revolution, Egyptian Names His Firstborn 'Facebook,'" *TechCrunch*, February 20, 2011, https://techcrunch.com/2011/02/19/facebook-egypt-newborn/.

122 Osnos, *Age of Ambition*, 219.

123 Michael McFaul, "Russia as It Is," *Foreign Affairs*, August 2018, https://www.foreignaffairs.com/articles/russia-fsu/2018-06-14/russia-it.

124 Osnos, Remnick, and Yaffa, "Trump, Putin, and the New Cold War."

125 Reuters Staff, "Russia's Putin disgusted by Gaddafi death images," Reuters, October 26, 2011, https://www.reuters.com/article/libya-gaddafi-putin/russias-putin-disgusted-by-gaddafi-death-images-idUSR4E7K701B20111026.

126 Julia Ioffe, "What Putin Really Wants," *The Atlantic*, February 2018, https://www.theatlantic.com/magazine/archive/2018/01/putins-game/546548/.

127 "Vladimir Putin Claims the Internet Is 'A CIA Project,'" NBC News, April 24, 2014, https://www.nbcnews.com/storyline/ukraine-crisis/vladimir-putin-claims-internet-cia-project-n88766.

128 Kurt Andersen, "The Protester," *Time*, December 14, 2011, http://content.time.com/time/specials/packages/printout/0,29239,2101745_2102132_2102373,00.html.

129 Michael Schwirtz and David M. Herszenhorn, "Voters Watch Polls in Russia, and Fraud Is What They See," *New York Times*, December 5, 2011, https://www.nytimes.com/2011/12/06/world/europe/russian-parliamentary-elections-criticized-by-west.html.

130 David M. Herszenhorn and Ellen Barry, "Putin Contends Clinton Incited Unrest Over Vote," *New York Times*, December 8, 2011, https://www.nytimes.com/2011/12/09/world/europe/putin-accuses-clinton-of-instigating-russian-protests.html.

131 Singer and Brooking, *LikeWar*, 87.

132 Osnos, Remnick, and Yaffa, "Trump, Putin, and the New Cold War."

133 "Questia," Gale, https://www.questia.com/library/journal/1P3-3936791341/the-value-of-science-is-in-the-foresight.

134 Andrey Kurkov, "Ukraine's revolution: Making sense of a year of chaos," BBC, November 21, 2014, https://www.bbc.com/news/world-europe-30131108.

135 Vitaly Shevchenko, "'Little green men' or 'Russian invaders'?," BBC, March 11, 2014, https://www.bbc.com/news/world-europe-26532154.

136 Szabolcs Panyi, "Orbán is a tool in Putin's information war against the West," Index, April 2, 2017, https://index.hu/english/2017/02/04/orban_is_a_tool_for_putin_in_his_information_war_against_the_west/.

137 Singer and Brooking, *LikeWar*, 204.

138 Chen, "The Agency."

139 Buchanan, *The Hacker and the State*, 195–196.

140 Andrew Chatzky and James McBride, "China's Massive Belt and Road Initiative," Council on Foreign Relations, January 28, 2020, https://www.cfr.org/backgrounder/chinas-massive-belt-and-road-initiative.

141 Charles Clover, Sherry Fei Ju, and Lucy Hornby, "China's Xi hails Belt and Road as 'project of the century,'" *Financial Times*, May_14, 2017, https://www.ft.com/content/88d584a2-385e-11e7-821a-6027b8a20f23.

142 Andrew Kitson and Kenny Liew, "China Doubles Down on Its Digital Silk Road," Reconnecting Asia, November 14, 2019, https://reconnectingasia.csis.org/analysis/entries/china-doubles-down-its-digital-silk-road/.

143 "Made in China 2025," Center for Strategic and International Studies, June 1, 2015, https://www.csis.org/analysis/made-china-2025.

144 Sarah Cook, "China's Cyber Superpower Strategy: Implementation, Internet Freedom Implications, and U.S. Responses," Freedom House, September 28, 2018, https://freedomhouse.org/article/chinas-cyber-superpower-strategy-implementation-internet-freedom-implications-and-us.

145 "Civil-Military Fusion: The Missing Link Between China's Technological and Military Rise," Council on Foreign Relations, January 29, 2018, https://www.cfr.org/blog/civil-military-fusion-missing-link-between-chinas-technological-and-military-rise.

146 "National Intelligence Law of the People's Republic," Chinese People's National Congress Network, Brown University, https://cs.brown.edu/courses/csci1800/sources/ 2017_PRC_NationalIntelligenceLaw.pdf.

147 "Tweet from @gerryshih," Twitter, July 15, 2020, https://twitter.com/gerryshih/status/1283590815466455040?s=20; Xi Jinping, "The leadership of the Chinese Communist Party is the most essential feature of socialism with Chinese characteristics," *Quishi*, July 15, 2020, http://www.qstheory.cn/dukan/qs/2020-07/15/c_1126234524.htm.

148 Carlin, *Dawn of the Code War*, e-book, 437.

149 Ibid., 468–469.

150 Ibid., 485.

151 Ellen Nakashima, "Confi dential report lists U.S. weapons system designs compromised by Chinese cyberspies," *Washington Post*, May 27, 2013, https://www.washingtonpost.com/world/national-security/confidential-report-lists-us-weapons-system-designs-compromised-by-chinese-cyberspies/2013/05/27/a42c3e1c-c2dd-11e2-8c3b-0b5e9247e8ca_story.html.

152 Sanger, *The Perfect Weapon*, 100.

153 "FACT SHEET: President Xi Jinping's State Visit to the United States," The White House, September 25, 2015, https://obamawhitehouse.archives.gov/the-press-office/2015/09/25/fact-sheet-president-xi-jinpings-state-visit-united-states.

154 "Member of Sophisticated China-Based Hacking Group Indicted for Series of Computer

Intrusions, Including 2015 Data Breach of Health Insurer Anthem Inc. Affecting Over 78 Million People," U.S. Department of Justice, May 9, 2019, https://www.justice.gov/opa/pr/member-sophisticated-china-based-hacking-group-indicted-series-computer-intrusions-including.

155 Carlin, *Dawn of the Code War*, e-book, 618.

156 Sanger, *The Perfect Weapon*, 114.

157 Ibid.

158 Jason Chaffetz, Mark Meadows, and Will Hurd, "The OPM Data Breach: How the Government Jeopardized Our National Security for More than a Generation," Committee on Oversight and Government Reform, September 7, 2016, https://republicans-oversight.house.gov/wp-content/uploads/2016/09/The-OPM-Data-Breach-How-the-Government-Jeopardized-Our-National-Security-for-More-than-a-Generation.pdf.

159 Carlin, *Dawn of the Code War*, e-book, 393–395.

160 Ibid., 403.

161 Buchanan, *The Hacker and the State*, 163.

162 Ibid., 168.

163 Sanger, *The Perfect Weapon*, 136.

164 "Jenny Jun, Scott LaFoy, and Ethan Sohn, "North Korea's Cyber Operations: Strategy and Responses," Center for Strategic and International Studies, https://csis-website-prod.s3.amazonaws.com/s3fs-public/legacy_files/files/publication/151216_Cha_NorthKoreasCyberOperations_Web.pdf.

165 Ibid.

166 Buchanan, *The Hacker and the State*, 173.

167 Carlin, *Dawn of the Code War*, e-book, 552.

168 Buchanan, *The Hacker and the State*, 179.

169 Kelsey McKinney, "The 8 most embarrassing revelations from the Sony hack," *Vox*, December 12, 2014, https://www.vox.com/2014/12/12/7377685/sony-hack-drama.

170 Sanger, *The Perfect Weapon*, 142.

171 Ibid., 141.

172 Ibid., 144.

173 Aaron Sorkin, "The Sony Hack and the Yellow Press," *New York Times*, December 14, 2014, https://www.nytimes.com/2014/12/15/opinion/aaron-sorkin-journalists-shouldnt-help-the-sony-hackers.html.

174 Watts, *Messing with the Enemy*, e-book, 149.

175 Sanger, *The Perfect Weapon*, 172.

176 Osnos, Remnick, and Yaffa, "Trump, Putin, and the New Cold War."

177 Sanger, *The Perfect Weapon*, 173.

178 Buchanan, *The Hacker and the State*, 217.

179 Sanger, *The Perfect Weapon*, 174.

180 Ibid., 205.

181 Ibid., 193.

182 Ibid., 193.

183 Rid, *Active Measures*, 379.

184 Buchanan, *The Hacker and the State*, 225, 229.

185 Jeff Stein, "What 20,000 pages of hacked WikiLeaks emails teach us about Hillary Clinton," *Vox*, October 20, 2016, https://www.vox.com/policy-and-politics/2016/10/20/13308108/wikileaks-podesta-hillary-clinton.

186 Singer and Brooking, *LikeWar*, 143–144.

187 Mike Isaac and Daisuke Wakabayashi, "Russian Influence Reached 126 Million Through Facebook Alone," *New York Times*, October 30, 2017, https://www.nytimes.com/2017/10/30/technology/facebook-google-russia.html.

188 John D. Gallacher and Marc W. Heerdink, "Measuring the Effect of Russian Internet Research Agency Information Operations in Online Conversations," *Defence Strategic Communications* 6 (Spring 2019): 155–198, doi 10.30966/2018.RIGA.6, https://www.stratcomcoe.org/jd-gallacher-m-w-heerdink-measuring-effect-russian-internet-research-agency-information-operations.

189 Jane Mayer, "How Russia Helped Swing the Election for Trump," *New Yorker,* September 24, 2018, https://www.newyorker.com/magazine/2018/10/01/how-russia-helped-to-swing-the-election-for-trump.

190 "2016 November General Election Turnout Rates," United States Elections Project, September 5, 2018, http://www.electproject.org/2016g.

191 Philip Bump, "Donald Trump will be president thanks to 80,000 people in three states," *Washington Post*, December 1, 2016, https://www.washingtonpost.com/news/the-fix/wp/2016/12/01/donald-trump-will-be-president-thanks-to-80000-people-in-three-states/.

192 Steven T. Dennis and Ben Brody, "Russian Operative Said 'We Made America Great' After Trump's Win," *Bloomberg*, October 8, 2019, https://www.bloomberg.com/news/articles/2019-10-08/senate-intelligence-panel-warns-russian-meddling-continues.

第2章　ソフトウェア戦争　端末画面のフロントエンドをめぐる戦い

1 Gary Shteyngart, "'Out of My Mouth Comes Unimpeachable Manly Truth,'" *New York Times*, February 18, 2015, https://www.nytimes.com/2015/02/22/magazine/out-of-my-mouth-comes-unimpeachable-manly-truth.html.

2 "Trump transition: Who is General 'Mad Dog' Mattis?," BBC, December 2, 2015, https://www.bbc.com/news/world-us-canada-38056197.

3 "VOA Through the Years," VOA Public Relations, April 3, 2017, https://www.insidevoa.com/a/3794247.html; "History," Radio Free Europe, https://pressroom.rferl.org/history.

4 Robert W. Chandler, *War of Ideas: The U.S. Propaganda Campaign in Vietnam* (New York: Westview Press, 1981), 3, 29.

5 Rid, *Active Measures*, 12.

6 Stephen Kinzer, *All the Shah's Men: An American Coup and the Roots of Middle East Terror* (Hoboken, NJ: Wiley, 2003), 5–6.

7 Onora O'Neill, "Shoot the messenger," *The Guardian*, May 1, 2002, https://www.theguardian.com/comment/story/0,3604,707820,00.html.

8 Michiko Kakutani, review of David Shenk, "*Data Smog*": *Created by Overload of Information*, *New York Times*, July 8, 1997, https://archive.nytimes.com/www.nytimes.com/books/97/07/06/daily/data-book-review.html.

9 Niraj Chokshi, "That Wasn't Mark Twain: How a Misquotation Is Born," *New York Times*, April 26, 2017, https://www.nytimes.com/2017/04/26/books/famous-misquotations.html.

10 Soroush Vosoughi, Deb Roy, and Sinan Aral, "The Spread of True and False News Online," MIT Initiative on the Digital Economy, http://ide.mit.edu/sites/default/files/publications/2017%20IDE%20Research%20Brief%20False%20News.pdf.

11 Craig Silverman, "This Analysis Shows How Viral Fake Election News Stories Outperformed Real News On Facebook," *BuzzFeed News*, November 16, 2016, https://www.buzzfeednews.com/article/craigsilverman/viral-fake-election-news-outperformed-real-news-on-facebook#.sf9JbwppAm.

12 Jamie Susskind, *Future Politics: Living Together in a World Transformed by Tech* (New York: Oxford University Press, 2018), 230.

13 Brooke Donald, "Stanford researchers find students have trouble judging the credibility of information online," Stanford News and Media, November 22, 2016, https://ed.stanford.edu/news/stanford-researchers-find-students-have-trouble-judging-credibility-information-online.

14 Joel Breakstone, Mark Smith, and Sam Wineburg, "Students' Civic Online Reasoning," Stanford, https://stacks.stanford.edu/file/druid:gf151tb4868/Civic%20Online%20Reasoning%20National%20Portrait.pdf.

15 Matt McKinney, "'If it's going viral, it must be true': Hampton Roads kids struggle with fake news, teachers say," *Virginian-Pilot*, November 28, 2016, https://www.pilotonline.com/news/education/article_4a785dfb-3dd3-5229-9578-c4585adfefb4.html.

16 Yosh Halberstam and Brian Knight, "Homophily, Group Size, and the Diffusion of Political Information in Social Networks: Evidence from Twitter," National Bureau of Economic Research, November 2014, https://www.nber.org/system/files/working_papers/w20681/w20681.pdf.

17 Zeynep Tufekci, "YouTube, the Great Radicalizer," *New York Times*, March 10, 2018, https://www.nytimes.com/2018/03/10/opinion/sunday/youtube-politics-radical.html.

18 "The Flat Earth Society," Facebook, https://www.facebook.com/FlatEarthToday/.

19 Singer and Brooking, *LikeWar*, 126.

20 Steven Levy, "'Hackers' and 'Information Wants to Be Free,'" *Medium*, November 21, 2014, https://medium.com/backchannel/the-definitive-story-of-information-wants-to-be-free-a8d95427641c#.y7d0amvr3.

21 Michael M. Grynbaum, "Right-Wing Media Uses Parkland Shooting as Conspiracy Fodder," *New York Times*, February 20, 2018, https://www.nytimes.com/2018/02/20/business/media/parkland-shooting-media-conspiracy.html.

22 Jennifer Kavanagh and Michael D. Rich, "Truth Decay: An Initial Exploration of the Diminishing Role of Facts and Analysis in American Public Life," RAND Corporation, 2018, https://www.

rand.org/pubs/research_reports/RR2314.html.

23 Indictment, U.S. Department of Justice, 18 U.S.C. §§ 2,371, 1349, 1028A, https://www.justice.gov/opa/press-release/file/1035562/download.

24 Chen, "The Agency."

25 Renee DiResta, Kris Shaffer, Becky Ruppel, "The Tactics & Tropes of the Internet Research Agency," *Disinformation Report*, https://disinformationreport.blob.core.windows .net/disinformation-report/NewKnowledge-Disinformation-Report-Whitepaper.pdf.

26 Sanger, *The Perfect Weapon*, 182.

27 Indictment, U.S. Department of Justice, 18 U.S.C. §§ 2,371, 1349, 1028A.

28 Chen, "The Agency."

29 Rid, *Active Measures*, 408–409.

30 Jim Rutenberg, "RT, Sputnik and Russia's New Theory of War," *New York Times*, September 13, 2017, https://www.nytimes.com/2017/09/13/magazine/rt-sputnik-and-russias-new-theory-of-war.html.

31 Rid, *Active Measures*, 400.

32 "Did Russia Influence Brexit?," Center for Strategic and International Studies, July 21, 2020, https://www.csis.org/blogs/brexit-bits-bobs-and-blogs/did-russia-Influence-brexit.

33 Matthew Field and Mike Wright, "Russian trolls sent thousands of pro-Leave messages on day of Brexit referendum, Twitter data reveals," *The Telegraph*, October 17, 2018, https://www.telegraph.co.uk/technology/2018/10/17/russian-iranian-twitter-trolls-sent-10-million-tweets-fake-news/.

34 Indictment, U.S. Department of Justice, 18 U.S.C. §§ 2,371, 1349, 1028A.

35 Rid, *Active Measures*, 402.

36 DiResta, Shaffer, and Ruppel, "The Tactics & Tropes of the Internet Research Agency."

37 Sanger, *The Perfect Weapon*, 201.

38 Indictment, U.S. Department of Justice, 18 U.S.C. §§ 2,371, 1349, 1028A.

39 Rid, *Active Measures*, 401.

40 DiResta, Shaffer, and Ruppel, "The Tactics & Tropes of the Internet Research Agency," October 2019, https://digitalcommons.unl.edu/cgi/viewcontent.cgi?article=1003&context=senatedocs.

41 Franklin Foer, "Putin Is Well on His Way to Stealing the Next Election," *The Atlantic*, June 2020, https://www.theatlantic.com/magazine/archive/2020/06/putin-american-democracy/610570/.

42 DiResta, Shaffer, and Ruppel, "The Tactics & Tropes of the Internet Research Agency."

43 Ibid.

44 Ibid.

45 Ibid.

46 Ibid.

47 Ibid.

48 Ibid.

49 "Russian Active Measures Campaigns and Interference in the 2016 U.S. Election," Select Committee on Intelligence, https://www.intelligence.senate.gov/sites/default/files/documents/Report_Volume2.pdf.

50 DiResta, Shaffer, and Ruppel, “The Tactics & Tropes of the Internet Research Agency.”

51 Ibid.

52 Ibid.

53 Indictment, U.S. Department of Justice, 18 U.S.C. §§ 2,371, 1349, 1028A.

54 Sanger, *The Perfect Weapon*, 186.

55 Claire Allbright, “A Russian Facebook page organized a protest in Texas. A different Russian page launched the counterprotest,” *Texas Tribune*, November 1, 2017, https://www.texastribune.org/2017/11/01/russian-facebook-page-organized-protest-texas-different-russian-page-l/.

56 DiResta, Shaffer, and Ruppel, “The Tactics & Tropes of the Internet Research Agency.”

57 Indictment, U.S. Department of Justice, 18 U.S.C. §§ 2,371, 1349, 1028A; Frank Cerabino, “Local Trump supporters shrug off being paid and played by Russians,” *Palm Beach Post*, February 23, 2018, https://www.palmbeachpost.com/news/local-trump-supporters-shrug-off-being-paid-and-played-russians/3WCytHAHy3PodLVePU1PMK/.

58 Tony Romm, “Zuckerberg: Standing For Voice and Free Expression,” *Washington Post*, October 17, 2019, https://www.washingtonpost.com/technology/2019/10/17/zuckerberg-standing-voice-free-expression/.

59 Romm, “Zuckerberg.”

60 Byron Tau and Deepa Seetharaman, “Senators Press Tech Officials Over Missed Signs of Russia Influence,” *Wall Street Journal*, October 31, 2017, https://www.wsj.com/articles/senators-press-tech-Officials-over-missed-signs-of-russia-Influence-1509489592.

61 Ben Gomes, “Our latest quality improvements for Search,” Google, April 25, 2017, https://blog.google/products/search/our-latest-quality-improvements-search/.

62 Danny Sullivan, “Google now handles at least 2 trillion searches per year,” *Search Engine Land*, May 24, 2016, https://searchengineland.com/google-now-handles-2-999-trillion-searches-per-year-250247.

63 “Google News policies,” Google, https://support.google.com/news/publisher-center/answer/6204050?hl=en.

64 Mark Bergen, “Google Changes Rules to Purge News That Masks Country of Origin,” *Bloomberg*, December 15, 2017, https://www.bloomberg.com/news/articles/2017-12-15/google-changes-rules-to-purge-news-that-masks-country-of-origin?fbclid=IwAR2QcDy7IheQLYz5T-aNntaP61k-BFaxucM6yLZSExgQHSPfJwpDJthEyIQ.

65 Raymond Wong, “Google's taking another big step to stop the spread of fake news,” *Mashable*, December 17, 2017, https://mashable.com/2017/12/17/google-news-no-hiding-country-origin-stop-fake-news/?fbclid=IwAR2XOal9c41fBx0dvkI1roYZYJgkn7G87r0P86ireEOrNVHE96wF8cgobi0#t67OIbjrsmqX.

66 David Sacks, “The Speech Cartel,” *Medium*, January 16, 2021, https://davidsacks.medium.com/the-speech-cartel-b3f5555f7787.

67 Indictment, U.S. Department of Justice, 18 U.S.C. §§ 2,371, 1349, 1028A.

68 “The Cambridge Analytica Files,” *The Guardian*, https://www.theguardian.com/news/series/cambridge-analytica-files; Matthew Rosenberg, Nicholas Confessore, and Carole Cadwalladr,

"How Trump Consultants Exploited the Facebook Data of Millions," *New York Times*, March 17, 2018, https://www.nytimes.com/2018/03/17/us/politics/cambridge-analytica-trump-campaign.html.

69 Brittany Kaiser, *Targeted: The Cambridge Analytica Whistleblower's Inside Story of How Big Data, Trump, and Facebook Broke Democracy and How It Can Happen Again* (New York: HarperCollins, 2019), 78.

70 Singer and Brooking, *LikeWar*, 61.

71 Hannes Grassegger and Mikael Krogerus, "The Data That Turned the World Upside Down," *Vice*, January 28, 2017, https://www.vice.com/en/article/how-our-likes-helped-trump-win.

72 Grassegger and Krogerus, "The Data That Turned the World Upside Down."

73 Paul Grewal, "Suspending Cambridge Analytica and SCL Group From Facebook," Facebook, March 17, 2018, https://about.fb.com/news/2018/03/suspending-cambridge-analytica/.

74 "FTC Imposes $5 Billion Penalty and Sweeping New Privacy Restrictions on Facebook," Federal Trade Commission, July 24, 2019, https://www.ftc.gov/news-events/press-releases/2019/07/ftc-imposes-5-billion-penalty-sweeping-new-privacy-restrictions.

75 "ICO investigation into use of personal information and political Influence," Information Commissioner's Office, October 2, 2020, https://ico.org.uk/media/action-weve-taken/2618383/20201002_ico-o-ed-l-rtl-0181_to-julian-knight-mp.pdf.

76 "ICO investigation into use of personal information and political Influence."

77 Craig Timberg, Tony Romm, and Elizabeth Dwoskin, "Zuckerberg apologizes, promises reform as senators grill him over Facebook's failings," *Washington Post*, April 10, 2018, https://www.washingtonpost.com/business/technology/2018/04/10/b72c09e8-3d03-11e8-974f-aacd97698cef_story.html.

78 Drew Harwell, "Facebook is now in the data-privacy spotlight. Could Google be next?," *Washington Post*, April 11, 2018, https://www.washingtonpost.com/news/the-switch/wp/2018/04/11/facebook-is-now-in-the-data-privacy-spotlight-could-google-be-next/.

79 Nellie Bowles and Sheera Frenkel, "Facebook and Twitter Plan New Ways to Regulate Political Ads," *New York Times*, May 24, 2018, https://www.nytimes.com/2018/05/24/technology/twitter-political-ad-restrictions.html.

80 Sheera Frenkel and Matthew Rosenberg, "Top Tech Companies Met With Intelligence Officials to Discuss Midterms," *New York Times*, June 25, 2018, https://www.nytimes.com/2018/06/25/technology/tech-meeting-midterm-elections.html.

81 Sheera Frenkel and Nicholas Fandos, "Facebook Identifies New Influence Operations Spanning Globe," *New York Times*, August 21, 2018, https://www.nytimes.com/2018/08/21/technology/facebook-political-Influence-midterms.html.

82 Michael Wines and Julian E. Barnes, "How the U.S. Is Fighting Russian Election Interference," *New York Times,* August 2, 2018, https://www.nytimes.com/2018/08/02/us/politics/russia-election-interference.html.

83 Kent Walker, "Supporting election integrity through greater advertising transparency," Google, May 4, 2018, https://blog.google/topics/public-policy/supporting-election-integrity-through-greater-

advertising-transparency/.

84 “Update to Misrepresentation policy (September 2020),” Google, July 2020, https://support.google.com/adspolicy/answer/9991401?hl=en&ref_topic=29265.

85 Kirill Meleshevich and Bret Schafer, “Online Information Laundering: The Role of Social Media,” Alliance for Securing Democracy, January 2018, https://securingdemocracy.gmfus.org/wp-content/uploads/2018/06/InfoLaundering_final-edited.pdf.

86 Anton Troianovski, “A former Russian troll speaks: ‘It was like being in Orwell’s world,’” *Washington Post*, February 17, 2018, https://www.washingtonpost.com/news/worldviews/wp/2018/02/17/a-former-russian-troll-speaks-it-was-like-being-in-orwells-world/.

87 Laura Sydell, “We Tracked Down a Fake-News Creator in the Suburbs. Here’s What We Learned,” NPR, November 23, 2016, https://www.npr.org/sections/alltechconsidered/2016/11/23/503146770/npr-finds-the-head-of-a-covert-fake-news-operation-in-the-suburbs.

88 Ben Schreckinger, “How Russia Targets the U.S. Military,” *Politico*, June 12, 2017, https://www.politico.com/magazine/story/2017/06/12/how-russia-targets-the-us-military-215247.

89 Singer and Brooking, *LikeWar*, 112.

90 Ibid., Singer and Brooking, 141.

91 “Fake Accounts,” Facebook, https://transparency.facebook.com/community-standards-enforcement#fake-accounts.

92 “Former Russian Troll Describes Night Shift as ‘Bacchanalia,’” *Moscow Times*, October 27, 2017, https://www.themoscowtimes.com/2017/10/27/former-russian-troll-describes-night-shift-as-bacchanalia-a59398.

93 Meleshevich and Schafer, “Online Information Laundering: The Role of Social Media.”

94 Ben Collins and Joseph Cox, “Jenna Abrams, Russia’s Clown Troll Princess, Duped the Mainstream Media and the World,” *Daily Beast*, November 3, 2017, https://www.thedailybeast.com/jenna-abrams-russias-clown-troll-princess-duped-the-mainstream-media-and-the-world.

95 Patrick Kingsley and Richard Pérez-Peña, “In Poisoning of Sergei Skripal, Russian Ex-Spy, U.K. Sees Cold War Echoes,” *New York Times*, March 6, 2018, https://www.nytimes.com/2018/03/06/world/europe/uk-russian-spy-counterterrorism.html.

96 “Home,” Salisbury Cathedral, https://www.salisburycathedral.org.uk/; “Anthony Daniels,” IMDb, https://www.imdb.com/name/nm0000355/.

97 Kingsley and Pérez-Peña, “In Poisoning of Sergei Skripal, Russian Ex-Spy, U.K. Sees Cold War Echoes.”

98 Michael Schwirtz, “Top Secret Russian Unit Seeks to Destabilize Europe, Security Officials Say,” *New York Times*, October 8, 2019, https://www.nytimes.com/2019/10/08/world/europe/unit-29155-russia-gru.html.

99 Kingsley and Pérez-Peña, “In Poisoning of Sergei Skripal, Russian Ex-Spy, U.K. Sees Cold War Echoes.”

100 William Booth, “Theresa May: ‘Highly likely’ Russia responsible for spy’s poisoning by nerve agent,” *Washington Post*, May 12, 2018, https://www.washingtonpost.com/world/theresa-may-says-highly-likely-russia-is-responsible-for-spys-poisoning/2018/03/12/7baa6d22-25f4-11e8-

a227-fd2b009466bc_story.html.

101 Singer and Brooking, *LikeWar*, 107.

102 Watts, *Messing with the Enemy*, e-book, 92.

103 Jim Rutenberg, "Larry King, the Russian Media and a Partisan Landscape," *New York Times*, September 18, 2016, https://www.nytimes.com/2016/09/19/business/media/moscow-joins-the-partisan-media-landscape-with-familiar-american-faces.html.

104 Hunter Walker and Michael Isikoff, "FBI document cache shedslight on inner workings of Russia's U.S. news (and propaganda) network," Yahoo! News, October 13, 2017, https://news.yahoo.com/fbi-document-cache-sheds-light-inner-workings-russias-u-s-news-propaganda-network-172317008.html.

105 Singer and Brooking, *LikeWar*, 107.

106 Ibid.

107 "Home," RT, https://www.rt.com/.

108 Watts, *Messing with the Enemy*, e-book, 93.

109 "Anatomy of an Info-War: How Russia's Propaganda Machine Works, and How to Counter It," StopFake, May 19, 2015, https://www.stopfake.org/en/anatomy-of-an-info-war-how-russia-s-propaganda-machine-works-and-how-to-counter-it/.

110 Finian Cunningham, "Who Gains From Poisoning a Russian Exile in Britain?," *Sputnik News,* March 8, 2018, https://sputniknews.com/columnists/201803081062350153-who-gains-from-poisonings-russian-ex-spy-uk/.

111 "UK intelligence may be complicit in Skripal's poisoning—ex-FSB head," RT, March 13, 2018, https://www.rt.com/news/421123-uk-complicit-skripal-poisoning/.

112 "Russian Ex-Spy's Poisoning Seems Like Ploy to Derail UK-Russia Ties—Analysts," *Sputnik News,* March 13, 2018, https://sputniknews.com/analysis/201803131062492854-russia-spy-poisoning-bilateral-relations/.

113 "US Had Access to Substance Allegedly Used to Poison Skripal Since 1999—Report," *Sputnik News,* March 14, 2018, https://sputniknews.com/world/201803141062510743-skripal-case-novichok-us-uzbekistan/.

114 Ruptly, "Russia: UK may have orchestrated attack on Skripal's daughter—FM Official," YouTube, March 21, 2018, https://www.youtube.com/watch?v=RsM-MCKhMWw.

115 Ruptly, "Russia: Skripal was of 'zero value' to Moscow—Peskov *EXCLUSIVE*," YouTube, March 22, 2018, https://www.youtube.com/watch?v=UhAjHvIWbSE.

116 " 'We're not agents': UK's suspects in Skripal case talk exclusively with RT's editor-in-chief," RT, September 13, 2018, https://www.rt.com/news/438350-petrov-boshirov-interview-simonyan/.

117 Susskind, *Future Politics: Living Together in a World Transformed by Tech*, 95.

118 Michael Golebiewski, "Where Missing Data Can Easily Be Exploited," Data & Society 2008, https://datasociety.net/wp-content/uploads/2019/11/Data-Voids-2.0-Final.pdf.

119 "County, City to Hold Observances of Two-Year Anniversary of Wildfires," Sonoma County, October 7, 2019, https://sonomacounty.ca.gov/CAO/Press-Releases/Observances-of-Two-Year-Anniversary-of-Wildfires/.

120 Dale Kasler, "Wine country wildfire costs now top $9 billion, costliest in California history," *Sacramento Bee*, https://www.sacbee.com/news/california/fires/article188377854.html.

121 Niraj Chokshi, "How the California Wildfire Was Falsely Pinned on an Immigrant," *New York Times*, October 20, 2017, https://www.nytimes.com/2017/10/20/us/wildfi re-immigrant-breitbart.html.

122 Chriss W. Street, "ICE Detainer Issued for Suspected Wine Country Arsonist in Sonoma Jail," *Breitbart*, October 17, 2017, https://www.breitbart.com/local/2017/10/17/ice-detainer-issued-for-suspected-wine-country-arsonist-in-sonoma-jail/.

123 Kate Conger, Davey Alba and Mike Baker, "False Rumors That Activists Set Wildfires Exasperate Officials," *New York Times*, September 10, 2020, https://www.nytimes.com/2020/09/10/us/antifa-wildfires.html.

124 Audra D. S. Burch and Patricia Mazzei, "Death Toll Is at 17 and Could Rise in Florida School Shooting," *New York Times*, February 14, 2018, https://www.nytimes.com/2018/02/14/us/parkland-school-shooting.html.

125 Matthew Yglesias, "The Parkland conspiracy theories, explained," *Vox*, February 22, 2018, https://www.vox.com/policy-and-politics/2018/2/22/17036018/parkland-conspiracy-theories.

126 Geoff Brumfiel, "As an American Tragedy Unfolds, Russian Agents Sow Discord Online," NPR, February 16, 2018, https://www.npr.org/sections/thetwo-way/2018/02/16/586361956/as-an-american-tragedy-unfolds-russian-agents-sow-discord-online.

127 Margaret E. Roberts, *Censored: Distraction and Diversion Inside China's Great Firewall* (Princeton, NJ: Princeton University Press, 2018), 6.

128 Ibid.

129 Gary King, Jennifer Pan, and Margaret E. Roberts, "How the Chinese Government Fabricates Social Media Posts for Strategic Distraction, not Engaged Argument," Harvard, April 9, 2017, https://gking.harvard.edu/files/gking/files/50c.pdf.

130 Marc Faddoul, Guillaume Chaslot, and Hany Farid, "A longitudinal analysis of YouTube's promotion of conspiracy videos," UC–Berkeley, March 6, 2020, https://farid.berkeley.edu/downloads/publications/arxiv20.pdf.

131 Renee DiResta, "The Digital Maginot Line," Ribbonfarm, November 28, 2018, https://www.ribbonfarm.com/2018/11/28/the-digital-maginot-line/.

132 Mark Scott and Laurens Cerulus, "Russian groups targeted EU election with fake news, says European Commission," *Politico*, June 14, 2019, https://www.politico.eu/article/european-commission-disinformation-report-russia-fake-news/.

133 Davey Alba and Sheera Frenkel, "Russia Tests New Disinformation Tactics in Africa to Expand Influence," *New York Times*, October 30, 2019, https://www.nytimes.com/2019/10/30/technology/russia-facebook-disinformation-africa.html.

134 Michael Schwirtz and Sheera Frenkel, "In Ukraine, Russia Tests a New Facebook Tactic in Election Tampering," *New York Times*, March 29, 2019, https://www.nytimes.com/2019/03/29/world/europe/ukraine-russia-election-tampering-propaganda.html.

135 Alba and Frenkel, "Russia Tests New Disinformation Tactics in Africa to Expand Influence."

136 Ibid.

137 Davey Alba, "How Russia's Troll Farm Is Changing Tactics Before the Fall Election," *New York Times*, March 29, 2020, https://www.nytimes.com/2020/03/29/technology/russia-troll-farm-election.html.

138 "America has always been hinged on hard-working people," UMD Archive, September 23, 2016, https://archive.mith.umd.edu/irads/items/show/8941.html.

139 Alba, "How Russia's Troll Farm Is Changing Tactics Before the Fall Election."

140 Ibid.

141 Ibid.

142 Nicole Perlroth, "A Conspiracy Made in America May Have Been Spread by Russia," *New York Times*, June 15, 2020, https://www.nytimes.com/2020/06/15/technology/coronavirus-disinformation-russia-iowa-caucus.html.

143 Joseph Menn, "Russian-backed organizations amplifying QAnon conspiracy theories, researchers say," Reuters, August 24, 2020, https://www.reuters.com/article/us-usa-election-qanon-russia/russian-backed-organizations-amplifying-qanon-conspiracy-theories-researchers-say-idUSKBN25K13T.

144 Nicole Perlroth, "A Conspiracy Made in America May Have Been Spread by Russia."

145 Andy Greenberg, "Hackers broke into real news sites to plant fake stories," *Wired*, July 29, 2020, https://www.wired.com/story/hackers-broke-into-real-news-sites-to-plant-fake-stories-anti-nato/.

146 Charles Davis, "'Grassroots' Media Startup Redfish Is Supported by the Kremlin," *Daily Beast*, June 19, 2018, https://www.thedailybeast.com/grassroots-media-startup-redfish-is-supported-by-the-kremlin.

147 Albert Shuldiner, "Declaratory Ruling," Federal Communications Commission, May 29, 2020, https://docs.fcc.gov/public/attachments/DA-20-568A1.pdf.

148 "Assessment on U.S. Defense Implications of China's Expanding Global Access," U.S. Department of Defense, December 2018, https://media.defense.gov/2019/Jan/14/2002079292/-1/-1/1/EXPANDING-GLOBAL-ACCESS-REPORT-FINAL.PDF.

149 Neil MacFarquhar, "Playing on Kansas City Radio: Russian Propaganda," *New York Times*, February 13, 2020, https://www.nytimes.com/2020/02/13/us/russian-propaganda-radio.html.

150 Renee DiResta, Carly Miller, Vanessa Molter, John Pomfret, and Glenn Tiffert, "Telling China's Story: The Chinese Communist Party's Campaign to Shape Global Narratives," 2020, https://fsi-live.s3.us-west-1.amazonaws.com/s3fs-public/sio-china_story_white_paper-final.pdf.

151 DiResta, Miller, Molter, Pomfret, and Tiffert, "Telling China's Story: The Chinese Communist Party's Campaign to Shape Global Narratives."

152 Craig Silverman and Jane Lytvynenko, "Reddit Has Become a Battleground of Alleged Chinese Trolls," *BuzzFeed News,* March 14, 2019, https://www.buzzfeednews.com/article/craigsilverman/reddit-coordinated-chinese-propaganda-trolls.

153 Kate Conger, "Twitter Removes Chinese Disinformation Campaign," *New York Times*, June 11, 2020, https://www.nytimes.com/2020/06/11/technology/twitter-chinese-misinformation.html?action=click&module=Alert&pgtype=Homepage.

154 Conger, "Twitter Removes Chinese Disinformation Campaign."

155 Jeff Horwitz, "'Live' Facebook Protest Videos Drew Millions of Views, but Some Footage Was Years Old," *Wall Street Journal*, June 2, 2020, https://www.wsj.com/articles/live-facebook-protest-videos-drew-millions-of-views-but-some-footage-was-years-old-11591118628.

156 DiResta, Miller, Molter, Pomfret, and Tiffert, "Telling China's Story: The Chinese Communist Party's Campaign to Shape Global Narratives."

157 Tereza Dvorakova, "HispanTV: Iran's Attempts to Influence the Spanish Speaking World," Radio Farda, April 19, 2020, https://en.radiofarda.com/a/hispantv-iran-s-attempts-to-Influence-the-spanish-speaking-world-/30564208.html.

158 Carly Nyst and Nick Monaco, "State-Sponsored Trolling," 2018, http://www.iftf.org/fileadmin/user_upload/images/DigIntel/IFTF_State_sponsored_trolling_report.pdf.

159 Ibid.

160 Ibid.

161 Ibid.

162 "Chinese and Russian Foreign Ministry Spokespersons Held Consultations and Agreed to Cooperate in Combating Disinformation," Ministry of Foreign Affairs of the People's Republic of China, https://www.fmprc.gov.cn/mfa_eng/wjbxw/t1800619.shtml.

163 Joel Schectman, Raphael Satter, Christopher Bing, and Joseph Menn, "Exclusive: Microsoft believes Russians that hacked Clinton targeted Biden campaign firm—sources," Reuters, September 10, 2020, https://www.reuters.com/article/us-usa-election-cyber-biden-exclusive-idUSKBN2610I4.

164 Sean Lyngaas, "Industry alert pins state, local government hacking on suspected Russian group," CyberScoop, October 19, 2020, https://www.cyberscoop.com/russia-temp-isotope-election-security-mandiant/.

165 David Corn, "Giuliani and the New York Post Are Pushing Russian Disinformation. It's a Big Test for the Media," *Mother Jones*, October14, 2020, https://www.motherjones.com/politics/2020/10/giuliani-and-the-new-york-post-are-pushing-russian-disinformation-its-a-big-test-for-the-media/.

166 Karen Kornbluh, "New Study by Digital New Deal Finds Engagement with Deceptive Outlets Higher on Facebook Today Than Runup to 2016 Election," The German Marshall Fund of the United States, October 12, 2020, https://www.gmfus.org/blog/2020/10/12/new-study-digital-new-deal-finds-engagement-deceptive-outlets-higher-facebook-today.

167 Jordan Schneider, "China's Hopeless Twitter Influence Operations," China Talk, October 29, 2020, https://chinatalk.substack.com/p/chinas-hopeless-twitter-Influence.

168 "Chinese people showing interest in US presidential election for laughs, comicalness," *Global Times*, May 11, 2020, https://www.globaltimes.cn/content/1205864.shtml.

169 "Joint Statement from Elections Infrastructure Government Coordinating Council and the Election Infrastructure Sector Coordinating Executive Committees," CISA, November 12, 2020, https://www.cisa.gov/news/2020/11/12/joint-statement-elections-infrastructure-government-coordinating-council-election.

170 David E. Sanger and Nicole Perlroth, "Trump Fires Christopher Krebs, Official Who Disputed Election Fraud Claims," *New York Times*, November 17, 2020, https://www.nytimes.com/2020/

11/17/us/politics/trump-fires-christopher-krebs.html.

171 "#PROTECT2020 RUMOR VS. REALITY," CISA, https://www.cisa.gov/rumorcontrol.

172 Julian E. Barnes and David E. Sanger, "Iran and Russia Seek to Influence Election in Final Days, U.S. Officials Warn," *New York Times*, October 21, 2020, https://www.nytimes.com/2020/10/21/us/politics/iran-russia-election-interference.html.

173 Ellen Nakashima, "Cyber Command has sought to disrupt the world's largest botnet, hoping to reduce its potential impact on the election," *Washington Post*, October 9, 2020, https://www.washingtonpost.com/national-security/cyber-command-trickbot-disrupt/2020/10/09/19587aae-0a32-11eb-a166-dc429b380d10_story.html.

174 Ellen Nakashima, "U.S. undertook cyber operation against Iran as part of effort to secure the 2020 election," *Washington Post*, November 3, 2020, https://www.washingtonpost.com/national-security/cybercom-targets-iran-election-interference/2020/11/03/aa0c9790-1e11-11eb-ba21-f2f001f0554b story.html.

175 Nakashima, "U.S. undertook cyber operation against Iran as part of effort to secure the 2020 election."

176 "New Steps to Protect the US Elections," Facebook, September 3, 2020, https://about.fb.com/news/2020/09/additional-steps-to-protect-the-us-elections/.

177 Adam Rawnsley, "Putin's Troll Farm Busted Running Sprawling Network of Facebook Pages," *Daily Beast*, September 25, 2020, https://www.thedailybeast.com/putins-troll-farm-busted-running-sprawling-network-of-facebook-pages.

178 Shirin Ghaffary, "Facebook is finally cracking down on QAnon," *Vox*, August 19, 2020, https://www.vox.com/recode/2020/8/19/21376166/facebook-qanon-take-down-groups-conspiracy-theory.

179 Vijaya Gadde and Kayvon Beykpour, "Additional steps we're taking ahead of the 2020 US Election," Twitter, October 9, 2020, https://blog.twitter.com/en_us/topics/company/2020/2020-election-changes.html.

180 Vijaya Gadde and Kayvon Beykpour, "An update on our work around the 2020 US Elections," Twitter, November 12, 2020, https://blog.twitter.com/en_us/topics/company/2020/2020-election-update.html.

181 Nick Statt, "YouTube defends choice to leave up videos with false election claims," *The Verge*, November 12, 2020, https://www.theverge.com/2020/11/12/21562910/youtube-2020-election-trump-misinformation-fake-news-recommendations.

182 Jason Murdock, "Parler Tops App Store Charts As Conservatives Flock to Site After Biden Victory Over Trump," *Newsweek*, November 9, 2020, https://www.newsweek.com/parler-tops-app-store-ios-android-charts-conservatives-twitter-biden-trump-election-1545921.

183 Tweet from @ewong, Twitter, December 9, 2020, https://twitter.com/ewong/status/1336742141264072705?s=11.

184 Patrick Murray, "National: More Americans Happy About Trump Loss Than Biden Win," Monmouth University, November 18, 2020, https://www.monmouth.edu/polling-institute/documents/monmouthpoll us 111820.pdf/.

185 Sheera Frenkel, "The Rise and Fall of the 'Stop the Steal' Facebook Group," *New York Times*, November 5, 2020, https://www.nytimes.com/2020/11/05/technology/stop-the-steal-facebook-group.html.

186 Kate Conger, "Twitter Has Labeled 38% of Trump's Tweets Since Tuesday," *New York Times*, November 5, 2020, https://www.nytimes.com/2020/11/05/technology/donald-trump-twitter.html.

187 Jeff Jones, "In Election 2020, how did the media, electoral process fare? Republicans, Democrats disagree," Knight Foundation, December 7, 2020, https://knightfoundation.org/articles/in-election-2020-how-did-the-media-electoral-process-fare-republicans-democrats-disagree/.

第3章　ハードウェア戦争　デバイスのバックエンドをめぐる戦い

1 Jon Stewart, "Headlines—Internet," *The Daily Show*, July 12, 2006, http://www.cc.com/video-clips/uo1ore/the-daily-show-with-jon-stewart-headlines-internet.

2 Ibid.

3 Keith Johnson and Elias Groll, "The Improbable Rise of Huawei," *Foreign Policy*, April 3, 2019, https://foreignpolicy.com/2019/04/03/the-improbable-rise-of-huawei-5g-global-network-china/.

4 Johnson and Groll, "The Improbable Rise of Huawei."

5 Cheng Ting-Fang and Lauly Li, "China can make it," *Nikkei Asian Review*, September 16, 2019, https://lp.asia.nikkei.com/lp/nlcampaign/pdf/20190912_Huaweis_Battle_Plan.pdf.

6 Johnson and Groll, "The Improbable Rise of Huawei."

7 "Our Philosophy," Huawei, https://huawei.eu/who-we-are/our-philosophy.

8 Alan Taylor, "Photos of Huawei's European-Themed Campus in China," *The Atlantic*, May 13, 2019, https://www.theatlantic.com/photo/2019/05/photos-of-huaweis-european-themed-campus-in-china/589342/.

9 Mike Murphy, "Take a tour of Huawei's sprawling, spectacular new European-themed R&D campus," *MarketWatch*, May 23, 2019, https://www.marketwatch.com/story/take-a-tour-of-huaweis-sprawling-spectacular-new-european-themed-rd-campus-2019-05-23.

10 David Lumb, "Huawei has built the Disneyland of tech R&D," *TechRadar*, August 20, 2019, https://www.techradar.com/news/huawei-has-built-the-disneyland-of-tech-randd.

11 Lucy Fisher, "CIA warning over Huawei," *The Times*, April 20, 2019, https://www.thetimes.co.uk/article/cia-warning-over-huawei-rz6xc8kzk.

12 Ryan Mcmorrow, "Huawei a key beneficiary of China subsidies that US wants ended," *Phys*, May 30, 2019, https://phys.org/news/2019-05-huawei-key-beneficiary-china-subsidies.html.

13 Chuin-Wei Yap, "State Support Helped Fuel Huawei's Global Rise," *Wall Street Journal*, December 25, 2019, https://www.wsj.com/articles/state-support-helped-fuel-huaweis-global-rise-11577280736.

14 Alberto F. De Toni, *International Operations Management: Lessons in Global Business* (New York: Gower Publishing, 2011), 128.

15 Johnson and Groll, "The Improbable Rise of Huawei."

16 Isaac Stone Fish, "Opinion: Even if Trump trusts Huawei, here's why America shouldn't," *Washington Post*, July 5, 2019, https://www.washingtonpost.com/opinions/2019/07/05/even-

if-trump-trusts-huawei-heres-why-america-shouldnt/.

17 Mike Rogers and C. A. Dutch Ruppersberger, "Investigative Report on the U.S. National Security Issues Posed by Chinese Telecommunications Companies Huawei and ZTE," U.S. House of Representatives, October 8, 2012, https://republicans-intelligence.house.gov/sites/intelligence.house.gov/files/documents/huawei-zte%20investigative%20report%20(final).pdf.

18 "The Security of 5G," House of Commons Committees, October 8, 2020, https://committees.parliament.uk/publications/2877/documents/27899/default/.

19 Tweet by @MartignRasser, Twitter, April 18, 2021, https://twitter.com/MartijnRasser/status/1383769537829502979.

20 "Chinese Telecommunications Conglomerate Huawei and Subsidiaries Charged in Racketeering Conspiracy and Conspiracy to Steal Trade Secrets," U.S. Department of Justice, February 13, 2020, https://www.justice.gov/opa/pr/chinese-telecommunications-conglomerate-huawei-and-subsidiaries-charged-racketeering.

21 Jim Morris, "Canadian extradition judge deals Huawei CFO legal blow," Associated Press, October 9, 2020, https://apnews.com/article/technology-business-beijing-meng-wanzhou-vancouver-b8b1162c4aabe02c96a527e13eed167a.

22 Johnson and Groll, "The Improbable Rise of Huawei."

23 Jonathan Stearns, "Pelosi Warns Europe That Huawei Represents Chinese State Police," *Bloomberg*, February 17, 2020, https://www.bloomberg.com/news/articles/2020-02-17/pelosi-warns-europe-that-huawei-represents-chinese-state-police.

24 Anna Fifield, "China's Huawei says it has long prepared for a U.S. assault," *Washington Post*, May 21, 2019, https://www.washingtonpost.com/world/asia pacific/chinas-huawei-says-it-has-long-prepared-for-americas-assault/2019/05/21/04b29c60-7bc2-11e9-b1f3-b233fe5811ef_story.html.

25 Joe Ngai, Kevin Sneader, and Cecilia Ma Zecha, "China's One Belt, One Road: Will it reshape global trade?," McKinsey, July 19, 2016, https://www.mckinsey.com/featured-insights/china/chinas-one-belt-one-road-will-it-reshape-global-trade.

26 Logan Pauley and Hamza Shad, "Gwadar: Emerging Port City or Chinese Colony?," *The Diplomat*, October 5, 2018, https://thediplomat.com/2018/10/gwadar-emerging-port-city-or-chinese-colony/.

27 Laura Zhou, "How a Chinese investment boom is changing the face of Djibouti," *South China Morning Post*, https://www.scmp.com/news/china/diplomacy-defence/article/2087374/how-chinese-investment-boom-changing-face-djibouti.

28 Ernesto Londoño, "From a Space Station in Argentina, China Expands Its Reach in Latin America," *New York Times*, July 28, 2018, https://www.nytimes.com/2018/07/28/world/americas/china-latin-america.html.

29 Jonathan E. Hillman, "The Imperial Overreach of China's Belt and Road Initiative," *Wall Street Journal*, October 1, 2020, https://www.wsj.com/articles/the-imperial-overreach-of-chinas-belt-and-road-initiative-11601558851.

30 Chatzky and McBride, "China's Massive Belt and Road Initiative."

31 "The Digital Silk Road: Expanding China's Digital Footprint," Eurasia Group, April 8, 2020,

https://www.eurasiagroup.net/files/upload/Digital-Silk-Road-Expanding-China-Digital-Footprint.pdf.

32 Maria Abi-Habib, "China's 'Belt and Road' Plan in Pakistan Takes a Military Turn," *New York Times*, December 19, 2018, https://www.nytimes.com/2018/12/19/world/asia/pakistan-china-belt-road-military.html.

33 Charles Duhigg and Keith Bradsher, "How the U.S. Lost Out on iPhone Work," *New York Times*, January 21, 2012, https://www.nytimes.com/2012/01/22/business/apple-america-and-a-squeezed-middle-class.html?referringSource=articleShare.

34 Duhigg and Bradsher, "How the U.S. Lost Out on iPhone Work."

35 Reade Pickert, "Manufacturing Is Now Smallest Share of U.S. Economy in 72 Years," *Bloomberg*, October 29, 2019, https://www.bloomberg.com/news/articles/2019-10-29/manufacturing-is-now-smallest-share-of-u-s-economy-in-72-years.

36 Thomas C. Mahoney and Susan Helper, "Next-Generation Supply Chains," MForesight, July 18, 2017, http://mforesight.org/projects-events/supply-chains/.

37 Heather Long, "U.S. has lost 5 million manufacturing jobs since 2000," CNN Business, March 29, 2016, https://money.cnn.com/2016/03/29/news/economy/us-manufacturing-jobs/index.html.

38 Duhigg and Bradsher, "How the U.S. Lost Out on iPhone Work."

39 Jon Chavez, "Major magic not enough to keep restaurant open," *Toledo Blade*, July 8, 2010, https://www.toledoblade.com/local/2010/07/08/Major-magic-not-enough-to-keep-restaurant-open.html.

40 Federica Cocco, "Most US manufacturing jobs lost to technology, not trade," *Financial Times*, December 2, 2016, https://www.ft.com/content/dec677c0-b7e6-11e6-ba85-95d1533d9a62.

41 Kai-Fu Lee, *AI Superpowers: China, Silicon Valley, and the New World Order* (New York: Houghton Mifflin Harcourt, 2018), e-book, 207.〔『AI世界秩序――米中が支配する「雇用なき未来」』, 李開復著, 上野元美訳, 日本経済新聞出版, 2020年〕

42 Duhigg and Bradsher, "How the U.S. Lost Out on iPhone Work."

43 Robert Spalding, *Stealth War: How China Took Over While America's Elite Slept* (New York: Portfolio, 2019), 37.

44 "Assessing and Strengthening the Manufacturing and Defense Industrial Base and Supply Chain Resiliency of the United States," U.S. Department of Defense, September 2018, https://media.defense.gov/2018/Oct/05/2002048904/-1/-1/1/ASSESSING-AND-STRENGTHENING-THE-MANUFACTURING-AND%20DEFENSE-INDUSTRIAL-BASE-AND-SUPPLY-CHAIN-RESILIENCY.PDF.

45 Yichi Zhang, "European Chamber Report Cautions Against the Negative Aspects of China Manufacturing 2025," European Chamber, March 7, 2017, https://www.europeanchamber.com.cn/en/press-releases/2532.

46 "Attorney General William P. Barr Delivers Remarks on China Policy at the Gerald R. Ford Presidential Museum," U.S. Department of Justice, July 16, 2020, https://www.justice.gov/opa/speech/attorney-general-william-p-barr-delivers-remarks-china-policy-gerald-r-ford-presidential.

47 Xio Cen, Vyacheslav Fos, and Wei Jiang, "A Race to Lead: How Chinese Government Interventions Shape the Sino-US Production Competition," SSRN, April 15, 2020, https://poseidon01.ssrn.com/delivery.php?ID=994020123000098106089067018078108010116045 067060095028110099081103022120108020031101018063099111026042034105115029092095007023029066004033083001077126099008029074123077022050021026008109087027094122023020116003006076127014003109086115004109072096022087&EXT=pdf.

48 "Assessing and Strengthening the Manufacturing and Defense Industrial Base and Supply Chain Resiliency of the United States."

49 John Adams, "Remaking American Security," Alliance for American Manufacturing, May 2013, https://www.americanmanufacturing.org/wp-content/uploads/2017/03/RemakingAmericanSecurityExecutiveSummary-1.pdf.

50 Dion Rabouin, "Coronavirus has disrupted supply chains for nearly 75% of U.S. companies," *Axios*, March 11, 2020, https://www.axios.com/coronavirus-supply-chains-china-46d82a0f-9f52-4229-840a-936822ddef41.html.

51 "No improvement in China's rare earths ban," *Japan Times*, October 13, 2010, https://www.japantimes.co.jp/news/2010/10/13/national/no-improvement-in-chinas-rare-earths-ban/.

52 Ainissa Ramirez, "Where to Find Rare Earth Elements," PBS, April 2, 2013, https://www.pbs.org/wgbh/nova/article/rare-earth-elements-in-cell-phones/.

53 "Assessing and Strengthening the Manufacturing and Defense Industrial Base and Supply Chain Resiliency of the United States."

54 Jordan Robertson and Michael Riley, "The Big Hack: How China Used a Tiny Chip to Infiltrate U.S. Companies," *Bloomberg*, October_4, 2018, https://www.bloomberg.com/news/features/ 2018-10-04/the-big-hack-how-china-used-a-tiny-chip-to-infiltrate-america-s-top-companies.

55 Ibid.

56 Ibid.

57 Ibid.

58 Mara Hvistendahl, "The friendly Mr Wu," *The Economist,* February 25, 2020, https://www.1843magazine.com/features/the-friendly-mr-wu.

59 Thomas Brewster, "Exclusive: Warning Over Chinese Mobile Giant Xiaomi Recording Millions of People's 'Private' Web and Phone Use," *Forbes,* April 30, 2020, https://www.forbes.com/sites/thomasbrewster/2020/04/30/exclusive-warning-over-chinese-mobile-giant-xiaomi-recording-millions-of-peoples-private-web-and-phone-use/?sh=707cb72d1b2a.

60 "South America-1 (Sam-1)," Submarine Cable Map, March 2001, https://www.submarinecablemap.com/#/submarine-cable/south-america-1-sam-1.

61 Andrew Blum, *Tubes*, e-book, 116, 125.

62 "Internet Exchange Points," Data Center Map, https://www.datacentermap.com/ixps.html.

63 John Watkins Brett, *On the Origin and Progress of the Oceanic Electric Telegraph: With a Few Facts, and Opinions of the Press* (London: Nassau Steam Press, 1858), 66.

64 "History and Achievements," Global Marine, https://globalmarine.co.uk/about-us/history-achievements/.

65 Adam Satariano, "How the Internet Travels Across Oceans," *New York Times*, March 10, 2019, https://www.nytimes.com/interactive/2019/03/10/technology/internet-cables-oceans.html.

66 "Submarine Cable 101," TeleGeography, https://www2.telegeography.com/submarine-cable-faqs-frequently-asked-questions.

67 "Submarine Cable Map," Submarine Cable Map, https://www.submarinecablemap.com/#/submarine-cable/seamewe-3.

68 Jeremy Page, Kate O'Keeffe, and Rob Taylor, "America's Undersea Battle With China for Control of the Global Internet Grid," *Wall Street Journal*, March 12, 2019, https://www.wsj.com/articles/u-s-takes-on-chinas-huawei-in-undersea-battle-over-the-global-internet-grid-11552407466.

69 Satariano, "How the Internet Travels Across Oceans."

70 John Hendel and Betsy Woodruff Swan, "Justice Department opposes Google, Facebook cable link to Hong Kong," *Politico*, June 17, 2020, https://www.politico.com/news/2020/06/17/justice-department-hong-kong-google-facebook-cable-326688.

71 Page, O'Keeffe, and Taylor, "America's Undersea Battle With China for Control of the Global Internet Grid."

72 Ibid.

73 Ibid.

74 Chris C. Demchak and Yuval Shavitt, "China's Maxim—Leave No Access Point Unexploited: The Hidden Story of China Telecom's BGP Hijacking," *Military Cyber Affairs*, 2018, https://scholarcommons.usf.edu/mca/vol3/iss1/7/.

75 Winston Qiu, "Global Marine Group Fully Divests Stake in Huawei Marine Networks," Submarine Cable Networks, June 6, 2020, https://www.submarinenetworks.com/en/vendors/huawei-marine/global-marine-completes-sale-of-30-stake-in-huawei-marine-networks-for-85-million.

76 Hendel and Swan, "Justice Department opposes Google, Facebook cable link to Hong Kong."

77 Justin Sherman, "Senate Report Finds Poor Executive Branch Oversight of Chinese State-Owned Telecoms," *Lawfare* (blog), June 17, 2020, https://www.lawfareblog.com/senate-report-fi nds-poor-executive-branch-oversight-chinese-state-owned-telecoms.

78 Marissa Fessenden, "This is the First Detailed Public Map of the U.S. Internet Infrastructure," *Smithsonian Magazine*, September 23, 2015, https://www.smithsonianmag.com/smart-news/first-detailed-public-map-us-internet-infrastructure-180956701/.

79 Winston Qiu, "China-Myanmar International (CMI) Terrestrial Cable Launches for Service," Submarine Cable Networks, November 15, 2014, https://www.submarinenetworks.com/news/china-myanmar-international-cmi-terrestrial-cable-launches-for-service.

80 "Terrestrial Cable Resource," China Mobile International, https://www.cmi.chinamobile.com/en/terrestrial-cable.

81 Ibid.

82 Kitson and Liew, "China Doubles Down on Its Digital Silk Road."

83 Tom Stroup, "Comments of the Satellite Industry Association," Federal Communications Commission, December 6, 2019, https://ecfsapi.fcc.gov/file/12062609405024/SIA%20

Regulatory%20Fees%20FNPRM%20Comments%20with%20attachment%206%20Dec%20 2019%20(002).pdf.

84 Mariella Moon, "SpaceX is requesting permission to launch 30,000 more Starlink satellites," Yahoo! Money, October 16, 2019, https://money.yahoo.com/2019-10-16-spacex-30-000-starlink-satellites.html.

85 Jose Del Rosario, "NSR Reports China's Ambitious Constellation of 300 Small Satellites in LEO," *Satnews*, March 8, 2018, http://www.satnews.com/story.php?number=257303683.

86 Ben Westcott, "China's GPS rival Beidou is now fully operational after final satellite launched," CNN, June 24, 2020, https://www.cnn.com/2020/06/24/tech/china-beidou-satellite-gps-intl-hnk/index.html.

87 Trefor Moss, "China's 'One Belt, One Road' Takes to Space," *Wall Street Journal*, December 28, 2016, https://blogs.wsj.com/chinarealtime/2016/12/28/chinas-one-belt-one-road-takes-to-space/.

88 Westcott, "China's GPS rival Beidou is now fully operational after final satellite launched."

89 Jiang Jie, "Nation considers space-based 'Silk Road of satellites' to provide data services," *Global Times*, May 31, 2015, http://www.globaltimes.cn/content/924600.shtml.

90 "AIMS Data Centre," Data Center Map, February 2, 2009, https://www.datacentermap.com/malaysia/kuala-lumpur/aims-data-centre_connectivity.html.

91 Prachi Bhardwaj, "Fiber optic wires, servers, and more than 550,000 miles of underwater cables: Here's what the internet actually looks like," *Business Insider*, June 23, 2018, https://www.businessinsider.com/how-internet-works-infrastructure-photos-2018-5#as-it-travels-any-information-transferred-over-the-web-arrives-at-internet-data-servers-which-live-in-data-centers-around-the-world-in-2008-an-estimated-95-trillion-gigabytes-passed-in-and-out-of-the-worlds-servers-but-more-on-those-later-2.

92 Brady Gavin, "How Big Are Gigabytes, Terabytes, and Petabytes?," *How-to Geek*, May 25, 2018, https://www.howtogeek.com/353116/how-big-are-gigabytes-terabytes-and-petabytes/.

93 John Roach, "Under the sea, Microsoft tests a datacenter that's quick to deploy, could provide internet connectivity for years," *Microsoft News*, June 5, 2018, https://news.microsoft.com/features/under-the-sea-microsoft-tests-a-datacenter-thats-quick-to-deploy-could-provide-internet-connectivity-for-years/.

94 "Data Centers Locations," Google, https://www.google.com/about/datacenters/locations/.

95 "The Data Center Mural Project," Data Center Murals, https://datacentermurals.withgoogle.com/.

96 Jake Brutlag, "Speed Matters," *Google AI Blog*, June 23, 2009, https://ai.googleblog.com/2009/06/speed-matters.html.

97 Yuxi Wei, "Chinese Data Localization Law: Comprehensive but Ambiguous," Henry M. Jackson School of International Studies, February 7, 2018, https://jsis.washington.edu/news/chinese-data-localization-law-comprehensive-ambiguous/.

98 Shan Li, "China Expands Its Cybersecurity Rulebook, Heightening Foreign Corporate Concerns," *China Technology News*, October_6, 2018, http://www.technologynewschina.com/2018/10/china-expands-its-cybersecurity.html.

99 Rita Liao, "Tibet to become China's data gateway to South Asia," *TechCrunch*, June 8, 2020, https://techcrunch.com/2020/06/08/tibet-to-become-chinas-data-gateway-to-south-asia/.

100 Abigail Opiah, "China Mobile International launches first European data centre," Capacity Media, December 20, 2019, https://www.capacitymedia.com/articles/3824709/china-mobile-international-launches-first-european-data-centre.

101 Max Bearak, "In strategic Djibouti, a microcosm of China's growing foothold in Africa," *Washington Post*, December 30, 2019, https://www.washingtonpost.com/world/africa/in-strategic-djibouti-a-microcosm-of-chinas-growing-foothold-in-africa/2019/12/29/a6e664ea-beab-11e9-a8b0-7ed8a0d5dc5d story.html.

102 Angus Grigg, "Huawei data centre built to spy on PNG," *Financial Review*, August 11, 2020, https://www.afr.com/companies/telecommunications/huawei-data-centre-built-to-spy-on-png-20200810-p55k7w.

103 Henrik Frystyk, "The Internet Protocol Stack," W3, July 1994, https://www.w3.org/People/Frystyk/thesis/TcpIp.html.

104 David Kelly, "The 'China Solution': Beijing responds to Trump," *The Interpreter*, February 17, 2017, https://www.lowyinstitute.org/the-interpreter/china-solution-beijing-responds-trump.

105 Hal Brands, "China's Global Influence Operation Goes Way Beyond the WHO," *Bloomberg*, March 31, 2020, https://www.bloomberg.com/opinion/articles/2020-03-31/china-s-Influence-operation-goes-beyond-who-taiwan-and-covid-19.

106 Bonnie Bley, "The New Geography of Global Diplomacy: China Advances as the United States Retreats," *Foreign Affairs*, November 27, 2019, https://www.foreignaffairs.com/articles/china/2019-11-27/new-geography-global-diplomacy.

107 "In the UN, China uses threats and cajolery to promote its worldview," *The Economist*, December 7, 2019, https://www.economist.com/china/2019/12/07/in-the-un-china-uses-threats-and-cajolery-to-promote-its-worldview.

108 Yaroslav Trofimov, Drew Hinshaw, and Kate O'Keeffe, "How China Is Taking Over International Organizations, One Vote at a Time," *Wall Street Journal*, September 29, 2010, https://www.wsj.com/articles/how-china-is-taking-over-international-organizations-one-vote-at-a-time-11601397 208.

109 Hilary McGeachy, "Us-China Technology Competition: Impacting a Rules-Based Order," United States Studies Centre, May 2, 2019, https://www.ussc.edu.au/analysis/us-china-technology-competition-impacting-a-rules-based-order.

110 Tom Miles, "Huawei allegations driven by politics not evidence: U.N. telecoms chief," Reuters, April 5, 2019, https://www.reuters.com/article/us-usa-china-huawei-tech-un/huawei-allegations-driven-by-politics-not-evidence-u-n-telecoms-chief-idUSKCN1RH1KN.

111 Kong Wenzheng, "ITU vows to join hands with China," *China Daily*, April 24, 2019, http://www.chinadaily.com.cn/a/201904/24/WS5cbfbb1aa3104842260b7f2f.html.

112 Madhumita Murgia and Anna Gross, "Inside China's controversial mission to reinvent the internet," *Financial Times*, March 27, 2020, https://www.ft.com/content/ba94c2bc-6e27-11ea-9bca-bf50 3995cd6f.

113 Anna Gross and Madhumita Murgia, "China and Huawei propose reinvention of the internet," *Financial Times*, March 27, 2020, https://www.ft.com/content/c78be2cf-a1a1-40b1-8ab7-904d7095e0f2.

114 Emily de La Bruyére and Nathan Picarsic, "China's next plan to dominate international tech standards," *TechCrunch*, April 11, 2020, https://techcrunch.com/2020/04/11/chinas-next-plan-to-dominate-international-tech-standards/.

115 Graham Webster and Paul Triolo, "Translation: China Proposes 'Global Data Security Initiative,'" New America, September 7, 2020, https://www.newamerica.org/cybersecurity-initiative/digichina/blog/translation-chinese-proposes-global-data-security-initiative/.

116 David Wertime, "Death of trade deal with China could be 'October surprise,'" *Politico*, September 10, 2020, https://www.politico.com/newsletters/politico-china-watcher/2020/09/10/phase-one-deal-death-could-be-october-surprise-trade-china-trump-490274.

117 Katrina Trinko, "Huawei's Role in the 'Chinese Espionage Enterprise,'" *Daily Signal*, February 19, 2020, https://www.dailysignal.com/2020/02/19/huaweis-role-in-the-chinese-espionage-enterprise/.

118 Chris Hoffman, "What is 5G, and How Fast Will It Be?," *How-To Geek*, January 3, 2020, https://www.howtogeek.com/340002/what-is-5g-and-how-fast-will-it-be/.

119 Tom Wheeler, "If 5G Is So Important, Why Isn't It Secure?," *New York Times*, January 21, 2019, https://www.nytimes.com/2019/01/21/opinion/5g-cybersecurity-china.html.

120 Karen Campbell, "The 5G economy: How 5G technology will contribute to the global economy," IHS Economics, January 2017, https://cdn.ihs.com/www/pdf/IHS-Technology-5G-Economic-Impact-Study.pdf.

121 Johnson and Groll, "The Improbable Rise of Huawei."

122 Arjun Kharpal, "Huawei overtakes Samsung to be No. 1 smartphone player in the world thanks to China as overseas sales drop," CNBC, July 29, 2020, https://www.cnbc.com/2020/07/30/huawei-overtakes-samsung-to-be-no-1-smartphone-maker-thanks-to-china.html.

123 Johnson and Groll, "The Improbable Rise of Huawei."

124 Dan Strumpf, "Huawei Workers Return After Coronavirus, But CEO Sees Financial Hit," *Wall Street Journal*, March 25, 2020, https://www.wsj.com/articles/huawei-workers-return-after-coronavirus-but-ceo-sees-financial-hit-11585149231.

125 Johnson and Groll, "The Improbable Rise of Huawei."

126 Daniel Van Boom, "Huawei starts research on 6G internet," CNET, August 14, 2019, https://www.cnet.com/news/huawei-starts-research-on-6g-internet/.

127 "The fight with Huawei means America can't shape tech rules," *The Economist*, April 23, 2020, https://www.economist.com/united-states/2020/04/23/the-fight-with-huawei-means-america-cant-shape-tech-rules.

128 Hugo Yen, David Simpson, and Lindsey Gorman, "Tech Factsheets for Policymakers," Harvard Kennedy School Belfer Center, 2020, https://www.belfercenter.org/sites/default/files/files/publication/5G_2.pdf.

129 Yawen Chen and Se Young Lee, "China slams U.S. blacklisting of Huawei as trade tensions rise,"

Reuters, May 16, 2019, https://www.reuters.com/article/us-usa-trade-china-huawei/china-slams-u-s-blacklisting-of-huawei-as-trade-tensions-rise-idUSKCN1SM0NR.
130 Dan Strumpf, "Huawei Struggles to Get Along Without Google," *Wall Street Journal*, May 12, 2020, https://www.wsj.com/articles/huawei-struggles-to-get-along-without-google-11589277481.
131 David Ljunggren, "Canada has effectively moved to block China's Huawei from 5G, but can't say so," Reuters, August 25, 2020, https://www.reuters.com/article/us-canada-huawei-analysis/canada-has-effectively-moved-to-block-chinas-huawei-from-5g-but-cant-say-so-idUSKBN25L26S.
132 Johnson and Groll, "The Improbable Rise of Huawei."
133 Charlotte Graham-McLay, "New Zealand Fears Fraying Ties With China, Its Biggest Customer," *New York Times*, February 14, 2019, https://www.nytimes.com/2019/02/14/world/asia/new-zealand-china-huawei-tensions.html.
134 Supantha Mukherjee and Helena Soderpalm, "Sweden bans Huawei, ZTE from upcoming 5G networks," Reuters, October 20, 2020, https://www.reuters.com/article/sweden-huawei-int/sweden-bans-huawei-zte-from-upcoming-5g-networks-idUSKBN2750WA.
135 Supantha Mukherjee and Helena Soderpalm, "Huawei ousted from heart of EU as Nokia wins Belgian 5G contracts," Reuters, October 9, 2020, https://www.reuters.com/article/us-orange-nokia-security-5g-idUSKBN26U0YY.
136 "France won't ban Huawei, but encouraging 5G telcos to avoid it: report," Reuters, July 5, 2020, https://www.reuters.com/article/us-france-huawei-5g/france-wont-ban-huawei-but-encouraging-5g-telcos-to-avoid-it-report-idUSKBN2460TT.
137 "Italy considering whether to exclude Huawei from 5G: report," Reuters, July 8, 2020, https://www.reuters.com/article/us-huawei-italy/italy-considering-whether-to-exclude-huawei-from-5g-report-idUSKBN2491C1.
138 "A Huawei Turning Point," *Wall Street Journal*, October_ 2, 2020, https://www.wsj.com/articles/a-huawei-turning-point-11601680165.
139 Pablo Gorondi, "Hungary says Huawei to help build its 5G wireless network," Associated Press, November 5, 2019, https://apnews.com/688e48fac84a4eeca73fdb5e17732c5f.
140 Kitson and Liew, "China Doubles Down on Its Digital Silk Road."
141 Paul Adepoju, "Gabon and Congo test 5G," IT Web, December 2, 2019, https://itweb.africa/content/Pero3qZxZ3a7Qb6m.
142 "China's ZTE, local telecom fi rm start 5G technology trial in Uganda," Xinhua, January 18, 2020, http://www.xinhuanet.com/english/2020-01/18/c_138716219.htm.
143 "Venezuela's Maduro promises 5G, new satellite with Chinese tech," BNamericas, July 1, 2019, bnamericas.com/en/news/venezuelas-maduro-promises-5g-new-satellite-with-chinese-tech.
144 Trinko, "Huawei's Role in the 'Chinese Espionage Enterprise.'"
145 "National Strategy to Secure 5G of the United States of America," The White House, March 2020, https://www.govinfo.gov/content/pkg/GOVPUB-PR-PURL-gpo135595/pdf/GOVPUB-PR-PURL-gpo135595.pdf
146 "The Clean Network," U.S. Department of State, https://2017-2021.state.gov/the-clean-network/index.html.

147 "William M. (Mac) Thornberry National Defense Authorization Act for Fiscal Year 2021," U.S. House of Representatives, December 2020, https://docs.house.gov/billsthisweek/20201207/CRPT-116hrpt617.pdf.

148 Michael Schuman, "How Xi Jinping Blew It," *The Atlantic*, November 19, 2020, https://www.theatlantic.com/international/archive/2020/11/chinas-missed-opportunity/617136/.

149 "Xi Says Economy Can Double as China Lays Out Ambitious Plans," *Bloomberg*, November 3, 2020, https://www.bloomberg.com/news/articles/2020-11-03/china-s-xi-says-economy-can-double-in-size-by-2035.

150 "The Regional Comprehensive Economic Partnership: Status and Re-cent Developments," Congressional Research Service, November 19, 2020, https://crsreports.congress.gov/product/pdf/IN/IN11200.

151 Campbell Kwan, "15 Asia Pacific countries sign world's largest free trade agreement," ZDNet, November 16, 2020, https://www.zdnet.com/article/15-asia-pacific-countries-sign-worlds-largest-free-trade-agreement/.

152 Sophie Dirven and Miriam Garcia Ferrer, "Key elements of the EU-China Comprehensive Agreement on Investment," European Commission, December 30, 2020, https://ec.europa.eu/commission/presscorner/detail/en/IP 20 2542.

153 Finbarr Bermingham, "China tried to punish European states for Huawei bans by adding eleventh-hour rule to EU investment deal," *South China Morning Post*, January 8, 2021, https://www.scmp.com/economy/china-economy/article/3116896/china-tried-punish-european-states-huawei-bans-adding.

154 Toru Tsunashima, "China rises as world's data superpower as internet fractures," *Nikkei Asia*, November 24, 2020, https://asia.nikkei.com/Spotlight/Century-of-Data/China-rises-as-world-s-data-superpower-as-internet-fractures.

155 Dan Strumpf, "U.S. vs. China in 5G: The Battle Isn't Even Close," *Wall Street Journal*, November 9, 2020, https://www.wsj.com/articles/u-s-vs-china-in-5g-the-battle-isnt-even-close-11604959200.

156 "Forecast 2025: China Adjusts Course," MacroPolo, October 2020, https://macropolo.org/wp-content/uploads/2020/10/china2025-final.pdf.

157 Ellen Nakashima and Souad Mekhennet, "U.S. Officials planning for a future in which Huawei has a major share of 5G global networks," *Washington Post*, April 1, 2019, https://www.washingtonpost.com/world/national-security/us-Officials-planning-for-a-future-in-which-huawei-has-a-major-share-of-5g-global-networks/2019/04/01/2bb60446-523c-11e9-a3f7-78b7525a8d5f_story.html.

第4章　国家主権の未来は技術に宿る、軍隊ではない

1 David E. Sanger and Emily Schmall, "China Appears to Warn India: Push too Hard and the Lights Could Go Out," *New York Times*, February 28, 2021, https://www.nytimes.com/2021/02/28/us/politics/china-india-hacking-electricity.html?referringSource=articleShare.

2 Emma Graham-Harrison, "China's Communist party ran campaign to discredit BBC, thinktank finds," *The Guardian*, March 4, 2021, https://www.theguardian.com/world/2021/mar/04/chinas-communist-party-ran-campaign-to-discredit-bbc-thinktank-finds.

3 Ibid.

4 Shen Lu, "I helped build ByteDance's censorship machine," *Protocol*, February 18, 2021, https://www.protocol.com/china/i-built-bytedance-censorship-machine?utm_campaign=post-teaser&utm_content=8gi0rq1u.

5 Robert Kagan, *The Jungle Grows Back* (New York: Penguin Random House, 2018), 46.

6 Amy Thomson and Stephanie Bodoni, "Google CEO Thinks AI Will Be More Profound Change Than Fire," *Bloomberg Quint*, January 22, 2020, https://www.bloombergquint.com/davos-world-economic-forum-2020/google-ceo-thinks-ai-is-more-profound-than-fire.

7 Hal Brands, "China's Foreign Policy Weapons: Technology, Coercion, Corruption," *Bloomberg*, January 24, 2021, bloomberg.com/opinion/articles/2021-01-25/china-s-geopolitical-weapons-technology-coercion-corruption.

8 Rob Wile, "A Venture Capital Firm Just Named an Algorithm to Its Board of Directors—Here's What It Actually Does," *Business Insider*, May 13, 2014, https://www.businessinsider.com/vital-named-to-board-2014-5.

9 Lee, *AI Superpowers*, e-book, 36.

10 Pedro Domingos, *The Master Algorithm: How the Quest for the Ultimate Learning Machine Will Remake Our World* (New York: BasicBooks, 2015), 10.〔『マスターアルゴリズム——世界を再構築する「究極の機械学習」』，ペドロ・ドミンゴス著，神嶌敏弘訳，講談社，2021年〕

11 Lee, *AI Superpowers*, e-book, 8.

12 "Once again, a neural net tries to name cats," AI Weirdness, https://aiweirdness.com/post/185339301987/once-again-a-neural-net-tries-to-name-cats.

13 Miles Brundage, *The Malicious Use of Artificial Intelligence: Forecasting, Prevention, and Mitigation*, Arxiv, February 2010, https://arxiv.org/pdf/1802.07228.pdf.

14 "Vision: Transform the DoD Through Artificial Intelligence," U.S. Department of Defense Chief Information Officer, https://dodcio.defense.gov/About-DoD-CIO/Organization/JAIC/.

15 James Vincent, "Putin says the nation that leads in AI 'will be the ruler of the world,'" *The Verge*, September 4, 2017, https://www.theverge.com/2017/9/4/16251226/russia-ai-putin-rule-the-world.

16 Lee, *AI Superpowers*, e-book, 224.

17 Benjamin Romano, "Amid Global Race for A.I. Talent, China's Tencent Sets Up Seattle Lab," *Xconomy*, December 14, 2017, https://xconomy.com/seattle/2017/12/14/amid-global-race-for-a-i-talent-chinas-tencent-sets-up-seattle-lab/.

18 Lee, *AI Superpowers*, e-book, 162–163.

19 Tom Simonite, "China is catching up to the US in AI Research—Fast," *Wired*, March 13, 2019, https://www.wired.com/story/china-catching-up-us-in-ai-research/.

20 James Vincent, "China is about to overtake America in AI research," *The Verge*, March 14, 2019, https://www.theverge.com/2019/3/14/18265230/china-is-about-to-overtake-america-in-ai-research.

21 Lee, *AI Superpowers*, e-book, 143.

22 Ibid., x.

23 Eric Rosenbach and Katherine Mansted, "The Geopolitics of Information," Harvard Kennedy School Belfer Center, May 28, 2019, https://www.belfercenter.org/publication/geopolitics-information.

24 Anna Funder, *Stasiland: True Stories from Behind the Berlin Wall* (London: Granta, 2003), 57. Excerpt from Brad Smith & Carol Ann Browne, "Tools and Weapons," Apple Books, https://books.apple.com/us/book/tools-and-weapons/id1455068611.

25 Lee, *AI Superpowers*, e-book, 130.

26 "Beijing police have covered every corner of the city with video surveillance system," *People China*, October 5, 2015, http://en.people.cn/n/2015/1005/c90000-8958235.html.

27 Josh Chin and Liza Lin, "China's all-seeing surveillance state is reading its citizens' faces," *Strait Times*, July 8, 2017, http:// www.straittimes.com/opinion/chinas-all-seeing-surveillance-state-is-reading-its-citizens-faces.

28 Ross Andersen, "The Panopticon Is Already Here," *The Atlantic*, September 2020, https://www.theatlantic.com/magazine/archive/2020/09/china-ai-surveillance/614197/.

29 Lee, *AI Superpowers*, e-book, 94.

30 James Vincent, "Watch Jordan Peele use AI to make Barack Obama deliver a PSA about fake news," *The Verge*, April 17, 2018, https://www.theverge.com/tldr/2018/4/17/17247334/ai-fake-news-video-barack-obama-jordan-peele-buzzfeed.

31 Daniel Gross, 著者によるインタビュー, May 1, 2020.

32 Vincent, "Watch Jordan Peele use AI to make Barack Obama deliver a PSA about fake news."

33 "Kenya election: Fake CNN and BBC news reports circulate," BBC, July 29, 2017, https://www.bbc.com/news/world-africa-40762796.

34 Gianluca Mezzofiore, "No, Emma Gonzalez did not tear up a photo of the Constitution," CNN, March 26, 2018, https://www.cnn.com/2018/03/26/us/emma-gonzalez-photo-doctored-trnd/index.html.

35 Ady Barkan, "Opinion: I speak with a computerized voice. Republicans used it to put words in my mouth," *Washington Post*, September 2, 2020, https://www.washingtonpost.com/opinions/2020/09/02/ady-barkan-op-ed-scalise-video/.

36 Max Fisher, "Syrian hackers claim AP hack that tipped stock market by $136 billion. Is it terrorism?," *Washington Post*, April 23, 2013, https://www.washingtonpost.com/news/worldviews/wp/2013/04/23/syrian-hackers-claim-ap-hack-that-tipped-stock-market-by-136-billion-is-it-terrorism/.

37 Jane Lytvynenko, "Thousands of Women Have No Idea a Telegram Network Is Sharing Fake Nude Images of Them," *BuzzFeed News,* October 20, 2020, https://www.buzzfeednews.com/article/janelytvynenko/telegram-deepfake-nude-women-images-bot.

38 Yonah Jeremy Bob, "How is Bar Refaeli connected to a plot to discredit Robert Mueller?," *Jerusalem Post*, November 1, 2018, https://www.jpost.com/international/how-is-bar-refaeli-connected-to-a-plot-to-discredit-robert-mueller-570866.

39 Adam Rawnsley, "Right-Wing Media Outlets Duped by a Middle East Propaganda Campaign," *Daily Beast*, July 7, 2020, https://www.thedailybeast.com/right-wing-media-outlets-duped-by-a-

middle-east-propaganda-campaign.

40 Ben Collins and Brandy Zadrozny, “How a fake persona laid the groundwork for a Hunter Biden conspiracy deluge,” NBC News, October 29, 2020, https://www.nbcnews.com/tech/security/how-fake-persona-laid-groundwork-hunter-biden-conspiracy-deluge-n1245387.

41 Kashmir Hill and Jeremy White, “Designed to Deceive: Do These People Look Real to You?,” *New York Times*, November 21, 2020, https://www.nytimes.com/interactive/2020/11/21/science/artificial-intelligence-fake-people-faces.html.

42 Robert Chesney and Danielle Keats Citron, “Deep Fakes: A Looming Challenge for Privacy, Democracy, and National Security,” SSRN, July 14, 2018, https://poseidon01.ssrn.com/delivery.php ?ID=422073103008127080107124081069000088050013055019019054113025080123110095098127113089026006024040028056016073101113001069113112061043059044028069101104102111105110081013020125083065011004092102119089073081007085122087068074077123124065106126030010022&EXT=pdf.

43 Ashley Rodriguez, “Microsoft’s AI millennial chatbot became a racist jerk after less than a day on Twitter,” *Quartz*, March 24, 2016, https://qz.com/646825/microsofts-ai-millennial-chatbot-became-a-racist-jerk-after-less-than-a-day-on-twitter/; Smith, *Tools and Weapons*, 255.

44 Will Knight, “An AI that writes convincing prose risks massproducing fake news,” *Technology Review*, February 14, 2019, https://www.technologyreview.com/s/612960/an-ai-tool-auto-generates-fake-news-bogus-tweets-and-plenty-of-gibberish/.

45 Vinod Khosla, “An AI that writes convincing prose risks massproducing fake news,” *Medium*, September 12, 2017, https://medium.com/@vkhosla/ai-scary-for-the-right-reasons-185bee8c6daa.

46 Richard Fontaine and Kara Frederick, “The Autocrat’s New Tool Kit,” *Wall Street Journal*, March 15, 2019, https://www.wsj.com/articles/the-autocrats-new-tool-kit-11552662637.

47 Davey Alba, “How Russia’s Troll Farm Is Changing Tactics Before the Fall Election,” *New York Times*, March 29, 2020, https://www.nytimes.com/2020/03/29/technology/russia-troll-farm-election.html.

48 Henry A. Kissinger, “How the Enlightenment Ends,” *The Atlantic*, June 2018, https://www.theatlantic.com/magazine/archive/2018/06/henry-kissinger-ai-could-mean-the-end-of-human-history/559124/.

49 Tamir Pardo, 著者によるインタビュー, August 6, 2018.

50 Diogo Monica, 著者によるインタビュー, May 13, 2020.

51 Katie Hunt and CY Xu, “China ‘employs 2 million to police internet,’” CNN, October 7, 2013, https://www.cnn.com/2013/10/07/world/asia/china-internet-monitors/index.html.

52 Paul Mozur and Don Clark, “China’s Surveillance State Sucks Up Data. U.S. Tech Is Key to Sorting It,” *New York Times*, November 22, 2020, https://www.nytimes.com/2020/11/22/technology/china-intel-nvidia-xinjiang.html.

53 Andersen, “The Panopticon Is Already Here.”

54 Paul Mozur, “One Month, 500,000 Face Scans: How China Is Using A.I. to Profile a Minority,” *New York Times*, April 14, 2019, https://www.nytimes.com/2019/04/14/technology/china-

surveillance-artificial-intelligence-racial-profiling.html.

55 Andersen, "The Panopticon Is Already Here."

56 Drew Harwell and Eva Dou, "Huawei tested AI software that could recognize Uighur minorities and alert police, report says," *Washington Post*, December 8, 2020, https://www.washingtonpost.com/technology/2020/12/08/huawei-tested-ai-software-that-could-recognize-uighur-minorities-alert-police-report-says/.

57 Anna Fifield, "TikTok's owner is helping China's campaign of repression in Xinjiang, report finds," *Washington Post*, November_28, 2019, https://www.washingtonpost.com/world/tiktoks-owner-is-helping-chinas-campaign-of-repression-in-xinjiang-report-finds/2019/11/28/98e8d9e4-119f-11ea-bf62-eadd5d11f559_story.html.

58 Andersen, "The Panopticon Is Already Here."

59 Anna Fifield, "As repression mounts, China under Xi Jinping feels increasingly like North Korea," *Washington Post*, September 28, 2020, https://www.washingtonpost.com/world/asia pacific/china-muslims-xinjiang-north-korea-repression/2020/09/28/ad2fefd8-f316-11ea-8025-5d3489768ac8_story.html.

60 Scott Simon, "China Suppression of Uighur Minorities Meets U.N. Definition of Genocide, Report Says," NPR, July 4, 2020, https://www.npr.org/2020/07/04/887239225/china-suppression-of-uighur-minorities-meets-u-n-definition-of-genocide-report-s.

61 Allison Gordon, "13-ton shipment of human hair, likely from Chinese prisoners, seized," CNN, July 2, 2020, https://www.cnn.com/2020/07/02/us/china-hair-uyghur-cpb-trnd/index.html.

62 Muyi Xiao, Haley Willis, Christoph Koettl, Natalie Reneau, and Drew Jordan, "China Is Using Uighur Labor to Produce Face Masks," *New York Times*, July 19, 2020, https://www.nytimes.com/2020/07/19/world/asia/china-mask-forced-labor.html.

63 Ben Westcott and Rebecca Wright, "First independent report into Xinjiang genocide allegations claims evidence of Beijing's 'intent to destroy' Uyghur people," CNN, March 9, 2021, https://www.cnn.com/2021/03/09/asia/china-uyghurs-xinjiang-genocide-report-intl-hnk/index.html.

64 Singer and Brooking, *LikeWar.*

65 Bill Gertz, *Deceiving the Sky: Inside Communist China's Drive for Global Supremacy* (New York: Encounter Books, 2019), 87.

66 Rosie Perper, "Chinese dog owners are being assigned a social credit score to keep them in check-and it seems to be working," *Business Insider*, October 26, 2018, https://www.businessinsider.com/china-dog-owners-social-credit-score-2018-10#.

67 Gertz, *Deceiving the Sky,* 86.

68 Andersen, "The Panopticon Is Already Here."

69 Paul Mozur, "With Hacks and Cameras, Beijing's Electronic Dragnet Closes on Hong Kong," *New York Times*, August 25, 2020, https://www.nytimes.com/2020/08/25/technology/hong-kong-national-security-law.html.

70 Yan Zhao and Su Xinqi, "Hongkongers scrub social media after security law," *Asia Times*, July 3, 2020, https://asiatimes.com/2020/07/hongkongers-scrub-social-media-after-security-law/.

71 Paul Mozur, Jonah M. Kessel, and Melissa Chan, "Made in China, Exported to the World: The

Surveillance State," *New York Times*, April 24, 2019, https://www.nytimes.com/2019/04/24/technology/ecuador-surveillance-cameras-police-government.html.

72 Megha Rajagopalan, "Facial Recognition Technology Is Facing a Huge Backlash in the US. But Some of the World's Biggest Tech Companies Are Trying to Sell It in the Gulf," *BuzzFeed News*, May_29, 2019, https://www.buzzfeednews.com/article/meghara/dubai-facial-recognition-technology-ibm-huawei-hikvision.

73 Amit Katwala, "Why China's perfectly placed to be quantum computing's superpower," *Wired*, November 14, 2010, https://www.wired.co.uk/article/quantum-computing-china-us.

74 Charles Riley, "Google claims its quantum computer can do the impossible in 200 seconds," CNN, October 23, 2019, https://www.cnn.com/2019/10/23/tech/google-quantum-supremacy-scn/index.html.

75 Jack Nicas, "Does the F.B.I. Need Apple to Hack Into iPhones?," *New York Times*, January 17, 2020, https://www.nytimes.com/2020/01/17/technology/fbi-iphones.html.

76 Jeanne Whalen, "The quantum revolution is coming, and Chinese scientists are at the forefront," *Washington Post*, August 18, 2019, https://www.washingtonpost.com/business/2019/08/18/quantum-revolution-is-coming-chinese-scientists-are-forefront/.

77 Katwala, "Why China's perfectly placed to be quantum computing's superpower."

78 "Emerging Military Technologies: Background and Issues for Congress," Congressional Research Service, November 10, 2020, https://crsreports.congress.gov/product/pdf/R/R46458.

79 Bethany Allen-Ebrahimian, "Estonia warns of 'silenced world dominated by Beijing,'" *Axios*, February 17, 2021, https://www.axios.com/estonia-warns-of-silenced-world-dominated-by-beijing-09e54843-6b45-491a-9bfd-e880f6f14795.html.

80 Edward Wong, " 'Doctor Strange' Writer Says China-Tibet Remarks Don't Represent Marvel," *New York Times*, April 29, 2016, https://www.nytimes.com/2016/04/29/world/asia/doctor-strange-tilda-swinton-china-tibet.html.

81 Lucas Shaw, "Fearing Chinese Censors, Paramount Changes 'World War Z' (Exclusive)," *The Wrap*, March 31, 2013, https://www.thewrap.com/fearing-chinese-censors-paramount-changes-world-war-z-exclusive-83316/.

82 Sam Byford, "Apple pulls podcast apps in China after government pressure," *The Verge*, June 11, 2020, https://www.theverge.com/2020/6/11/21287436/pocket-casts-castro-china-apple-government-pressure.

83 "Former Boeing Engineer Convicted of Economic Espionage in Theft of Space Shuttle Secrets for China," U.S. Department of Justice, July 16, 2009, https://www.justice.gov/opa/pr/former-boeing-engineer-convicted-economic-espionage-theft-space-shuttle-secrets-china.

84 Roberts, *Censored Distraction and Diversion Inside China's Great Firewall*, 178.

85 "2016 Wisconsin Results," *New York Times*, August 1, 2017, https://www.nytimes.com/elections/2016/results/wisconsin.

86 Cynthia McFadden, William M. Arkin, and Kevin Monahan, "Russians penetrated U.S. voter systems, top U.S. Official says," NBC News, February 7, 2018, https://www.nbcnews.com/politics/elections/russians-penetrated-u-s-voter-systems-says-top-u-s-n845721.

87 Fontaine and Frederick, "The Autocrat's New Tool Kit."

88 Dean Takahashi, "SoftBank believes 1 trillion connected devices will create $11 trillion in value by 2025," *VentureBeat*, October 16, 2018, https://venturebeat.com/2018/10/16/softbank-believes-1-trillion-connected-devices-will-create-11-trillion-in-value-by-2025/.

89 Carlin, *Dawn of the Code War*, e-book, 756.

90 Paul Tullis, "The US military is trying to read minds," *Technology Review*, October 16, 2019, https://www.technologyreview.com/2019/10/16/132269/us-military-super-soldiers-control-drones-brain-computer-interfaces/.

91 "Elon Musk's Neuralink puts computer chips in pigs' brains in bid to cure diseases," NBC News, August 29, 2020, https://www.nbcnews.com/tech/tech-news/elon-musk-s-neuralink-puts-computer-chips-pigs-brains-bid-n1238782.

92 Lora Kolodny, "Former Google CEO predicts the internet will split in two—and one part will be led by China," CNBC, September 20, 2018, https://www.cnbc.com/2018/09/20/eric-schmidt-ex-google-ceo-predicts-internet-split-china.html.

93 Rose Wong, "There May Soon Be Three Internets. America's Won't Necessarily Be the Best," *New York Times*, October 15, 2018, https://www.nytimes.com/2018/10/15/opinion/internet-google-china-balkanization.html.

94 Tweet from @wolfejosh, Twitter, June 9, 2019, https://twitter.com/wolfejosh/status/11377312 48015794176/photo/1.

95 Rongbin Han, *Contesting Cyberspace in China: Online Expression and Authoritarian Resilience* (New York: Columbia University Press, 2018), 101.

96 "Huawei's deep roots put Africa beyond reach of US crackdown," KrAsia, August 17, 2020, https://kr-asia.com/huaweis-deep-roots-put-africa-beyond-reach-of-us-crackdown.

97 "Assessment on U.S. Defense Implications of China's Expanding Global Access," U.S. Department of Defense, December 2018, https://media.defense.gov/2019/Jan/14/2002079292/-1/-1/1/EXPANDING-GLOBAL-ACCESS-REPORT-FINAL.PDF.

98 Eric Schmidt, *The New Digital Age: Transforming Nations, Businesses, and Our Lives* (New York: Vintage, 2014), 111.

99 "Exporting Repression? China's Artificial Intelligence Push into Africa," Council on Foreign Relations, December 17, 2018, https://www.cfr.org/blog/exporting-repression-chinas-artificial-intelligence-push-africa.

100 Adrian Shahbaz, "The Rise of Digital Authoritarianism," Freedom House, https://freedomhouse.org/report/freedom-net/2018/rise-digital-authoritarianism.

101 Ghalia Kadiri, "A Addis-Abeba, le siège de l'Union africaine espionné par Pékin," *Le Monde*, January. 26, 2018, https://www.lemonde.fr/afrique/article/2018/01/26/a-addis-abeba-le-siege-de-l-union-africaine-espionne-par-les-chinois_5247521_3212.html.

102 Joe Parkinson, Nicholas Bariyo, and Josh Chin, "Huawei Technicians Helped African Governments Spy on Political Opponents," *Wall Street Journal*, August 15, 2019, https://www.wsj.com/articles/huawei-technicians-helped-african-governments-spy-on-political-opponents-11565793017.

103 Yuval Harari, "Read Yuval Harari's blistering warning to Davos in full," World Economic Forum,

January 24, 2020, https://www.weforum.org/agenda/2020/01/yuval-hararis-warning-davos-speech-future-predications/.

104 Vincent, "Watch Jordan Peele use AI to make Barack Obama deliver a PSA about fake news."

第5章　丘と谷

1 "Transcript with Rep. Cicilline," Rev, https://www.rev.com/transcript-editor/shared/_FX24Jlb75YkV0wn0tdgEzn7hr3YnKHiYFRaJHC36cpuN8-hRZCoC_eanIZkNRqAAoCUFtC5429mmv3rvjnTX3PpTLo?loadFrom=PastedDeeplink&ts=16474.82.

2 Laura Hautala, "Tech titans face video glitches in congressional testimony," CNET, July 29, 2020, https://www.cnet.com/news/tech-titans-face-video-glitches-in-congressional-testimony/.

3 Elizabeth Culliford, "Bezos' snack, room ratings and 'the net': Key online moments from tech hearing," Reuters, July 29, 2020, https://www.reuters.com/article/us-usa-tech-congress-memes-idUSKCN24U341.

4 "Transcript with Rep. Cicilline."

5 Ibid.

6 Ibid.

7 Sanger, *The Perfect Weapon*, xi.

8 Noah Smith, "Interview: Marc Andreessen, VC and tech pioneer," Substack, June 22, 2021, https://noahpinion.substack.com/p/interview-marc-andreessen-vc-and.

9 Margaret O'Mara, *The Code: Silicon Valley and the Remaking of America* (New York: Penguin Press, 2019), 15.〔『The code : シリコンバレー全史――20世紀のフロンティアとアメリカの再興』，マーガレット・オメーラ著，山形浩生，高須正和訳，KADOKAWA，2023年〕

10 Ibid., 18.

11 Ibid., 36.

12 "Tech-Politik: Historical Perspectives on Innovation, Technology, and Strategic Competition," Center for Strategic and International Studies, December 19, 2019, https://www.csis.org/analysis/tech-politik-historical-perspectives-innovation-technology-and-strategic-competition.

13 O'Mara, *The Code*, 24.

14 Liz Jacobs, "GPS, lithium batteries, the internet, cellular technology, airbags: A Q&A about how governments often fuel innovation," *TED Blog*, October 28, 2013, https://blog.ted.com/qa-mariana-mazzucato-governments-often-fuel-innovation/.

15 "Technology and National Security: Maintaining America's Edge," Aspen Institute, February 7, 2019, https://www.aspeninstitute.org/publications/technology-and-national-security-maintaining-americas-edge/.

16 David B. Green, "This Day in Jewish History, 1998: Two Computer Scientists Who Disagreed on Everything Found Google," *Haaretz,* September 4, 2015, https://www.haaretz.com/jewish/2-computer-scientists-found-google-1.5394903.

17 "Technology and National Security: Maintaining America's Edge."

18 "(U) Review of the Unauthorized Disclosures of Former National Security Agency Contractor Edward Snowden," U.S. House of Representatives, September 15, 2016, https://fas.org/irp/

congress/2016_rpt/hpsci-snowden.pdf.

19 Heather Kelly, "Protests against the NSA spring up across U.S.," CNN, July 5, 2013, https://www.cnn.com/2013/07/04/tech/web/restore-nsa-protests/.

20 James Gordon Meek, Luis Martinez, and Alexander Mallin, "Intel Heads: Edward Snowden Did 'Profound Damage' to U.S. Security," ABC News, January 29, 2014, https://abcnews.go.com/Blotter/intel-heads-edward-snowden-profound-damage-us-security/story?id=22285388.

21 John R. Schindler, "The Real Ed Snowden Is a Patsy, a Fraud and a Kremlin-Controlled Pawn," *Observer*, September 19, 2016, https://observer.com/2016/09/the-real-ed-snowden-is-a-patsy-a-fraud-and-a-kremlin-controlled-pawn/.

22 Smith, *Tools and Weapons*, 17.

23 Jon Evans, "Dear America, Would You Please Give Edward Snowden His Medal of Freedom Already?," *TechCrunch*, August 2, 2014, https://techcrunch.com/2014/08/02/the-rorschach-rashomon/.

24 Kwame Opam, "Google engineers issue 'fuck you' to NSA over surveillance scandal," *The Verge*, November 6, 2013, https://www.theverge.com/2013/11/6/5072924/google-engineers-issue-fuck-you-to-nsa-over-surveillance-scandal.

25 Sanger, *The Perfect Weapon*, 84.

26 Matt Stevens, "San Bernardino shooting updates," *Los Angeles Times*, December 9, 2015, https://www.latimes.com/local/lanow/la-me-ln-san-bernardino-shooting-live-updates-htmlstory.html.

27 Peter Bergen, "What explains the biggest U.S. terror attack since 9/11?," CNN, December 5, 2015, https://www.cnn.com/2015/12/04/opinions/bergen-san-bernardino-terror-attack-explain/index.html.

28 Sanger, *The Perfect Weapon*, 91.

29 Ibid., 97.

30 Andrea Peterson, "Here's how the clash between the NSA Director and a senior Yahoo executive went down," *Washington Post*, February 23, 2015, https://www.washingtonpost.com/news/the-switch/wp/2015/02/23/heres-how-the-clash-between-the-nsa-director-and-a-senior-yahoo-executive-went-down/?arc404=true.

31 "CBS News poll: Americans split on unlocking San Bernardino shooter's iPhone," CBS News, March 18, 2016, https://www.cbsnews.com/news/cbs-news-poll-americans-split-on-unlocking-san-bernardino-shooters-iphone/.

32 Brian Hall, "Silicon Valley—Making the World a Better Place," YouTube, April 26, 2019, https://www.youtube.com/watch?v=B8C5sjjhsso.

33 Jon Swartz, "Here are the major brands that have pulled ads from Facebook," *MarketWatch*, July 17, 2020, https://www.marketwatch.com/story/here-are-the-major-brands-that-have-pulled-ads-from-facebook-2020-06-30.

34 "Stifling Free Speech: Technological Censorship and the Public Discourse," Committee on the Judiciary, April 10, 2019, https://www.judiciary.senate.gov/meetings/stifling-free-speech-technological-censorship-and-the-public-discourse.

35 Veronica Stracqualursi, "Republican Devin Nunes sues Twitter, users over attacks," CNN, June 9, 2019, https://www.cnn.com/2019/03/19/politics/devin-nunes-twitter-lawsuit/index.html.

36 Josh Hawley, "Senators Hawley and Cruz Ask FTC to Investigate Tech Censorship Practices, Make Findings Public," Josh Hawley: U.S. Senator for Missouri, July 15, 2019, https://www.hawley.senate.gov/senators-hawley-and-cruz-ask-ftc-investigate-tech-censorship-practices-make-findings-public.

37 "Preventing Online Censorship," The White House, May 28, 2020, https://www.federalregister.gov/documents/2020/06/02/2020-12030/preventing-online-censorship.

38 "Navigator Daily Tracker," Global Strategy Group, June 4, 2020, https://navigatorresearch.org/wp-content/uploads/2020/06/Navigating-Coronavirus-Full-Topline-F06.11.20.pdf.

39 Tony Romm, "Congress has battled airlines, banks, tobacco and baseball. Now it's preparing to clash with Big Tech," *Washington Post*, July 27, 2020, https://www.washingtonpost.com/technology/2020/07/27/congress-tech-hearing/.

40 Loren DeJonge Schulman, Alexandra Sander, and Madeline Christian, "The Rocky Relationship Between Washington and Silicon Valley," Copia, https://copia.is/wp-content/uploads/2017/07/COPIA-CNAS-Rocky-Relationship-Between-Washington-And-Silicon-Valley.pdf.

41 John Perry Barlow, "A Declaration of the Independence of Cyberspace," Electronic Frontier Foundation, February 8, 1996, https://www.eff.org/cyberspace-independence.

42 Amy Zegart and Kevin Childs, "The Divide Between Silicon Valley and Washington Is a National Security Threat," *The Atlantic*, Decem-ber 13, 2018, https://www.theatlantic.com/ideas/archive/2018/12/growing-gulf-between-silicon-valley-and-washington/577963/.

43 Angus Loten, "Older IT Workers Left Out Despite Tech Talent Shortage," *Wall Street Journal*, November 25, 2019, https://www.wsj.com/articles/older-it-workers-left-out-despite-tech-talent-shortage-11574683200?mod=rsswn.

44 Greg Baumann, "Silicon Valley age discrimination: If you've experienced it, say something," *Silicon Valley Business Journal*, January 5, 2015, https://www.bizjournals.com/sanjose/news/2015/01/05/silicon-valley-age-discrimination-if-youve.html.

45 Joe Lazauskas, "Is 27 the Tech World's New Middle Age?," *Fast Company*, September 15, 2015, https://www.fastcompany.com/3051030/is-27-the-tech-worlds-new-middle-age.

46 "Policy, Data, Oversight," U.S. Office of Personnel Management, September 2017, https://www.opm.gov/policy-data-oversight/data-analysis-documentation/federal-employment-reports/reports-publications/full-time-permanent-age-distributions/.

47 "Demography of Article III Judges, 1789-2020," Federal Judicial Center, https://www.fjc.gov/history/exhibits/graphs-and-maps/age-and-experience-judges#_ftn7.

48 "Membership of the 116th Congress: A Profile," Congressional Research Service, December 17, 2020, https://fas.org/sgp/crs/misc/R45583.pdf.

49 "Membership of the 116th Congress."

50 "116th Congress House Committee Chairs," Quorum, https://www.quorum.us/data-driven-insights/democrat-committee-chairs/.

51 Tweet from @shl, Twitter, July 29, 2020, https://twitter.com/shl/status/1288535357919596544?s=20.
52 "Membership of the 116th Congress."
53 Michael Gold, "Senators Had a Lot to Say About Facebook. That Hasn't Stopped Them From Using It," *New York Times*, April 12, 2018, https://www.nytimes.com/2018/04/12/us/politics/facebook-senators-usage.html.
54 Ibid.
55 "Transcript with Rep. Cicilline."
56 Andy Greenberg, "The Senate's Draft Encryption Bill Is 'Ludicrous, Dangerous, Technically Illiterate,'" *Wired*, April 8, 2016, https://www.wired.com/2016/04/senates-draft-encryption-bill-privacy-nightmare/.
57 Kim Zetter, "Of Course Congress Is Clueless about Tech—It Killed Its Tutor," *Wired*, April 21, 2016, https://www.wired.com/2016/04/office-technology-assessment-congress-clueless-tech-killed-tutor/.
58 "FAQ," Thiel Fellowship, https://www.thielfellowship.org/faq/.
59 "Organization and Management of the Department of Defense," Di-rectorate for Organizational Policy, March 2019, https://fas.org/irp/agency/dod/org-man.pdf.
60 Melissa Mittelman, "Why GitHub Finally Abandoned Its Bossless Workplace," *Bloomberg*, September 6, 2016, https://www.bloomberg.com/news/articles/2016-09-06/why-github-finally-abandoned-its-bossless-workplace.
61 Christo Petrov, "50 Gmail Statistics to Show How Big It Is in 2020," TechJury, March 19, 2021, https://techjury.net/blog/gmail-statistics/#gref.
62 Adam Robinson, "Want to Boost Your Bottom Line? Encourage Your Employees to Work on Side Projects," *Inc.*, March 12, 2018, https://www.inc.com/adam-robinson/google-employees-dedicate-20-percent-of-their-time-to-side-projects-heres-how-it-works.html.
63 社員からグーグル社CEO、スンダー・ピチャイへの請願書(Letter from employees to Google CEO Sundar Pichai), April 2018, *New York Times*, https://static01.nyt.com/files/2018/technology/googleletter.pdf; Daisuke Wakabayashi and Scott Shane, "Google Will Not Renew Pentagon Contract That Upset Employees," *New York Times*, June 1, 2018, https://www.nytimes.com/2018/06/01/technology/google-pentagon-project-maven.html.
64 Wakabayashi and Shane, "Google Will Not Renew Pentagon Contract That Upset Employees."
65 社員からグーグル社CEO、スンダー・ピチャイへの請願書(Letter from employees to Google CEO Sundar Pichai).
66 Kate Conger, "Google Plans Not to Renew Its Contract for Project Maven, a Controversial Pentagon Drone AI Imaging Program," *Gizmodo*, June 1, 2018, https://gizmodo.com/google-plans-not-to-renew-its-contract-for-project-mave-1826488620?rev=1527878336532&utm_campaign=socialflow_gizmodo_twitter&utm_source=gizmodo_twitter&utm_medium=socialflow.
67 "Artificial Intelligence at Google: Our Principles," Google AI, https://ai.google/principles.
68 Ryan Gallagher, "Google China Prototype Links Searches to Phone Numbers," *The Intercept*,

September 14, 2018, https://theintercept.com/2018/09/14/google-china-prototype-links-searches-to-phone-numbers/.

69 Harper Neidig, "Pence calls on Google to end censored search engine for China," *The Hill*, October 4, 2018, https://thehill.com/policy/technology/409980-pence-calls-on-google-to-end-censored-search-engine-for-china.

70 Caroline O'Donovan, "Google Employees Are Quitting Over the Company's Secretive China Search Project," *BuzzFeed News*, September 13, 2018, https://www.buzzfeednews.com/article/carolineodonovan/google-project-dragonfly-employees-quitting.

71 Tom McKay, "Google Exec Tells Senate That Project Dragonfly Has Been 'Terminated,'" *Gizmodo*, July 16, 2019, https://gizmodo.com/google-exec-tells-senate-that-project-dragonfly-has-been-1836432810.

72 Albert J. Baime, *Arsenal of Democracy: FDR, Detroit, and an Epic Quest to Arm an America at War* (New York: Houghton Mifflin Harcourt, 2014), 73.

73 Ibid., 85.

74 Arthur Herman, *Freedom's Forge: How American Business Produced Victory in World War II* (New York: Random House, 2013), 249.

75 Lee, *AI Superpowers*, e-book, 348.

76 Smith, *Tools and Weapons*, 11.

77 Adam Satariano, "The World's First Ambassador to the Tech Industry," *New York Times*, September 3, 2019, https://www.nytimes.com/2019/09/03/technology/denmark-tech-ambassador.html.

78 Esmy Jimenez, "'We Won't Build It': Northwest Tech Workers Struggle With Company Ties to Immigration Enforcement," Northwest Public Broadcasting, January 14, 2020, https://www.nwpb.org/2020/01/14/we-wont-build-it-northwest-tech-workers-struggle-with-company-ties-to-immigration-enforcement/.

79 Michael Steinberger, "Does Palantir See too Much?," *New York Times*, October 23, 2020, https://www.nytimes.com/interactive/2020/10/21/magazine/palantir-alex-karp.html.

80 Alex Karp, "Opinion: I'm a tech CEO, and I don't think tech CEOs should be making policy," *Washington Post*, September 5, 2019, https://www.washingtonpost.com/opinions/policy-decisions-should-be-made-by-elected-representatives-not-silicon-valley/2019/09/05/e02a38dc-cf61-11e9-87fa-8501a456c003story.html.

81 Trae Stephens, "The Ethics of Defense Technology Development: An Investor's Perspective," *Medium*, December 4, 2019, https://medium.com/@traestephens/the-ethics-of-defense-technology-development-an-investors-perspective-45c71bf6e6af.

82 Michael Brown and Pavneet Singh, "China's Technology Transfer Strategy: How Chinese Investments in Emerging Technology Enable a Strategic Competitor to Access the Crown Jewels of U.S. Innovation," Defense Innovation Unit Experimental, January 2018, https://admin.govexec.com/media/diux_chinatechnologytransferstudy_jan_2018_(1).pdf.

83 Faith Karimi and Michael Pearson, "The 13 states that still ban samesex marriage," CNN, February 13, 2015, https://www.cnn.com/2015/02/13/us/states-same-sex-marriage-ban/index.html.

84 "Suicide Facts," Suicide Awareness Voices of Education, https://save.org/about-suicide/suicide-facts/.

85 Jamie Wareham, "Map Shows Where It's Illegal to Be Gay—30 Years Since WHO Declassified Homosexuality As Disease," *Forbes*, May_17, 2020, www.forbes.com/sites/jamiewareham/2020/05/17/map-shows-where-its-illegal-to-be-gay-30-years-since-who-declassified-homosexuality-as-disease/#5d42c32e578a.

86 Adam Taylor, "Ramzan Kadyrov says there are no gay men in Chechnya—and if there are any, they should move to Canada," *Washington Post*, July 15, 2017, https://www.washingtonpost.com/news/worldviews/wp/2017/07/15/ramzan-kadyrov-says-there-are-no-gay-men-in-chechnya-and-if-there-are-any-they-should-move-to-canada/.

87 Wareham, "Map Shows Where It's Illegal to Be Gay—30 Years Since WHO Declassified Homosexuality As Disease."

88 Jethro Mullen and Steven Jiang, "Chinese firm buys gay dating app Grindr," CNN, January 12, 2016, https://money.cnn.com/2016/01/12/technology/grindr-china-beijing-kunlun-tech-deal/index.html.

89 Simon Elegant, "The Love That Dares to Speak Its Name—Discreetly," *Time,* January 13, 2018, http://content.time.com/time/world/article/0,8599,1703180,00.html.

90 Peter Moskowitz, "Grindr user 'outed North Dakota politician in retaliation for anti-gay vote,'" *The Guardian*, April 28, 2015, https://www.theguardian.com/us-news/2015/apr/28/north-dakota-politician-randy-boehning-outed-grindr-nude-photos.

91 Echo Wang and Carl O'Donnell, "Exclusive: Behind Grindr's doomed hookup in China, a data misstep and scramble to make up," Reuters, May 22, 2019, https://www.reuters.com/article/us-usa-china-grindr-exclusive/exclusive-behind-grindrs-doomed-hookup-in-china-a-data-misstep-and-scramble-to-make-up-idUSKCN1SS10H.

92 Echo Wang, Alexandra Alper, and Chibuike Oguh, "Exclusive: Winning bidder for Grindr has ties to Chinese owner," Reuters, June 2, 2020, https://www.reuters.com/article/us-grindr-m-a-sanvicente-exclusive/exclusive-winning-bidder-for-grindr-has-ties-to-chinese-owner-idUSKBN2391AI.

93 Geoffrey A. Fowler, "Is it time to delete TikTok? A guide to the rumors and the real privacy risks," *Washington Post,* July 13, 2020, https://www.washingtonpost.com/technology/2020/07/13/tiktok-privacy/.

94 Craig Chapple, "TikTok Crosses 2 Billion Downloads After Best Quarter for Any App Ever," *Sensor Tower Blog*, April 29, 2020, https://sensortower.com/blog/tiktok-downloads-2-billion.

95 Fowler, "Is it time to delete TikTok? A guide to the rumors and the real privacy risks."

96 Ibid.

97 Mike Isaac and Karen Weise, "Amazon Backtracks From Demand That Employees Delete TikTok," *New York Times*, July 10, 2020, https://www.nytimes.com/2020/07/10/technology/tiktok-amazon-security-risk.html.

98 Fowler, "Is it time to delete TikTok? A guide to the rumors and the real privacy risks."

99 Salvador Rodriguez, "TikTok insiders say social media company is tightly controlled by Chinese parent," CNBC, June 25, 2021, https://www.cnbc.com/2021/06/25/tiktok-insiders-say-chinese-

parent-bytedance-in-control.html.

100 Ibid.

101 Georgia Wells, Shan Li, and Liza Lin, "TikTok, Once an Oasis of Inoffensive Fun, Ventures Warily Into Politics," *Wall Street Journal*, July 8, 2020, https://www.wsj.com/articles/tiktok-ventures-warily-into-politics-and-finds-complications-11594224268.

102 Wells, Li, and Lin, "TikTok, Once an Oasis of Inoffensive Fun, Ventures Warily Into Politics."

103 Ursula Perano, "TikTok executive says app used to censor content critical of China," *Axios*, November 7, 2020, https://www.axios.com/tiktok-censor-content-privacy-app-uighur-c4badd9d-a44f-4568-8cbc-af664f6bf78b.html.

104 Tanya Basu, "This girl's TikTok "makeup" video went viral for discussing the Uighur crisis," *Technology Review*, November 27, 2019, https://www.technologyreview.com/2019/11/27/65030/feroza-aziz-tiktok-makeup-video-went-viral-for-discussing-the-uighur-crisis/.

105 Eva Xiao, "TikTok Users Gush About China, Hoping to Boost Views," *Wall Street Journal*, June 17, 2020, https://www.wsj.com/articles/tiktok-users-gush-about-china-hoping-to-boost-views-11592386203.

106 "The TikTok War," *Stratechery*, July 14, 2020, https://stratechery.com/2020/the-tiktok-war/.

107 Sherisse Pham, "TikTok could threaten national security, US lawmakers say," CNN, October 25, 2019, https://www.cnn.com/2019/10/25/tech/tiktok-national-security/index.html.

108 Chen Du, "Exclusive: ByteDance Cuts Domestic Engineers' Data Access to TikTok, Other Overseas Products," *PingWest*, June 7, 2020, https://en.pingwest.com/a/6875.

109 Paul Mozur, "TikTok to Withdraw From Hong Kong as Tech Giants Halt Data Requests," *New York Times*, July 6, 2020, https://www.nytimes.com/2020/07/06/technology/tiktok-google-facebook-twitter-hong-kong.html.

110 Cecilia Kang, Lara Jakes, Ana Swanson, and David McCabe, "Tik-Tok Enlists Army of Lobbyists as Suspicions Over China Ties Grow," *New York Times*, July 15, 2020, https://www.nytimes.com/2020/07/15/technology/tiktok-washington-lobbyist.html?smid=tw-nytpolitics&smtyp=cur.

111 Monica Chin, "TikTok reduces India staff after long-standing countrywide ban," *The Verge*, February 3, 2021, https://www.theverge.com/2021/2/2/22262940/tiktok-leaves-india-ban-app-china-government-security-privacy.

112 "AliExpress: India continues to ban China apps amid standoff," BBC, November 25, 2020, https://www.bbc.com/news/world-asia -india-55068372.

113 Emily Schmall, "India bans TikTok, other Chinese apps amid border standoff," ABC News, April 29, 2021, https://abcnews.go.com/Technology/wireStory/india-bans-tiktok-chinese-apps-amid-border-standoff-71625376.

114 "Addressing the Threat Posed by TikTok, and Taking Additional Steps to Address the National Emergency With Respect to the Information and Communications Technology and Services Supply Chain," The White House, August 6, 2020, https://www.federalregister.gov/documents/2020/08/11/2020-17699/addressing-the-threat-posed-by-tiktok-and-taking-additional-steps-to-address-the-national-emergency.

115 Kim Lyons, "TikTok confirms it will sue the Trump administration," *The Verge*, August 22, 2020,

https://www.theverge.com/2020/8/22/21397131/tiktok-lawsuit-president-trump-china-ban-executive-order.

116 Roslyn Layton, "The Clock Is Ticking On TikTok," *Forbes*, August 5, 2020, https://www.forbes.com/sites/roslynlayton/2020/08/05/the-clock-is-ticking-on-tiktok.

117 Ana Swanson, David McCabe, and Erin Griffith, "Trump Approves Deal Between Oracle and TikTok," *New York Times*, September 19, 2020, https://www.nytimes.com/2020/09/19/technology/trump-oracle-and-tiktok.html.

118 "Walmart Statement About Potential Investment in and Commercial Agreements with TikTok Global," Walmart, September 19, 2020, https://web.archive.org/web/20200920114627/https://corporate.walmart.com/newsroom/2020/09/19/walmart-statement-about-potential-investment-in-and-commercial-agreements-with-tiktok-global.

119 Executive Order on Protecting Americans' Sensitive Data from Foreign Adversaries, White House Briefing Room, June 9, 2021, https://www.whitehouse.gov/briefing-room/presidential-actions/2021/06/09/executive-order-on-protecting-americans-sensitive-data-from-foreign-adversaries/.

120 "Home," Defense Innovation Unit, https://www.diu.mil/.

121 Jennings Brown, "Weird Tooth Phone Wins Millions in Pentagon Funding," *Gizmodo*, September 12, 2018, https://gizmodo.com/weird-tooth-phone-wins-millions-in-pentagon-funding-1829004364.

122 Brown and Singh, "China's Technology Transfer Strategy."

123 Katy Stech Ferek, "Rubio Seeks Security Review of Chinese Bid for GNC," *Wall Street Journal*, September 10, 2020, https://www.wsj.com/articles/rubio-seeks-security-review-of-chinese-bid-for-gnc-11599775144.

124 "Annual Report to Congress," Committee on Foreign Investment in the United States, 2019, https://home.treasury.gov/system/files/206/CFIUS-Public-Annual-Report-CY-2019.pdf.

125 Foer, "Putin Is Well on His Way to Stealing the Next Election."

126 Tom Warren, "Zoom admits it doesn't have 300 million users, corrects misleading claims," *The Verge*, April 30, 2020, https://www.theverge.com/2020/4/30/21242421/zoom-300-million-users-incorrect-meeting-participants-statement.

127 Micah Lee and Yael Grauer, "Zoom Meetings Aren't End-to-End Encrypted, Despite Misleading Marketing," *The Intercept*, March_31, 2020, https://theintercept.com/2020/03/31/zoom-meeting-encryption/.

128 Charlie Wood, "Zoom admits calls got 'mistakenly' routed through China," *Business Insider*, April 6, 2020, https://www.businessinsider.com/china-zoom-data-2020-4-?amp.

129 Gerry Shih, "Zoom censors video talks on Hong Kong and Tiananmen, drawing criticism," *Washington Post*, June 11, 2020, https://www.washingtonpost.com/world/asia_pacific/zoom-censors-video-talks-on-hong-kong-and-tiananmen-drawing-criticism/2020/06/11/0197dc94-ab90-11ea-a43b-be9f6494a87d story.html.

130 Ibid.

131 Tweet from @LizEconomy, Twitter, June 11, 2020, https://twitter.com/lizeconomy/status/1271108849332781062.

132 "Improving Our Policies as We Continue to Enable Global Collaboration," Zoom, June 11, 2020, https://blog.zoom.us/improving-our-policies-as-we-continue-to-enable-global-collaboration/.

133 "Zoom Video Communications, Inc.," U.S. Securities and Exchange Commission, January 31, 2020.

134 Leah MarieAnn Klett, "China: Police arrest Christians participating in Zoom Easter worship service," *Christian Post*, April 17, 2020, https://www.christianpost.com/news/china-police-arrest-christians-participating-in-zoom-easter-worship-service.html.

135 Joseph Kahn, "Yahoo helped Chinese to prosecute journalist," *New York Times*, September 8, 2005, https://www.nytimes.com/2005/09/08/business/worldbusiness/yahoo-helped-chinese-to-prosecute-journalist.html.

第6章　グレー戦争に勝利する

1 "CyCon 2019 brought together 645 participants from 47 countries and 5 continents," *Baltic Times*, June 7, 2019, https://www.baltictimes.com/cycon_2019_brought_together_645_participants_from_47_countries_and_5_continents/.

2 Hillary Rodham Clinton, "Economic Statecraft," U.S. Department of State, October 14, 2011, https://2009-2017.state.gov/secretary/20092013clinton/rm/2011/10/175552.htm.

3 Richard Haass, "A Cold War With China Would Be a Mistake," *Wall Street Journal*, May 7, 2020, https://www.wsj.com/articles/dont-start-a-new-cold-war-with-china-11588860761.

4 Dan Coats, "Opinion: There's no Cold War with China—and if there were, we couldn't win," *Washington Post*, July 28, 2020, https://www.washingtonpost.com/opinions/2020/07/28/new-cold-war-between-us-china-is-dangerous-myth/.

5 Graham Allison, "The Thucydides Trap: Are the U.S. and China Headed for War?," *The Atlantic*, September 24, 2015, https://www.theatlantic.com/international/archive/2015/09/united-states-china-war-thucydides-trap/406756/.

6 Cui Tiankai, "China and the U.S. Should Reset Their Relationship," *Politico*, July 30, 2020, https://www.politico.com/news/magazine/2020/07/30/us-china-relationship-reset-387515.

7 "China's countermeasures ready for prolonged 'war' with US: Global Times editorial," *Global Times*, May 15, 2020, https://www.globaltimes.cn/content/1188494.shtml.

8 H. E. Xi Jinping, "Full Text of Xi Jinping keynote at the World Economic Forum," CGTN TV, January 17, 2017, https://america.cgtn.com/2017/01/17/full-text-of-xi-jinping-keynote-at-the-world-economic-forum.

9 Zhou Xin, "Xi Jinping calls for 'new Long March' in dramatic sign that China is preparing for protracted trade war," *South China Morning Post*, May 21, 2019, https://www.scmp.com/economy/china-economy/article/3011186/xi-jinping-calls-new-long-march-dramatic-sign-china-preparing.

10 "Exclusive: Internal Chinese report warns Beijing faces Tiananmenlike global backlash over virus," Reuters, May 4, 2020, https://www.reuters.com/article/us-health-coronavirus-china-sentiment-ex/exclusive-internal-chinese-report-warns-beijing-faces-tiananmen-like-global-backlash-over-virus-idUSKBN22G19C.

11 Yi-Zheng Lian, "Trump Is Wrong About TikTok. China's Plans Are Much More Sinister," *New York Times*, September 17, 2020, https://www.nytimes.com/2020/09/17/opinion/tiktok-china-strategy.html?referringSource=articleShare.

12 Lidia Kelly, "Australia says China ignores calls to ease trade tension," Reuters, May 17, 2020, https://www.reuters.com/article/us-health-coronavirus-australia-china-idUSKBN22T041.

13 Carl J. Friedrich and Zbigniew K. Brzezinski, *Totalitarian Dictatorship and Autocracy* (Cambridge, MA: Harvard University Press, 1965), 354.

14 Mitt Romney, "Opinion: Mitt Romney: America is awakening to China. This is a clarion call to seize the moment," *Washington Post*, April 23, 2020, https://www.washingtonpost.com/opinions/global-opinions/mitt-romney-covid-19-has-exposed-chinas-utter-dishonesty/2020/04/23/30859476-8569-11ea-ae26-989cfce1c7c7_story.html.

15 Catie Edmondson, "Senate Democrats Present $350 Billion Strategy to Counter China," *New York Times*, September 17, 2020, https://www.nytimes.com/2020/09/17/us/politics/democrats-china-strategy.html.

16 Pete Buttigieg, "VIDEO: "America and the World in 2054: Reimagining National Security For a New Era," Democracy in Action, June 11, 2019, https://www.democracyinaction.us/2020/buttigieg/buttigiegpolicy061119foreign.html.

17 Ursula Perano, "Debate night: What the candidates are saying on China," *Axios*, June 28, 2019, https://www.axios.com/debate-night-what-the-candidates-are-saying-on-china-a530a78a-d7e6-462c-b172-7d17e463d9f3.html.

18 Mike Gallagher, "Yes, America Is in a Cold War With China," *Wall Street Journal*, June 7, 2020, https://www.wsj.com/articles/yes-america-is-in-a-cold-war-with-china-11591548706.

19 Chhabra, "The China challenge, democracy, and U.S. grand strategy."

20 Arthur Waldron, "The Chamberlain trap," *New Criterion*, September 2017, https://newcriterion.com/issues/2017/9/the-chamberlain-trap-8757.

21 Anthony Adamthwaite, *The Making of the Second World War* (New York: Routledge, 1989), 62.

22 Laura Silver, Kat Devlin, and Christine Huang, "Americans Fault China for Its Role in the Spread of COVID-19," Pew Research Center, July 30, 2020, https://www.pewresearch.org/global/2020/07/30/americans-fault-china-for-its-role-in-the-spread-of-covid-19/.

23 "Russia," Gallup, https://news.gallup.com/poll/1642/russia.aspx.

24 Jeffrey Goldberg, "Why Obama Fears for Our Democracy," *The Atlantic*, November 16, 2020, https://www.theatlantic.com/ideas/archive/2020/11/why-obama-fears-for-our-democracy/617087/.

25 "Remarks by the President at the United States Coast Guard Academy Commencement," The White House, May 20, 2015, https://obamawhitehouse.archives.gov/the-press-office/2015/05/20/remarks-president-united-states-coast-guard-academy-commencement.

26 "2014 Climate Change Adaptation Roadmap," U.S. Department of Defense, https://www.acq.osd.mil/eie/downloads/CCARprint_wForward_e.pdf.

27 "The Paris Agreement," United Nations Framework Convention on Climate Change, https://unfccc.int/process-and-meetings/the-paris-agreement/the-paris-agreement.

28 Mike Pompeo, “Keynote Address at the Ministerial to Advance Religious Freedom,” July 18, 2019, https://2017-2021.state.gov/secretary-of-state-michael-r-pompeo-keynote-address-at-the-ministerial-to-advance-religious-freedom/index.html.

29 “National Cyber Strategy of the United States of America,” The White House, September 2018, https://trumpwhitehouse.archives.gov/wp-content/uploads/2018/09/National-Cyber-Strategy.pdf.

30 “Washington’s Farewell Address 1796,” The Avalon Project, https://avalon.law.yale.edu/18th_century/washing.asp.

31 “William M. (Mac) Thornberry National Defense Authorization Act for Fiscal Year 2021.”

32 “Keynote Remarks by Assistant Secretary Feddo at the American Conference Institute’s Sixth National Conference on CFIUS,” U.S. Department of the Treasury, July 15, 2020, https://home.treasury.gov/news/press-releases/sm1067.

33 Danny Crichton, “The US is formalizing Team Telecom rules to restrict foreign ownership of internet and telecom assets,” *TechCrunch*, April_ 6, 2020, https://techcrunch.com/2020/04/06/the-u-s-is-formalizing-team-telecom-rules-to-restrict-foreign-ownership-of-internet-and-telecom-assets/.

34 “NATO will defend itself,” NATO, August 27, 2019, https://www.nato.int/cps/en/natohq/news_168435.htm?selectedLocale=en.

35 Steven Hill, “NATO and the International Law of Cyber Defence,” SSRN, November 3, 2020, https://poseidon01.ssrn.com/delivery.php?ID=72308912110508408407700206808101202301803103506400803806410102600409808711700006609403702603411112306100101012010912501308310810508205604703511207011602211312409102806004100209700407903112710809311007108300608207002010507102510512409 5026070067064102&EXT=pdf.

36 “What is NATO?”

37 Shruti Srivastava and Isabel Reynolds, “Japan, India and Australia to Seek Supply Chain Pact,” *Bloomberg*, August 21, 2020, https://www.bloomberg.com/news/articles/2020-08-21/japan-india-and-australia-are-said-to-seek-supply-chain-pact.

38 Pranshu Verma, “In Wake of Recent India-China Conflict, U.S. Sees Opportunity,” *New York Times*, October 3, 2020, https://www.nytimes.com/2020/10/03/world/asia/india-china-trump.html?referringSource=articleShare.

39 Sanjeev Miglani, “U.S. says ‘Quad’ nations ready to work with others for free, open Indo-Pacific,” Yahoo! News, October 12, 2020, https://news.yahoo.com/u-says-quad-nations-ready-171308007.html.

40 Derek Grossman, “The Quad Is Poised to Become Openly Anti-China Soon,” *RAND Blog*, July 28, 2020, https://www.rand.org/blog/2020/07/the-quad-is-poised-to-become-openly-anti-china-soon.html.

41 “Alexander Hamilton’s Final Version of the Report on the Subject of Manufactures,” Founders Online, December 5, 1791, https://founders.archives.gov/documents/Hamilton/01-10-02-0001-0007.

42 Keith Johnson and Robbie Gramer, “The Great Decoupling,” *Foreign Policy*, May 14, 2020,

https://foreignpolicy.com/2020/05/14/china-us-pandemic-economy-tensions-trump-coronavirus-covid-new-cold-war-economics-the-great-decoupling/.

43 Michael A. Witt, "Prepare for the U.S. and China to Decouple," *Harvard Business Review*, June 26, 2020, https://hbr.org/2020/06/prepare-for-the-u-s-and-china-to-decouple.

44 "Trump again raises idea of decoupling economy from China," Reuters, September 15, 2020, https://www.reuters.com/article/us-usa-trump-china/trump-again-raises-idea-of-decoupling-economy-from-china-idUSKBN25Y1V9.

45 Jacky Wong, "Beijing Still Wants Microchips Made in China," *Wall Street Journal*, April 17, 2020, https://www.wsj.com/articles/beijing-still-wants-microchips-made-in-china-11587125377.

46 Joseph S. Nye Jr. and Condoleezza Rice, "The Struggle for Power: U.S.-China Relations in the 21st Century," Aspen Institute, 2020, https://assets.aspeninstitute.org/content/uploads/2020/01/TheStruggleForPower.pdf?_ga=2.61349548.1878621097.1579623448-1739069731.1574791461.

47 Lucy Fisher, "Downing Street plans new 5G club of democracies," *The Times*, May 29, 2020, https://www.thetimes.co.uk/article/downing-street-plans-new-5g-club-of-democracies-bfnd5wj57.

48 Jakob Hanke Vela and David M. Herszenhorn, "EU seeks anti-China alliance on tech with Biden," *Politico*, November 30, 2020, https://www.politico.eu/article/eu-seeks-anti-china-alliance-on-tech-with-joe-biden/.

49 Michèle A. Flournoy, "Testimony before the U.S.-China Economic and Security Review Commission: The Chinese View of Strategic Competition with the United States," U.S.-China Economic and Security Review Commission, June 24, 2020, https://www.uscc.gov/sites/default/files/2020-06/Flournoy_Testimony.pdf.

50 "The Trump administration wants a US-China commercial split," *The Economist*, August 13, 2020, https://www.economist.com/business/2020/08/13/the-trump-administration-wants-a-us-china-commercial-split; Apjit Walia, "The coming Tech Wall and the covid dilemma," DB Research, https://www.dbresearch.com/PROD/RPS_EN-PROD/PROD0000000000507995/The_coming_Tech_Wall_and_the_covid_dilemma.pdf.

51 Kim Lyons, "Apple starts making first flagship iPhone in India," *The Verge*, July 25, 2020, https://www.theverge.com/2020/7/25/21338436/apple-iphone11-india-foxconn-china.

52 Lauly Li and Cheng Ting-Fang, "Inside the US campaign to cut China out of the tech supply chain," *Nikkei Asia,* October 7, 2020, https://asia.nikkei.com/Spotlight/The-Big-Story/Inside-the-US-campaign-to-cut-China-out-of-the-tech-supply-chain.

53 Huileng Tan, "Coronavirus outbreak in China spurs supply chain shifts that began during trade war," CNBC, February 20, 2020, https://www.cnbc.com/2020/02/20/coronavirus-outbreak-spurs-supply-chain-shifts-started-by-us-china-trade-war.html.

54 Huileng Tan, "There will be a 'massive' shuffling of supply chains globally after coronavirus shutdowns," CNBC, March 20, 2020, https://www.cnbc.com/2020/03/20/coronavirus-shocks-will-lead-to-massive-global-supply-chain-shuffle.html.

55 "Attorney General William P. Barr Delivers the Keynote Address at the Department of Justice's

China Initiative Conference," U.S. Department of Justice, February 6, 2020, https://www.justice.gov/opa/speech/attorney-general-william-p-barr-delivers-keynote-address-department-justices-china.

56 Matt Kapko, "Huawei Dominates Nokia, Ericsson, Dell'Oro Says," SDX Central, December 3, 2020, https://www.sdxcentral.com/articles/news/huawei-dominates-nokia-ericsson-delloro-says/2020/12/.

57 "National Security Senators Introduce Bipartisan Legislation to Develop 5G Alternatives to Huawei," Mark R. Warner, January 14, 2020, https://www.warner.senate.gov/public/index.cfm/2020/1/national-security-senators-introduce-bipartisan-legislation-to-develop-5g-alternatives-to-huawei.

58 Trinko, "Huawei's Role in the 'Chinese Espionage Enterprise.'"

59 "Advancing Digital Connectivity in the Indo-Pacifi c Region," USAID, https://www.usaid.gov/sites/default/files/documents/1861/USAID_DCCP_Fact_Sheet_080719f.pdf.

60 "Digital Connectivity and Cybersecurity Partnership," U.S. Department of State, https://2017-2021.state.gov/digital-connectivity-and-cybersecurity-partnership/index.html.

61 Nakirfai Tobor, "Kenya secures $173 million from Huawei for data center," *iAfrikan*, April 30, 2019, https://www.iafrikan.com/2019/04/30/kenya-has-secured-666-million-from/.

62 "Index W," Theodore Roosevelt Association, https://theodoreroosevelt.org/content.aspx?page_id=22&club_id=991271&module_id=339551&actr=4.

63 Eamon Barrett, "Intel's decline makes rival chipmaker TSMC the world's 10th most valuable company," *Fortune*, July 28, 2020, https://fortune.com/2020/07/28/intel-7nm-delay-tsmc-stock-shares-worlds-tenth-most-valuable-company/.

64 Sherisse Pham, "Taiwan chip maker TSMC's $12 billion Arizona factory could give the US an edge in manufacturing," CNN, May 15, 2020, https://www.cnn.com/2020/05/15/tech/tsmc-arizona-chip-factory-intl-hnk/index.html.

65 Eamon Barrett, "Semiconductors are a weapon in the U.S.-China trade war. Can this chipmaker serve both sides?," *Fortune*, August_10, 2020, https://fortune.com/2020/08/10/us-china-trade-war-semiconductors-chips-tsmc-chipmakers/.

66 "Chipmaker TSMC eyeing expansion of planned Arizona plant -sources," Reuters, May 4, 2021, https://www.reuters.com/technology/chipmaker-tsmc-eyeing-expansion-planned-arizona-plant-sources-2021-05-04/.

67 Steven Lee Myers and Javier C. Hernandez, "With a Wary Eye on China, Taiwan Moves to Revamp Its Military," *New York Times*, August 30, 2020, https://www.nytimes.com/2020/08/30/world/asia/taiwan-china-military.html.

68 Ibid.

69 David Wertime, "Former intel officers: U.S. must update its thinking on Taiwan," *Politico*, October 8, 2020, https://www.politico.com/newsletters/politico-china-watcher/2020/10/08/former-intel-officers-were-thinking-about-taiwan-wrong-taipei-beijing-washington-conflict-490547.

70 Brad Lendon, "The US is standing fi rm with Taiwan, and it's making that point very clear," CNN, September 2, 2020, https://www.cnn.com/2020/09/02/asia/china-taiwan-us-analysis-intl-hnk/

index.html.

71 Paula Hancocks and Ben Westcott, "Taiwan risks being caught up in the power struggle between the United States and China," CNN, August 15, 2020, https://edition.cnn.com/2020/08/14/asia/taiwan-tsai-trump-azer-china-intl-hnk/index.html.

72 "50 U.S. senators call for talks on trade agreement with Taiwan," Reuters, October 1, 2020, https://www.reuters.com/article/us-usa-taiwan-china-idUSKBN26M7HL.

73 David R. Stilwell, "The United States, Taiwan, and the World: Partners for Peace and Prosperity," U.S. Department of State, August 31, 2020, https://2017-2021.state.gov/The-United-States-Taiwan-and-the-World-Partners-for-Peace-and-Prosperity/index.html.

74 "Tiffany Introduces Bill to Scrap 'One China Policy,' Resume Normal Ties with Taiwan," Congressman Tom Tiffany, September 17, 2020, https://tiffany.house.gov/media/press-releases/tiffany-introduces-bill-scrap-one-china-policy-resume-normal-ties-taiwan; John Bolton, "Revisit the 'One-China Policy,'" *Wall Street Journal*, January 16, 2017, https://www.wsj.com/articles/revisit-the-one-china-policy-1484611627.

75 "U.S. Relations With Taiwan," U.S. Department of State, August 31, 2018, https://www.state.gov/u-s-relations-with-taiwan/.

76 Richard Haass and David Sacks, "American Support for Taiwan Must Be Unambiguous," *Foreign Affairs*, September 2, 2020, https://www.foreignaffairs.com/articles/united-states/american-support-taiwan-must-be-unambiguous.

77 Michèle A. Flournoy, "How to Prevent a War in Asia," *Foreign Affairs*, June 18, 2020, https://www.foreignaffairs.com/articles/united-states/2020-06-18/how-prevent-war-asia.

78 "AliExpress: India continues to ban China apps amid standoff."

79 Joshua R. Fattal, "FARA on Facebook: Modernizing the Foreign Agents Registration Act to Address Propagandists on Social Media," SSRN, July 10, 2019, https://papers.ssrn.com/sol3/papers.cfm?abstract_id=3416925.

80 Nakashima, "Cyber Command has sought to disrupt the world's largest botnet, hoping to reduce its potential impact on the election."

81 Garrett M. Graff, "The Man Who Speaks Softly—and Commands a Big Cyber Army," *Wired*, October 13, 2020, https://www.wired.com/story/general-paul-nakasone-cyber-command-nsa/.

82 King, "CSC Final Report."

83 "Cybersecurity Supply/Demand Heat Map," CyberSeek, https://www.cyberseek.org/heatmap.html.

84 Ibid.

85 "The New Big Brother."

第7章　スプートニク・モメント

1 "Sputnik: The Beep Heard Round the World, the Birth of the Space Age," NASA, October 2, 2007, https://www.nasa.gov/multimedia/podcasting/jpl-sputnik-20071002.html.

2 Paul Dickson, *Sputnik: The Shock of the Century* (Nebraska: University of Nebraska Press, 2019), 1.

3 "National Defense Education Act," History, Art & Archives, U.S. House of Representatives,

August 21, 1958, https://history.house.gov/HouseRecord/Detail/15032436195.

4 "HR. 13247. National Defense Education Act [of 1958]," GovTrack, August 22, 1958, https://www.govtrack.us/congress/votes/85-1958/s300.

5 Dickson, *Sputnik*, 1.

6 O'Mara, *The Code*, (93).

7 Dickson, *Sputnik*, 1.

8 "Hr 13247. National Defense Education Act of 1958," RT, June 12, 2013, https://www.rt.com/news/putin-rt-interview-full-577/.

9 Rutenberg, "RT, Sputnik and Russia's New Theory of War."

10 Chester E. Finn Jr., "A Sputnik Moment for U.S. Education," Hoover Institution, December 8, 2010, https://www.hoover.org/research/sputnik-moment-us-education.

11 Robert Hockett, "America's digital Sputnik moment," *The Hill*, May 12, 2020, https://thehill.com/opinion/technology/497427-americas-digital-sputnik-moment.

12 "Dunford: US Faces 'Sputnik Moment' in Space Race Competition," Military.com, September 9, 2019, https://www.military.com/daily-news/2019/09/09/dunford-us-faces-sputnik-moment-space-race-competition.html.

13 Barack Obama, "Remarks by the President in State of Union Address," The White House, January 25, 2011, https://obamawhitehouse.archives.gov/the-press-office/2011/01/25/remarks-president-state-union-address.

14 Charles S. Clark, "Reinventing Government—Two Decades Later," Government Executive, April 26, 2013, https://www.govexec.com/management/2013/04/what-reinvention-wrought/62836/.

15 "President Donald J. Trump Announces the White House Office of American Innovation (OAI)," The White House, March 27, 2017, https://trumpwhitehouse.archives.gov/briefings-statements/president-donald-j-trump-announces-white-house-office-american-innovation-oai/.

16 "President Obama Announces proposal to reform, reorganize and consolidate Government," The White House, January 13, 2012, https://obamawhitehouse.archives.gov/the-press-office/2012/01/13/president-obama-announces-proposal-reform-reorganize-and-consolidate-gov.

17 Jonathan Sallet and Sean Pool, "Rewiring the Federal Government for Competitiveness," Center for American Progress, January 2012, https://cdn.americanprogress.org/wp-content/uploads/issues/2012/01/pdf/dwwsp_competitiveness.pdf?_ga=2.261902414.2137670932.1602748894-321124460.1602748894.

18 Kurt M. Campbell and Rush Doshi, "The China Challenge Can Help America Avert Decline," *Foreign Affairs*, December 3, 2020, https://www.foreignaffairs.com/articles/china/2020-12-03/china-challenge-can-help-america-avert-decline.

19 "Inside Tim Cook's Secret $275 Billion Deal with Chinese Authorities," The Information, December 7, 2021, https://www.theinformation.com/articles/facing-hostile-chinese-authorities-apple-ceo-signed-275-billion-deal-with-them?utm_source=google&utm_medium=cpc&utm_campaign=11543929116_112520154917&utm_content=477036477316&utm_term=aud-1463149435383%3Adsa-19959388920&gclid=Cj0KCQjw06OTBhC_ARIsAAU1yOVNGE2FC3cfAbqeoDOlQxLNHxAXbdztLayXQsa7oE6xzwOZQXQNVYaAihIEALw_

wcB&rc=hxrxtx.

20 Robert D. Atkinson, "The Case for a National Industrial Strategy to Counter China's Technological Rise," Information Technology and Innovation Foundation, April 13, 2020, https://itif.org/publications/2020/04/13/case-national-industrial-strategy-counter-chinas-technological-rise.

21 Duhigg and Bradsher, "How the U.S. Lost Out on iPhone Work."

22 Henry Farrell and Abraham L. Newman, "Weaponized Interdependence: How Global Economic Networks Shape State Coercion," *MIT Press Direct,* July 1, 2019, https://www.mitpressjournals.org/doi/full/10.1162/isec_a_00351.

23 Joe Stephens and Carol D. Leonnig, "Solyndra Scandal," *Washington Post*, December 25, 2011, https://www.washingtonpost.com/politics/specialreports/solyndra-scandal/.

24 Jared Bernstein, "The Time for America to Embrace Industrial Policy Has Arrived," *Foreign Policy*, July 22, 2020, https://foreignpolicy.com/2020/07/22/industrial-policy-jobs-climate-change/.

25 "Assessing and Strengthening the Manufacturing and Defense Industrial Base and Supply Chain Resiliency of the United States."

26 "S. 2826—Global Economic Security Strategy of 2019," Congress, November 7, 2019, https://www.congress.gov/bill/116th-congress/senate-bill/2826.

27 "S. 3933—CHIPS for America Act," Congress, June 10, 2020, https://www.congress.gov/bill/116th-congress/senate-bill/3933?q=%7B%22search%22%3A%5B%22CHIPS+for+America+act%22%5D%7D&s=1&r=1.

28 Asa Fitch, Kate O'Keeffe, and Bob Davis, "Trump and Chip Makers Including Intel Seek Semiconductor Self-Sufficiency," *Wall Street Journal*, May 11, 2020, https://www.wsj.com/articles/trump-and-chip-makers-including-intel-seek-semiconductor-self-sufficiency-11589103002.

29 Debby Wu, "TSMC Scores Subsidies and Picks Site for $12 Billion U.S. Plant," *Bloomberg*, June 8, 2020, https://www.bloomberg.com/news/articles/2020-06-09/tsmc-confident-of-replacing-any-huawei-orders-lost-to-u-s-curbs.

30 Marc Andreessen, "It's Time to Build," Andreessen Horowitz, https://a16z.com/2020/04/18/its-time-to-build/.

31 "H.R.6422—National Infrastructure Bank Act of 2020," Congress, March 31, 2020, https://www.congress.gov/bill/116th-congress/house-bill/6422/text.

32 "Peters Announces Proposal to Establish a National Institute of Manufacturing, Make Manufacturing Policy a Major National Focus," Gary Peters, June 18, 2019, https://www.peters.senate.gov/newsroom/press-releases/peters-announces-proposal-to-establish-a-national-institute-of-manufacturing-make-manufacturing-policy-a-major-national-focus.

33 "Section 2: Emerging Technologies and Military-Civil Fusion: Artificial Intelligence, New Materials, and New Energy," U.S.-China Economic and Security Review Commission, https://www.uscc.gov/sites/default/files/2019-11/Chapter%203%20Section%202%20-%20Emerging%20Technologies%20and%20Military-Civil%20Fusion%20-%20Artificial%20Intelligence,%20New%20Materials,%20and%20New%20Energy.pdf.

34 Atkinson, "The Case for a National Industrial Strategy to Counter China's Technological Rise."

35 Hillary Clinton, "Moving beyond quarterly capitalism," *Medium*, July 24, 2015, https://medium.com/hillary-for-america/moving-beyond-quarterly-capitalism-7abec53733f6.

36 "President Obama Announces Two New Public-Private Manufacturing Innovation Institutes and Launches the First of Four New Manufacturing Innovation Institute Competitions," The White House, February 25, 2014, https://obamawhitehouse.archives.gov/the-press-office/2014/02/25/president-obama-announces-two-new-public-private-manufacturing-innovation.

37 "FACT SHEET: President Obama Announces New Manufacturing Innovation Hub in Knoxville, Tennessee," The White House, January 9, 2015, https://obamawhitehouse.archives.gov/the-press-office/2015/01/09/fact-sheet-president-obama-announces-new-manufacturing-innovation-hub-kn.

38 Mark Muro, "No matter which way you look at it, tech jobs are still concentrating in just a few cities," Brookings Institution, March 3, 2020, https://www.brookings.edu/research/tech-is-still-concentrating/.

39 Mae Rice, "The Tech Industry Has Outgrown the Bay Area," Built In, May 13, 2020, https://builtin.com/founders-entrepreneurship/mighty-middle-report.

40 "R&D as Percent of the Federal Budget," Budget of the U.S. Government Fiscal Year 2021, American Association for the Advancement of Science, https://www.aaas.org/sites/default/files/2020-05/Budget.png.

41 Kliman, FitzGerald, Lee, and Fitt, "Forging an Alliance Innovation Base."

42 Beethika Khan, Carol Robbins, and Abigail Okrent, "The State of U.S. Science and Engineering 2020," National Center for Science and Engineering Statistics, January 15, 2020, https://ncses.nsf.gov/pubs/nsb20201/global-r-d.

43 Daniel Castro, Michael McLaughlin, and Eline Chivot, "Who Is Winning the AI Race: China, the EU or the United States?," Center for Data Innovation, August 19, 2019, https://www.datainnovation.org/2019/08/who-is-winning-the-ai-race-china-the-eu-or-the-united-states/.

44 "U.S. Research and Development Funding and Performance: Fact Sheet," Congressional Research Service, January 24, 2020, https://fas.org/sgp/crs/misc/R44307.pdf.

45 Christopher Mims, "Not Even a Pandemic Can Slow Down the Biggest Tech Giants," *Wall Street Journal*, May 23, 2020, https://www.wsj.com/articles/not-even-a-pandemic-can-slow-down-the-biggest-tech-giants-11590206412.

46 Jonathan Gruber and Simon Johnson, *Jump-Starting America: How Breakthrough Science Can Revive Economic Growth and the American Dream* (New York: Hachette, 2019), e-book.

47 Sara Castellanos, "White House Plans to Boost AI, Quantum Funding by 30%," *Wall Street Journal*, August 14, 2020, https://www.wsj.com/articles/white-house-plans-to-boost-ai-quantum-funding-by-30-11597420800.

48 Martijn Rasser, Megan Lamberth, Ainikki Riikonen, Chelsea Guo, Michael Horowitz, and Paul Scharre, "The American AI Century: A Blueprint for Action," Center for a New American Security, December 17, 2019, https://www.cnas.org/publications/reports/the-american-ai-century-a-blueprint-for-action.

49 "Recommendations for Strengthening American Leadership in Industries of the Future," President's Council of Advisors on Science and Technology, June 2020, https://science.osti.gov/-/media//pdf/about/pcast/202006/PCAST_June_2020_Report.pdf?la=en&hash=019A4F17C79FDEE5005C51D3D6CAC81FB31E3ABC.

50 "Overview of the State of the U.S. S&E Enterprise in a Global Context," National Science Foundation, https://www.nsf.gov/statistics/2018/nsb20181/report/sections/overview/workers-with-s-eskills.

51 Jane Croft, "China plays catch-up with Europe and US in patents filing race," *Financial Times*, July 9, 2019, https://www.ft.com/content/8ecf7464-8d05-11e9-b8cb-26a9caa9d67b.

52 "Charting a Course for Success: America's Strategy for Stem Education," National Science and Technology Council, December 2018, https://www.energy.gov/sites/prod/files/2019/05/f62/STEM-Education-Strategic-Plan-2018.pdf.

53 "2019 1st Quarter Manufacturers' Outlook Survey," National Association of Manufacturers, https://www.nam.org/2019-1st-quarter-manufacturers-outlook-survey/.

54 Glenn Leibowitz, "Apple CEO Tim Cook: This Is the No. 1 Reason We Make iPhones in China (It's Not What You Think)," *Inc.*, December 21, 2017, https://www.inc.com/glenn-leibowitz/apple-ceo-tim-cook-this-is-number-1-reason-we-make-iphones-in-china-its-not-what-you-think.html.

55 "Recommendations for Strengthening American Leadership in Industries of the Future."

56 O'Mara, *The Code*, 389.

57 "The Global AI Talent Tracker," MacroPolo, https://macropolo.org/digital-projects/the-global-ai-talent-tracker/.

58 Sara Salinas, "Mary Meeker just presented 294slides on the future of the internet—read them here," CNBC, May 30, 2018, https://www.cnbc.com/2018/05/30/mary-meekers-internet-trends-2018.html.

59 Ruchir Sharma, "The Comeback Nation," *Foreign Affairs*, May 2020, https://www.foreignaffairs.com/articles/united-states/2020-03-31/comeback-nation.

60 Stuart Anderson, "Trump Cuts Legal Immigrants By Half and He's Not Done Yet," *Forbes*, July 21, 2020, https://www.forbes.com/sites/stuartanderson/2020/07/21/trump-cuts-legal-immigrants-by-half-and-hes-not-done-yet/#4446d3f46168.

61 "Suspension of Entry of Immigrants Who Present a Risk to the United States Labor Market During the Economic Recovery Following the 2019 Novel Coronavirus Outbreak," The White House, April 22, 2020, https://www.federalregister.gov/documents/2020/04/27/2020-09068/suspension-of-entry-of-immigrants-who-present-a-risk-to-the-united-states-labor-market-during-the.

62 Laura Collins and Matthew Denhart, "Policy Recommendations: Modernizing Immigration for Today's Realities," George W. Bush Presidential Center, November 26, 2018, https://www.bushcenter.org/publications/articles/2019/policy-recommendations/immigration.html.

63 Ibid.

64 Edward Wong and Julian E. Barnes, "U.S. to Expel Chinese Graduate Students With Ties to

China's Military Schools," *New York Times*, May 28, 2020, https://www.nytimes.com/2020/05/28/us/politics/china-hong-kong-trump-student-visas.html.
65 "Fast Facts 2020," Open Doors, https://opendoorsdata.org/fast_facts/fast-facts-2019/.
66 Benjamin Fearnow, "GOP Senator Tom Cotton Says Chinese Students Should Be Banned From Studying Science at U.S. Colleges," *Newsweek*, April 26, 2020, https://www.newsweek.com/gop-senator-tom-cotton-says-chinese-students-should-banned-studying-science-tech-us-colleges-1500282.
67 Paul Mozur and Cade Metz, "A U.S. Secret Weapon in A.I.: Chinese Talent," *New York Times*, June 9, 2020, https://www.nytimes.com/2020/06/09/technology/china-ai-research-education.html?referringSource=articleShare.
68 David Wertime, "Earth to Washington and Beijing: It's not all about you," *Politico*, September 24, 2020, https://www.politico.com/newsletters/politico-china-watcher/2020/09/24/earth-to-washington-and-beijing-its-not-all-about-you-un-general-assembly-covid-covax-europe-asia-rise-490418.
69 Alex Joske, "Picking flowers, making honey," Australian Strategic Policy Institute, October 30, 2018, https://www.aspi.org.au/report/picking-flowers-making-honey.
70 "Harvard University Professor and Two Chinese Nationals Charged in Three Separate China Related Cases," U.S. Department of Justice, January 28, 2020, https://www.justice.gov/opa/pr/harvard-university-professor-and-two-chinese-nationals-charged-three-separate-china-related.
71 Mozur and Metz, "A U.S. Secret Weapon in A.I."
72 Yingjie Fan, Jennifer Pan, Zijie Shao, and Yiqing Xu, "How Discrimination Increases Chinese Overseas Students' Support for Authoritarian Rule," SSRN, June 29, 2020, https://papers.ssrn.com/sol3/papers.cfm?abstract_id=3637710.
73 "Comprehensive List of the Commission's Recommendations," U.S.-China Economic and Security Review Commission, https://www.uscc.gov/sites/default/files/2019-11/2019%20Recommendations%20to%20Congress.pdf.
74 O'Mara, *The Code*, 304.
75 "About Us," TechCongress, https://www.techcongress.io/about-us.
76 "About," Google, https://about.google/.
77 Guy Rosen, Katie Harbath, Nathaniel Gleicher, and Rob Leathern, "Helping to Protect the 2020 US Elections," Facebook, October 21, 2019, https://about.fb.com/news/2019/10/update-on-election-integrity-efforts/; "New labels for government and state-affiliated media accounts," Twitter Blog, August 6, 2020, https://blog.twitter.com/en_us/topics/product/2020/new-labels-for-government-and-state-affiliated-media-accounts.html.
78 "How Google Fights Disinformation," Google Blog, February 2019, https://www.blog.google/documents/37/How_Google_Fights_Disinformation.pdf.
79 Sara Perez, "Hands on with Telepath, the social network taking aim at abuse, fake news and, to some extent, 'free speech,'" *TechCrunch*, October 11, 2020, https://techcrunch.com/2020/10/11/hands-on-with-telepath-the-social-network-taking-aim-at-abuse-fake-news-and-to-some-extent-free-speech/.

80 "Working Group on Infodemics," Forum on Information & Democracy, November 2020, https://informationdemocracy.org/wp-content/uploads/2020/11/ForumID_Report-on-infodemics_101120.pdf.

81 Olivia Solon, "Qualcomm announces photo verification tool," NBC News, October 15, 2020, https://www.nbcnews.com/tech/security/qualcomm-announces-photo-verification-tool-n1243550.

82 Brundage, *The Malicious Use of Artificial Intelligence.*

83 Elizabeth Warren, "Here's how we can break up Big Tech," *Medium*, March 8, 2019, https://medium.com/@teamwarren/heres-how-we-can-break-up-big-tech-9ad9e0da324c.

84 "Justice Department Sues Monopolist Google for Violating Antitrust Laws," U.S. Department of Justice, October 20, 2020, https://www.justice.gov/opa/pr/justice-department-sues-monopolist-google-violating-antitrust-laws.

85 "FTC Sues Facebook for Illegal Monopolization," Federal Trade Commission, December 9, 2020, https://www.ftc.gov/news-events/press-releases/2020/12/ftc-sues-facebook-illegal-monopolization.

86 Mark J. Perry, "Only 52 US companies have been on the Fortune 500 since 1955, thanks to the creative destruction that fuels economic prosperity," American Enterprise Institute, May 22, 2019, https://www.aei.org/carpe-diem/only-52-us-companies-have-been-on-the-fortune-500-since-1955-thanks-to-the-creative-destruction-that-fuels-economic-prosperity/.

87 Kia Kokalitcheva, "This is the latest $1 billion tech company to IPO," *Fortune*, May 20, 2015, https://fortune.com/2015/05/20/shopify-ipo-pricing/.

88 Y Charts, Shopify Market Cap, https://ycharts.com/companies/SHOP/market_cap.

89 "Mark Zuckerberg Opening Statement Transcript Antitrust Hearing July 29," Rev, July 29, 2020, https://www.rev.com/blog/transcripts/mark-zuckerberg-opening-statement-transcript-antitrust-hearing-july-29.

90 Tom Wheeler, "Digital competition with China starts with competition at home," Brookings Institution, April 2020, https://www.brookings.edu/research/digital-competition-with-china-starts-with-competition-at-home/.

91 "US Venture Capital Investment Surpasses $130 Billion in 2019 for Second Consecutive Year," PitchBook, January 14, 2020, https://pitchbook.com/media/press-releases/us-venture-capital-investment-surpasses-130-billion-in-2019-for-second-consecutive-year.

92 "2020 Global Startup Outlook," Silicon Valley Bank, https://www.svb.com/globalassets/library/uploadedfiles/content/trends_and_insights/reports/startup_outlook_report/suo_global_report_2020-final.pdf.

93 Mark Zuckerberg, "Hearing Before the United States House of Representatives," Subcommittee on Antitrust, Commercial, and Administrative Law, July 29, 2020, https://docs.house.gov/meetings/JU/JU05/20200729/110883/HHRG-116-JU05-Wstate-Zucker bergM-20200729.pdf.

94 Jeff Desjardins, "China's home-grown tech giants are dominating their US competitors," *Business Insider*, February 7, 2018, https://www.businessinsider.com/chinas-home-grown-tech-giants-are-dominating-their-us-competitors-2018-2.

95 Tugba Sabanoglu, "Global market share of Amazon 2020, by region," Statista, December 1, 2020, https://www.statista.com/statistics/1183515/amazon-market-share-region-worldwide/.

96 Arjun Kharpal, "China's Tencent is now bigger than Facebook after adding around $200 billion to its value this year," CNBC, July 29, 2020, https://www.cnbc.com/2020/07/29/tencent-is-now-bigger-than-facebook-after-shares-surged-this-year.html.

97 Ganesh Sitaraman, "Too Big to Prevail: The National Security Case for Breaking Up Big Tech," *Foreign Affairs*, March 2020, https://www.foreignaffairs.com/articles/2020-02-10/too-big-prevail.

98 "Asymmetric Competition: A Strategy for China & Technology," China Strategy Group, https://assets.documentcloud.org/documents/20463382/final-memo-china-strategy-group-axios-1.pdf.

99 "IREX Ukraine public service announcement for the Citizen Media Literacy Project (Ukrainian)," YouTube, February 26, 2016, https://www.youtube.com/watch?v=QEEnme-miW4&feature=youtu.be.

100 "Impact Study on Citizens' Ability to Detect Disinformation 1.5 Years After Completing a News Media Literacy Program," IREX, https://www.irex.org/resource/impact-study-citizens-ability-detect-disinformation-15-years-after-completing-news-media.

101 Erin Murrock, Joy Amulya, Mehri Druckman, and Tetiana Liubyva, "Winning the war on state-sponsored propaganda," IREX, https://www.irex.org/sites/default/files/node/resource/impact-study-media-literacy-ukraine.pdf.

102 Jon Henley, "How Finland starts its fight against fake news in primary schools," *The Guardian*, January 29, 2020, https://www.theguardian.com/world/2020/jan/28/fact-from-fiction-finlands-new-lessons-in-combating-fake-news.

103 "The Media Literacy Index 2019: Just think about it," Open Society Institute–Sofia, November 29, 2019, https://osis.bg/?p= 3356&lang=en.

104 Eliza Mackintosh, "Finland is winning the war on fake news. What it's learned may be crucial to Western democracy," CNN, https://edition.cnn.com/interactive/2019/05/europe/finland-fake-news-intl/.

105 Ryan J. Foley, "Efforts grow to help students evaluate what they see online," Associated Press, December 30, 2017, https://apnews.com/64b5ce49f58940eda86608f3eac79158.

106 "MediaWise," Poynter Institute, https://www.poynter.org/mediawise/.

107 Carl T. Bergstrom and Jevin West, "Calling Bullshit: Data Reasoning in a Digital World," https://www.callingbullshit.org/syllabus.html.

108 "Amid Pandemic and Protests, Civics Survey Finds Americans Know More of Their Rights," Annenberg Public Policy Center, September 14, 2020, https://www.annenbergpublicpolicycenter.org/pandemic-protests-2020-civics-survey-americans-know-much-more-about-their-rights/.

109 Joshua Yaffa, "Is Russian Meddling as Dangerous as We Think?," *New Yorker*, September 7, 2020, https://www.newyorker.com/magazine/2020/09/14/is-russian-meddling-as-dangerous-as-we-think.

110 Nir Grinberg, Kenneth Joseph, Lisa Friedland, Briony Swire-Thompson, and David Lazer, "Fake news on Twitter during the 2016 U.S. presidential election," *Science* 363 (January 2019): 374–378, https://science.sciencemag.org/content/363/6425/374.full.

111 Clint Watts and Tim Hwang, "Opinion: Deepfakes are coming for American democracy. Here's how we can prepare," *Washington Post*, September 10, 2020, https://www.washingtonpost.com/opinions/2020/09/10/deepfakes-are-coming-american-democracy-heres-how-we-can-prepare/.
112 "Analyzing the First Years of the Ticket or Click It Mobilizations," National Highway Traffic Safety Administration, January 2010, https://www.nhtsa.gov/staticfiles/nti/pdf/811232.pdf.
113 David Salvo, "How to Respond to Russia's Attacks on Democracy," Alliance for Securing Democracy, January 12, 2018, https://securing democracy.gmfus.org/how-to-respond-to-russias-attacks-on-democracy/.
114 Joseph Marks, Eloise Copland, Eleanor Loh, Cass R. Sunstein, and Tali Sharot, "Epistemic spillovers: Learning others' political views reduces the ability to assess and use their expertise in nonpolitical domains," *Science Direct*, October 19, 2018, https://www.sciencedirect.com/science/article/pii/S0010027718302609.
115 John Ratcliffe, "China Is National Security Threat No. 1," *Wall Street Journal*, December 3, 2020, https://www.wsj.com/articles/china-is-national-security-threat-no-1-11607019599.
116 Warren P. Strobel and Dustin Volz, "U.S. Boosts China Spying Budget to Meet Growing Economic, National-Security Threat," *Wall Street Journal*, December 3, 2020, https://www.wsj.com/articles/u-s-boosts-china-spying-budget-to-meet-growing-economic-national-security-threat-11607037778.
117 "Romney, Risch, Gardner, Young Introduce Landmark Legislation to Compete with China," Mitt Romney, July 22, 2020, https://www.romney.senate.gov/romney-risch-gardner-young-introduce-landmark-legislation-compete-china.
118 "With the Support of New York's Leading Tech Innovators, Schumer Announces Bipartisan Endless Frontier Act, Bolstering U.S. Leadership in Scientific Research & Innovation, Dramatically Increase Investment in Building New Tech Hubs in Upstate NY," Charles E. Schumer, May 28, 2020, https://www.schumer.senate.gov/newsroom/press-releases/with-the-support-of-new-yorks-leading-tech-innovators-schumer-announces-bipartisan-endless-frontier-act-bolstering-us-leadership-in-scientific-research-and-innovation-dramatically-increase-investment-in-building-new-tech-hubs-in-upstate-ny.
119 "H.R. 4998—Secure and Trusted Communications Networks Act of 2019," Congress, November 8, 2019, https://www.congress.gov/bill/116th-congress/house-bill/4998/actions.
120 "Hong Kong Human Rights and Democracy Act of 2019," *Congressional Record* 165, no. 186, Congress, November 20, 2019, https://www.congress.gov/congressional-record/2019/11/20/house-section/article/H9100-1.

エピローグ

1 Angela Merkel, "Commencement Address at Harvard University," American Rhetoric, May 30, 2019, https://www.americanrhetoric.com/speeches/angelamerkelharvardcommencementenglish.htm.
2 Eric Geller, "Biden poised to pick Obama-era security veterans for 3 top cyber roles," *Politico*, January 22, 2021, https://www.politico.com/news/2021/01/22/biden-cybersecurity-

appointments-461394.

3 Kevin Liptak, “Biden orders review on cracks in critical supplychains,” CNN, February 24, 2021, https://www.cnn.com/2021/02/24/politics/biden-executive-order-review-supply-chains/index.html.

4 John D. McKinnon, “U.S. to Impose Sweeping Rule Aimed at China Technology Threats,” *Wall Street Journal*, February 26, 2021, https://www.wsj.com/articles/u-s-to-impose-sweeping-rule-aimed-at-china-technology-threats-11614362435.

5 Humeyra Pamuk and David Brunnstrom, “New U.S. secretary of state favors cooperation with China despite genocide of Uighurs,” Reuters, January 27, 2021, https://www.reuters.com/article/us-usa-china-blinken/new-u-s-secretary-of-state-favors-cooperation-with-china-despite-genocide-of-uighurs-idUSKBN29W2RC.

6 “Readout of President Joseph R. Biden, Jr. Call with President Xi Jinping of China,” The White House, February 10, 2021, https://www.whitehouse.gov/briefing-room/statements-releases/2021/02/10/readout-of-president-joseph-r-biden-jr-call-with-president-xi-jinping-of-china/.

7 Winston Churchill, “The Lights Are Going Out, 1938,” America’s National Churchill Museum, October 16, 1938, https://www.nationalchurchillmuseum.org/the-lights-are-going-out.html.

8 Robert Kagan, *The Jungle Grows Back* (New York: Penguin Random House, 2018), 4.

訳者あとがき

本書は２０２１年10月にアメリカのサイモン・アンド・シュスター（Simon & Schuster）社のアヴィド・リーダー・プレス（Avid Reader Press）から出版され、２０２２年11月に同社からペーパーバック版として刊行されたジェイコブ・ヘルバーグ（Jacob Helberg）氏の著書 *The Wires of War: Technology and the Global Struggle for Power* の全訳日本語版です。

一　著者の経歴

ヘルバーグ氏はジョージ・ワシントン大学で国際関係論の学位を取得後、地政学リスク予測テクノロジー企業ジオクワント（GeoQuant）社を創業しています。シリコンバレーに移り住んだあとはグーグル社に入社し、２０１６年から２０２０年まで同社で勤務しました。本書の主題であるグレー戦争の実態を著者が目の当たりにするのは、同社でグローバル製品政策に関する対偽情報ポリシーの策定に携わっていたときでした。このあたりの経緯については、序章や第1章でその詳細が語られています。そこを読むとグーグル社での4年間の経験が、彼のその後の世界観の形成に大きく影響したことがわかります。「私がこの本を書いたのは、シリコンバレーから見て、中国が民主主義と法の支配を危うくするような、世界の覇権を握るための前例なきテクノロジー闘争に挑んでいることが明白となったからです」[1]とXに投稿していることからも、そのことが窺えます。

本書を出版後、ヘルバーグ氏は多くのメディアに取りあげられるようになりました。なかでも最近は、短編動画サイトTikTokの利用規制を法案化するための言論活動を精力的に行っています。下院が設置した超党派の米中経済安全保障調査委員会の委員に任命され、2024年2月に同委員会が開催した公聴会では「TikTokは……国家安全保障に対する脅威であり、外国勢力がこれまでアメリカに対して行ったなかで最も広範な諜報活動である可能性が高い」[2]と述べています。

ICT企業の業務を技術部門と政策部門に区分した場合、著者は後者の政策畑を一貫して歩んできました。[3]著者はこれまでにも名門大学や著名なシンクタンクに身を置き、政策提言を繰り返してきました。そうした実績を活かし、米中経済安全保障調査委員会のような議会諮問機関の場では中国製品の危険性を訴え、100名以上ともいわれる議員たちの説得にあたることができたのです。[4]

2023年から著者は、データ解析企業パランティア・テクノロジーズ社CEOのアレックス・カープ氏の上級政策顧問を務めてきました。「西側を支えるため会社を立ち上げた」（238頁）と語るカープ氏は、強大な力をもちながら政府の政策に責任を負おうとしないシリコンバレーの独善的な文化を声高に批判していました。この点、テック業界と政策コミュニティの間にある文化的ギャップを問題視してきた著者にとって、カープ氏の理念には大いに共鳴するところがあったと思われます。同社の本部はもともとシリコンバレーのパロアルトにあったのですが、2020年8月にコロラド州デンバーに移転しています。その理由としてカープ氏と共同創業者のピーター・ティール氏は、シリコンバレーの「モノカルチャー」を挙げています。[5]

2023年3月には、アメリカの議員やベンチャー・キャピタリストのコンソーシアムである「ヒル・アンド・バレー・フォーラム（The Hill and the Valley Forum）」を自ら立ち上げました。このフォーラムは国家安全保障と最先端テクノロジーの架け橋として「アメリカの最も差し迫った国家安全保障上の課題に対処するためにテクノロジーの力を活用することを約束する、議員とイノベーターによる超党派の民間コミュニティである」[6]と説明されています。著者はかねがねワシントン（the Hill）とシリコンバレー（the Valley）の亀裂はアメリカ全体の競争力を脅かすまでに深刻化していると考えていました。本書でも、中国は「民軍融合（civil-military **fusion**）」を戦略的に推進しているのに対し、アメリカは「テクノ企業と政府との混乱（tech-government con**fusion**）」の渦中にあると述べています（218頁）。こうした背景に照らせば、著者によるフォーラムの創設と運営は、対中認識を共有する政界とテック業界の幹部たちを結集し、自らの持論の実践を試みた政策活動の一環と見なすことができるのです。

2024年12月10日、アメリカ大統領選挙に勝利したドナルド・トランプ氏は著者を次期政権の国務次官（経済成長、エネルギー、環境問題担当）に起用する考えを表明しました。トランプ氏自らがトゥルース・ソーシャルに「この職務においてジェイコブは、われわれのアメリカ・ファーストの外交政策の擁護者となる。彼は経済外交に関する国務省の政策を指導し、アメリカの経済安全保障と経済成長、そして海外におけるアメリカの技術的優位性を促進する」と投稿しています。[7]

著者がテック企業、議会委員会、大学、シンクタンクでの多彩な活動において、一貫して唱え続けてきたテーマが、中国のテクノロジーがアメリカの国家安全保障や産業にもたらす影響への懸念でした。こうした経緯から今回の次官指名は、著者のこれまでの実績が認められたうえでの起用であったと一般的には考えられます。他方、今回の指名は大統領の意向もさることながら、著者をとりまくテック業界の人脈の影響も無視できないのではないかと推察されます。

本書にもたびたび登場するベンチャー・キャピタリストのピーター・ティール氏をはじめシリコンバレー時代に培ったテック系の実業家や投資家（いわゆるペイパル・マフィア）との人脈、そしてワシントンでの議会とのつながりが著者を政治の表舞台へと押し上げる力となったことは、本書を読んでいただければ容易に想像できるでしょう。[8] 当選以来、「政権移行チームの作戦本部」とも「ホワイトハウスへの裏口」とも呼ばれているフロリダ州パームビーチにあるトランプ氏の邸宅マー・ア・ラゴでの会合にも、著者はトランプ氏の側近として招かれています。[9]

議会承認を終えていないため、本稿執筆時点ではまだ正式に就任したとは見なせませんが、新政権における国務次官としての著者の手腕に注目したいところです。

二　本書の内容

グレー戦争で使われる兵器は、日常的なハイテク技術である

著者は、民主主義国家と権威主義国家の間で繰り広げられているハイテク民生技術を駆使した、21世紀型のテクノロジー覇権をめぐる闘争を「グレー戦争」と呼んでいます。なかんずく中国は、従来の「熱い戦争」によって相手国の軍隊の破壊、体制の変更、領土の征服を目指すものではなく、サイバースペース（情報インフラからユーザー端末まで）を支配することによって地政学的な勢力圏を拡大しようとしていると著

者は指摘しています。

そこを飛び交うのは「弾丸」や「ミサイル」ではなく「データ」や「コード」であり、その効果は「破壊力」ではなく「影響力」によって測られます。グレー戦争で用いられる兵器はICT分野の民生技術が中心を占めますが、そうした物理的破壊や人的殺傷を伴わない兵器は違法行為への関与を否認し、相手国から報復を受けるリスクを回避できる「きわめて使いやすい兵器」(17頁)なのです。

この紛争をグレーにしている特徴は、デュアルユース技術、つまり軍事目的に転用可能な商用製品が利用されていることです(239頁)。このデュアルユースの特徴が、ワシントンとシリコンバレーの間にある亀裂を広げてきた要因になっていると著者は指摘しています。著者はこの状況を「レイセオン社が中国やロシアに最先端兵器を売っているのに、ペンタゴンは何も承知していない」(239~240頁)ようなものだと語っています。実際、アメリカのテック企業の取引の相当部分に中国企業が関与し、デュアルユース技術をアメリカの競争相手国に移転している状況はしばらく見過ごされてきたのです。

サプライチェーン問題と再工業化

最も深刻なのはサプライチェーンの優位性に乗じ、バックドアを仕掛けてシステムや機器の完全性(インテグリティ)を損なわせようとする北京の「隠れた」努力であると著者は指摘しています(143頁)。たとえばバックエンド工作として、サーバーのマザーボードに「灰色で米粒ほどの極小マイクロチップ」が埋め込まれたスーパーマイクロ社の事例が取りあげられています。この一見無害に見えるインプラントを通じて、ハッカーは難なくシステムに侵入できます。この侵害されたサーバーは、その後の調査で、国防総省のデータセンター、CIAや海軍艦艇のネットワーク、そしてアップル社やアマゾン社のクラウドコンピュータをはじめ、30社近くの企業にまで拡散されていたといいます(144頁)。このように、ある企業が突然バックエンドをめぐるグレー戦争の「最前線に立たされる」という実例は枚挙にいとまがないのです。

米中という2つの巨大市場を抱える国で同時にビジネスを展開しようとしてきたアメリカ企業は、根本的に相容れないシステムへの対応に苦慮してきたといいます。そうした事情を背景に多くの企業が、著者が「1社2制度」と呼ぶアプローチを採用してきました。しかし、グーグル社のドラゴンフライ・プロジェクトのように、中国の意向に沿った製品を作ろうとすれば、アメリカ国内からの反発を生み、結局、このアプローチは頓挫する運命にあったと著者は指摘しています（252頁）。

カリフォルニアに本社を置くZoom社は、コロナウィルスが大流行した時期に人気が急上昇し、1日の会議参加者数は2020年4月には3億人に達しています。この爆発的な成長に対応するなか、同社はプライバシーとセキュリティ面に生じた問題で非難の矢面に立たされることになりました。Zoom社は、中国国内からの会議への参加者を検閲しながら、中国以外の国からの参加者は検閲対象としないことを両立させる必要に迫られたのです。さっそく技術の開発に取り組んだのでしたが、結局、自社に数百人の中国人技術者（中国政府の徹底した監視法の適用を受ける）を抱えていたこともあり、最後まで顧客からの懸念を払拭できませんでした。

アメリカと中国のユーザーに同時にサービスを提供するという1社2制度の課題には、これまでさまざまな企業が取り組んできたのですが（たとえばグーグル社、ネットフリックス社、旧ツイッター社、ギットハブ社、フェイスブック社など）、どこもそれを乗り越えることはできませんでした（254頁）。

サプライチェーンと情報ネットワークを兵器化しようとする試みは、私たちが経済成長に不可避と受けとめてきた脱工業化（安価な労働力を求めて製造拠点を海外に移転する動き）に対し、深刻な見直しを迫っています。著者は、もしアメリカがサプライチェーンと情報ネットワークの安全を確保しようとするならば、基幹産業の製造部門を本国に呼び戻し、アメリカを再工業化しなければならないと主張しています（306～

311頁）。冷戦期のサプライチェーンの外部化はたしかに多国籍企業に利潤をもたらしてきたといえますが、現在のサプライチェーンの外部依存は国家安全保障に深刻な脅威を突き付ける時代になっています。

新しいグレー戦争の時代には、脱工業化された国とは武装解除された国を意味すると著者は語っています。それは他国からの強制や諜報活動、干渉に対して危険なまでに脆弱な国のことを指します。中国が権威主義的なデジタル・プラットフォームを海外に輸出することをこのまま野放しにすれば、「中国共産党はやがて数十カ国をグレートファイアウォールで囲い込み、21世紀の技術を使って20世紀型の世界的な勢力圏を再構築する能力を手に入れることになるかもしれない」（179〜180頁）と著者は警鐘を鳴らしています。

そうならないためにも、シリコンバレーが政府との確固たるパートナーシップを築くことが必要であり、それが民主主義を妨害しようとする独裁政権からの攻撃を防ぐ手立てになると主張し、本書の中で、連携の道筋を模索しています。

フロントエンドとバックエンドをめぐる戦い

本書の最大の特徴は、サイバー覇権をめぐる主戦場をバックエンドとフロントエンドという2つの戦線に区分して説明しているところです。フロントエンドとは端末画面に表示されるニュース、文字、音声、SNSアプリなどのコンテンツを指します。それはユーザーが日常的に見たり聞いたりしているソフトウェアの領域です。それに対し、バックエンドとはコンピュータ、タブレット、スマホなどデータや情報を表示する端末機器や、光ファイバー、インターネット回線、衛星など、データや情報を送り届ける情報インフラを指します。普段はその内部をのぞくことのないハードウェアの領域です。

フロントエンドの事例として「アラブの春」や2016年のアメリカ大統領選挙への介入が取りあげら

れていますが、本書のなかでとりわけ印象深いのは、サンクトペテルブルクにいるＩＲＡのトロールたちがウェブカメラを使って７２００キロメートル離れた所からニューヨーカーたちを翻弄した「ホットドック実験」です。この実験自体は現実世界に大きな効果をもたらしたわけではなかったのですが、バックエンドの制御とフロントエンド操作との連携をシンプルな形で表しています（95〜96頁）。このほかにも対立する２つの政治運動に対し、フェイスブックを通じて「同じ時刻、同じ場所」での集会を呼びかけ、両者を遭遇させることにより、たった「２００ドルという安値で、テキサス人同士を対立させることに成功」したという事例も紹介されています（96頁）。著者は、冷戦期に政権を打倒するには、高価な機材やデモ隊、訓練された現地工作員が必要であったのに対し、「２０２０年代には、ハッキングされた政府文書を戦略的にタイミングを見計らって流出させれば、選挙結果をひっくり返すのに十分役立つかもしれない」（87頁）と語っています。

バックエンドの事例として、中国は５Ｇネットワークやディジタル・インフラ技術を開発途上国地域に急速に広め、すでに東南アジアやラテンアメリカ諸国への影響力を強めている実態が紹介されています（１７９頁）。また太平洋に張り巡らされたケーブルからも、アフリカの国々に設置された中国製の監視カメラからも毎日のように膨大なデータが中国に流れ込み、中国政府のアルゴリズムに組み込まれているといわれています（２０９頁）。

本書にはこのような実例が数多く収められており、この２つのレンズを通してグレー戦争がどのように展開されているかについて理解することができます。

このようにグレー戦争では、ハイテク民生技術を使いこなす制御力は国家パワーの源となり、情報インフラは政治的パワーの有力な資産となりつつあるのです。これは、従来の国家主権の概念に根本的な挑戦を突き付けていると著者は述べています（２１０頁）。従来の軍事力、経済力に加え、バックエンドとフロントエンドを支配することで、軍隊に代わる別の影響力行使のための政治ツールが顕在化しつつあるのです。

本書は、21世紀のテクノロジーを用いて、20世紀的勢力圏の再構築を試みるテクノ権威主義陣営の攻撃の実態を明らかにし、加熱するグレー戦争に民主主義陣営はいかに対処すべきかの処方箋を提示しています。そして、テクノロジーによる覇権戦争は、バックエンドとフロントエンドという2つの戦線ですでに始まっていることを私たちに気づかせてくれます。権威主義国家から突き付けられている挑戦に対し、民主主義国家は両戦線において今後いかなる対応策を講じればよいのか。こうした問題を考えるうえで、有用なフレームワークを提示してくれているところに、本書の価値があるといえます。

三　TikTokをめぐる最近の動向

最後にTikTokの利用規制をめぐる問題を取り上げ、著者が描く対中グレー戦争にアメリカがどのように関わってきたのかを簡単に振り返ってみたいと思います。

2018年に鳴り物入りで登場したTikTokアプリは瞬く間にアメリカ中に広まり、2024年末には利用者数が1億7000万人に及んでいるといわれています。▼10 この問題に対し、著者はアメリカ国内での利用禁止（または事業の売却）を一貫して支持してきたのはこれまで見てきたとおりです。では、そもそもTikTok問題とは何なのか。アメリカ国内で、この問題はどのような経緯をたどってきたのでしょうか。

まず何が問題なのかについてですが、アメリカ市民の行動を監視するためにユーザー情報が恣意的に悪用されている危険性があるという点です。TikTokは中国で書かれたアルゴリズムで運営され、利用されるデータは中国からアクセスできるサーバーを経由して送信されます。つまり中国の法律に基づき、すべてが中国の情報機関に利用される可能性があるのです。

たとえばアプリにダウンロードされた何百万もの画像は顔認識アルゴリズムを改良するための材料になる可能性があり、中国の技術者たちはアジア系以外の顔や音声のデータベースを構築することができると著者は指摘しています。アプリで視聴した動画や送信したメッセージを記録・保管することに加えて、ユーザーの位置情報、連絡先、閲覧履歴、その他の個人データまでもが収集されている可能性があると指摘されているのです（245頁）。

ユーザーがTikTokを起動するたびに、自動的にコンピュータ・サーバーにつながります。ここまでは他のアプリも同様で、たとえばアップル社がiPhoneのOSを遠隔操作で更新するのと同じように、ユーザーの目にはそれは単なるアプリの更新としか映りません。そうしたハード面での仕組みは同じでも、民主主義国家ではセキュリティやプライバシー保護の法律に守られ、企業がユーザー・データを悪用することは禁じられています。自由社会では、政府機関が市民の情報を求める際には裁判所の令状が必要ですし、そもそも政府による監視はタブー視されています（196頁）。

しかしTikTokの場合、中国政府は軍や情報機関と連携してデータを濫用し、個人や企業、他国民をコントロールしようとしています。中国の企業が党の方針に逆らうことはできません。国家安全保障法（2015年）、サイバーセキュリティ法（2016年）、国家情報法（2017年）、データ・セキュリティ法（2021年）など一連の法整備により、中国国内で活動する企業は情報機関や治安機関に対し、データベースへの無制限のアクセスを提供しているのです。アメリカ合衆国憲法修正第1条や第4条は個人の権利を保障する条文ですが、中国の法律は中国共産党を保護し、個人の権利を犠牲にして党の政策を増進するために制定されています。

次にTikTok問題がたどった経緯ですが、アメリカ政府は早い段階から同アプリの危険性を認め、政府レベルでの利用を制限する動きを見せていました。2019年にまず国防総省で利用が禁止され、次いで連邦政府内の端末での利用が禁止されています。こうした国家安全保障への懸念を理由に、第1次トランプ政権では2020年8月、国家緊急経済権限法に基づきTikTokとWeChatの利用を禁止する大統領令が発出され、TikTokの親会社であるバイトダンス社との取引が禁止されました（247頁）。

これに反発したTikTok社はただちにトランプ政権を提訴します。連邦裁判所は言論の自由を擁護する立場をとり、大統領令の執行を一時差し止めにする判断を下します。それはユーザーの利用を制限することにつながる大統領令の正当性に疑問を呈するものでした。[11] その後、2021年6月、バイデン政権はトランプ政権が発した大統領令を撤回するにいたります。[12]

この時期、TikTok社は信用回復のためのさまざまな対策を講じていました。たとえば2020年、トランプ政権のもとで非難にさらされたTikTokはCEOにアメリカ国籍をもつ幹部を起用し、本社をカリフォルニアに置くアメリカ企業としてアピールする路線を採用しています。また同社が収集したデータは、中国本国からは決してアクセスできないコンピュータに保存されているとも主張しました。さらに2021年10月、上院公聴会に応じたTikTok幹部は、データへのアクセス権限の決定が信頼のある「世界的に著名なセキュリティ・チーム」にゆだねられていると証言しました。[13]

しかし、その証言がまやかしであることが明らかになります。2022年6月、調査報道で有名なニュースサイト誌『BuzzFeed』は、リークされたTikTokの社内会議を記録した音声データに基づき、中国本土に拠点を置くバイトダンス社の社員がアメリカのTikTok利用者に関する非公開データに頻繁にアクセスしていた内情を報じました。[14] 結局、信頼のあるセキュリティ・チームは、アメリカのユーザー・データの扱いを決定する際に、中国にいる親会社の同僚たちに頼らなければならなかったのです。TikTokに対する信用は大きく揺らぎました。

アメリカ連邦通信委員会（FCC）の委員であったブレンダン・カー（Brendan Carr）氏は『BuzzFeed』のレポートで明かされた新事実に怒りをあらわにし、アップル社とグーグル社のCEOに対して、アプリ・ストアからTikTokを削除するよう求める書簡を送っています。また上院情報委員会のマルコ・ルビオ上院議員らもTikTok社のデータ処理の実態を調査するよう連邦取引委員会に要請しました。[15] それに追い打ちをかけるように、2022年9月にはTikTokの幹部が「中国では、すべてが見られている（Everything is seen in China）」と語ったとされる事実が発覚します。このフレーズはメディアで頻繁に引用され、TikTokに対する風当たりはますます激しくなっていきました。

結局、2024年4月末、連邦議会において圧倒的多数で可決されたTikTokの利用を禁止する「敵対的な外国の統制を受けるアプリケーションからアメリカ人を保護する法律（Protecting Americans from Foreign Adversary Controlled Applications Act）」にバイデン大統領が署名します。この法律により、バイトダンス社が翌年1月19日までにアメリカでの事業を売却しない限り、アメリカ国内でのTikTok使用が禁止されることになったのです。TikTok社は法廷で異議を申し立て、バイトダンス社は事業売却の予定はないと声明を出しました。こうして、ふたたびTikTok問題は提訴されることになったのです。

このいわゆるTikTok禁止法に大統領が署名した直後の5月1日、著者はヒル・アンド・バレー・フォーラムをワシントンの連邦議会議事堂のビジターセンターで開催しています。著者は参集したテック企業の幹部や議員らを前に壇上から、「コンセンサスは私たちの立場に近づいていると思う。中国は敵対者であり、私たちはテクノロジーの冷戦状態にある。アメリカと中国の間で等距離にとどまることはできないし、スイスのようになることもできない」[16]と述べ、今日の環境において、シリコンバレー企業はどちら側につくか判断を迫られていると語りました。

この頃になると対中強硬論はワシントンで支配的となり、超党派の多くの議員を巻き込むようになっていました。それはTikTokであれ、半導体であれ、ＥＶ（電気自動車）であれ、中国テクノロジーに対する抑制の強化に現れていました。一方、シリコンバレーでも企業や投資家は中国のハイテク分野へのエクスポージャーを大幅に減らしています。[17]かつては中国の巨大市場から利益を上げようと躍起になっていた外国企業も、今では慎重な姿勢に転じ、撤退を模索する企業さえ増えていました。中国への海外直接投資は２０２１年から２０２３年の間に80％急減し、過去30年間で最低水準に落ち込んでいました。中国の予測不可能な規制と政治環境は、多国籍企業に中国戦略の見直しを迫るようになっていたのです。[18]

２０２５年１月17日、連邦最高裁判所は憲法には違反していないと判断し、TikTok禁止法を全員一致で支持します。この判断前の１月10日、最高裁判所は政府、TikTok、コンテンツ制作会社などの弁護団を招聘し、口頭弁論を開いていました。ここでの焦点はTikTokアプリが国家安全保障に対する脅威であるとする政府の主張が、合衆国憲法修正第１条の言論および表現の自由のハードルを越えられるかどうかでした。２時間を超える質疑を通じて、判事らの間では、禁止法を憲法修正第１条に関わるものではなく企業構造を規制するために制定されたものと見なし、ユーザーを外国の潜在的危険から守るという国家安全保障上のリスクを重く見る見解が支配的だったと報じられています。[19]こうしてTikTok側の最後の望みは絶たれ、禁止法が発効した１月19日、アメリカでのサービスは停止されるにいたったのです。

このように中国製アプリの規制問題をめぐり、一方には国家安全保障に対する影響を重視する立場があり、もう一方には言論ないし表現の自由を保障するという立場がありました。TikTok問題は大きくこの２つの立場の主張の間で揺れ動いてきたといえます。

今回の最高裁の判断を受け、第２次トランプ政権のもとで国家安全保障を重視する立場がさらに強まるのではないかと思われた方もいたかもしれません。しかし、実態はそう簡単な話ではないようです。というのもトランプ氏自身が、TikTokに90日間の猶予を与える措置を大統領就任式の日に発表するつもりであるとの意思を表明したからです。[20]

もともとTikTok禁止案を言い出したのは1期目のトランプ大統領自身だったのですが、彼はその後どうやら方針を転換したようです。2024年12月27日、トランプ氏は自身の大統領就任まで法律の発効を見合わせるよう連邦最高裁に求める意見書を送っていました。提出した書面には、就任後に「政治的手段による解決」を図れるようにしておく必要があると書かれています。[21]たしかに2024年の選挙期間中にTikTokを救うと公言し、同年9月にはXアカウントに「TikTokを救おうと思うすべての人のために、トランプに投票を！」と投稿したこともありました。[22]トランプ氏は12月16日の会見でも、TikTokアプリが大統領選での勝利に貢献したとの見方を示していました。[23]

このように議会が可決した禁止法に対し、TikTok側が法律の差し止めを求める訴訟を起こし、最高裁判所がその訴えを退けたかと思えば、新大統領が発効を延期して政治的解決に委ねるべきだとのコメントを公表するなど、TikTok問題はグレー戦争に対するアメリカの反応の浮き沈みを象徴する代表例といえます。

今後、トランプ大統領の容認姿勢が主流となり、ふたたび中国系アプリの利用が解禁に向かうのか、それとも著者が築き上げてきた丘と谷の連合やテック系政治任用者らによって中国系アプリの利用制限が制度化されていくのか、今後の動向を探るにはいまだ不透明な要素が多いのもたしかです。

実際、禁止法の発効を待たずにTikTokのユーザーたちは禁止されるアプリから離れ、別の中国製アプリ（「小紅書（シャオホンシュー）」や「Lemon8」）に鞍替えする動きを見せていました。[24]データ悪用のリスクを回避するために、中国製アプリの利用を制限したにもかかわらず、いわゆるTikTok難民たちは別の中国製アプリに殺到しているのです。こうした現象を見ると、中国製アプリがもたらす国家安全保障の懸念は一朝一夕には取り払われそうにありません。

著者も述べていますが、冷戦期であればアメリカの軍事企業がソ連邦の核技術開発を手助けするという発想自体、ほとんどありえないことでした（238頁）。しかしグレー戦争の兵器は軍事と民生の境界線がきわめて曖昧であることから、グレー戦争（より一般的には経済安全保障の分野）に特有の問題を孕んでいるといえるのです。

国家安全保障と企業活動、そして個人の権利をいかに両立させるか。この難しい課題に真正面から取り組み、ひとつの解決案を提示しているのが本書です。この意味で、同じような課題に直面し、その解決策を考えるうえで、本書の有用性は今後しばらくの間、失われそうにありません。刊行後3年が経過しましたが、それでもなお私たちにとって、本書の価値は不変であるばかりか、むしろ増大するといえるのではないでしょうか。

最後に、作品社の田中元貴氏は企画から校正の細部にいたるまで丁寧にかつ辛抱強く訳者を導いてくれました。原著出版直後、ただちに本書の価値を見いだし、日本語版の企画を立ち上げられたことに改めて敬意を表します。ありがとうございました。

2025年1月19日、第2次トランプ政権発足前夜

訳者　川村　幸城

※ここに記した内容は訳者個人の見解であり、所属する組織の見解を反映したものではありません。

注

▼1 https://x.com/jacobhelberg/status/1401956111373287427

▼2 Sam Biddle, "TECH OFFICIAL PUSHING TIKTOK BAN COULD REAP WINDFALL FROM U.S.–CHINA COLD WAR," *The Intercept*, March 21, 2024, https://theintercept.com/2024/03/21/china-tiktok-jacob-helberg-palantir/

▼3 著者はスタンフォード大学地政学・テクノロジーセンターの上級顧問、戦略国際問題研究所（ＣＳＩＳ）非常勤フェロー、全米製造業協会の製造業リーダーシップ評議会のメンバーでもあります。また２０２４年末まで米中経済安全保障調査委員会の委員に任命されていたほか、新アメリカ安全保障センター（ＣＮＡＳ）では非常勤上級研究員としてテクノロジーと国家安全保障プログラムを担当しました。なお、２０２０年にニューヨーク大学でサイバーセキュリティ・リスクと戦略学の修士号を取得しています。

▼4 Biddle, "TECH OFFICIAL PUSHING TIKTOK BAN"

▼5 Robert Sanchez, "Why Did Palantir Technologies Move Its Headquarters From Silicon Valley to Denver?," *5280: Denver's Mile High Magazine*, December 2020, https://www.5280.com/why-did-palantir-technologies-move-its-headquarters-from-silicon-valley-to-denver/

▼6 The Hill and the Valley Forum 2024, https://www.thehillandvalleyforum.com/

▼7 https://www.presidency.ucsb.edu/documents/statement-president-elect-donald-j-trump-announcing-the-nomination-jacob-helberg-under

▼8 Georgia Wells, "Silicon Valley and Capitol Hill Build an Anti-China Alliance Group to meet ahead of TikTok's testimony before Congress," *The Wall Street Journal*, March 17, 2023, https://www.wsj.com/articles/silicon-valley-and-capitol-hill-build-an-anti-china-alliance-e508c75e; Anna Edgerton, "TikTok Hawks Tapped for Jobs Contrast With Trump's Murky Stance," Bloomberg, December 16, 2024, https://www.bloomberg.com/news/articles/2024-12-14/helberg-and-rubio-backed-tiktok-ban-get-trump-nod-for-top-state-department-jobs

▼9 David Jeans, "Military Tech Investors Go Looking For A Trump Bump At Mar-a-Lago," *Forbes*, January 15, 2025, https://www.forbes.com/sites/davidjeans/2025/01/15/military-tech-investors-trump-mar-a-lago/

▼10 The Editors of ProCon, "Should TikTok Be Banned?," *Britannica*, Jan 9, 2025, https://www.britannica.com/procon/TikTok-debate/Discussion-QuestionsTikTok

▼11 Bobby Allyn, "Biden Drops Trump's Ban on TikTok And WeChat — But Will Continue The Scrutiny," *npr*, June 9, 2021, https://www.npr.org/2021/06/09/1004750274/biden-replaces-trump-bans-on-tiktok-wechat-with-order-to-scrutinize-apps

▼12 Michael T. Borgia, David M. Gossett, Ambika Kumar, and Thomas R. Burke, "Biden Administration Rescinds Trump's TikTok and

WeChat Bans, Issues Two Executive Orders Highlighting Policies on Chinese Tech Companies," *Davis Wright and Tremaine LLP*, October 26, 2021, https://www.dwt.com/blogs/media-law-monitor/2021/10/biden-tiktok-executive-order#print

▶13 Michael G. McLaughlin and William J. Holstein, *Battlefield Cyber: How China and Russia Are Undermining Our Democracy and National Security*, Prometheus Books, 2023, p. 65.

▶14 Emily Baker-White, " Leaked Audio from 80 Internal Tik Tok Meetings Shows That US User Data Has Been Repeatedly Accessed from China," *BuzzFeed News*, June 17, 2022, https://www.buzzfeednews.com/article/emilybakerwhite/tiktok-tapes-us-user-data-china-bytedance-access

▶15 John D. McKinnon, " Lawmakers Add to Call for Probe of Tik Tok," *Wall Street Journal*, July 9, 2022, https://www.google.com/search?q=Lawmakers+Add+to+Call+for+Probe+of+Tik+Tok%2C+Wall+Street+Journal

▶16 Rishi Iyengar, "The Tech Hawks Took Down TikTok. Now What?," *Foreign Policy*, May 3, 2024, https://foreignpolicy.com/2024/05/03/tiktok-ban-china-tech-hill-valley-forum-palantir-sequoia/

▶17 ibid.

▶18 Jude Blanchette and Ryan Hass, " Know Your Rival, Know Yourself," *Foreign Affairs*, January/February 2025, https://www.foreignaffairs.com/united-states/know-your-rival-know-yourself-china

▶19 John Fritze, Tierney Sneed and Clare Duffy, "Supreme Court signals it will uphold ban on TikTok over national security concerns and other takeaways from oral arguments," *CNN*, January 10, 2025, https://edition.cnn.com/2025/01/10/politics/takeaways-tiktok-supreme-court/index.html

▶20 David Shepardson, "TikTok is restoring service, thanks Trump," *Reuters*, January 20, 2025, https://www.reuters.com/technology/tiktok-goes-dark-us-users-trump-says-save-tiktok-2025-01-19/

▶21 Ibid.

▶22 Elena Moore and Clayton Kincade, "Trump may be a star on TikTok but Republicans aren't following his lead," *npr*, July 30, 2024, https://www.npr.org/2024/07/12/nx-s1-5025145/trump-is-on-tiktok-but-his-party-isnt-heres-why

▶23 Trump Vows He'll 'Save' TikTok From Ban. Here's What He Can—And Can't—Do. Alison Durkee, " Trump Vows He'll 'Save' TikTok From Ban. Here's What He Can—And Can't—Do," *Forbes*, Jan 19, 2025, https://www.forbes.com/sites/alisondurkee/2025/01/19/trump-vows-hell-save-tiktok-from-ban-heres-what-he-can-and-cant-do/

▶24 Zeyi Yang, "With a TikTok Ban Looming, Users Flee to Chinese App 'RedNote'," *Wired*, January 13, 2025, https://www.wired.com/story/red-note-tiktok-xiaohongshu/

【著者略歴】

ジェイコブ・ヘルバーグ（Jacob Helberg）

パランティア・テクノロジーズ社CEO上級政策顧問。米中経済安全保障調査委員会（USCC）の委員や新アメリカ安全保障センター（CNAS）のテクノロジー・国家安全保障プログラムのシニアフェローも務める。2016年から2020年までグーグル社にて対偽情報・外国政府介入のための製品ポリシー策定に従事。ジョージ・ワシントン大学で国際問題の学位を取得後、ニューヨーク大学でサイバーセキュリティの修士号を取得。2024年12月、翌年発足の第二次トランプ政権の国務次官（経済成長、エネルギー、環境問題担当）に指名された。

【訳者略歴】

川村幸城（かわむら・こうき）

防衛省防衛研究所（政策研究部・グローバル安全保障研究室）主任研究官（1等陸佐）。防衛大学校総合安全保障研究科後期課程を修了し、博士号（安全保障学）を取得。主な訳書にデイヴィス『陰の戦争――アメリカ・ロシア・中国のサイバー戦略』、サレンダー『検証 空母戦――日米英海軍の空母運用構想の発展と戦闘記録』（以上、中央公論新社）、デルモンテ『AI、兵器、戦争の未来』（東洋経済新報社）、ジョンソン『ヒトは軍用AIを使いこなせるか――新たな米中覇権戦争』（並木書房）、ジャスパー『ロシア・サイバー侵略――その傾向と対策』（作品社）がある。

THE WIRES OF WAR
Technology and the Global Struggle for Power
by JACOB HELBERG

Japanese translation rights arranged with William Morris Endeavor Entertainment, New York through Tuttle-Mori Agency, Inc., Tokyo

サイバー覇権戦争
――ソフトとハード、二つの戦線

2025年 3月 5日　初版第1刷印刷
2025年 3月10日　初版第1刷発行

著　者　ジェイコブ・ヘルバーグ
訳　者　川村幸城

発行者　福田隆雄
発行所　株式会社 作品社
〒102-0072 東京都千代田区飯田橋 2-7-4
電　話　03-3262-9753
ＦＡＸ　03-3262-9757
振　替　00160-3-27183
ウエブサイト　https://www.sakuhinsha.com

装　丁　コバヤシタケシ
本文組版　米山雄基
印刷・製本　シナノ印刷株式会社

Printed in Japan
ISBN978-4-86793-062-5　C0031